SAMMLUNG TUSCULUM

Wissenschaftliche Beratung:

Karl Bayer, Manfred Fuhrmann, Fritz Graf,
Erik Hornung, Rainer Nickel

PROPERZ · TIBULL

LIEBESELEGIEN
CARMINA

Lateinisch–Deutsch

Neu herausgegeben und übersetzt
von Georg Luck

ARTEMIS & WINKLER

Die Liebeselegien von Properz und Tibull
sind erstmals 1964 von Georg Luck in der «Bibliothek
der Alten Welt» herausgegeben worden.
Die vorliegende Ausgabe stellt eine komplette
Neubearbeitung dar.

Die Deutsche Bibliothek – CIP-Einheitsaufnahme

Propertius, Sextus: [Elegiae]
Liebeselegien / Properz. Carmina / Tibull. lateinisch-deutsch.
Hrsg. und übers. von Georg Luck.
1. Aufl. – Zürich : Artemis und Winkler, 1996
(Sammlung Tusculum) ISBN 3-7608-1689-4
NE: Luck, Georg [Hrsg.]; Tibullus, Albius: Carmina

Artemis & Winkler Verlag Zürich / Düsseldorf
© 1996 Artemis Verlags AG Zürich

Alle Rechte, einschließlich derjenigen
des auszugsweisen Abdrucks, der fotomechanischen und
elektronischen Wiedergabe, vorbehalten

Satz: Jung Satzcentrum, Lahnau
Druck und Bindung: Pustet, Regensburg
Printed in Germany

INHALT

PROPERZ

Erstes Buch	8
Zweites Buch	54
Drittes Buch	144
Viertes Buch	212

TIBULL

Erstes Buch	280
Zweites Buch	334

ANHANG

Zur Textgestalt des Properz	365
Zur Textgestalt des Tibull	376
Anmerkungen zu Properz	379
Anmerkungen zu Tibull	456
Stimmen zu Properz	479
Stimmen zu Tibull	487
Nachwort	493
Literaturhinweise	513
Zu dieser Ausgabe	525

Amico carissimo
Armin Felder
iurisconsulto et poetae docto

PROPERTII ELEGIAE

PROPERZ · LIEBESELEGIEN

LIBER PRIMUS

I

Cynthia prima suis miserum me cepit ocellis,
 contactum nullis ante cupidinibus.
tum mihi constantis deiecit lumina fastus
 et caput impositis pressit Amor pedibus,
donec me docuit castas odisse puellas 5
 improbus, et nullo vivere consilio.
et mihi iam toto furor hic non deficit anno,
 cum tamen adversos cogor habere deos.

Milanion nullos fugiendo, Tulle, labores
 saevitiam durae contudit Iasidos. 10
nam modo Partheniis amens errabat in antris,
 rursus in hirsutas ibat et ille feras;
ille etiam Hylaei percussus pondere rami
 saucius Arcadiis rupibus ingemuit.
ergo velocem potuit domuisse puellam: 15
 tantum in amore fides et bene facta valent.
in me tardus Amor non ullas cogitat artis,
 nec meminit notas, ut prius, ire vias.

At vos, deductae quibus est pellacia lunae
 et labor in magicis fata piare focis, 20
en agedum dominae mentem convertite nostrae,
 et facite illa meo palleat ore magis!
tunc ego crediderim Manes et sidera vobis
 posse Cytinaeis ducere carminibus.

aut vos, qui sero lapsum revocatis, amici, 25
 quaerite non sani pectoris auxilia.
fortiter et ferrum saevos patiemur et ignis,
 sit modo libertas quae velit ira loqui.
ferte per extremas gentis et ferte per undas,
 qua non ulla meum femina norit iter: 30

ERSTES BUCH

I

Cynthia war die erste, die mich Armen mit ihren Augen bezwang; denn keine Leidenschaft hatte mich zuvor berührt. Da schlug Amor mir die Augen nieder, die sonst immer hochmütig blickten, drückte mir den Kopf zu Boden, setzte seinen Fuß darauf und lehrte mich so, anständige Frauen zu meiden und sinnlos zu leben. Wehe! schon ein ganzes Jahr weicht dieser Wahnsinn nicht von mir, während ich die Ungnade der Götter dulden muß.

Meilanion zähmte Atalantes Grausamkeit, Tullus, weil er keine Mühen scheute. Denn manchmal irrte er, außer sich, in den Klüften des Parthenios; dann wieder bot er wilden Tieren die Stirn. Von Hylaios' Keule wund geschlagen, stöhnte er blutend auf den Felsen Arkadiens. So konnte er die schnelle Frau bezwingen; denn in der Liebe vermögen Treue und kühne Taten so viel! In meinem Fall ist Amor träge, sinnt auf keine Listen und weiß nicht mehr, wie früher, die bekannten Wege zu gehen.

Doch ihr, deren Werk es ist, den Mond vom Himmel zu locken und Geister durch magische Brandopfer zu besänftigen, wandelt den Sinn meiner Herrin und macht, daß sie noch bleicher im Gesicht ist als ich! Dann würde ich gern glauben, daß ihr mit thessalischen Zaubersprüchen Geister und Gestirne beschwören könnt.

Sonst bringt doch, Freunde, die ihr zu spät einem, der gestürzt ist, zuruft, Hilfe für einen zerrütteten Geist! Tapfer will ich das Messer und das schmerzhafte Feuer ertragen, solange mir gestattet ist, im Zorn zu sagen, was ich will. Bringt mich zu Völkern am Ende der Welt, bringt mich übers Meer dorthin, wo keine Frau den Weg zu mir findet!

vos remanete, quibus facili deus annuit aure,
    sitis et in tuto semper amore pares.
in me nostra Venus noctes exercet amaras,
    et nullo vacuus tempore defit Amor.
hoc, moneo, vitate malum: sua quemque moretur   35
    cura, neque assueto mutet amore locum.
quod si quis monitis tardas adverterit auris,
    heu referet quanto verba dolore mea!

2

Quid iuvat ornato procedere, vita, capillo
    et tenuis Coa veste movere sinus,
aut quid Orontea crinis perfundere murra,
    teque peregrinis vendere muneribus,
naturaeque decus mercato perdere cultu,   5
    nec sinere in propriis membra nitere bonis?
crede mihi, non ulla tuae est medicina figurae:
    nudus Amor formam non amat artificem.

Aspice quot summittat humus non fossa colores,
    ut veniant hederae sponte sua melius,   10
surgat et in solis formosius arbutus antris,
    et sciat indocilis currere lympha vias.
litora nativis praefulgent picta lapillis,
    et volucres nulla dulcius arte canunt.

Non sic Leucippis succendit Castora Phoebe,   15
    Pollucem cultu non Helaïra soror;
non, Idae et cupido quondam discordia Phoebo,
    Eueni patriis filia litoribus;
nec Phrygium falso traxit candore maritum
    avecta externis Hippodamia rotis: 20
sed facies aderat nullis obnoxia gemmis,
    qualis Apelleis est color in tabulis.

Bleibt *ihr* zu Hause, denen ein Gott Gehör lieh und gnädig zunickte, und seid euch stets in ungefährdeter Liebe eins! In meinem Fall quält mich die Liebe, die wir kennen, in bitteren Nächten, und Verlangen regt sich ständig, läßt mich nicht los. Hütet euch vor diesem Fluch, ich warne euch! Bleibt eurer Liebsten treu, und geht nicht anderswo hin, wenn ihr euch an eine Bindung gewöhnt habt. Wenn ihr aber meine Warnung zu spät beherzigt, wie schmerzlich werdet ihr, ach! meiner Worte gedenken!

2

Was nützt es denn, mein Leben, mit deiner eleganten Frisur einherzugehen und deinen durchsichtigen Ausschnitt aus koischem Stoff zu lüften, dein Haar mit syrischem Parfüm zu übergießen, dich mit exotischen Importen anzupreisen, deine natürliche Anmut durch käuflichen Schmuck zu zerstören und deinen Körper nicht mit seinen eigenen Vorzügen glänzen zu lassen? Glaub mir, deine Erscheinung braucht keine Kosmetik: nackte Liebe liebt kunstreiche Schönheit nicht.

Schau die Farben an, die das unbestellte Erdreich hervorbringt, wie der Efeu in Freiheit üppiger rankt, wie in abgelegenen Tälern die Meerkirsche schöner wächst und Wasser auf Wegen, die niemand ihm gezeigt hat, rasch zu fließen weiß. Natürliche Steinchen an Küsten leuchten wie ein Mosaik, und Vögel singen ungekünstelt süßer.

Das war es nicht, was Kastors Liebe für Phoibe, Leukippos' Tochter, entflammte, und ihre Schwester Helaira (gewann) Pollux nicht durch ihren Schmuck; auch nicht Euenos' Tochter, um die einst zwischen Idas und dem verliebten Phoibos am Strand ihres Vaters ein Streit entstand; auch Hippodameia gewann nicht durch trügerischen Glanz einen Phryger als Gatten, als sie auf dem Wagen des Fremden davonfuhr: sie alle hatten ein Gesicht, das Edelsteinen nichts schuldig war, eine Farbe, wie man sie auf Bildern von Apelles sieht. Jene Frauen gaben sich nicht Mühe, durch ihren Schmuck Lieb-

non illis studium cultu conquirere amantis:
  illis ampla satis forma pudicitia.

Non ego nunc vereor ne sis tibi vilior istis: 25
  uni si qua placet, culta puella sat est;
cum tibi praesertim Phoebus sua carmina donet
  Aoniamque libens Calliopea lyram,
unica nec desit iucundis gratia verbis,
  omnia quaeque Venus, quaeque Minerva probat. 30
his tu semper eris nostrae gratissima vitae,
  taedia dum miserae sint tibi luxuriae.

3

Qualis Thesea iacuit cedente carina
  languida desertis Cnosia litoribus;
qualis et accubuit primo Cepheïa somno,
  libera iam duris cotibus, Andromede;
nec minus assiduis Edonis fessa choreis 5
  qualis in herboso concidit Apidano:
talis visa mihi mollem spirare quietem
  Cynthia consertis nixa caput manibus,
ebria cum multo traherem vestigia Baccho,
  et quaterent sera nocte facem pueri. 10

Hanc ego, nondum etiam sensus deperditus omnis,
  molliter impresso conor adire toro;
et quamvis duplici correptum ardore iuberent
  hac Amor hac Liber, durus uterque deus,
subiecto leviter positam temptare lacerto 15
  osculaque admota sumere tarda manu,
non tamen ausus eram dominae turbare quietem,
  expertae metuens iurgia saevitiae;
sed sic intentis haerebam fixus ocellis,
  Argus ut ignotis cornibus Inachidos. 20

Et modo solvebam nostra de fronte corollas
  ponebamque tuis, Cynthia, temporibus;

haber anzuziehen: ihr Anstand war in reichem Maße ihre Schönheit.

Ich fürchte jetzt nicht, daß du dir geringer vorkommst als diese: wenn eine Frau nur *einem* Mann gefällt, hat sie genügend Schmuck; dabei schenkt dir doch Phoibos seine Lieder und Kalliope gern die aonische Leier; auch fehlt deinem liebenswürdigen Gespräch durchaus nicht ein besonderer Reiz, und überhaupt hast du alles, was Venus, was Minerva billigt. Mit diesen Gaben wirst du immer, solange ich lebe, meine große Liebe sein: aber bitte laß diesen elenden Luxus!

3

Wie einst die Frau aus Knossos müde am öden Strand lag, als Theseus' Schiff entschwand, wie Andromeda, die Tochter des Kepheus, sich erstmals wieder zum Schlaf hinlegte, als sie vom harten Felsen befreit war; wie die thrakische Bakchantin, von pausenlosen Tänzen erschöpft am grasigen Ufer des Apidanos hinsank – so schien mir Cynthia wohligen Schlummer zu atmen, das Haupt auf ihre gefalteten Hände gelegt, als ich, trunken vom vielen Wein, die Füße schleifte und die Sklaven in später Nacht die Fackeln schwangen.

Meine Sinne hatten mich noch nicht ganz verlassen, und ich versuchte, mich ihr zu nähern, wobei ich mich sanft auf ihr Lager lehnte. Obwohl mich doppelte Glut erfaßte und hie Amor, hie Bakchos, beides unerbittliche Götter, mir befahlen, den Arm unterzuschieben, sie leicht zu berühren, die Hand näher zu bringen und verspätete Küsse zu stehlen, wagte ich doch nicht, die Ruhe der Herrin zu stören, denn ich hatte Angst vor den Vorwürfen ihrer mir wohlbekannten Wut; nein, ich stand angewurzelt da, die Augen starr auf sie geheftet, wie Argos auf Ios Hörner, die ihr noch fremd waren.

Bald löste ich die Kränze von meiner Stirn und legte sie dir um die Schläfen, Cynthia, dann wieder versuchte ich spiele-

et modo gaudebam lapsos formare capillos;
  nunc furtiva cavis poma dabam manibus;
omnia quae ingrato largibar munera somno,   25
  munera de prono saepe voluta sinu.
et quotiens raro duxti suspiria motu,
  obstupui vano credulus auspicio,
ne qua tibi insolitos portarent visa timores,
  neve quis invitam cogeret esse suam: 30

Donec divisas praecurrens luna fenestras,
  luna moraturis sedula luminibus,
compositos levibus radiis patefecit ocellos.
  sic ait in molli nixa toro cubitum:

'Tandem te nostro referens iniuria lecto   35
  alterius clausis expulit e foribus?
namque ubi longa meae consumpsti tempora noctis,
  languidus exactis, ei mihi, sideribus?
o utinam talis producas, improbe, noctes,
  me miseram qualis semper habere iubes!   40

Nam modo purpureo fallebam stamine somnum,
  rursus et Orpheae carmine fessa lyrae;
interdum leviter mecum deserta querebar
  externo longas saepe in amore moras:
dum me iucundis lassam Sopor impulit alis.   45
  illa fuit lacrimis ultima cura meis.'

4

Quid mihi tam multas laudando, Basse, puellas
  mutatum domina cogis abire mea?
quid me non pateris vitae quodcumque sequetur
  hoc magis assueto ducere servitio?

risch, deine herabhängenden Locken zu ordnen; dann gab ich dir gestohlene Äpfel in die hohlen Hände. All das schenkte ich dir, während du schliefst und mir nicht danktest – Gaben, die mir immer wieder aus dem herabhängenden Bausch rollten. Und wenn du dich ab und zu bewegtest und seufztest, erschrak ich abergläubisch über ein nichtiges Vorzeichen, denn ich befürchtete ungewohnte Angstträume, in denen einer dich zwingen wollte, gegen deinen Willen ihm zu gehören.

Schließlich öffnete der Mond, der am halbgeöffneten Fenster vorbeiglitt, der geschäftige Mond, der so gern mit seinem Schein verweilt wäre, mit luftigen Strahlen ihre geschlossenen Lider. Sie stützte den Arm aufs weiche Polster und sprach:

«Hat eine andere Frau dich hinausgeworfen und dir die Tür verschlossen? Ist es diese Abfuhr, die dich endlich zu meinem Bett zurückbringt? Denn wo hast du die langen Stunden einer Nacht, die mir gehörte, verschwendet, schlaff, wie du bist, nachdem die Sterne schon – weh mir! – ihre Bahnen durchmessen haben? Mögest du selber solche langen Nächte erleben, Unmensch, wie ich Ärmste sie deinetwegen immer wieder ausstehen muß!

Denn bald wob ich, um den Schlaf zu täuschen, an etwas Purpurrotem, dann wieder, als ich müde war, spielte ich ein Lied auf Orpheus' Leier. Zuweilen klagte ich leise, ganz für mich, in meiner Verlassenheit, daß du oft so lange bei einer fremden Geliebten weilst, bis der Schlaf mich mit erquickenden Schwingen berührte und ich hinsank: das heilte schließlich meine Tränen.»

4

Warum rühmst du mir so viele Frauen, Bassus, und zwingst mich, anders zu werden und meine Herrin zu verlassen? Warum läßt du mich nicht lieber den Rest meines Lebens in der mir vertrauten Knechtschaft verbringen? Du magst von

tu licet Antiopae formam Nycteidos, et tu 5
   Spartanae referas laudibus Hermionae,
et quascumque tulit formosi temporis aetas:
   Cynthia non illas nomen habere sinet;
nedum, si levibus fuerit collata figuris,
   inferior duro iudice turpis eat. 10

Haec sed forma mei pars est extrema furoris:
   sunt maiora, quibus, Basse, perire iuvat:
ingenuus color et motis decor artubus et quae
   gaudia sub tacita discere veste libet.
quo magis et nostros contendis solvere amores, 15
   hoc magis accepta fallit uterque fide.

Non impune feres: sciet hoc, insane, puella
   et tibi non tacitis vocibus hostis erit;
nec tibi se post haec committet Cynthia nec te
   quaeret; erit tanti criminis illa memor, 20
et te circum omnis alias irata puellas
   differet: heu nullo limine carus eris!
nullas illa suis contemnet fletibus aras,
   nec quicumque sacer, qualis ubique, lapis.
non ullo gravius temptatur Cynthia damno 25
   quam sibi cum rapto cessat amore decus,
praecipue nostro. maneat sic semper, adoro,
   nec quicquam ex illa, quod querar, inveniam.
invide, tu tandem voces compesce molestas 5, 1
   et sine nos cursu, quo sumus, ire pares! 2

5

Quid tibi vis, insane? meae sentire furores? 3
   infelix, properas ultima nosse mala,
et miser ignotos vestigia ferre per ignis 5
   et bibere e tota toxica Thessalia.

der Schönheit Antiopes, der Tochter des Nykteus, oder Hermiones, der Spartanerin, schwärmen, von allen Frauen, die das Zeitalter der Schönheit hervorbrachte: Cynthia würde ihnen diesen Ruhm streitig machen, geschweige denn, daß sie, mit alltäglichen Schönheiten verglichen, von einem strengen Richter kläglich den zweiten Preis entgegennehmen würde!

Doch ihre Schönheit ist nur die letzte der Ursachen meines Wahnsinns: ich gehe gern zugrunde, Bassus, weil es da Gewichtigeres gibt. Ihr vornehmer Teint, die Anmut, mit der sie ihren Körper bewegt und die Freuden, die ich so gern unter der verschwiegenen Decke kennen lernte. Je mehr du dich also bemühst, unsere Liebe zu lösen, desto mehr trügst du dich, denn wir sind einander treu.

Du wirst nicht straflos davonkommen: die Geliebte wird es erfahren, Wahnsinniger und dir laut und deutlich ihre Feindschaft erklären. Dann wird Cynthia mich nicht mehr zu dir lassen noch selber dich besuchen; ein so schweres Vergehen wird sie nie vergessen. In ihrem Zorn wird sie dich rundum bei anderen Frauen verschreien. Weh dir! an keiner Schwelle wirst du willkommen sein. Kein Altar wird ihr zu gering sein, um davor zu weinen, und kein heiliger Stein, was und wo er auch sei. Kein Verlust kränkt Cynthia schwerer, als wenn man ihr eine Liebe stiehlt und so ihr Ansehen schmälert, vor allem, wenn es um meine Liebe geht. Ich bete, sie möge immer so bleiben und daß mir nichts von ihr widerfahre, worüber ich klagen muß. [5,1-2] Hör endlich auf mit deinem lästigen Gerede, mißgünstiger Mensch, und laß uns auf der Bahn, die wir betreten haben, einträchtig weiter gehen.

5

Was willst du eigentlich, Wahnsinniger? Die Wut meiner Geliebten erleben? Unseliger, du hast es eilig, namenloses Unglück zu erfahren, deine Schritte, Ärmster, durch Gluten zu lenken, die du noch nicht kennst, und Gifte aus ganz Thessa-

non est illa vagis similis collata puellis:
    molliter irasci non sciet illa tibi.
quod si forte tuis non est contraria votis,
    at tibi curarum milia quanta dabit! 10

Non tibi iam somnos, non illa relinquet ocellos:
    illa ferox animis alligat una viros.
a! mea contemptus quotiens ad limina curres,
    cum tibi singultu fortia verba cadent,
et tremulus maestis orietur fletibus horror, 15
    et timor informem ducet in ore notam,
et quaecumque voles fugient tibi verba querenti,
    nec poteris, qui sis aut ubi, nosse miser!
tum grave servitium nostrae cogere puellae
    discere et exclusum quid sit abire domum, 20
nec iam pallorem totiens mirabere nostrum,
    aut cur sim toto corpore nullus ego.
nec tibi nobilitas poterit succurrere amanti:
    nescit Amor priscis cedere imaginibus.
quod si parva tuae dederis vestigia culpae, 25
    quam cito de tanto nomine rumor eris!

Non ego tum potero solacia ferre roganti,
    cum mihi nulla mei sit medicina mali;
sed pariter miseri socio cogemur amore
    alter in alterius mutua flere sinu. 30
quare, quid possit mea Cynthia, desine, Galle,
    quaerere: non impune illa rogata venit.

6

Non ego nunc Hadriae vereor mare noscere tecum,
    Tulle, neque Aegaeo ducere vela salo,
cum quo Rhipaeos possim conscendere montis
    ulteriusque domos vadere Memnonias.

lien zu trinken. Sie läßt sich durchaus nicht mit gefälligen Damen vergleichen; dir gegenüber kennt sie keinen milden Zorn. Und wenn sie sich deinen Wünschen vielleicht nicht widersetzt, so wird sie dir doch tausend Sorgen schaffen.

Sie wird nicht zulassen, daß du schläfst oder deine Augen gebrauchst: wild ist sie und fesselt Männer mit ihrem Temperament. Ach, wie oft wirst du, wenn sie dich abweist, zu meiner Schwelle laufen, werden deine Trotzworte im Schluchzen untergehen! Zittern und zagen wirst du und bittere Tränen vergießen, und dein Gesicht wird von Panik ganz entstellt sein. Du möchtest klagen und findest keine Worte und weißt überhaupt nicht mehr, wer oder wo du bist, armer Freund. Das zwingt dich dann, die strenge Herrschaft meiner Geliebten kennen zu lernen und was es heißt, ohne Einlaß zu finden nach Hause zu gehen. Dann brauchst du dich nicht mehr so oft über meine Blässe zu verwundern oder zu staunen, warum ich körperlich überhaupt nichts bin. Dein Adel wird dir in deiner Verliebtheit nichts helfen: Amor versteht es nicht, vor Ahnenbildern Platz zu machen. Laß nur die kleinste Spur von Schuld erkennen, und wie schnell wirst du statt eines großen Namens nur noch ein Gerücht sein.

Wenn du dann Trost von mir willst, kann ich dir keinen geben, denn für mein eigenes Leiden habe ich keine Medizin. Doch Liebe macht Leidensgenossen, und wir werden, einer an der Brust des anderen, zusammen weinen müssen. Hör also bitte auf, zu fragen, wozu meine Cynthia fähig ist, Gallus: sie kommt, wenn man sie ruft, aber man büßt dafür.

6

Tullus, jetzt habe ich keine Angst, mit dir die Adria zu erleben und auf der Ägäis Segel zu setzen. Mir dir könnte ich das rhipäische Gebirge besteigen und über Memnons Palast hinaus nach Süden reisen, doch die Umarmungen, die Worte der

sed me complexae remorantur verba puellae, 5
  mutatoque graves saepe colore preces.
illa mihi totis argutat noctibus ignis,
  et queritur nullos esse relicta deos;
illa meam mihi se iam denegat, illa minatur,
  quae solet ingrato tristis amica viro. 10
his ego non horam possum durare querelis;
  a pereat, si quis lentus amare potest!
an mihi sit tanti doctas cognoscere Athenas
  atque Asiae veteres cernere divitias,
ut mihi deducta faciat convicia puppi 15
  Cynthia et insanis ora notet manibus,
osculaque opposito dicat sibi debita vento,
  et nihil infido durius esse viro?
Tu patrui meritis conare anteire securis
  et vetera oblitis iura refer sociis. 20
nam tua non aetas umquam cessavit amori,
  semper at armatae cura fuit patriae.

Et tibi non umquam nostros puer iste labores
  afferat et lacrimis ultima nota meis!
me sine, quem semper voluit Fortuna iacere, 25
  hanc animam extremae reddere nequitiae.
multi longinquo periere in amore libenter,
  in quorum numero me quoque terra tegat.
non ego sum laudi, non natus idoneus armis:
  hanc me militiam fata subire volunt. 30
at tu, seu mollis qua tendit Ionia, seu qua
  Lydia Pactoli tingit arata liquor,
seu pedibus terras seu pontum remige carpes
  ibis, et accepti pars eris imperii:
tum tibi si qua mei veniet non immemor hora, 35
  vivere me duro sidere certus eris.

7

Dum tibi Cadmeae dicuntur, Pontice, Thebae
  armaque fraternae tristia militiae,

Geliebten, das Flehen, dem ihr Erröten und Erblassen Nachdruck verleihen, halten mich zurück. Nächtelang redet sie laut von ihrer heißen Liebe, klagt, es gebe keine Götter, weil ich sie verlasse, sagt, sie sei nicht mehr die meine und droht mir alles an, was eine Freundin im Zorn einem undankbaren Liebhaber anzudrohen pflegt. Keine Stunde lang halte ich dieses Klagen aus: zum Henker mit einem Mann, der lässig lieben kann! Ist es denn für mich so wichtig, Athen und seine Kultur kennen zu lernen und die reichen alten Städte Kleinasiens zu besuchen, um von Cynthia beschimpft zu werden, wenn das Schiff schon zur Abfahrt bereit ist? Damit sie mir wie wild das Gesicht zerkratzt und sagt, sie verdanke meine Küsse nur dem ungünstigen Wind und nichts sei grausamer als ein treuloser Mann? Du mußt versuchen, den Liktoren, die deinem Onkel zustehen, vorauszureisen und vergeßliche Verbündete an ihre Pflichten erinnern. In deiner Jugend hast du nie Zeit für die Liebe gehabt: stets hast du dich fürs Vaterland in Waffen eingesetzt.

Möge «dieser Knabe» dir nie das antun, was er mir an Qualen beschert hat und alles, was man aus «meinen Tränen» weiß. Mein Los war schon immer, am Boden zu liegen; laß mich mein Leben in völligem Nichtstun verbringen. Schon viele sind gern an einer langen Liebe zugrunde gegangen: mag auch mich als einen der ihren die Erde decken. Für Ruhm, fürs Kriegshandwerk bin ich nicht geschaffen: Minnedienst ist mein Schicksal. Brichst du zum weiten Ionien auf, wo man angenehm lebt? Oder nach Lydien, wo der Paktolos die Felder bespült? Wirst du zu Fuß übers Festland oder zu Schiff übers Meer reisen? Reisen wirst du und wirst der eingesetzten Regierung angehören. Kommt dann eine Stunde, die dich meiner gedenken läßt, sei sicher, daß ein Unstern mein Leben beherrscht.

7

Ponticus, du singst von Theben, der Stadt des Kadmos, vom tragischen Zweikampf im Bruderkrieg und ringst – ich setze

atque, ita sim felix, primo contendis Homero,
  (sint modo fata tuis mollia carminibus),
nos, ut consuemus, nostros agitamus amores, 5
  atque aliquid duram quaerimus in dominam;
nec tantum ingenio quantum servire dolori
  cogor et aetatis tempora dura queri.

Hic mihi conteritur vitae modus, haec mea fama est,
  hinc cupio nomen carminis ire mei. 10
me laudent doctae solum placuisse puellae,
  Pontice, et iniustas saepe tulisse minas;
me legat assidue post haec neglectus amator,
  et prosint illi cognita nostra mala.

Te quoque si certo puer hic percusserit arcu, 15
  (quod nolim nostros, heu, voluisse deos),
longe castra tibi, longe miser agmina septem
  flebis in aeterno surda iacere situ;
et frustra cupies mollem componere versum,
  nec tibi subiciet carmina serus Amor. 20

Tunc me non humilem mirabere saepe poetam,
  tunc ego Romanis praeferar ingeniis;
nec poterunt iuvenes nostro reticere sepulcro
  'Ardoris nostri magne poeta, iaces.'
tu cave nostra tuo contemnas carmina fastu: 25
  saepe venit magno faenore tardus Amor.

8 A

Tune igitur demens, nec te mea cura moratur?
  an tibi sum gelida vilior Illyria?
et tibi iam tanti, quicumque est, iste videtur,
  ut sine me vento quolibet ire velis?

mein Glück aufs Spiel – mit Homer, dem Größten! wenn nur das Schicksal deinen Versen gnädig ist, während ich, wie gewohnt, meine Liebesdichtung betreibe und mir etwas einfallen lasse, was die grausame Herrin beeindruckt. Ich muß mehr meinen Gefühlen als meiner Begabung dienen und beklage die schweren Zeiten meines Jugendalters.

So verbringe ich mein Leben; dafür bin ich bekannt; das ist nach meinem Wunsch der Ausgangspunkt meines Dichterruhms. Mich soll man preisen, Ponticus, daß ich allein einer kunstverständigen Geliebten gefallen und oft ihren ungerechten Zorn ertragen habe. Ein Liebender, den man schlecht behandelt hat, soll mich später eifrig lesen, und möge es ihm helfen, wenn er von meinem Unglück erfährt.

Wenn «dieser Knabe» auch dich mit seinem treffsicheren Bogen trifft (doch, ach! ich hoffe, daß meine Götter das nicht wollen), dann wirst du klagen, armer Freund, daß das Lager, daß die sieben Heere weit, weit von dir klanglos in ewigem Moder liegen: vergeblich wirst du wünschen, weiche Verse schreiben zu können, und Amor kommt zu spät, um dir Lieder einzugeben.

Dann wirst du mich noch oft als nicht unbedeutenden Dichter bewundern: dann wird man mich v o r anderen römischen Talenten preisen, und an meinem Grab werden junge Menschen unwillkürlich sagen: «Da liegst du, großer Dichter unserer Leidenschaft!» Hüte dich, hochmütig meine Verse gering zu schätzen: kommt Amor spät, so fordert er oft hohe Zinsen.

8 A

Bist du eigentlich verrückt? Gibt meine Liebe dir nicht zu denken? Bin ich dir weniger wert als das kalte Illyrien? Und dieser Kerl, wer immer er ist, bedeutet dir schon so viel, daß du – ohne mich! – gleichgültig, wie der Wind weht, reisen

tune audire potes vesani murmura ponti 5
  fortis, et in dura nave iacere potes?
tu pedibus teneris positas sulcare pruinas,
  tu potes insolitas, Cynthia, ferre nives?

O utinam hibernae duplicentur tempora brumae,
  et sit iners tardis navita Vergiliis, 10
nec tibi Tyrrhena solvatur funis harena,
  neve inimica meas elevet aura preces
et me defixum vacua patiatur in ora 15
  crudelem infesta saepe vocare manu!

Sed quocumque modo de me, periura, mereris,
  sit Galatea tuae non aliena viae,
atque ego non videam talis subsidere ventos, 13
  cum tibi provectas auferet unda rates, 14
ut te, felici post lecta Ceraunia remo,
  accipiat placidis Oricos aequoribus! 20
nam me non ullae poterunt corrumpere, de te
  quin ego, vita, tuo limine vera querar;
nec me deficiet nautas rogitare citatos
  'dicite, quo portu clausa puella mea est?'
et dicam 'licet Autaricis considat in oris, 25
  et licet Hylaeis, illa futura mea est.'

8 B

Hic erit! hic iurata manet! rumpantur iniqui!
  vicimus: assiduas non tulit illa preces.
falsa licet cupidus deponat gaudia Livor:
  destitit ire novas Cynthia nostra vias. 30
illi carus ego et per me carissima Roma
  dicitur, et sine me dulcia regna negat.
illa vel angusto mecum requiescere lecto
  et quocumque modo maluit esse mea,

möchtest? Bist du stark genug, das Tosen der rasenden See zu hören? Kannst du auf dem harten Schiffsdeck liegen? Kannst du deine zarten Füße auf frischgefallenen Schnee setzen, Cynthia, und ungewohnten Winterstürmen trotzen?

Wenn sich doch nur die Zeit der Wintersonnenwende verdoppeln würde und die Seeleute untätig warten müßten, weil das Siebengestirn später aufgeht als sonst! Dann könnte dein Schiffstau sich nicht vom tyrrhenischen Strand lösen, und der böse Wind würde meine Gebete nicht entkräften und mich an der kahlen Küste angewurzelt stehen lassen, während ich mit drohend erhobener Hand «Grausame! Grausame!» rufe.

Doch was du meinetwegen auch verdienst, treulose Frau, möge Galatea dennoch deiner Fahrt nicht feindlich sein, und möge ich nicht erleben, daß Winde wie diese sich legen, nachdem die Wellen dein Schiff davongetragen haben, damit du, wenn du glücklich die keraunischen Klippen umschifft hat, in Orikos' friedlichem Gewässern landen kannst. Denn keine andere Frau wird mich je verführen, mein Leben, an deiner Schwelle über dich die Wahrheit zu klagen, und unermüdlich will ich Schiffer anrufen und fragen: «Sagt mir, in welchem Hafen ist die Geliebte geborgen?» Und ich werde sagen: «Ob sie an der autarischen Küste, ob sie an der von Hyläa sich aufhält, sie wird die meine sein.»

8 B

Sie bleibt. Sie hat es geschworen, und sie bleibt. Mögen andere platzen vor Neid! Ich habe gesiegt. Meinen unablässigen Bitten konnte sie nicht widerstehen. Die Lüsternen und Mißgünstigen dürfen ihre falsche Freude aufgeben: meine geliebte Cynthia verzichtet auf diese neue Reise. Es heißt, sie liebe mich, sie liebe meinetwegen Rom über alles und ohne mich locke sie kein Königreich. Sie möchte lieber bei mir schlafen, auch auf einem engen Bett, und in jedem Sinne mir

quam sibi dotatae regnum vetus Hippodamiae,   35
  et quas Elis opes apta pararat equis.
quamvis magna daret, quamvis maiora daturus,
  non tamen illa meos fugit avara sinus.
hanc ego non auro, non Indis flectere conchis,
  sed potui blandi carminis obsequio.   40
sunt igitur Musae, neque amanti tardus Apollo,
  quis ego fretus amo: Cynthia rara mea est!
nunc mihi summa licet contingere sidera palmis,
  sive dies seu nox venerit: illa mea est!
nec mihi rivalis certos subducet amores: 45
  iusta meam norit gloria canitiem.

9

Dicebam tibi venturos, irrisor, amores,
  nec tibi perpetuo libera verba fore:
ecce iaces supplexque venis ad iura puellae,
  et tibi nunc quaevis imperat empta modo.
non me Chaoniae vincant in amore columbae   5
  dicere, quos iuvenes quaeque puella domet.
me dolor et lacrimae merito fecere peritum:
  atque utinam posito dicar amore rudis!

Quid tibi nunc misero prodest grave dicere carmen
  aut Amphioniae moenia flere lyrae?   10
plus in amore valet Mimnermi versus Homero:
  carmina mansuetus lenia quaerit Amor.
i quaeso et tristis istos sepone libellos,
  et cane quod quaevis nosse puella velit.
quid si non esset facilis tibi copia? nunc tu   15
  insanus medio flumine quaeris aquam.
necdum etiam palles, vero nec tangeris igni:
  haec est venturi prima favilla mali.
tum magis Armenias cupies accedere tigris,
  et magis infernae vincula nosse rotae,   20

gehören, als das alte Reich besitzen, das Hippodameias Mitgift war, und alle Schätze, die Elis' Pferdezucht gesammelt hatte. Obwohl er ihr sehr viel gab, obwohl er bereit war, ihr noch mehr zu geben, widerstand sie der Habgier und wich nicht von meiner Brust. Diese Frau war nicht mit Gold, nicht mit Perlen aus dem Orient zu bezwingen – nur durch die Hingabe meiner sanften Dichtung. Also gibt es die Musen, Apollon eilt dem Liebenden zu Hilfe, und ich liebe im Vertrauen auf sie: die einzigartige Cynthia ist mein. Jetzt darf ich mit den Händen die höchsten Sterne berühren, und zwar bei Tag und bei Nacht: sie ist mein. Kein Nebenbuhler wird mir diese treue Liebe stehlen: auch wenn mein Haar ergraut ist, darf ich mich mit Recht rühmen.

9

Oft, wenn du mich verspottetest, sagte ich, du würdest die Liebe kennen lernen und könntest nicht immer sagen, was du willst. Sieh, schon liegst du am Boden, unterwirfst dich demütig dem Gebot einer Geliebten, und irgendeine Frau, vor kurzem angeschafft, beherrscht dich. Was die Liebe betrifft, so können die Tauben von Dodona kaum besser voraussagen als ich, welche Frau welche Männer bezähmt. Schmerzlichen Tränen verdanke ich meine Erfahrung: könnte ich nur die Liebe vergessen und ein Anfänger sein!

Was nützt es dir jetzt in deinem Schmerz, ernste Verse zu deklamieren oder die Mauern zu beklagen, die Amphions Leier errichtete? In der Liebe ist Mimnermos' Versmaß mehr wert als das Homers: Amor ist schmiegsam und fordert sanfte Lieder. Geh und versorge diese düsteren Büchern und dichte, was die Frauen gerne hören. Kannst du denn nicht zu ihr, wenn du willst? Du stehst mitten im Fluß, du Narr, und dürstest. Dabei bist du noch gar nicht bleich und hast noch nicht richtig Feuer gefangen: das ist nur der erste Funke des kommenden Unheils. *Dann* möchtest du lieber mit armenischen Tigerinnen zu tun haben, lieber in der Unterwelt auf Ixions Rad gefesselt sein, als immer wieder den Pfeil des Liebes-

quam pueri totiens arcum sentire medullis
   et nihil iratae posse negare tuae.
nullus Amor cuiquam facilis ita praebuit alas,
   ut non alterna presserit ille manu.

Nec te decipiat, quod sit satis illa parata: 25
   acrius ille subit, Pontice, si qua tua est;
quippe ubi non liceat vacuos seducere ocellos,
   nec vigilare alio limine cedat Amor.
qui non ante patet, donec manus attigit ossa:
   quisquis es, assiduas tu fuge blanditias! 30
illis et silices et possint cedere quercus,
   nedum tu possis, spiritus iste levis.
quare, ni pudor est, quam primum errata fatere:
   dicere quo pereas saepe in amore levat.

10

O iucunda quies, primo cum testis amori
   affueram vestris conscius illecebris!
o noctem meminisse mihi iucunda voluptas,
   o quotiens votis illa vocanda meis,
cum te complexa morientem, Galle, puella 5
   vidimus in longam ducere verba moram!
quamvis labentis premeret mihi somnus ocellos
   et mediis caelo Luna ruberet equis,
non tamen a vestro potui secedere lusu:
   tantus in alternis vocibus ardor erat. 10

Sed quoniam non es veritus concredere nobis,
   accipe commissae munera laetitiae:
non solum vestros didici recitare calores,
   est quiddam in nobis maius, amice, fide.
possum ego divisos iterum coniungere amantis, 15
   et dominae tardas possum aperire fores;
et possum alterius curas sanare recentis,
   nec levis in verbis est medicina meis.

gottes im Innersten zu spüren und deiner Geliebten nichts versagen zu können, wenn sie wütend ist. Nie hat Amor einem die Flügel so frei gelassen, daß er sie nicht gleich mit der anderen Hand zusammenpreßte.

Sie ist zwar willig, aber das soll dich nicht täuschen: wenn sie dir gehört, Ponticus, fühlst du den Stachel noch tiefer im Innern; denn dann kannst du deine Augen nicht mehr nach Belieben von ihr wenden, und die Liebe erlaubt dir nicht mehr, an der Schwelle einer anderen zu wachen. Sie enthüllt sich erst dann, wenn ihre Hand deine Knochen berührt. Wer du auch bist, flieh diese ständige Versuchung. Steine und Eichen würden ihr nachgeben, geschweige denn du, Bruder Leichtsinn! Also gib um Gottes willen gleich deinen Irrtum zu: in der Liebe fühlt man sich oft erleichtert, wenn man bekennt, worin man sich verliert.

10

Wohltuende Ruhe, als ich bewußt Zeuge eurer ersten Umarmung war und eure Tränen miterlebte! Wohltuende Lust der Erinnerung an jene Nacht, die ich noch oft in Gebeten anrufen muß, als ich sah, wie du in den Armen der Geliebten starbst, Gallus, und zwischen langen Pausen Worte seufztest! Obgleich der Schlaf meine müden Lider zudrücken wollte und der errötende Mond sein Gespann mitten im Himmel lenkte, konnte ich mich nicht losreißen von eurem Liebesspiel, so heftig war die Leidenschaft im Austausch eurer Worte!

Aber weil du ohne Hemmung mir dein Vertrauen geschenkt hast, darfst du auch den Lohn für die Lust empfangen, an der ich teilnahm. Ich kann nicht nur eure Leidenschaft geheim halten, in mir ist noch etwas Größeres als Treue, mein Freund. Ich kann entzweite Liebende wieder versöhnen, und ich kann die zögernde Tür der Herrin öffnen; ich kann die frischen Wunden eines andern schließen, und die Heilkraft meiner Worte ist nicht gering. Cynthia hat mich gelehrt, was

Cynthia me docuit, semper quae cuique petenda
    quaeque cavenda forent: non nihil egit Amor.   20

Tu cave ne tristi cupias pugnare puellae,
    neve superba loqui, neve tacere diu;
neu, si quid petiit, ingrata fronte negaris,
    ne tibi pro vano verba benigna cadant.
irritata venit, quando contemnitur illa,   25
    nec meminit iustas ponere laesa minas:
at quo sis humilis magis et subiectus amori,
    hoc magis effectu saepe fruare bono.
is poterit felix una remanere puella,
    qui numquam vacuo pectore liber erit.   30

11

Ecquid te mediis cessantem, Cynthia, Bais,
    qua iacet Herculeis semita litoribus,
et modo Thesproti mirantem subdita regnos
    proxima Misenis aequora nobilibus,
nostri cura subit memores a! ducere noctes?   5
    ecquis in extremo restat amore locus?
an te nescio quis simulatis ignibus hostis
    sustulit e nostris, Cynthia, carminibus,   8
ut solet amota labi custode puella,   15
    perfida communis nec meminisse deos?   16

Atque utinam mage te remis confisa minutis   9
    parvula Lucrina cumba moretur aqua,   10
aut teneat clausam tenui Teuthrantis in unda
    alternae facilis cedere lympha manu,
quam vacet alterius blandos audire susurros
    molliter in tacito litore compositam,   14
non quia perspecta non es mihi cognita fama,   17
    sed quod in hac omnis parte timetur amor.

jeder jeweils suchen muß und wovor er sich zu hüten hat: Amor war doch zu etwas gut.

Ist die Geliebte schlechter Laune, fang ja keinen Streit mit ihr an, sprich nicht von oben herab, versinke nicht in langes Schweigen; wenn sie etwas von dir will, mach kein mürrisches Gesicht und sag «Nein», und laß sie ihre freundlichen Worte nicht einfach verschwenden. Wenn man sie schlecht behandelt, gerät sie in Zorn, und ist sie einmal verletzt, fällt es ihr nicht ein, dich mir berechtigten Drohungen zu verschonen. Je tiefer du dich demütigst und der Liebe unterwirfst, desto öfter kannst du dich deiner Erfolge freuen. Nur einer, der nie frei, dessen Herz nie leer ist, kann mit einer einzigen Frau zusammen glücklich sein.

11

Du weilst inmitten von Baiae, Cynthia, wo am Strand die Straße liegt, die Herakles baute, und staunst, daß Wasser, welches noch vor kurzem unter Thesprotos' Herrschaft war, jetzt in der Nähe des berühmten Misenum ist – hast du Sehnsucht nach mir? erinnerst du dich an lange Nächte? Hast du ganz am Rand deiner Liebe noch Platz für mich? Oder hat irgendein Feind, der Liebe vortäuscht, dich aus meinen Liedern geraubt, Cynthia? Es kommt ja vor, daß eine Frau nachgibt, wenn die Hüterin sich entfernt hat, und die gemeinsam angerufenen Götter vergißt.

Mit wäre es lieber, du würdest dich winzigen Rudern anvertrauen und dich in einem kleinen Boot auf dem Lukrinersee vergnügen; laß dich lieber in den seichten Wellen des Teuthras vom Wasser umfangen, das leicht dem Wechselschlag der Arme nachgibt, statt bequem an stiller Küste zu liegen und dem schmeichelnden Geflüster des andern zuzuhören. Ich sage das nicht, weil ich dich nicht kenne und deinem Ruf nicht traue, sondern weil in dieser Gegend jede Liebelei gefährlich ist.

Ignosces igitur, si quid tibi triste libelli
    attulerint nostri: culpa timoris erit.   20
an mihi nunc maior carae custodia matris
    aut sine te vitae cura sit ulla meae?
tu mihi sola domus, tu, Cynthia, sola parentes,
    omnia tu nostrae tempora laetitiae.
seu tristis veniam seu contra laetus amicis,   25
    quidquid ero, dicam 'Cynthia causa fuit'.
tu modo quam primum corruptas desere Baias:
    multis ista dabunt litora discidium,
litora, quae fuerunt castis inimica puellis:
    a pereant Baiae, crimen amoris, aquae!   30

12

Quid mihi desidiae non cessas fingere crimen,
    quod faciat nobis, Pontice, Roma, moram?
tam multa illa meo divisa est milia lecto,
    quantum Hypanis Veneto dissidet Eridano;
nec mihi consuetos amplexu nutrit amores   5
    Cynthia, nec nostra dulcis in aure sonat.

Olim gratus eram: non ullo tempore cuiquam
    contigit ut simili posset amare fide.
invidiae fuimus: num me deus obruit? an quae
    lecta Prometheis dividit herba iugis?   10
non sum ego qui fueram: mutat via longa puellas.
    quantus in exiguo tempore fugit amor!
nunc primum longas solus cognoscere noctes
    cogor et ipse meis auribus esse gravis.
felix, qui potuit praesenti flere puellae   15
    (non nihil aspersus gaudet Amor lacrimis),
aut si despectus potuit mutare calores,
    (sunt quoque translato gaudia servitio):
mi neque amare aliam neque ab hac desistere fas est:
    Cynthia prima fuit, Cynthia finis erit.   20

Du mußt mir also verzeihen, wenn mein Brief dich verdrießt: nur meine Angst ist schuld daran. Glaubst du, daß ich jetzt meine Mutter sorglicher beschützen würde als dich? daß mir ohne dich überhaupt etwas am Leben liegt? Cynthia, du allein bist mein Haus, du allein meine Eltern, du jede Stunde meines Glücks! Ob ich traurig bin, wenn ich die Freunde treffe, oder fröhlich, in welcher Stimmung ich auch bin, ich werde sagen: «Cynthia ist der Grund.» Nur reise so bald wie möglich aus dem verderbten Baiae ab: das ist ein Strand, der noch viele auseinander bringen wird, ein Strand, der anständigen Frauen schadet. Ach, zum Teufel mit Baiae! es bringt die Liebe in Verruf!

12

Warum wirfst du mir unablässig meine Trägheit vor, weil ich immer in Rom bin, Ponticus? Cynthia ist so viele Meilen von meinem Bett entfernt wie der Bug vom venetischen Po. Sie nährt nicht in meinen Armen die gewohnte Liebe, noch flüstert sie mir süß ins Ohr.

Einst war ich ihr genehm. Damals war es keinem anderen vergönnt, so heiß zu lieben und seiner Liebsten so sicher zu sein. Wir haben Neid erregt. Hat ein Gott sich auf mich gestürzt? oder trennt mich von ihr ein Kraut, das auf den Höhen des Kaukasus gepflückt wurde? Ich bin nicht mehr, der ich war. Lange Reisen verändern Frauen. Eine große Liebe – so schnell vorbei. Jetzt muß ich erstmals einsam lange Nächte erleben und falle meinen eigenen Ohren zur Last. Glücklich, wer in Gegenwart der Geliebten weinen (Amor freut sich sehr, wenn Tränen ihn bespritzen) oder, wenn man ihn abwies, seine Liebe einer anderen schenken konnte (auch eine übertragene Sklaverei hat ihre Freuden): ich aber darf keine andere lieben und von dieser einen nicht lassen: Cynthia war die erste, und Cynthia wird die letzte sein.

13

Tu, quod saepe soles, nostro laetabere casu,
  Galle, quod abrepto solus amore vacem.
at non ipse tuas imitabor, perfide, voces:
  fallere te numquam, Galle, puella velit.
dum tibi deceptis augetur fama puellis,   5
  certus et in nullo quaeris amore moram,
perditus in quadam tardis pallescere curis
  incipis, et primo lapsus abire gradu.

Haec erit illarum contempti poena doloris:
  multarum miseras exiget una vices.   10
haec tibi vulgaris istos compescet amores,
  nec nova quaerendo semper amicus eris.
haec non sum rumore vago, non augure doctus:
  vidi ego: me quaeso teste negare potes?
vidi ego te toto vinctum languescere collo   15
  et flere iniectis, Galle, diu manibus,
et cupere optatis animam deponere labris,
  et quae deinde meus celat, amice, pudor.
non ego complexus potui diducere vestros:
  tantus erat demens inter utrosque furor.   20
non sic Haemonio Salmonida mixtus Enipeo
  Taenarius facili pressit amore deus,
nec sic caelestem flagrans amor Herculis Heben
  sensit ab Oetaeis gaudia prima rogis.
una dies omnis potuit praecurrere amantis: 25
  nam tibi non tepidas subdidit illa faces,
nec tibi praeteritos passa est succedere fastus,
  nec sinet: addictum te tuus ardor aget.
nec mirum, cum sit Iove dignae proxima Ledae
  et Ledae partu gratior, una tribus,   30
illa sit Inachiis et blandior heroinis,
  illa suis verbis cogat amare Iovem.
tu vero quoniam semel es periturus amore,
  utere: non alio limine dignus eras.

13

Du wirst dich, wie du das gerne tust, an meinem Unglück freuen, Gallus. Meine Liebe ist mir geraubt worden, und ich bin allein. Aber ich will jetzt nicht selber deine Worte wiederholen, Verräter. Möge nie eine Frau dich täuschen wollen. Mit jeder Frau, die *du* betrogen hast, wächst dein Ruhm: in keiner dauerhaften Liebe suchst du deinen Aufenthalt, aber jetzt, etwas spät, verliebst du dich sterblich, wirst bleich vor Kummer, fällst beim ersten Schritt und bist dahin.

Sie wird die Strafe für den Schmerz jener anderen sein, der dir so wenig bedeutete: jetzt wird *eine* Frau anstelle von vielen schlimme Vergeltung üben. *Die* wird deinen billigen Liebeleien ein Ende setzen, und du kannst nicht ihr Freund sein, wenn du ständig neue Abenteuer suchst. Das habe ich durch kein unbestimmtes Gerücht, von keinem Wahrsager erfahren; ich sah es: bitte sehr, kannst du mein Zeugnis bestreiten? Ich sah dich in ihrer engen Umarmung dahinschmelzen und lange weinen, während deine Hände sie umfingen, vom Wunsch erfüllt, dein Leben auf ihren süßen Lippen auszuhauchen. Das weitere will ich rücksichtsvoll verschweigen, Freund. Ich hätte eure Umarmungen nicht trennen können, so überwältigend war die wilde Leidenschaft, die euch verband. Der Gott vom Tainaron in der Gestalt des Thessaliers Enipeus umarmte weniger leidenschaftlich Salmoneus' Tochter, und Herakles' Liebe zur himmlischen Hebe war weniger heiß, als er nach dem Scheiterhaufen auf dem Oite die ersten Wonnen verspürte. Ein einziger Tag konnte alle Liebenden einholen, denn nicht lauwarm ist die Fackel, die sich in dein Inneres getaucht hat, und sie duldet es nicht, daß dein früherer Hochmut wieder über dich kommt und wird es auch nicht erlauben: deine Glut treibt dich in die Hörigkeit. Kein Wunder, ist sie doch fast so schön wie Leda, die Iuppiters würdig war, und anmutiger als alle drei von Ledas Töchtern, verführerischer als die Heroinen von Argos und so beredsam, daß Iuppiter sie lieben müßte. Doch da du ein für allemal an der Liebe sterben mußt, genieße sie: du verdienst kein besseres

qui tibi sit felix, quoniam novus incidit, error; 35
  et quotcumque voles una sit ista tibi.

14

Tu licet abiectus Tiberina molliter ulva
  Lesbia Mentoreo vina bibas opere,
et modo tam celeris mireris currere lintres
  et modo tam tardas funibus ire ratis;
et nemus omne satas intendat vertice silvas, 5
  urgetur quantis Causasus arboribus;
non tamen ista meo valeant contendere amori:
  nescit Amor magnis cedere divitiis.

Nam sive optatam mecum trahit illa quietem,
  seu facili totum ducit amore diem, 10
tum mihi Pactoli veniunt sub tecta liquores,
  et legitur Rubris gemma sub aequoribus;
tum mihi cessuros spondent mea gaudia reges;
  quae maneant, dum me fata perire volent!

Nam quis divitiis adverso gaudet Amore? 15
  nulla mihi tristi praemia sint Venere!
illa potest magnas heroum infringere vires,
  illa etiam duris mentibus esse dolor;
illa neque Arabium metuit transcendere limen
  nec timet ostrino, Tulle, subire toro, 20
et miserum toto iuvenem versare cubili:
  quid relevant variis serica textilibus?
quae mihi dum placata aderit, non ulla verebor
  regna vel Alcinoi munera despicere.

15

Saepe ego multa tuae levitatis dura timebam,
  hac tamen excepta, Cynthia, perfidia.

Haus. Das ist ein neues Abenteuer; ich wünsche dir Glück, und möge diese eine für dich alle Frauen sein, die du dir wünschen kannst.

14

Zwar liegst du lässig und bequem am Tiberstrand und trinkst Weine von Lesbos aus einem von Mentor geschaffenen Becher und wunderst dich, wie schnell die Schiffe vorübergleiten und dann wieder, wie langsam die von Tauen gezogenen Kähne fahren; zwar ragt ein ganzer Wald von angepflanzten Bäumen hügelaufwärts, Bäume, so hoch wie die auf dem Kaukasus – aber das alles kommt nicht gegen meine Liebe auf: Amor hat nicht im Sinn, vor großem Reichtum zu weichen.

Wenn *sie* mir eine lang ersehnte Nacht schenkt oder gutgelaunt und liebevoll den ganzen Tag bei mit verbringt, dann strömt mir der Paktolos direkt ins Haus, und man fischt für mich Perlen aus der Tiefe des Roten Meeres; dann versprechen meine Freuden, daß Könige vor mir weichen müssen; möge es so lange so bleiben, bis das Schicksal meinen Tod will.

Denn wer kann sich an seinem Reichtum freuen, wenn Amor gegen ihn ist? Ich möchte keine Schätze, wenn Venus mir zürnt. Sie kann die gewaltige Kraft von Helden brechen und selbst harten Herzen Schmerz bereiten. Sie fürchtet sich nicht, Schwellen aus arabischem Onyx zu überschreiten, scheut sich nicht, Tullus, in ein Purpurbett zu schlüpfen und einen leidenden Jüngling übers ganze Lager hin zu wälzen: was nützen dann die buntgewirkten Seidenstoffe? Wenn *sie* nur huldvoll bei mir ist, schlage ich ohne weiteres Königreiche oder Alkinoos' Geschenke aus.

15

Schon oft habe ich von deinen Launen viel Schmerzliches befürchtet, Cynthia, aber dennoch nie diesen Verrat. Sieh nur,

aspice me quanto rapiat fortuna periclo!
　　tu tamen in nostro lenta furore venis;
et potes hesternos manibus componere crinis　　　　5
　　et longa faciem quaerere desidia,
nec minus Eois pectus variare lapillis,
　　ut formosa novo quae parat ire viro.

At non sic Ithaci digressu mota Calypso
　　desertis olim fleverat aequoribus:　　　　　　　10
multos illa dies incomptis maesta capillis
　　sederat iniusto multa locuta salo,
et quamvis numquam post haec visura, dolebat
　　illa tamen, longae conscia laetitiae.　　　　　　14
nec sic Aesoniden rapientibus anxia ventis　　　　17
　　Hypsipyle vacuo constitit in thalamo:
(Hypsipyle nullos post illos sensit amores,
　　ut semel Haemonio tabuit hospitio.)　　　　　　20
coniugis Euadne miseros elata per ignis
　　occidit, Argivae fama pudicitiae.　　　　　　　22
Alphesiboea suos ulta est pro coniuge fratres,　　15
　　sanguinis et cari vincula rupit amor.

Quarum nulla tuos potuit convertere mores,　　　23
　　tu quoque uti fieres nobilis historia.
desine iam renovare tuis periuria verbis,　　　　　25
　　Cynthia, et oblitos parce movere deos;
audax a! nimium nostro dolitura periclo,
　　si quid forte tibi durius inciderit!
alta prius retro labentur flumina ponto,
　　annus et inversas duxerit ante vices,　　　　　30
quam tua sub nostro mutetur pectore cura:
　　sis quodcumque voles, non aliena tamen.
Tam tibi ne viles isti videantur ocelli,
　　per quos saepe mihi credita perfidia est!
hos tu iurabas, si quid mentita fuisses,　　　　　35
　　ut tibi suppositis exciderent manibus:
et contra magnum potes hos attollere Solem,
　　nec tremis admissae conscia nequitiae?

in welche Gefahr das Schicksal mich reißt: ich lebe in Furcht, und du kommst ganz gelassen und bringst es fertig, deine Frisur von gestern zu ordnen, in aller Ruhe dein Gesicht herzurichten, dazu noch deine Brust mit farbigen Edelsteinen aus dem Orient zu schmücken, wie eine Schöne, die sich zurecht macht, um zu einem neuen Geliebten zu gehen.

Da war Kalypso doch anders: von Odysseus' Abschied aufgewühlt, weinte sie einst lange ganz allein an der Küste; tagelang saß sie trostlos mit ungekämmtem Haar und sprach so vieles zum grausamen Meer, und obwohl sie ihn nie mehr wieder sehen sollte, tat es ihr weh, wenn sie an das lange Glück mit ihm dachte. Auch Hypsipyle war ganz anders: sorgenvoll stand sie im leeren Schlafgemach, als ihr die Winde Iason entführten (Hypsipyle kannte keine andere Liebe mehr, nachdem sie einmal für den Gast aus Thessalien hingeschmolzen war). Euadne, der Stolz der treuen Argiverinnen, fand ihren Tod und ihre Bestattung auf dem Scheiterhaufen ihres armen Gatten. Alphesiboia nahm Rache für ihren Mann an den eigenen Brüdern, und ihre Liebe brach sogar teure Blutsbande entzwei.

Sie alle konnten dich nicht bekehren, *auch* eine großartige Legende zu werden. Bitte hör auf, Cynthia, Schwüre zu erneuern, die du schon gebrochen hast, und laß die Götter, die sie vergessen haben, in Ruhe. Rücksichtslos bist du bereit, durch deinen Schmerz auch mich in Gefahr zu bringen, sollte dir irgend etwas zustoßen. Eher werden tiefe Flüsse vom Meer zurückfließen, eher die Jahreszeiten in umgekehrter Folge ablaufen, als daß in meinem Herzen die Liebe zu dir sich wandelt: sei, was du willst, doch sei die meine.

So oft hast du mir bei deinen Augen geschworen, und ich habe dir, Treulose, geglaubt; sie dürfen dir nicht so wertlos scheinen. Du schworst: «Wenn ich gelogen habe, sollen sie mir in die Hände fallen, die ich darunterhalte!» Und diese Augen kannst du zum erhabenen Sonnengott emporheben, ohne im Bewußtsein begangener Schuld zu zittern? Was

Quid te cogebat multos pallere colores
  et fletum invitis ducere luminibus?   40
quis ego nunc pereo, similis moniturus amantis
  'non ullis tutum credere blanditiis!'

16

'Quae fueram magnis olim patefacta triumphis,
  ianua Patriciae vota Pudicitiae;
cuius inaurati celebrarunt limina currus,
  captorum lacrimis umida supplicibus,
nunc ego, nocturnis potorum saucia rixis,   5
  pulsata indignis saepe queror manibus,
et mihi non desunt turpes pendere corollae
  semper et exclusi signa iacere faces.
nec possum infamis dominae defendere voces
  nobilis obscenis tradita carminibus;   10
nec tamen illa suae revocatur parcere famae,
  purior et saecli vivere luxuria.

Has inter gravius cogor deflere querelas
  supplicis a! longis tristior excubiis.
ille meos numquam patitur requiescere postis,   15
  arguta referens carmina blanditia:

"Ianua vel domina penitus crudelior ipsa,
  quid mihi tam duris clausa taces foribus?
cur numquam reserata meos admittis amores,
  nescia furtivas reddere mota preces?   20
nullane finis erit nostro concessa dolori,
  turpis et in tepido limine somnus erit?
me mediae noctis, me sidera prona iacentem,
  frigidaque Eoo me dolet aura gelu:
o utinam traiecta cava mea vocula rima   27
  percussas dominae vertat in auriculas!

zwang dich, immer wieder zu erröten und zu erbleichen und deinen Augen, auch wenn sie nicht wollten, Tränen zu entlocken? Diese Künste sind mein Verderben! Ich kann nur Liebende in meiner Lage warnen: «Nie darf man Schmeichelworten trauen!»

16

«Ich bin die der Patrizischen Keuschheit geweihte Haustür, die sich einst für große Triumphe auftat. Einst drängten sich vergoldete Wagen an meiner Schwelle, die von den Tränen flehender Gefangener naß war. Jetzt aber muß ich mich beklagen, daß ich oft beschädigt werde, wenn Betrunkene sich streiten, und daß vulgäre Typen anklopfen, und zu meiner Schande hängen erst noch Kränze an mir, und immer liegen da Fackeln, Zeichen, daß einer nicht eingelassen wurde. Ich kann meine Herrin vor beleidigenden Bemerkungen nicht schützen und bin hilflos, vornehm, wie ich bin, gegen unanständige Verse. Sie aber läßt sich nicht belehren, denkt nicht an ihren Ruf und will kein besseres Leben führen als unsere zügellose Gesellschaft.

Das sind so meine Klagen, aber noch bitterer muß ich weinen, noch trauriger bin ich, wenn *einer* da flehend seine Nächte verbringt. Der gönnt meinen Pfosten keine Ruhe, sondern trägt laut und vernehmlich seine lockenden Lieder vor:

‹Haustür, du bist tatsächlich noch grausamer als deine Herrin. Warum schweigst du? Warum sind deine Flügel so hart und du bist verschlossen? Warum öffnest du dich nicht und läßt mich Liebenden ein? Kann ich dich nicht bewegen, meine heimlichen Bitten weiterzugeben an sie? Ist meinem Schmerz kein Ende gewährt? Muß ich schmählich auf der nicht allzu warmen Schwelle schlafen? Ich liege da, und die Sterne der Mitternacht, die sich zum Untergang neigen und der kühle Hauch, der vom Frühreif aufsteigt, fühlen für mich. Wenn doch nur ein leises Wort von mir durch eine tiefe Ritze

sit licet et saxo patientior illa Sicano,
　　sit licet et ferro durior et chalybe, 30
non tamen illa suos poterit compescere ocellos,
　　surget et invitis spiritus in lacrimis.
nunc iacet alterius felici nixa lacerto,
　　at mea nocturno verba cadunt Zephyro.
sed tu sola mei, tu maxima causa doloris, 35
　　victa meis numquam ianua muneribus,
tu sola humanos numquam miserata dolores 25
　　responde tacitis mutua cardinibus. 26
te non ulla meae laesit petulantia linguae, 37
　　quae solet ingrato dicere pota ioco,
ut me tam longa raucum patiare querela
　　sollicitas trivio pervigilare moras. 40
at tibi saepe novo deduxi carmina versu,
　　osculaque innixus pressa dedi gradibus.
ante tuos quotiens verti me, perfida, postis,
　　debitaque occultis vota tuli manibus!"

Haec ille et si quae miseri novistis amantes, 45
　　haec matutinis obstrepit alitibus.
sic ego nunc dominae vitiis et semper amantis
　　fletibus alterna differor invidia.'

17

Et merito, quoniam potui fugisse puellam,
　　nunc ego desertas alloquor alcyonas,
nec mihi Cassiope solido visura carinam,
　　omniaque ingrato litore vota cadunt.
quin etiam absenti prosunt tibi, Cynthia, venti: 5
　　aspice, quam saevas increpat aura minas.
nullane placatae veniet Fortuna procellae?
　　haecine parva meum funus harena teget?
tu tamen in melius saevas converte querelas:
　　sat tibi sit poenae nox et iniqua vada. 10

dringen und den Weg ins Ohr der Herrin finden könnte! Mag sie auch gleichgültiger sein als ein sizilischer Felsen, härter als Eisen und Stahl, ihre Augen werden ihr nicht gehorchen, und gegen ihren Willen wird sie unter Tränen seufzen. Aber jetzt liegt sie in den Armen eines anderen, eines Glücklichen! während meine Worte wirkungslos der nächtliche Wind verweht. Du aber, Haustür, bist vor allem, bist allein an meinen Schmerzen schuld. Meine Geschenke haben dich nie gewonnen: du allein hast dich menschlicher Schmerzen nie erbarmt, gibst keine Antwort, und deine Angeln schweigen. Meine Lästerzunge, die sonst so gern betrunken böse Witze macht, hat dich nie so sehr beleidigt, daß du mich, heiser von meinen langen Klagen, schlaflos und qualvoll die Nächte verbringen läßt. Und doch habe ich oft für dich neue Lieder gedichtet und innige Küsse auf deine Stufen gedrückt. Und wie oft habe ich mich, Treulose, an deine Pfosten gewandt und ihnen heimlich die Gaben gereicht, die ich ihnen schuldete!›

Das sprach er, und was euch liebeskranken Menschen sonst noch einfällt; den Vögeln des Morgens rief er es entgegen. So komme ich nun durch das Verschulden der Herrin und die Klagen des Ewig-Verliebten in Verruf, und beide sind mir feind.»

17

Ich konnte die Geliebte fliehen! Recht geschieht mir, daß ich jetzt zu einsamen Eisvögeln spreche. Für mich gibt es keine Rettung: der Hafen von Kassiope wird mein Schiff nie sehen, und alle meine Gelübde verhallen an einer Küste, die sie nicht hört. Selbst wenn du fern bist, Cynthia, sind die Winde auf deiner Seite: sieh nur, welch wilde Drohungen die Brise ausstößt. Gibt es keine Aussicht, daß der Sturm sich besänftigt? Wird dieser schmale Sandstreifen meine Leiche decken? Gib deinen bitteren Klagen einen sanfteren Ton, und laß dir als Strafe die Nacht und die tückischen Riffe genügen. Wirst du

an poteris siccis mea fata reposcere ocellis,
 ossaque nulla tuo nostra tenere sinu?
A pereat, quicumque ratis et vela paravit
 primus et invito gurgite fecit iter!
nonne fuit melius dominae pervincere mores – 15
 quamvis dura, tamen rara puella fuit –
quam sic ignotis circumdata litora silvis
 cernere et optatos quaerere Tyndaridas?

Illic si qua meum sepelissent fata dolorem,
 ultimus et posito staret amore lapis, 20
illa meo caros donasset funere crinis,
 molliter et tenera poneret ossa rosa;
illa meum extremo clamasset pulvere nomen,
 ut mihi non ullo pondere terra foret.

At vos, aequoreae formosa Doride natae, 25
 candida felici solvite vela choro:
si quando vestras labens Amor attigit undas,
 mansuetis socio parcite litoribus!

18

Haec certe deserta loca et taciturna querenti
 et vacuum Zephyri possidet aura nemus.
hic licet occultos proferre impune dolores,
 si modo sola queant saxa tenere fidem.

Unde tuos primum repetam, mea Cynthia, fastus? 5
 quod mihi das flendi, Cynthia, principium?
qui modo felices inter numerabar amantes,
 nunc in amore tuo cogor habere notam.
quid tantum merui? quae te mihi crimina mutant?
 an nova tristitiae causa puella tuae? 10

trockenen Auges einen Bericht über meinen Tod verlangen, ohne meine Gebeine an deinen Busen zu halten? Verflucht sei, wer immer es war, der erstmals Schiffe und Segel schuf und dem Meer zum Trotz einen Weg fand! Wäre es nicht leichter gewesen, die Launen der Herrin zu überwinden (wie herzlos sie auch sein mag, sie war doch unvergleichlich), als so nach Küsten auszuschauen, die von unbekannten Wäldern gesäumt sind, und nach den dringend erwünschten Dioskuren zu spähen?

Wenn eine schicksalhafte Fügung dort meine Leidenschaft zur Ruhe gebettet hätte und ein letzter Stein am Grab meiner Liebe stünde, so hätte sie an meinem Begräbnis ihre teuren Locken geopfert, meine Gebeine weich in zarte Rosenblätter gelegt, zum Schluß über der Asche meinen Namen ausgerufen und gebetet, daß die Erde mir leicht sein möge.

Doch ihr Meermädchen, Töchter der schönen Doris, löst in seligen Tänzen die weißen Segel zur Fahrt. Wenn jemals Amor niederschwebend eure Wogen berührte, so schont einen Leidensgenossen und gebt ihm milde Küsten.

18

Diese Gegend ist sicher einsam und verschwiegen, wenn einer klagen will, und Zephyrs Hauch herrscht in dem leeren Hain. Hier darf man ungestraft geheime Schmerzen enthüllen, wenn nur die öden Felsen das ihnen Anvertraute bewahren können.

Wo soll ich anfangen, Cynthia, die Geschichte deines Hochmuts zu erzählen? Wann mußte ich zum erstenmal deinetwegen Tränen vergießen, Cynthia? Eben noch zählte man mich unter die glücklich Liebenden, doch jetzt bin ich durch meine Liebe zu dir gebrandmarkt. Worin besteht meine große Missetat? Welche Verbrechen haben deine Gefühle für

sic mihi te referas, levis, ut non altera nostro
 limine formosos intulit ulla pedes.
quamvis multa tibi dolor hic meus aspera debet,
 non ita saeva tamen venerit ira mea,
ut tibi sim merito semper furor et tua flendo 15
 lumina deiectis turgida sint lacrimis.
an quia parva damus mutato signa colore,
 et non ulla meo clamat in ore fides?

Vos eritis testes, si quos habet arbor amores,
 fagus et Arcadio pinus amica deo: 20
a quotiens vestras resonant mea verba sub umbras,
 scribitur et teneris 'Cynthia' corticibus!
a tua quot peperit nobis iniuria curas,
 quae solum tacitis cognita sunt foribus!
omnia consuevi timidus perferre superbae 25
 iussa neque arguto facta dolore queri.
pro quo di! nudi fontes et frigida rupes
 et datur inculto tramite dura quies;
et quodcumque meae possunt narrare querelae,
 cogor ad argutas dicere solus avis. 30
sed qualiscumque es, resonent mihi 'Cynthia' silvae,
 nec deserta tuo nomine saxa vacent.

19

Non ego, non, tristis vereor, mea Cynthia, Manis,
 nec moror extremo debita fata rogo;
sed ne forte tuo careat mihi funus amore,
 hic timor est ipsis durior exsequiis.
non adeo leviter nostris puer haesit ocellis, 5
 ut meus oblito pulvis amore vacet.
Illic Phylacides iucundae coniugis heros
 non potuit caecis immemor esse locis,

mich geändert? Ist eine neue Geliebte der Grund deines Zürnens? So wahr ich wünsche, daß du zu mir zurückkehrst, launisches Wesen, so wahr hat keine andere ihren schönen Fuß über meine Schwelle gesetzt. Obwohl mein Schmerz dir jetzt viel Trauriges verdankt, werde ich mich dennoch nie einem so bitteren Zorn hingeben, daß du einen Grund hättest, für immer wütend auf mich zu sein, deine Augen von Tränenfluten entstellt. Oder ist es, weil der Wechsel meiner Farbe zu wenig ausdrückt und mir die Treue nicht laut aus dem Gesicht spricht?

Ihr sollt meine Zeugen sein, wenn je ein Baum Liebe kannte, Buche und vom arkadischen Gott geliebte Fichte. Wie oft widerhallen meine Worte in eurem Schatten, wie oft wird der Name «Cynthia» in eure weiche Rinde geritzt! Wieviel Kummer hat deine Härte mir bereitet, Kummer, den nur die verschwiegene Haustür kennt. Ich bin es gewohnt, unterwürfig alle Befehle einer stolzen Herrin hinzunehmen und nicht laut über das zu klagen, was mich schmerzt. Zum Lohn dafür, ihr Götter! sind da nur Quellen und kalte Felsen, und ein verwahrloster Pfad bietet ein hartes Lager. Alles, was meine Klagen erzählen können, muß ich allein den zwitschernden Vögeln sagen. Doch seist du, wie du wollest, mir soll aus den Wäldern «Cynthia» widerhallen, und die öden Felsen sollen nicht ohne deinen Namen sein.

19

Nein, liebe Cynthia, ich fürchte mich nicht vor der schaurigen Unterwelt, und der Tod, den ich am Ende dem Scheiterhaufen schulde, kümmert mich wenig, aber daß an meinem Begräbnis vielleicht deine Liebe fehlte, diese Furcht ist schlimmer als der Tod. Amor hat sich nicht so leicht an meine Augen geheftet, daß meine Asche die Liebe vergessen und Ruhe finden könnte. In der Finsternis dort unten konnte der heldenhafte Protesilaos seine liebliche Gattin nicht vergessen,

sed cupidus falsis attingere gaudia palmis
  Thessalus antiquam venerat umbra domum. 10

Illic quidquid ero, semper tua dicar imago:
  traicit et fati litora magnus amor.
illic formosae veniant chorus heroinae,
  quas dedit Argivis Dardana praeda viris;
quarum nulla tua fuerit mihi, Cynthia, forma 15
  gratior, et – Tellus hoc ita iusta sinat –
quamvis te longae remorentur fata senectae,
  cara tamen lacrimis ossa futura meis.
quae tu viva mea possis sentire favilla!
  tum mihi non ullo mors sit amara loco. 20
quam vereor, ne te contempto, Cynthia, busto
  abstrahat heu! nostro pulvere iniquus Amor,
cogat et invitam lacrimas siccare cadentis!
  flectitur assiduis certa puella minis.
quare, dum licet, inter nos laetemur amantes: 25
  non satis est ullo tempore longus amor.

20

Hoc pro continuo te, Galle, monemus amore
  quod tibi ne vacuo defluat ex animo:
saepe imprudenti fortuna occurrit amanti:
  crudelis Minyis sic erat Ascanius.
est tibi non impar specie, non nomine dispar, 5
  Theiodamanteo proximus ardor Hylae:
huic tu, sive leges Umbrae rate flumina silvae,
  sive Aniena tuos tinxerit unda pedes,
sive Gigantei spatiabere litoris ora,
  sive ubicumque vago fluminis hospitio, 10
Nympharum semper cupidas defende rapinas –
  non minor Ausoniis est amor Adryasin –;
nec tibi sit duros montes et frigida saxa,
  Galle, neque expertos semper adire lacus:

sondern voller Verlangen, die Geliebte mit Händen zu berühren, die keine mehr waren, kam der Thessalier als Schatten in sein früheres Haus.

Was ich dort unten auch bin, man wird mich auch als Schatten noch dein eigen nennen: eine große Liebe überspringt selbst die Küste des Todes. Wenn mir dort auch das Ballett der schönen Heroinen begegnete, die Troja den Argivern als Beute gab, so wäre keine, deren Schönheit mir angenehmer wäre als deine, Cynthia, und – die gerechte Erde möge es gestatten – auch wenn das Schicksal für dich ein hohes Alter bereithält, werden deine Gebeine meinen Tränen teuer sein. Doch du sollst leben und das an meiner Asche fühlen; dann wird für mich der Tod nicht bitter sein, wo er auch kommt. Aber ach! ich fürchte, Cynthia, daß dir mein Grab nichts bedeutet, wenn der grausame Amor dich von meiner Asche wegzieht und dich gegen deinen Willen zwingt, die strömenden Tränen zu trocknen. Auch eine treue Geliebte wird durch ständiges Drohen erweicht. Drum laß uns als Liebende froh sein, solange wir es können: Liebe währt nie lange genug.

20

Wir sind schon so lange gute Freunde, Gallus; ich darf dich also warnen – und bitte, laß das nicht sorglos an dir herabfließen –: wenn ein Verliebter sich nicht vorsieht, geschieht ihm oft ein Unglück. So war Askanios grausam zu den Argonauten! Du liebst einen Knaben, der nicht weniger schön ist als Hylas, der Sohn des Theiodamas, denselben Namen hat und ihm ganz ähnlich sieht. Ob du auf dem Fluß durch Umbriens Wälder segelst, ob die Wellen des Anio deinen Fuß benetzen, ob du am Rand der Gigantenküste spazierst oder irgendwo Gast eines sich dahinschlängelnden Flusses bist, wehre die immer raublüsternen Nymphen von ihm ab – die Adryaden Italiens lieben nicht weniger stürmisch –, damit es nicht dein Los ist, Gallus, immer wieder steile Berge, kalte Felsen und Seen zu erforschen, die du noch nicht kennst.

Quae miser ignotis error perpessus in oris 15
  Herculis indomito fleverat Ascanio.
namque ferunt olim Pagasae navalibus Argon
  egressam longe Phasidos isse viam,
et iam praeteritis labentem Athamantidos undis
  Mysorum scopulis applicuisse ratem. 20
hic manus heroum, placidis ut constitit oris,
  mollia composita litora fronde tegit.
at comes invicti iuvenis processerat ultra
  raram sepositi quaerere fontis aquam.
hunc duo sectati fratres, Aquilonia proles, 25
  (nunc superat Zetes, nunc superat Calais)
oscula suspensis instabant carpere plumis,
  oscula et alterna ferre supina fuga.
ille sed extrema pendentes ludit in ala
  et volucres ramo submovet insidias. 30

Iam Pandioniae cessit genus Orithyiae:
  a dolor! ibat Hylas, ibat Hamadryasin.
hic erat Arganthi Pege sub vertice montis
  grata domus Nymphis umida Thyniasin,
quam supra nulli pendebant debita curae 35
  roscida desertis poma sub arboribus,
et circum irriguo surgebant lilia prato
  candida purpureis mixta papaveribus.
quae modo decerpens tenero pueriliter ungui
  proposito florem praetulit officio, 40
et modo formosis incumbens nescius undis
  errorem blandis tardat imaginibus.
tandem haurire parat demissis flumina palmis
  innixus dextro plena trahens umero.
cuius ut accensae Dryades candore puellae 45
  miratae solitos destituere choros,
prolapsum et leviter facili traxere liquore:
  tum sonitum rapto corpore fecit Hylas.

Solches mußte Herakles erdulden, als er traurig in einem fremden Land umherirrte und am wilden Askanios weinte. Denn man erzählt, daß einst die Argo, als sie aus der Werft von Pagasa ausgelaufen war, auf der langen Fahrt nach Phasis, nachdem sie die Fluten der Helle, Tochter des Athamas, schon hinter sich gelassen hatte, an den Klippen von Mysien anlegte. Die Heldenschar betrat die friedliche Küste und bedeckte den Strand mit einem weichen Teppich von Blättern. Unterdessen war der Gefährte des unbesiegten Helden weit ins Innere des Landes vorgedrungen, um das spärliche Naß einer entlegenen Quelle zu suchen. Ihn verfolgten zwei Brüder, die Söhne des Nordwinds (bald überholte ihn Zetes, bald wieder Kalais) und versuchten beharrlich, mit ausgebreiteten Flügeln ihm Küsse zu rauben und dann wieder, beim raschen Wegflug, ihm von unten her Küsse zu geben. Er aber entgeht spielerisch den ihm auflauernden Flügelwesen, die ganz am Rand ihrer Schwingen hängen, und wehrt sie mit einem Zweig ab.

Nun sind sie weg, die Söhne der Oreithyia, der Enkelin Pandions. Doch o weh! Hylas ging weiter, ging zu den Hamadryaden. Unterm Gipfel des Berges Arganthos war da die Quelle Pege, die feuchte Behausung, die den bithynischen Nymphen lieb ist. Über ihr hingen im Laub wilder Bäume taufrische Äpfel, die ihr Wachstum keinerlei Pflege verdankten, und ringsum sproßten auf gut bewässerten Wiesen weiße Lilien, gemischt mit purpurrotem Mohn. Weil ihm die Blumen mehr bedeuteten als der ihm erteilte Auftrag, knickte er sie nach Knabenart mit seinen zarten Fingernägeln, dann wieder beugte er sich nichtsahnend über die schönen Wellen und gab sich lange der Täuschung hin, weil das Spiegelbild so lieblich war. Doch schließlich schickt er sich an, die Hände einzutauchen und das Naß zu schöpfen, wobei er sich auf die rechte Schulter lehnt und reichlich trinkt. Da entflammten die Dryadenmädchen von seiner reinen Schönheit, ließen staunend ihre Tänze und zogen ihn geschickt hinein: Hylas fiel kopfüber ins Wasser, das sich teilte und gab, als er ent-

cui procul Alcides ter 'Hyla!' respondet, at illi
　　nomen ab extremis montibus aura refert.　　　　　　　50

His o Galle, tuos monitus servabis amores,
　　formosum ni vis perdere rursus Hylan.

21

'Tu, qui consortem properas evadere casum,
　　miles ab Etruscis saucius aggeribus,
quid nostro gemitu turgentia lumina torques,
　　pars ego sum vestrae proxima militiae.
sic te servato possint gaudere parentes:　　　　　　　　5
　　ut soror Acca tuis sentiat e lacrimis,
Gallum per medios ereptum Caesaris ensis
　　effugere ignotas non potuisse manus;
et quaecumque super dispersa invenerit ossa
　　montibus Etruscis, haec sciat esse mea.'　　　　　　10

22

Qualis et unde genus, qui sint mihi, Tulle, Penates,
　　quaeris pro nostra semper amicitia.

Si Perusina tibi patriae sunt nota sepulcra,
　　Italiae duris funera temporibus,
cum Romana suos egit discordia civis　　　　　　　　5
　　(sed mihi praecipue, pulvis Etrusca, dolor:
tu proiecta mei perpessa es membra propinqui,
　　tu nullo miseri contegis ossa solo)

Proxima suppositos contingens Umbria campos
　　me genuit terris fertilis uberibus.　　　　　　　　10

schwand, einen Laut. Als Antwort darauf rief Herakles in der Ferne dreimal «Hylas!», doch nur der Wind trug den Namen von den Bergen am Horizont zu ihm zurück.

Es sei dir eine Warnung, Gallus, auf den Geliebten aufzupassen, wenn du einen schönen Hylas nicht zum zweitenmal verlieren willst.

21

«Du bist auf den etruskischen Wällen verwundet worden, Soldat, und fliehst, um dem Schicksal deiner Waffengefährten zu entgehen: warum schautest du wutverzerrt zu mir hin, als du mein Stöhnen hörtest? Ich bin doch auf eurer Seite, bin dein Kamerad! Ich hoffe, deine Eltern dürfen sich über deine Rettung freuen, aber laß bitte meine Schwester Acca durch deine Tränen wissen: Gallus gelang zwar die Flucht mitten durch Caesars Schwerter, aber er fiel einem unbekannten Mörder zum Opfer. Laß sie wissen, daß unter den vielen Leichen, die sie auf den Hügeln Etruriens finden kann, diese hier die meine ist.»

22

Im Namen unserer langen Freundschaft fragt du mich, Tullus, über meine Familie, meine Abstammung, mein Haus.

Wenn du die Gräber unserer Mitbürger von Perugia kennst, die in den schweren Zeiten Italiens den Tod fanden, als der Bürgerkrieg Römer gegen Römer trieb (so bringst du mir vor allen Leid, Staub Etruriens: du hast die Leiche eines Angehörigen unbestattet auf dir liegen lassen und deckst nicht mit deiner Erde die Überreste des Ärmsten),

dort, wo Umbriens reiches, fruchtbares Land an die tiefer liegenden Ebenen stößt, bin ich geboren.

LIBER SECUNDUS

I

Quaeritis, unde mihi totiens scribantur amores,
　unde meus veniat mollis in ora liber.
non haec Calliope, non haec mihi cantat Apollo:
　ingenium nobis ipsa puella facit.
sive illam Cois fulgentem incedere vidi,
　totum de Coa veste volumen erit;
seu vidi ad frontem sparsos errare capillos,
　gaudet laudatis ire superba comis;
sive lyrae carmen digitis percurrit eburnis,
　miramur, facilis ut premat arte manus;
seu composcentes somnum declinat ocellos,
　invenio causas mille poeta novas;
seu nuda erepto mecum luctatur amictu,
　tum vero longas condimus Iliadas:
seu quidquid fecit sive est quodcumque locuta,
　maxima de nihilo nascitur historia.

Quod mihi si tantum, Maecenas, fata dedissent,
　ut possem heroas ducere in arma manus,
non ego Titanas canerem, non Ossan Olympo
　impositam, ut caelo Pelion esset iter,
nec veteres Thebas nec Pergama, nomen Homeri,
　Xerxis et imperio bina coisse vada,
regnave prima Remi aut animos Carthaginis altae
　Cimbrorumque minas et bene facta Mari:

Bellaque resque tui memorarem Caesaris, et tu
　Caesare sub magno cura secunda fores.
nam quotiens Mutinam aut, civilia busta, Philippos
　aut canerem Siculae classica bella fugae
eversosque focos antiquae gentis Etruscae
　et Ptolemaeei litora capta Phari,

ZWEITES BUCH

I

Ihr fragt, wo ich den Stoff zu so vielen Liebesgedichten finde, und weshalb mein Buch auf den Lippen so weich klingt. Das singt mir nicht Kalliope und nicht Apollon vor: die Geliebte selbst schafft mein Talent. Wenn ich sie sehe, wie sie in Gewändern aus Kos schimmernd einhergeht, wird gleich ein ganzer Band von koischen Stoffen handeln. Wenn ich sehe, wie hier und dort eine Locke sich auf ihrer Stirn verirrt, rühme ich ihre Locken, und sie bewegt sich freudig und stolz; oder wenn sie mit Fingern aus Elfenbein auf der Leier eine Melodie spielt, bewundere ich sie, wie kunstvoll leicht sie die Hände ansetzt; oder wenn sie die Augen, die mit dem Schlaf kämpfen, senkt, finde ich als Dichter tausend neue Stoffe; oder wenn ich sie entkleide und sie nackt mit mir ringt, dann, ja dann, dichte ich ganze Iliaden! Was sie auch tut, was sie auch sagt, aus einem Nichts wird eine gewaltige Geschichte.

Wenn mir das Schicksal so viel Kraft gegeben hätte, Maecenas, um Heldenscharen in die Schlacht zu führen, dann würde ich nicht die Titanen besingen, nicht den Ossa, der auf den Olymp getürmt wurde, damit der Pelion der Weg zum Himmel sei, nicht das Theben der Vorzeit, nicht Troja, den Ruhm Homers, nicht, wie auf Befehl von Xerxes zwei Meere sich vereinten, auch nicht den Beginn von Remus' Herrschaft oder den Mut des stolzen Karthagos, die Drohungen der Kimbrer und die Erfolge von Marius:

Ich würde die Kriege, die Leistungen deines Caesars verzeichnen, und gleich nach dem großen Caesar wärst du mein zweites Thema. Denn immer, wenn ich von Mutina oder Philippi, den Leichenfeldern des Bürgerkriegs, singen würde, oder vom Seekrieg, der mit der Niederlage bei Sizilien endete, den zerstörten Heimstätten des alten Etruskervolks, der Er-

aut canerem Aegyptum et Nilum, cum attractus in urbem
 septem captivis debilis ibat aquis,
aut regum auratis circumdata colla catenis,
 Actiaque in Sacra currere rostra Via;
te mea Musa illis semper contexeret armis, 35
 et sumpta et posita pace fidele caput:
Theseus infernis, superis testatur Achilles,
 hic Ixioniden, ille Menoetiaden.

*

sed neque Phlegraeos Iovis Enceladique tumultus
 intonet angusto pectore Callimachus, 40
nec mea conveniunt duro praecordia versu
 Caesaris in Phrygios condere nomen avos.
navita de ventis, de tauris narrat arator,
 enumerat miles vulnera, pastor ovis,
nos contra angusto versamus proelia lecto: 45
 qua pote quisque, in ea conterat arte diem.

Laus in amore mori: laus altera, si datur una
 posse frui: fruar o salvus amore meo!
sed memini, solet illa levis culpare puellas,
 et totam ex Helena non probat Iliada. 50
seu mihi sunt tangenda novercae pocula Phaedrae,
 pocula privigno non nocitura suo,
seu mihi Circaeo pereundum est gramine, sive
 Colchis Iolciacis urat aëna focis:
una meos quoniam praedata est femina sensus, 55
 ex hac ducentur funera nostra domo.
Omnis humanos sanat medicina dolores:
 solus amor morbi non amat artificem.
tarda Philoctetae sanavit crura Machaon,
 Phoenicis Chiron lumina Phillyrides, 60
et deus exstinctum Cressis Epidaurius herbis
 restituit patriis Androgeona focis,

oberung des Küstengebiets bei Ptolemaios' Pharos oder von Ägypten und vom Nil, wie er gefangen nach Rom geschleppt wurde und mit seinen sieben Armen kraftlos floß, oder von den mit goldenen Ketten gefesselten Nacken der Könige und wie die Schiffsschnäbel von Actium über die Heilige Straße rollten – stets würde meine Dichtung mit jenen Waffentaten *dich* verbinden, du treuer Beistand im Frieden und im Krieg. Theseus bezeugt in der Unterwelt, Achilles in der Oberwelt seine Liebe, der eine für Peirithoos, der andere für Patroklos.

*

Doch Kallimachos, schmalbrüstig wie er ist, würde nicht donnernd die Schlacht zwischen Zeus und Enkelados bei Phlegrai besingen, noch eignet mein Talent sich dazu, im harten Versmaß zu Caesars Ruhm seine phrygischen Ahnen zu preisen. Der Schiffer berichtet von den Winden, der Bauer von seinen Stieren, der Soldat zählt seine Wunden, der Hirt seine Schafe: ich dagegen führe Krieg auf einem schmalen Bett. So verbringe jeder den Tag mit dem Handwerk, das er versteht.

In der Liebe zu sterben, ist Ruhm, doch Ruhm hat auch der, dem es vergönnt ist, eine einzige Liebe zu genießen. O dürfte ich sie genießen, meine Liebe, und sicher sein. Doch ich erinnere mich, sie pflegt leichtfertige Frauen zu tadeln und lehnt die ganze Ilias ab – nur wegen Helena! Ob ich den Trunk der stiefmütterlichen Phaidra kosten muß, den Trank, der ihrem Stiefsohn nicht schaden konnte, ob ich an einem von Kirkes Kräutern zugrunde gehen muß, ob die Hexe aus Kolchis für mich auf dem Herd von Iolkos ihren Bronzekessel heizt – da eine einzige Frau meine Gefühle geraubt hat, wird meine Leiche aus ihrem Haus zu Grabe getragen werden. Alle menschlichen Schmerzen heilt die Arzneikunst, die Liebe allein liebt den Arzt ihrer Krankheit nicht. Machaon heilte das lahme Bein Philoktets, Cheiron, Sohn der Phillyra, die Blindheit des Phoinix, der Gott von Epidauros gab Androgeon, als er schon tot war, durch kretische Heilkräuter seinem heimi-

Mysus et Haemonia iuvenis qua cuspide vulnus
　　senserat, hac ipsa cuspide sensit opem.
hoc si quis vitium poterit mihi demere, solus　　　　　　　　65
　　Tantaleae poterit tradere poma manu;
dolia virgineis idem ille repleverit urnis,
　　ne tenera assidua colla graventur aqua;
idem Caucasia solvet de rupe Promethei
　　bracchia et a medio pectore pellet avem.　　　　　　　　70

Quandocumque igitur vitam me fata reposcent,
　　et breve in exiguo marmore nomen ero,
Maecenas, nostrae spes invidiosa iuventae,
　　et vitae et morti gloria iusta meae,
si te forte meo ducet via proxima busto,　　　　　　　　　75
　　esseda caelatis siste Britanna iugis,
taliaque illacrimans mutae iace verba favillae:
　　'huic misero fatum dura puella fuit.'

2

Liber eram et vacuo meditabar vivere lecto;
　　at me composita pace fefellit Amor.

Cur haec in terris facies divina moratur?
　　Iuppiter, ignosco pristina furta tua.
fulva coma est longaeque manus et maxima toto　　　　　　　5
　　corpore, et incedit vel Iove digna soror,
aut ceu Munychias Pallas spatiatur ad aras
　　Gorgonis anguiferae pectus operta comis;
qualis et Ischomache, Lapithae genus, heroine,
　　Centauris medio grata rapina mero,　　　　　　　　　　10
Mercurio aut qualis fertur Boebeidos undis
　　virgineum Brimo composuisse latus.
cedite iam, divae, quas pastor viderat olim
　　Idaeis tunicas ponere verticibus.

schen Herd zurück. Von der thessalischen Lanzenspitze, die ihn verwundet hatte, wurde dem jungen Helden aus Mysien Hilfe zuteil. Wenn einer mich von diesem Übel befreien kann, so kann er auch als einziger Tantalos' Hand die Äpfel reichen, kann auch aus den Krügen der Mädchen die Fässer füllen, damit ihr zarter Nacken nicht ewig unter der Last des Wassers leidet, kann auch Prometheus' Arme vom kaukasischen Felsen lösen und den Vogel vertreiben, der ihm mitten auf der Brust sitzt.

Wenn also irgendeinmal das Schicksal mein Leben von mir zurückverlangt und ich nur noch ein kurzer Name auf einer kleinen Marmortafel bin, sollst du, Maecenas, Neid erweckende Hoffnung meiner Jugend, berechtigter Stolz meines Lebens und meines Sterbens, deinen britannischen Wagen mit dem getriebenen Joch zum Stehen bringen, wenn je dein Weg dich in der Nähe meines Grabs vorbeiführt, und weinend zu meiner stummen Asche diese Worte sagen: «Eine herzlose Frau war sein Verhängnis, armer Mensch.»

2

Frei war ich und hatte vor, allein zu schlafen: der Friede war schon geschlossen, doch Amor betrog mich.

Warum weilt dieses göttliche Antlitz auf Erden? Ich muß dir deine Abenteuer von dazumal verzeihen, Zeus. Rötlich ist ihr Haar, ihre Hände schlank, und ihr ganzer Körper eindrucksvoll, und wie sie einhergeht, könnte sie Zeus' Schwester sein oder wie Pallas, wenn sie zu ihren Altären in Athen wandert, die Brust mit den Schlangenlocken der Gorgo bedeckt, wie Ischomache, die Tochter des Lapithen, die mitten im Gelage für die Kentauren eine begehrte Beute war, und wie Brimo, von der es heißt, sie habe am Ufer der Boibeis ihre jungfräuliche Hüfte an Hermes geschmiegt. Macht endlich Platz, ihr Göttinnen, die der Hirt auf dem Gipfel des Ida einst ihre Unterkleider ablegen sah. Wenn doch die Jahre dieses Antlitz nie

hanc utinam faciem nolit mutare senectus, 15
   etsi Cumaeae saecula vatis aget.

3

'Qui nullam tibi dicebas iam posse nocere,
   haesisti: cecidit spiritus ille tuus.
vix unum potes, infelix, requiescere mensem,
   et turpis de te iam liber alter erit.'
quaerebam, sicca si posset piscis harena 5
   nec solitus ponto vivere torvus aper,
aut ego si possem studiis vigilare severis:
   differtur, numquam tollitur ullus amor.

Nec me tam facies, quamvis sit candida, cepit
   (lilia non domina sunt magis alba mea; 10
ut Maeotica nix minio si certet Hibero,
   utque rosae puro lacte natant folia),
nec de more comae per levia colla fluentes,
   non oculi, geminae, sidera nostra, faces,
nec si quando Arabo lucet bombyce puella 15
   (non sum de nihilo blandus amator ego);

Quantum cum posito formose saltat Iaccho,
   egit ut euhantis dux Ariadna choros,
et quantum Aeolio cum temptat carmina plectro,
   par Aganippaeae ludere docta lyrae, 20
et sua cum antiquae committit scripta Corinnae,
   carminaque Erinnae non putat aequa suis.
non tibi nascenti primis, mea vita, diebus
   candidus argutum sternuit omen Amor?
haec tibi contulerunt caelestia munera divi, 25
   haec tibi ne matrem forte dedisse putes.
non non humani partus sunt talia dona:
   ista decem menses non peperere bona.
gloria Romanis una es tu nata puellis: 29
   post Helenam haec terris forma secunda redit. 32

verwandeln würden, sollte sie auch das Alter der Sibylle von Cumae erreichen!

3

«Du sagtest oft, dir könne keine Frau mehr gefährlich werden, aber du bist auf den Leim gegangen, und dein Stolz ist erniedrigt. Kaum einen Monat findest du Ruhe, Unglücksmensch, und zu deiner Schande erscheint schon bald ein zweites Buch.» Ich fragte mich, ob ein Fisch auf trockenem Sand, ob eine Wildsau im Meer, einem ungewohnten Elemente, leben oder ob ich nächtelang ernsthaft geistig arbeiten könnte: Liebe läßt sich nur verschieben, niemals vertreiben.

Was mich gepackt hat, ist nicht eigentlich ihr Gesicht, obwohl es leuchtet (Lilien sind nicht weißer als die Haut meiner Herrin: wie Schnee vom Maiotis, der gegen spanischen Zinnober absticht, wie Rosenblätter, schwimmend in reiner Milch), auch die Locken sind es nicht, die stilvoll um ihren glatten Nacken fluten, auch die Augen nicht, diese beiden Fackeln, meine Sterne, auch nicht, wenn die Geliebte einmal in arabischer Seide schimmert (ich bin kein Liebender, der grundlos schmeichelt);

nein, vielmehr, daß sie so schön tanzt, wenn sie den Weinbecher hingestellt, wie Ariadne jauchzende Reigen anführte und antrieb, und daß sie mit dem äolischen Plektron Lieder improvisiert, kundig, wie Aganippe auf der Leier zu spielen, und ihre Kompositionen mit den klassischen Werken Korinnas vergleicht und Erinnas Lieder weniger gut als ihre eigenen findet. Hat nicht bei deiner Geburt, mein Leben, schon in den ersten Tagen Amor gut gelaunt dir herzhaft zugenießt? Die Götter haben diese himmlischen Gaben auf dir vereinigt; du darfst nicht glauben, daß deine Mutter dir das geschenkt hat. Nein, so etwas ist nicht die Gabe einer menschlichen Geburt: zehn Monate schufen nicht diese Vorzüge. Du allein bist den Römerinnen zum Ruhm geboren: nach Helena kam Schönheit noch einmal auf die Erde zurück. Nicht immer

nec semper nobiscum humana cubilia vises;   31
　　Romana accumbes prima puella Iovi.   30

Hac ego nunc mirer si flagrat nostra iuventus?
　　pulchrius hac fuerat, Troia, perire tibi.
olim mirabar, quod tanti ad Pergama belli   35
　　Europae atque Asiae causa puella fuit:
nunc, Pari, tu sapiens et tu, Menelae, fuisti,
　　tu quia poscebas, tu quia lentus eras.
digna quidem facies, pro qua vel obiret Achilles
　　vel Priamo belli causa probanda fuit.   40
si quis vult fama tabulas anteire vetustas,
　　hic dominam exemplo ponat in arte meam:
sive illam Hesperiis, sive illam ostendet Eois,
　　uret et Eoos, uret et Hesperios.

4

His saltem aut tenear iam finibus, aut, mihi si quis,   3, 45
　　acrior, ut moriar, venerit alter amor!
at veluti primo taurus detractat aratra,
　　post venit assueto mollis ad arva iugo,
sic primo iuvenes trepidant in amore feroces,   (5)
　　dehinc domiti post haec aequa et iniqua ferunt.   50
turpia perpessus vates est vincla Melampus,
　　cognitus Iphicli surripuisse boves;
quem non lucra, magis Pero formosa coegit,
　　mox Amythaonia nupta futura domo.   (10)

Multa prius dominae delicta queraris oportet,   4, 1
　　saepe roges aliquid, saepe repulsus eas,
et saepe immeritos corrumpas dentibus unguis,
　　et crepitum dubio suscitet ira pede.
nequiquam perfusa meis unguenta capillis,   5 (15)
　　ibat et expenso planta morata gradu.

wirst du nur bei uns die Betten von Menschen besuchen: als erste Römerin wirst du dich zu Iuppiter legen!

Soll ich mich also wundern, daß ich in meiner Jugend für sie entflammt bin? Es wäre besser gewesen, Troja, wenn du um ihretwillen den Untergang gefunden hättest. Einst wunderte ich mich, daß eine Frau der Grund eines so schreckliches Krieges zwischen Europa und Kleinasien vor Troja gewesen war. Jetzt glaube ich, du hattest Verstand, Paris, und auch du, Menelaos: du, weil du sie wolltest, und du, weil du nicht nachgabst. Sicher war diese Schönheit wert, daß ein Achill für sie fiel und daß selbst Priamos den Anlaß zum Krieg gutheißen mußte. Will einer die berühmten Bilder alter Meister übertreffen, so nehme er sich für seine Kunst meine Herrin zum Modell. Ob er sie der westlichen oder der östlichen Hemisphäre zeigt, sie wird die Menschen im Osten entflammen, entflammen die im Westen.

4

Könnte ich mich nur in diesen Grenzen halten! Oder eine andere Liebe, die über mich kommen würde, soll noch heftiger sein, damit ich daran sterbe! Doch wie ein Stier sich zuerst gegen den Pflug wehrt und erst später, wenn er sich ans Joch gewöhnt hat, gefügig zum Acker geht, so strampeln junge Menschen in der Liebe wie wild, bald aber sind sie zahm und erdulden Gutes wie Böses. Der Seher Melampus wurde schmachvoll in Fesseln gelegt, als man ihn beim Diebstahl von Iphiklos' Rindern ertappte: dazu trieb ihn nicht Gewinnsucht, vielmehr die schöne Pero, die sich kurz darauf im Haus von Amythaon mit ihm vermählen sollte.

Erst mußt du dich über manche Untat der Herrin beklagen, oft um etwas bitten, oft abgewiesen fortgehen, oft mit den Zähnen deine Fingernägel, die das nicht verdienten, beschädigen und zornig und ratlos mit den Füßen stampfen. Umsonst hatte ich Parfüm über mein Haar gegossen und setzte lässig-eleganten Schritts die Füße auf. Da hilft kein Kraut,

non hic herba valet, non hic nocturna Cytaeis,
  non Perimedaea gramina cocta manu, 8
nam cui non ego sum fallaci praemia vati? 15 (25)
  quae mea non decies somnia versat anus? 16
non eget hic medicis, non lectis mollibus aeger, 11
  huic nullum caeli tempus et aura nocet:
ambulat – et subito mirantur funus amici:
  sic est incautum, quidquid habetur amor, 14
quippe ubi nec causas nec apertos cernimus ictus; 9
  unde tamen veniant tot mala, caeca via est. 10 (20)
hostis si quis erit nobis, amet ille puellas: 17
  gaudeat in puero, si quis amicus erit.
tranquillo tuta descendis flumine cumba:
  quid tibi tam parvi limitis unda nocet? 20 (30)
alter saepe uno mutat praecordia verbo,
  altera vix ipso sanguine mollis erit.

5

Hoc verum est, tota te ferri, Cynthia, Roma,
  et non ignota vivere nequitia?
haec merui sperare? dabis mihi, perfida, poenas:
  et nobis alio, Cynthia, ventus erit.
inveniam tandem e multis fallacibus unam, 5
  quae fieri nostro carmine nota velit,
nec mihi tam duris insultet moribus, et te
  vellicet: heu sero flebis amata diu!

Nunc est ira recens, nunc est discedere tempus:
  si dolor afuerit, crede, redibit amor. 10
non ita Carpathiae variant Aquilonibus undae,
  nec dubio nubes verritur atra Noto,
quam facile irati verbo mutantur amantes:
  dum licet, iniusto subtrahe colla iugo.
nec tu non aliquid, sed prima nocte, dolebis; 15
  omne in amore malum, si patiare, leve est.

keine kolchische Zauberin in der Nacht, keine von Perimedes Hand gekochte Pflanze. Denn welcher schwindelhafte Wahrsager hat nicht an mir verdient? Welche alte Hexe hat nicht zehnmal meine Träume umgedreht? Wer diese Krankheit hat, braucht keine Ärzte, kein weiches Bett, ihm schadet weder das Wetter noch das Klima, noch ein Luftzug: er geht umher – und plötzlich staunen die Freunde über seinen Tod. So unberechenbar ist alles, was man Liebe nennt! Man sieht ja keine Ursachen, keine offenen Wunden, und dennoch kommt so viel Schmerz, aber auf unsichtbaren Wegen. Ist einer mein Feind, soll er Frauen lieben; an Knaben finde seine Lust, wer mein Freund ist. Da gleitest du sicher in deinem Kahn auf einem ruhigen Fluß dahin; denn wie können die Wellen eines so schmalen Wasserlaufs dir schaden? Oft stimmt ein einziges Wort den Knaben um, aber die Frau besänftigst du kaum durch Blut.

5

Ist es wahr, Cynthia, daß man in ganz Rom von dir spricht? Weiß man, wie verworfen du lebst? Habe ich das wirklich verdient? Du wirst es mir büßen, Treulose, und der Wind wird mich in eine andere Richtung führen, Cynthia. Unter so vielen Falschen werde ich schließlich die Eine finden, die durch meine Dichtung bekannt werden möchte, die nicht so grausam auf mir herumtanzt, sondern deine Eifersucht weckt: ach, dann wirst du weinen, die ich so lange geliebt, aber zu spät!

Jetzt ist mein Zorn noch frisch, jetzt ist es Zeit, sich zu trennen: glaub mir, wenn es nicht mehr weh tut, kommt die Liebe zurück. Leicht wechseln auf dem Karpathischen Meer die Wellen ihre Form, wenn der Nordwind bläst, leicht färben sich die Wolken schwarz, wenn der Südwind weht, aber noch leichter lassen sich zornige Liebende durch ein Wort umstimmen: drum zieh den Kopf unter dem drückenden Joch weg, solang du kannst. Es wird etwas weh tun, aber nur in der ersten Nacht: wenn du ihn ertragen kannst, ist jeder Schmerz in der Liebe leicht.

At tu per dominae Iunonis dulcia iura
   parce tuis animis, vita, nocere tibi.
non solum taurus ferit uncis cornibus hostem,
   verum etiam instanti laesa repugnat ovis.   20
nec tibi periuro scindam de corpore vestes,
   nec mea praeclusas fregerit ira fores,
nec tibi conexos iratus carpere crinis
   nec duris ausim laedere pollicibus.
rusticus haec aliquis tam turpia proelia quaerat,   25
   cuius non hederae circuiere caput.
scribam igitur, quod non umquam tua deleat aetas:
   'Cynthia forma potens, Cynthia verba levis.'
crede mihi, quamvis contemnas murmura famae,
   hic tibi pallori, Cynthia, versus erit.   30

6

Non ita complebant Ephyraeae Laidos aedis,
   ad cuius iacuit Graecia tota fores,
turba Menandreae fuerat nec Thaidos olim
   tanta, in qua populus lusit Ericthonius,
nec, quae deletas potuit componere Thebas,   5
   Phryne tam multis facta beata viris.

Quin etiam falsos fingis tibi saepe propinquos,
   oscula ne desint qui tibi iure ferant.
me iuvenum pictae facies, me munera laedunt,
   me tener in cunis et sine voce puer;   10
me laedet, si multa tibi dabit oscula mater,
   me soror et quando dormit amica simul:
omnia me laedent: timidus sum (ignosce timori),
   et miser in tunica suspicor esse virum.

His olim, ut fama est, vitiis ad proelia ventum est,   15
   his Troiana vides funera principiis.

Doch ich beschwöre dich, mein Leben, beim sanften Gesetz, das unsere Herrin Iuno erließ: bring dich nicht selbst durch dein Temperament in Gefahr. Es ist nicht nur der Stier, der mit krummen Hörnern nach dem Feind stößt, auch ein verwundetes Schaf wehrt sich gegen seinen Peiniger. Ich werde dir nicht die Kleider vom Leibe reißen, Meineidige, nicht im Zorn die Tür zertrümmern, die man mir vor der Nase zuschlug, nicht voller Wut deine Frisur zerzausen noch dir mit meinen harten Daumen weh tun. Irgendein Rüpel, dessen Haupt kein Efeukranz umwindet, mag so einen vulgären Streit suchen. Also schreibe ich das, was du dein Leben lang nicht tilgen kannst: «Cynthia, große Schönheit; Cynthia, nichts als Worte!» Glaub mir, du wirst bleich, wenn du diesen Vers hörst, Cynthia, so wenig dir dunkle Gerüchte bedeuten.

6

In Korinth war Lais' Haus voll von Freiern, und ganz Griechenland lag vor ihrer Tür; eine große Menge umschwärmte Thais, Menanders Geliebte, an der die Athener ihre Freude hatten; und Phryne, die das zerstörte Theben wieder aufbauen konnte, hat sich an vielen Männern bereichert – doch das ist nichts gegen dich!

Du erfindest sogar manchmal «nahe Verwandte», damit es dir nicht an Männern fehlt, die dir «erlaubte Küsse» geben. Mich ärgern die Porträts junger Herren, mich ärgern die Geschenke und sogar das zarte Kind in der Wiege, das noch nicht reden kann. Mich kann es ärgern, wenn deine Mutter dich mit Küssen überhäuft oder wenn deine Schwester oder deine Freundin bei dir schläft. Alles kann mich ärgern, ich bin eben ängstlich (vergib meiner Angst), und ich vermute in jedem Unterrock – einen Mann!

Wegen solcher Schwächen, heißt es, kam es einst zu einem Krieg: da hast du die Ursache für den Untergang von Troja.

aspera Centauros eadem dementia iussit
  frangere in adversum pocula Pirithoum.
cur exempla petam Graium? tu criminis auctor,
  nutritus durae, Romule, lacte lupae: 20
tu rapere intactas docuisti impune Sabinas:
  per te nunc Romae quidlibet audet Amor.
felix Admeti coniunx et lectus Ulixis,
  et quaecumque viri femina limen amat.
templa Pudicitiae quid opus statuisse puellis,   25
  si cuivis nuptae quidlibet esse licet?

Quae manus obscenas depinxit prima tabellas
  et posuit casta turpia visa domo,
illa puellarum ingenuos corrupit ocellos,
  nequitiaeque suae noluit esse rudis.   30
a gemat in tenebris ista qui protulit arte
  orgia sub tacita condita laetitia!
non istis olim variabant tecta figuris:
  tum paries nullo crimine pictus erat.

Sed nunc immeritum velavit aranea fanum,   35
  et male desertos occupat herba deos.
quos igitur tibi custodes, quae limina ponam,
  quae numquam supra pes inimicus eat?
nam nihil invitae tristis custodia prodest:
  quam peccare pudet, Cynthia, tuta sat est.   40

7

Nos uxor numquam, numquam diducet amica: 41
  semper amica mihi, semper et uxor eris.   42
gavisa es certe sublatam, Cynthia, legem,   7, 1
  qua quondam edicta flemus uterque diu,
ni nos divideret; quamvis diducere amantis
  non queat invitos Iuppiter ipse duos.

Derselbe Wahnsinn trieb die Kentauren, geprägte Pokale an Peirithoos, der sich ihnen widersetzte, zu zertrümmern. Doch wozu soll ich Beispiele bei den Griechen suchen? Du, Romulus, genährt von der Milch einer wilden Wölfin, warst Anstifter dieses Verbrechens. Du lehrtest uns, straflos die sabinischen Jungfrauen rauben: deinetwegen darf in Rom Amor sich jetzt alles leisten, was er will. Glücklich waren Admets Gattin und Odysseus' Bettgenossin und jede Frau, die die Schwelle ihres Mannes achtet. Wozu haben die Frauen der Göttin der Keuschheit einen Tempel errichtet, wenn jede Gattin tun kann, was sie will?

Der Künstler, der als erster anstößige Bilder malte und in einem anständigen Haus schamlose Szenen darstellte, hat die keuschen Augen von Frauen verderbt und sie dazu verführt, so lasterhaft zu sein wie er. Ha! wer durch seine Kunst Mysterien enthüllt hat, die im stillen Genuß versteckt sind, soll im Dunkel stöhnen! Früher hat man die Häuser nicht mit solchen Szenen ausgeschmückt: da war keine Wand mit unzüchtigen Motiven bemalt.

Doch dafür bedecken jetzt Spinnetze einen Tempel, der das nicht verdient hat, und an den verlassenen Götterstatuen wuchert leider Unkraut. Welche Wächter soll ich dir geben, welche Schwelle so bauen, daß kein Feind sie je überschreiten kann? Denn wenn eine Frau nicht will, nützt auch die strengste Überwachung nichts; nur wenn sie sich vor jedem Fehltritt schämt, Cynthia, ist sie in sicherer Hut.

7

Keine Gattin, keine Freundin wird je uns trennen, Cynthia: stets wirst du meine Freundin, stets auch meine Gattin sein. Du hast dich bestimmt gefreut, als das Gesetz widerrufen wurde, bei dessen Erlaß wir beide damals lange weinten, aus Angst, es würde uns scheiden, doch zwei Liebende gegen ihren Willen scheiden, das könnte selbst Iuppiter nicht.

'at magnus Caesar.' sit magnus Caesar in armis: 5
   devictae gentes nil in amore valent.
nam citius paterer caput hoc discedere collo,
   quam possem nuptae pandere in ore faces,
aut ego transirem tua limina clausa maritus
   respiciens udis prodita luminibus. 10
a mea tum qualis caneret mihi tibia somnos,
   tibia funesta tristior illa tuba!

Unde mihi Parthis gnatos praebere triumphis?
   nullus de nostro sanguine miles erit.
quod si vera meae comitarem castra puellae, 15
   non mihi sat magnus Castoris iret equus.
hinc etenim tantum meruit mea gloria nomen,
   gloria ad hibernos lata Borysthenidas.
tu mihi sola places: placeam tibi, Cynthia, solus:
   hic erit et patrio nomine pluris amor. 20

8

Eripitur nobis iam pridem cara puella,
   et tu me lacrimas fundere, amice, vetas?
nullae sunt inimicitiae nisi amoris acerbae:
   ipsum me iugula, lenior hostis ero.
possum ego in alterius positam spectare lacerto? 5
   nec mea dicetur, quae modo dicta mea est?
'omnia vertuntur.' certe vertuntur amores:
   vinceris a victis, haec in amore rota est.
magni saepe duces, magni cecidere tyranni,
   et Thebae steterant, altaque Troia fuit. 10
munera quanta dedi vel qualia carmina feci!
   illa tamen numquam ferrea dixit: 'amo'.
ergo ego tam multos nimium temerarius annos,
   improba, qui tulerim teque tuamque domum?
ecquandone tibi liber sum visus? an usque 15
   in nostrum iacies verba superba caput?

«Aber Caesar ist mächtig.» Ja, Caesar ist mächtig im Krieg, aber in der Liebe bedeutet es nichts, ganze Völker zu besiegen. Lieber ließe ich mir den Kopf abschlagen, als vor dem Gesicht einer Braut Fackeln zu tragen oder als Ehemann an deiner verschlossenen Tür, die ich verraten habe, vorbeizugehen und mit feuchten Augen auf sie zurückzuschauen. Ach, welche Träume würde das Spiel meiner Flöte dir dann bringen, eine Flöte, die trauriger klänge als die Tuba an einem Begräbnis.

Warum soll ich Söhne für Triumphe über die Parther liefern? Keiner, der mein Blut hat, soll je Soldat sein. Doch wenn ich an einem wahren Feldzug, dem meiner Geliebten, teilnehmen könnte, wäre Kastors Roß nicht groß genug für mich. Durch sie bin ich ja so bekannt, so berühmt geworden, berühmt bis zu den Menschen am Borysthenes hoch im Norden! Du allein bist es, die mir gefällt; möge ich allein dir, Cynthia gefallen: diese Liebe wird mir mehr bedeuten als Vater zu heißen.

8

Die Frau, die ich schon so lange liebe, hat man mir geraubt, und du sagst mir, Freund, ich dürfe nicht weinen? Nur in der Liebe gibt es wirklich bitteren Streit: du kannst versuchen, mich zu töten, und ich werde dich weniger hassen. Kann ich zusehen, wie sie in den Armen eines anderen liegt, und soll sie nicht mehr die Meine heißen, die eben noch die Meine war? «Alles ändert sich.» Ja, die Liebe ändert sich: du wirst von den Besiegten besiegt: so dreht sich in der Liebe das Rad. Große Heerführer, große Herrscher sind oft gefallen. Theben war früher eine Macht, und das hochragende Troja – war einmal. Wieviel Geschenke gab ich ihr, welch schöne Gedichte schrieb ich für sie, und dennoch blieb sie hart und sagte nie: «Ich liebe dich.» So war ich denn viele Jahre lang zu anspruchsvoll, du Egoistin? Dabei habe ich dich und dein Haus unterstützt. Und hast du mich je als freien Mann betrachtet? Wirst du mir immer nur hochmütige Worte an den Kopf wer-

Sic igitur prima moriere aetate, Properti?
   sed morere, interitu gaudeat illa tuo!
exagitet nostros Manis, sectetur et umbras,
   insultetque rogis, calcet et ossa mea!   20
quid? non Antigonae tumulo Boeotius Haemon
   corruit ipse suo saucius ense latus,
et sua cum miserae permiscuit ossa puellae,
   qua sine Thebanam noluit ire domum?
sed non effugies: mecum moriaris oportet;   25
   hoc eodem ferro stillet uterque cruor.
quamvis ista mihi mors est inhonesta futura,
   mors inhonesta quidem, tu moriere tamen.

Ille etiam abrepta desertus coniuge Achilles
   cessare in Teucros pertulit arma sua.   30
viderat ille fuga stratos in litore Achivos,
   fervere et Hectorea Dorica castra face,
viderat informem multa Patroclon harena
   porrectum et sparsas caede iacere comas,
omnia formosam propter Briseida passus: 35
   tantus in erepto saevit amore dolor.
at postquam sera captiva est reddita poena,
   fortem idem Haemoniis Hectora traxit equis.

Inferior multo cum sim vel matre vel armis,
   mirum, si de me, Tulle, triumphat Amor?   40

9 A

Iste quod est, ego saepe fui: sed fors et in hora
   hoc ipso eiecto carior alter erit.
Penelope poterat bis denos salva per annos
   vivere, tam multis femina digna procis;
coniugium falsa poterat differre Minerva,   5
   nocturno solvens texta diurna dolo;

fen? So mußt du denn, Properz, so früh schon sterben? Doch stirb nur: sie soll sich freuen über deinen Tod. Sie soll meine Manen lästern, meinen Schatten verfolgen, auf meinem Scheiterhaufen tanzen und meine Gebeine mit Füßen treten. Wie? Stieß nicht der Böotier Haimon sich sein eigenes Schwert in den Leib, brach tot an Antigones Grab zusammen und vereinte seine sterblichen Überreste mit denen der beklagenswerten Frau, ohne die er nicht in sein Haus in Theben zurückkehren wollte? Doch du wirst mir nicht entrinnen, du mußt mit mir sterben, und unser beider Blut soll von dieser einen Klinge tropfen! Mag dein Tod für mich auch nicht ruhmvoll sein – nein, ruhmvoll sicher nicht –, sterben mußt du doch!

Als man ihm die Gefährtin entriß und er einsam war, ließ selbst der große Achilles angesichts der Trojaner hartnäckig seine Waffen ruhen. Er sah, wie am Strand die Achäer in die Flucht geschlagen wurden und das dorische Lager von Hektors Brandfackeln loderte. Er sah, wie Patroklos' Leiche da lag, von Schmutz und Staub entstellt, das Haar von Blut bespritzt. Alles ertrug er um der schönen Briseis willen; so wütend kann der Schmerz sein, wenn man eine Geliebte verliert. Doch als ihm endlich Genugtuung zuteil wurde und er die Gefangene zurückerhielt, schleifte er den heldenhaften Hektor hinter seinen thessalischen Rossen her.

Was Mutter und Waffentaten betrifft, bin ich ihm weit unterlegen: ist es ein Wunder, daß Amor über mich Triumphe feiert, Tullus?

9 A

Was der da jetzt ist, war ich schon oft: doch die Stunde kommt vielleicht schon bald, da er selbst hinausgeworfen wird und ein anderer teurer ist als er. Penelope konnte zwei Jahrzehnte lang unberührt leben, als Frau, die vieler Freier würdig war; sie konnte durch den Betrug am Webstuhl die Heirat aufschieben, indem sie listig nachts das wieder löste,

visuram et quamvis numquam speraret Ulixem,
 illum expectando facta remansit anus.
nec non exanimem amplectens Briseis Achillem
 candida vesana verberat ora manu, 10
et dominum lavit maerens captiva cruentum
 appositum flavis in Simoente vadis,
foedavitque comas, et tanti corpus Achilli
 maximaque in parva sustulit ossa manu,
cui tum nec Peleus aderat nec caerula mater 15
 Scyria nec viduo Deidamia toro.
tunc igitur veris gaudebat Graecia nuptis,
 tunc etiam caedes inter et arma pudor.

At tu non una potuisti nocte vacare,
 impia, non unum sola manere diem! 20
quid si longinquos retinerer miles ad Indos, 29
 aut mea si staret navis in Oceano? 30
quin etiam multo duxistis pocula risu: 21
 forsitan et de me verba fuere mala.
hic etiam petitur, qui te prius ipse reliquit.
 di faciant, isto capta fruare viro!

Haec mihi vota tuam propter suscepta salutem, 25
 cum capite hoc Stygiae iam poterentur aquae,
et lectum flentes circum staremus amici?
 hic ubi tum, pro di, perfida, quisve fuit?

Sed vobis facile est verba et componere fraudes: 31
 hoc unum didicit femina semper opus.
non sic incertae mutantur flamine Syrtes,
 nec folia hiberno tam tremefacta Noto,
quam cito feminea non constat foedus in ira, 35
 sive ea causa gravis, sive ea causa levis.

Nunc, quoniam ista tibi placuit sententia, cedam:
 tela, precor, pueri, promite acuta magis!

was sie tagsüber gewoben hatte; und ob sie auch nicht hoffen durfte, Odysseus jemals wiederzusehen, harrte sie doch aus, wartete auf ihn und wurde darüber zur alten Frau. Und Briseis: sie umarmte die Leiche Achills, schlug außer sich vor Schmerz ihr weißes Gesicht, brachte, die Gefangene, trauernd den blutüberströmten Leichnam ihres Herrn zu den gelben Fluten des Simoeis, streute Staub auf ihr Haar und hielt in ihrer schmalen Hand die großen Gebeine, die Überreste des Helden Achilles. Da standen ihm weder Peleus noch seine blauäugige Mutter bei, noch Deidameia, die auf Skyros in ihrem Bett allein schlief. Damals erfreute sich Griechenland also wahrer Ehefrauen: damals gab es auch zwischen Schlachten und Kriegen Zucht.

Du aber konntest keine einzige Nacht ohne Mann, keinen einzigen Tag allein sein, treulose Frau! Wie, wenn ich als Soldat im fernen Indien dienen müßte oder mein Schiff auf dem Ozean still läge? Nein, ihr habt laut lachend eure Becher geleert, und vielleicht fielen auch böse Worte über mich. Der Mann, hinter dem du her bist, ist sogar derselbe, der dich früher einmal verließ: Ja, laß dich an ihn fesseln und genieße ihn – das gebe Gott!

Sind das die Gelübde, die ich für dich tat, als dir das Wasser des Styx schon bis an die Lippen reichte und wir, deine Freunde, weinend um dein Bett standen? Ihr Götter! Wo war er damals, Verräterin? Was war er?

Doch euch fällt es leicht, auf Lug und Trug zu sinnen: das ist ein Handwerk, das die Frau schon immer beherrscht hat. Weniger rasch wechseln die unbeständigen Syrten ihre Richtung, wenn der Wind sie treibt, noch wirbeln die Blätter in einem Wintersturm so rasch, wie eine Frau im Zorn ihr Wort bricht, sei der Anlaß ernsthaft, sei er gering.

Gut, du hast dich so entschlossen; ich füge mich. Sucht euch noch spitzere Pfeile aus, Eroten, beschießt mich um die Wette und setzt meinem Leben ein Ende. Mein Blut wird für euch

figite certantes atque hanc mihi solvite vitam!
  sanguis erit vobis maxima palma meus. 40
sidera sunt testes et matutina pruina
  et furtim misero ianua aperta mihi,
te nihil in vita nobis acceptius umquam:
  nunc quoque erit, quamvis sis inimica mihi;
nec domina ulla meo ponet vestigia lecto: 45
  solus ero, quoniam non licet esse tuum.
atque utinam, si forte pios eduximus annos,
  ille vir in medio fiat amore lapis!

9 B

... non ob regna magis diris cecidere sub armis
  Thebani media non sine matre duces, 50
quam, mihi si media liceat pugnare puella;
  mortem ego non fugiam morte subire tua ...

10

Sed tempus lustrare aliis Helicona choreis,
  et campum Aonio iam dare tempus equo.
iam libet et fortis memorare ad proelia turmas
  et Romana mei dicere castra ducis.
quod si deficiant vires, audacia certe 5
  laus erit: in magnis et voluisse sat est.
aetas prima canat Veneres, extrema tumultus:
  bella canam, quando scripta puella mea est.

Nunc volo subducto gravior procedere vultu,
  nunc aliam citharam me mea Musa docet. 10
surge, anime, ex humili; iam, carmina, sumite vires;
  Pierides, magni nunc erit oris opus.

ein gewaltiger Sieg sein. Die Sterne, der Frühreif, die Haustür die sich für mich Ärmsten verstohlen öffnet, mögen bezeugen, daß mir mein Leben lang nichts kostbarer war als du und auch jetzt nicht sein wird, trotz deiner Feindschaft. Keine andere Herrin wird mein Bett besteigen: da ich ja nicht dir gehören darf, will ich allein sein. Aber wenn ich mein Leben lang treu und redlich war, möge jener Kerl mitten im Liebesakt zu Stein erstarren!

9 B

... Zwei thebanische Prinzen kämpften um die Herrschaft und kamen auf schreckliche Weise um, obwohl die Mutter sich zwischen sie warf; aber noch schrecklicher wäre mein Kampf mit dir, wenn die Geliebte zwischen uns stehen dürfte: ich hätte keine Angst vor dem Tod, solange es dir das Leben kostet ...

10

Doch es ist Zeit, auf dem Helikon einen anderen Tanz zu wagen, und es ist jetzt auch Zeit, das Musenroß frei galoppieren zu lassen. Jetzt möchte ich von Schwadronen erzählen, die mutig in die Schlacht ritten und Feldzüge feiern, die unser Herrscher für Rom geführt hat. Wenn meine Kräfte nicht genügen, wird man mich wenigstens für meinen Mut loben: in großen Dingen genügt schon der Wille zur Tat. In der Jugend muß man die Liebe besingen, im Alter Wirren; vom Krieg will ich singen, wenn meine Geliebte (ganz) beschrieben worden ist.

Jetzt will ich wirklich ernsthaft, mit strengem Gesicht auftreten: jetzt lehrt meine Muse mich ein anderes Instrument. Schwing dich aus der niederen Sphäre auf, mein Geist! schöpft neue Kraft, ihr Lieder! Musen, jetzt brauche ich eine laute Stimme.

Iam negat Euphrates equitem post terga tueri
   Parthorum, et Crassos se tenuisse dolet:
India quin, Auguste, tuo dat colla triumpho,   15
   et domus intactae te tremit Arabiae;
et si qua extremis tellus se subtrahit oris,
   sentiat illa tuas postmodo capta manus.

Haec ego castra sequar; vates tua castra canendo
   magnus ero: servent hunc mihi fata diem!   20
at caput in magnis ubi non est tangere signis,
   ponitur his imos ante corona pedes,
sic nos nunc inopes laudis conscendere currum,
   pauperibus sacris vilia tura damus.
nondum etenim Ascraeos norunt mea carmina fontis,   25
   sed modo Permessi flumine lavit Amor.

11

... scribant de te alii vel sis ignota licebit;
   laudet, qui sterili semina ponit humo:
omnia, crede mihi, tecum uno munera lecto
   auferet extremi funeris atra dies;
et tua transibit contemnens ossa viator,   5
   nec dicet: 'cinis hic docta puella fuit'...

12

Quicumque ille fuit, puerum qui pinxit Amorem,
   nonne putas miras hunc habuisse manus?
is primum vidit sine sensu vivere amantis,
   et levibus curis magna perire bona.
idem non frustra ventosas addidit alas   5
   fecit et humano corde volare deum:

Nicht länger ist der Euphrat willig, den Rückzug der parthischen Kavallerie zu decken, und er bereut, daß er die Crassi behielt. Selbst Indien bietet dir seinen Hals zum Triumph dar, und das Königshaus Arabiens, das bis jetzt nicht angegriffen wurde, zittert schon vor dir. Wenn es am Rand der Welt noch ein Land gibt, das sich vor dir zurückziehen möchte, so wird es schon bald in seiner Niederlage deine Hand spüren.

An diesem Feldzug will ich teilnehmen; als Sänger deines Feldzugs werde ich ein großer Dichter sein: möge das Schicksal diesen Tag für mich aufbewahren. Doch wie bei großen Götterstatuen, deren Haupt man nicht berühren kann und denen man einen Kranz unten vor die Füße legt, so bringe auch ich, noch außerstande, den Wagen des Loblieds zu besteigen, billigen Weihrauch als ärmliches Opfer dar. Noch kennt meine Dichtung die Quellen von Askra nicht: Amor hat sie nur in Permessos' Strom gebadet.

11

... Andere sollen über dich schreiben, oder niemand soll von dir wissen; wer Samen auf unfruchtbaren Boden streut, mag dich rühmen. Glaub mir, wenn du stirbst, wird der düstere Tag deiner Bestattung alle deine Gaben mit dir auf *einer* Bahre wegtragen, und der Wanderer, der achtlos an deinen Gebeinen vorübergeht, wird nicht sagen: «Einst war diese Asche eine sehr begabte Frau» ...

12

Wer es auch war, der Amor als Knaben malte, meinst du nicht, daß er wunderbare Hände hatte? Als erster erkannte er, wie töricht Liebende leben und wie durch Tändelei großer Besitz verloren geht. Aus gutem Grund fügte er luftige Schwingen an und ließ den Gott im Menschenherzen herumflattern, denn wir werden ja von den Wellen hin- und hergeworfen,

scilicet alterna quoniam iactamur in unda,
  nostraque non ullis permanet aura locis.
et merito hamatis manus est armata sagittis,
  et pharetra ex umero Cnosia utroque iacet,　　　　　10
ante ferit quoniam tuti quam cernimus hostem,
  nec quisquam ex illo vulnere sanus abit.

In me tela manent, manet et puerilis imago:
  sed certe pennas perdidit ille suas;
evolat heu! nostro quoniam de pectore nusquam,　　　15
  assiduusque meo sanguine bella gerit.
quid tibi iucundum est siccis habitare medullis?
  si pudor est, alio traice tela tua!
intactos isto satius temptare veneno:
  non ego, sed tenuis vapulat umbra mea.　　　　　　20
quam si perdideris, quis erit, qui talia cantet
  (haec mea Musa levis gloria magna tua est),
qui caput et digitos et lumina nigra puellae
  et canat ut soleant molliter ire pedes?

13 A

Non tot Achaemeniis armantur Susa sagittis,
  spicula quot nostro pectore fixit Amor.
hic me tam gracilis vetuit contemnere Musas,
  iussit et Ascraeum sic habitare nemus,
non ut Pieriae quercus mea verba sequantur,　　　　5
  aut possim Ismaria ducere valle feras,
sed magis ut nostro stupefiat Cynthia versu:
  tunc ego sim Inachio notior arte Lino.

Non ego sum formae tantum mirator honestae,
  nec si qua illustris femina iactat avos:　　　　　10
me iuvat in gremio doctae legisse puellae,
  auribus et puris scripta probasse mea.
haec ubi contigerint, populi confusa valeto
  fabula; nam domina iudice tutus ero.

und der Wind, vor dem wir segeln, bleibt nie beständig. Mit Recht trägt seine Hand als Waffen Pfeile mit Widerhaken, und an seinen Schultern hängt ein kretischer Köcher; denn er trifft uns schon, wenn wir uns noch sicher fühlen, bevor wir den Feind erkennen, und keiner, der eine solche Wunde empfing, kommt heil davon.

Was mich betrifft, so stimmt das mit den Pfeilen, stimmt das mit dem Knaben als Symbol, doch seine Flügel hat er sicher verloren, denn ach! er fliegt ja nie aus meinem Herzen fort und führt beständig Krieg in meinem Blut. Warum ist es so angenehm für dich, in meinem ausgetrockneten Mark zu hausen? Wenn du Anstand hast, schicke deine Pfeile anderswohin. Versuch es lieber mit denen, die von deinem Gift noch nicht verseucht sind. Nicht ich, ein Schatten meiner Selbst, kriegt alle Schläge. Wenn du den noch beseitigst, wer wird dir solche Lieder singen (meine leichte Muse ist ja dein großer Ruhm), wer wird das Haupt, die Hände, die dunklen Augen der Geliebten besingen? und wer den weichen Gang ihrer Füße?

13 A

Susa wird nicht mit so vielen persischen Pfeilen verteidigt, wie Amor Spitzen in mein Herz gebohrt hat. Er verbot mir, diese zarte Dichtung gering zu achten und befahl mir, wie ich das auch tue, den Hain von Askra zu bewohnen, nicht, daß Eichen von Pieria meinen Worten folgen oder daß ich vermöchte, im Tal von Ismara wilde Tiere zu zähmen, sondern vielmehr, damit Cynthia über meine Verse staune; dann wäre ich als Dichter noch berühmter als Linos von Argos.

Ich bin nicht nur ein Bewunderer klassischer Schönheit oder einer Dame, die sich namhafter Ahnen rühmen darf: ich lese gern im Schoß einer Frau, die etwas davon versteht und freue mich, wenn es ihrem feinen Gehör gefällt. Wenn mir das gelingt, kümmert mich das verworrene Gerede der Menge wenig: das Urteil meiner Herrin beruhigt mich. Denn wenn

quae si forte bonas ad pacem verterit auris, 15
  possum inimicitias tunc ego ferre Iovis.

13 B

... Quandocumque igitur nostros mors claudet ocellos,
  accipe quae serves funeris acta mei.

Nec mea tunc longa spatietur imagine pompa,
  nec tuba sit fati vana querela mei, 20
nec mihi tunc fulcro sternatur lectus eburno, (5)
  nec sit in Attalico mors mea nixa toro.
desit odoriferis ordo mihi lancibus, adsint
  plebei parvae funeris exsequiae:
sat mea sat magna est, si tres sint pompa libelli, 25
  quos ego Persephonae maxima dona feram. (10)

Tu vero nudum pectus lacerata sequeris,
  nec fueris nomen lassa vocare meum,
osculaque in gelidis pones suprema labellis,
  cum dabitur Syrio munere plenus onyx. 30
deinde, ubi suppositus cinerem me fecerit ardor, (15)
  accipiat Manis parvula testa meos,
et sit in exiguo laurus super addita busto,
  quae tegat exstincti funeris umbra locum;
et duo sint versus: QUI NUNC IACET HORRIDA PULVIS, 35
  UNIUS HIC QUONDAM SERVUS AMORIS ERAT. (20)

Nec minus haec nostri notescet fama sepulcri,
  quam fuerant Pthii busta cruenta viri.
tu quoque si quando venies ad fata, memento,
  hoc iter: ad lapides cana veni memores. 40
interea cave sis nos aspernata sepultos: (25)
  non nihil ad verum conscia terra sapit.

Atque utinam primis animam me ponere cunis
  iussisset quaevis de Tribus una Soror!

sie mir freundlich und friedfertig zuhört, kann ich die Feindschaft Iuppiters ertragen.

13 B

... Wenn also der Tod einst meine Augen schließt, sollst du an meinem Begräbnis diese meine Weisungen befolgen.

Ich will nicht, daß eine lange Reihe von Ahnenporträts meinen Leichenzug bildet; der Klageton der Tuba über meinen Tod ist zwecklos; bitte keine Bahre mit elfenbeinernen Stützen und keine goldbrokatenen Polster für meine Leiche! Kein Aufmarsch von duftspendenden Schalen! Was ich will, ist eine schlichte Bestattung, ein Armeleutebegräbnis! Es genügt, es genügt wirklich, wenn der Leichenzug aus drei Gedichten besteht: die möchte ich Persephone als kostbarste Gabe bringen.

Du aber mußt folgen, mit nackten, zerkratzten Brüsten, und darfst nicht müde werden, meinen Namen zu rufen, mußt auf meine kalten Lippen letzte Küsse drücken, wenn sie dir die Onyxschale voll von syrischen Essenzen reichen. Wenn mich dann die Gluten unter mir in Asche verwandelt haben, soll eine kleine Urne meine Manen bergen; über meinem schlichten Grabhügel soll man einen Lorbeerbusch pflanzen, dessen Schatten über die Stätte des erloschenen Scheiterhaufens fällt, und zwei Zeilen sollen da stehen: «Jetzt liegt er hier als Staub und Asche: einst war er der Sklave einer großen Liebe.»

Mein Grab wird nicht weniger bekannt und berühmt sein als das blutbespritzte Mal des Helden aus Phthia. Auch du, wenn dein Lebensende nahe ist, denk an mich und geh, weißhaarig, wie du bist, den Weg zu den Steinen, die an mich erinnern. Inzwischen aber sollst du uns, die Toten, nicht vernachlässigen: die Erde spürt und weiß recht gut, was geschieht.

Wenn mir doch eine der Drei Schwestern befohlen hätte, schon in der Wiege den Geist aufzugeben! Denn wozu soll

nam quo tam dubiae servetur spiritus horae? 45
  Nestoris est ustus post tria saecla cinis: (30)
cui si tam longae minuisset fata senectae
  Dardanus Iliacis miles in aggeribus,
non aut Antilochi vidisset corpus humari,
  diceret aut: 'o mors, cur mihi sera venis?' 50

Tu tamen amisso non numquam flebis amico: (35)
  fas est praeteritos semper amare viros.
testis, cui niveum quondam percussit Adonin
  venantem Idalio vertice durus aper:
illis formosum lavisse paludibus, illuc 55
  diceris effusa tu, Venus, isse coma. (40)
sed frustra mutos revocabis, Cynthia, Manis:
  nam mea qui poterunt ossa minuta loqui?

14

Non ita Dardanio gavisus Atrida triumpho est,
  cum caderent magnae Laomedontis opes;
nec sic errore exacto laetatus Ulixes,
  cum tetigit carae litora Dulichiae;
nec sic Electra est, salvum cum aspexit Oresten, 5
  cuius falsa tenens fleverat ossa soror;
nec sic incolumem Minois Thesea vidit,
  Daedalium lino cui duce rexit iter,
quanta ego praeterita collegi gaudia nocte:
  immortalis ero, si altera talis erit. 10
nec mihi iam fastus opponere quaerit iniquos, 13
  nec mihi ploranti lenta sedere potest. 14
at dum demissis supplex cervicibus ibam, 11
  dicebar sicco vilior esse lacu. 12

man den Lebenshauch für eine Stunde aufbewahren, die so unsicher ist? Nach drei Generationen wurde Nestor endlich zu Asche verbrannt. Aber wenn ein trojanischer Krieger auf den Wällen von Ilion ihm das Schicksal eines langen Lebens verkürzt hätte, hätte er nicht zusehen müssen, wie Antilochos' Leiche bestattet wurde oder sagen müssen: «Tod, warum kommst du so spät zu mir?»

Du wirst trotz allem manchmal um den Freund weinen, den du verlorst: die Pflicht gebietet, einen früheren Geliebten ewig zu lieben. Davon zeugt die Göttin, deren weißen Adonis einst ein wilder Eber durchbohrte, als er auf den Höhen des Idalion jagte. Aphrodite, man sagt, du habest den schönen Mann bei jenen Sümpfen gewaschen, seiest mit wirrem Haar dorthin gegangen. Doch umsonst wirst du meine schweigenden Manen zurückrufen, Cynthia; denn wie sollen meine winzigen Gebeine sprechen können?

14

Als Laomedons großes Königreich fiel, freute sich der Atride an seinem Sieg über Troja, und als Odysseus am Ende seiner Irrfahrten die teure Küste von Ithaka erreichte, war er glücklich; auch Elektra war beglückt, als sie sah, daß Orestes gerettet war (sie, seine Schwester, hatte Gebeine, die gar nicht die seinen waren, weinend in der Hand gehalten); auch Minos' Tochter war froh, als sie wußte, daß Theseus überlebt hatte, nachdem er dank ihres Leitfadens den Weg durchs Labyrinth gefunden hatte; aber alle diese Freuden waren nichts im Vergleich zu dem Glück, das ich vergangene Nacht erleben durfte! Wenn es noch so eine Nacht gibt, werde ich unsterblich sein. Nicht länger versucht sie, mir hochmütig, abschätzig entgegenzutreten, und wenn ich weine, bringt sie es nicht fertig, gleichgültig dazusitzen. Doch als ich noch mit geducktem Nacken, um Gnade bittend, daherkam, hieß es, ich sei weniger wert als ein trockener Brunnentrog.

Atque utinam non tam sero mihi nota fuisset 15
condicio! cineri nunc medicina datur.
ante pedes caecis lucebat semita nobis:
scilicet insano nemo in amore videt.
hoc sensi prodesse magis: contemnite, amantes!
sic hodie veniet, si qua negavit heri. 20
pulsabant alii frustra dominamque vocabant:
mecum habuit positum lenta puella caput.
haec mihi devictis potior victoria Parthis,
haec spolia, haec reges, haec mihi currus erunt.
magna ego dona tua figam, Cytherea, columna, 25
taleque sub nostro munere carmen erit:
HAS PONO ANTE TUAM TIBI, DIVA, PROPERTIUS AEDEM
EXUVIAS, TOTA NOCTE RECEPTUS AMANS.

Nunc a te est, mea lux, veniatne ad litora navis
servata, an mediis sidat onusta vadis. 30
quod si forte aliqua nobis mutabere culpa,
vestibulum iaceam mortuus ante tuum!

15

O me felicem! nox o mihi candida! et o tu
lectule deliciis facte beate meis!
quam multa apposita narramus verba lucerna,
quantaque sublato lumine rixa fuit!
nam modo nudatis mecum est luctata papillis, 5
interdum tunica duxit operta moram.
illa meos somno lapsos patefecit ocellos
ore suo et dixit: 'sicine, lente, iaces?'
quam vario amplexu mutamus bracchia! quantum
oscula sunt labris nostra morata tuis! 10

Non iuvat in caeco Venerem corrumpere motu:
si nescis, oculi sunt in amore duces.

Wenn ich nur die Lösung nicht so spät erkannt hätte! Jetzt gibt man einer Leiche Medizin. Vor meinen Füßen leuchtete der Pfad, und ich war blind. Aber wenn man rasend verliebt ist, sieht man eben nichts. Was viel mehr nützt, das habe ich gemerkt, ist dies: Tut verächtlich, wenn ihr verliebt seid! Dann kommt sie heute, auch wenn sie gestern nicht wollte. Andere klopften vergeblich an und riefen: «Herrin!» Lässig lag die Geliebte da, den Kopf an mich geschmiegt. So ein Sieg bedeutet mir mehr, als wenn ich die Parther geschlagen hätte: das sei meine Beute, das seien meine Könige, das mein Triumphwagen! Große Gaben will ich an deine Säulen hängen, Venus, und dieses Gedicht soll unter meinem Geschenk stehen: «Ich, Properz, weihe dir vor deinem Tempel diese Beutestücke, weil ich als Liebender eine ganze Nacht lang bei ihr sein durfte.»

Jetzt liegt es ganz bei dir, mein Licht, ob mein Schiff sicher die Küste erreicht oder ob es, zu schwer beladen, mitten auf einer Sandbank stecken bleibt. Denn wenn du etwas an mir auszusetzen hast und wieder anders zu mir bist, möchte ich lieber tot vor deiner Türe liegen.

15

Oh, wie bin ich glücklich! Wie herrlich, oh, war diese Nacht für mich! Und oh, du liebes Bett, das an meinen Wonnen selig Anteil nahm! Wie manches hatten wir uns beim Lampenschein zu sagen, und welch ein Ringen begann, als das Licht erlosch! Bald kämpfte sie mit nackten Brüsten gegen mich an, dann wieder zog sie ihr Unterkleid über sich und gewann einen Aufschub. Mit ihren Lippen öffnete sie mir die Augen, die vom Schlaf zufielen und sagte: «Wie? du schlummerst schon, träger Gesell?» Auf wieviel verschiedene Arten haben wir uns umarmt! Wie lange verweilten meine Küsse auf deinen Lippen!

Es macht keine Freude, es stört die Lust, wenn man die Bewegungen nicht sieht. Falls du es nicht weißt: in der Liebe

ipse Paris nuda fertur periisse Lacaena,
  cum Menelaeo surgeret e thalamo;
nudus et Endymion Phoebi cepisse sororem   15
  dicitur et nudus concubuisse deae.
quod si pertendens animo vestita cubaris,
  scissa veste meas experiere manus;
quin etiam, si me ulterius provexerit ira,
  ostendes matri bracchia laesa tuae.   20
necdum inclinatae prohibent te ludere mammae:
  viderit haec, si quam iam peperisse pudet.
dum nos fata sinunt, oculos satiemus amore:
  nox tibi longa venit nec reditura dies.
Atque utinam haerentis sic nos vincire catena   25
  vellet, uti numquam solveret ulla dies!
exemplo iunctae tibi sint in amore columbae:
  masculus et totum femina coniugium.
errat, qui finem vesani quaerit amoris:
  verus amor nullum novit habere modum.   30

Terra prius falso partu deludet arantis,
  et citius nigros Sol agitabit equos,
fluminaque ad caput incipient revocare liquores,
  aridus et sicco gurgite piscis erit,
quam possim nostros alio transferre calores: 35
  huius ero vivus, mortuus huius ero.

Quod mihi si interdum talis concedere noctes
  illa velit, vitae longus et annus erit.
si dabit et multas, fiam inmortalis in illis:
  nocte una quivis vel deus esse potest.   40
qualem si cuncti cuperent decurrere vitam
  et pressi multo membra iacere mero,
non ferrum crudele neque esset bellica navis,
  nec nostra Actiacum verteret ossa mare,
nec totiens propriis circum oppugnata triumphis   45
  lassa foret crinis solvere Roma suos.
haec certe merito poterunt laudare minores:
  laeserunt nullos proelia nostra deos.

folgt man den Augen. Als Helena sich nackt von Menelaos' Ehebett erhob, war es, wie es heißt, um Paris geschehen. Nackt soll Endymion Phoibos' Schwester bezaubert und nackt mit der Göttin geschlafen haben. Aber wenn du dich unbedingt angekleidet ins Bett legen willst, wirst du erfahren, was es heißt, wenn ich dir eigenhändig die Hülle zerreiße, und wenn du meinen Zorn noch mehr provozierst, kannst du deiner Mutter wunde Arme zeigen. Du hast ja noch keine schlaffen Brüste, die dein Liebesspiel verhindern; nur eine Frau, die schon Kinder gehabt hat, sollte das stören. Solange das Schicksal es erlaubt, müssen unsere Augen von Liebe satt sein: einst kommt ja die lange Nacht, und der Tag kehrt nie zurück. Wenn uns doch, wie wir uns innig umarmen, eine Kette aneinander fesseln würde, damit wir nie und nimmer voneinander getrennt würden! Nimm dir die Tauben, die Liebe verbindet, zum Vorbild: ein Männchen, ein Weibchen, eine vollkommene Ehe! Es wäre falsch, einer Liebe, die keine Vernunft kennt, Grenzen zu setzen: wahre Liebe kennt kein Maß.

Eher wird die Erde die Bauern mit Ernten betrügen, die keine sind; eher wird der Sonnengott schwarze Pferde lenken, eher die Flüsse ihren Lauf hinauf zu den Quellen lenken, eher die Fische nach Luft schnappen, weil das Meer vertrocknet ist, als daß ich meine Leidenschaft auf eine andere Frau übertragen könnte: ihr will ich lebend gehören, ihr im Tod.

Wenn sie mir dann und wann Nächte in ihrem Bett erlaubt, wird ein Jahr ein ganzes Leben dauern. Gibt sie mir dann noch viele, werde ich in ihrem Verlauf unsterblich: eine Nacht wie die macht jeden Mann zum Gott. Wenn alle sich wünschten, so zu leben wie ich, schwer betrunken da zu liegen, dann gäbe es kein grausames Eisen, kein Kriegsschiff, dann würden im Meer bei Actium nicht die Leichen von Römern schwimmen, und Rom, so oft ringsum von seinen eigenen Triumphen überwältigt, müßte nicht immer wieder trauernd seine Locken lösen. Wenigstens dies darf die Nachwelt mit Recht ans uns rühmen: *Unser* Krieg verletzte die Götter nie.

Tu modo, dum lucet, fructum ne desere vitae!
  omnia si dederis oscula, pauca dabis; 50
ac veluti folia arentis liquere corollas,
  quae passim calathis strata natare vides,
sic nobis, qui nunc magnum spiramus amantes,
  forsitan includet crastina fata dies.

16

Praetor ab Illyricis venit modo, Cynthia, terris,
  maxima praeda tibi, maxima cura mihi.
non potuit saxo vitam posuisse Cerauno?
  a Neptune, tibi qualia dona darem!
nunc sine me plena fiunt convivia mensa, 5
  nunc sine me tota ianua nocte patet.
quare, si sapis, oblatas ne desere messis,
  et stolidum pleno vellere carpe pecus;
deinde, ubi consumpto restabit munere pauper,
  dic alias iterum naviget Illyrias. 10
Cynthia non sequitur fascis nec curat honores:
  semper amatorum ponderat una sinus. 12
semper in Oceanum mittit me quaerere gemmas, 17
  et iubet ex ipsa tollere dona Tyro. 18
at tu nunc nostro, Venus, o succurre dolori: 13
  rumpat ut assiduis membra libidinibus!

Ergo muneribus quivis mercatur amorem? 15
  Iuppiter, indigna merce puella perit.
atque utinam Romae nemo esset dives, et ipse 19
  straminea posset dux habitare casa! 20
numquam venales essent ad munus amicae,
  atque una fieret cana puella domo.
numquam septenas noctes seiuncta cubares
  candida tam foedo bracchia fusa viro;
non quia peccarim (testor te), sed quia vulgo 25
  formosis levitas semper amica fuit.
barbarus exutis agitat vestigia lumbis
  et subito felix nunc mea regna tenet. 28

Nur laß vom Lebensgenuß nicht ab, solange die Sonne scheint. Wenn du mir alle Küsse gegeben hast, sind es noch zu wenig. Du siehst, wie verstreute Blüten, die von welken Kränzen fielen, in Trinkschalen schwimmen? So ist es mit uns: heute noch beseelt uns große Liebe; morgen aber ist vielleicht unser letzter Tag.

16

Soeben kam der Prätor aus Illyrien zurück, Cynthia: eine große Beute für dich, eine große Sorge für mich. Hätte er nicht an den keraunischen Klippen ertrinken können? Ah, Neptun, was würde ich dir opfern! Jetzt gibt es Gelage an einer reich besetzten Tafel – aber ohne mich; jetzt steht die ganze Nacht die Türe offen – aber nicht für mich. Wenn du also klug bist, ernte, was sich dir bietet und rupfe das dumme Schaf mit dem vollen Vlies. Hat er dann alles verschenkt und steht wieder als armer Mann da, sag ihm, er soll nach einem anderen Illyrien segeln. Cynthia interessiert sich nicht für Liktorenbündel und hat für hohe Beamte wenig übrig: für sie zählt nur der Geldbeutel ihrer Verehrer. Immer schickt sie mich in den Ozean, Perlen zu fischen, und will, daß ich sogar aus Tyros Gaben bringe. Doch du, Venus, hilf mir jetzt in meiner Not und mach, daß seine unersättliche Lust ihn umbringt.

Erkauft sich also irgendeiner durch Geschenke Liebe? Iuppiter, ein Preis, der ihrer nicht würdig ist, richtet die Frau zugrunde. Wenn nur in Rom niemand reich wäre und selbst unser Herrscher in einer Hütte mit Strohdach wohnen könnte! Dann wären unsere Freundinnen nie durch Geschenke käuflich, und eine Frau würde nur in *einem* Hause grau. Nie würdest du sieben Nächte lang fern von mir schlafen, deine weißen Arme um diesen widerlichen Kerl geschlungen, und zwar nicht, weil ich gesündigt habe – das schwöre ich! –, sondern weil Unbeständigkeit schon immer mit schönen Frauen verbündet war. Mit nackten Lenden springt ein Barbar herum – und schon hat er Glück und übernimmt jetzt mein Reich!

Nullane sedabit nostros iniuria fletus? 31
  an dolor hic vitiis nescit obesse tuis?
tot iam abiere dies, cum me nec cura theatri
  nec tetigit Campi, nec mea mensa iuvat.
‹at pudeat.› certe pudeat! – nisi forte, quod aiunt, 35
  turpis amor surdis auribus esse solet.
cerne ducem, modo qui fremitu complevit inani
  Actia damnatis aequora militibus.
hunc infamis amor versis dare terga carinis
  iussit et extremo quaerere in orbe fugam. 40
Caesaris haec virtus et gloria Caesaris haec est:
  illa, qua vicit, condidit arma manu.

Sed quascumque tibi vestis, quoscumque smaragdos,
  quasve dedit flavo lumine chrysolithos,
haec videam rapidas in vanum ferre procellas, 45
  quae tibi terra, velim, quae tibi fiat aqua. 46
aspice, quid donis Eriphyla invenit amari, 29
  arserit et quantis nupta Creusa malis! 30
non semper placidus periuros ridet amantis 47
  Iuppiter et surda neglegit aure preces.
vidisti toto sonitus percurrere caelo,
  fulminaque aetherea desiluisse domo? 50
non haec Pleiades faciunt neque aquosus Orion,
  nec sic de nihilo fulminis ira cadit;
periuras tunc ille solet punire puellas,
  deceptus quoniam flevit et ipse deus.
quare ne tibi sit tanti Sidonia vestis, 55
  ut timeas, quotiens nubilus Auster erit.

17

Mentiri noctem, promissis ducere amantem,
  hoc erit infectas sanguine habere manus. 2
nunc iacere e duro corpus iubet impia saxo, 13
  sumere et in nostras trita venena manus. 14
horum ego sum vates, quotiens desertus amaras 3
  explevi noctes fractus utroque toro.

Wird kein Unrecht von dir je meine Tränen stillen? Oder ist meine Leidenschaft durch deine Fehler bedingt? So viele Tage sind verstrichen, ohne daß es mich ins Theater oder aufs Marsfeld zog, und mein Tisch sagt mir nichts. «Du solltest dich schämen.» Schämen, ja gewiß, aber leider hat, wie man sagt, eine unrühmliche Liebe meist taube Ohren. Sieh den Feldherrn, der vor kurzem mit dem sinnlosen Lärm seiner dem Untergang geweihten Streitmacht die Bucht von Actium füllte. Eine schmachvolle Liebe zwang ihn, die Flotte zu wenden, die Flucht zu ergreifen und sich am Ende der Welt in Sicherheit zu bringen. Darin liegt Caesars Größe, darin Caesars Ruhm: Die Hand, mit der er siegte, legt die Waffen weg.

Alle Stoffe, alle Smaragden, und alle gelblich leuchtenden Topase, die er dir gegeben hat, soll ein Sturmwind vor meinen Augen ins Leere reißen! Es soll für dich Erde, für dich Wasser werden! Sieh nur, wieviel Bitteres Eriphyla wegen eines Geschenks erlebte und wie qualvoll Kreusa, die junge Braut, in Flammen aufging. Nicht immer lacht Iuppiter gutmütig über die Meineide von Liebenden und überhört mit tauben Ohren ihre Gebete. Hast du erlebt, wie Donner am ganzen Himmel entlang rollte und Blitze vom luftigen Gewölbe zuckten? Das bewirken weder die Pleiaden noch der regenbringende Orion; die Wut des Blitzes stürzt nicht grundlos so herab; dann pflegt er meineidige Frauen zu strafen, weil er selbst einmal, der Gott, betrogen wurde und weinen mußte. Drum seien dir Stoffe aus Sidon nicht so viel wert, daß du dich fürchten müßtest, wenn der Südwind Wolken führt.

17

Die versprochene Nacht nicht zu gewähren, den Liebenden mit leeren Verheißungen zu täuschen ist dasselbe wie blutbefleckte Hände haben. Jetzt befiehlt mit die Treulose, mich von einem harten Felsen zu stürzen und tödliches Gift zu nehmen. Das sind meine Themen, so oft ich einsam bittere Nächte durchwacht habe, von beiden Seiten des Bettes ge-

vel tu Tantalea moveare ad flumina sorte, 5
　ut liquor arenti fallat ab ore sitim,
vel tu Sisyphios licet admirere labores,
　difficile ut toto monte volutet onus:
durius in terris nihil est quod vivat amante,
　nec, modo si sapias, quod minus esse velis. 10

Quem modo felicem invidia maerente ferebant,
　nunc decimo admittor vix ego quoque die.
nunc licet in triviis sicca requiescere luna, 15
　aut per rimosas mittere verba fores;
quod quamvis ita sit, dominam mutare cavebo:
　tum flebit, cum in me senserit esse fidem.　assiduae multis
　odium peperere querelae:
　frangitur in tacito femina saepe viro. (20)
si quid vidisti, semper vidisse negato!
　aut si quid doluit forte, dolere nega!
quin ego deminuo curam, quod saepe Cupido　18, 17
　huic malus esse solet, cui bonus ante fuit.　18, 18

18

Quid mea si canis aetas candesceret annis,
　et faceret scissas languida ruga genas?
at non Tithoni spernens Aurora senectam
　desertum Eoa passa iacere domo est. 4
illa deos currum conscendens dixit iniquos, 9
　invitum et terris praestitit officium; 10
illum saepe suis descendens fovit in ulnis, 5
　quam prius abiunctos sedula lavit equos;
illum ad vicinos cum amplexa quiesceret Indos,
　maturos iterum est questa redire dies; 8
cui maiora senis Tithoni gaudia vivi 11
　quam gravis amisso Memnone luctus erat.
cum sene non puduit talem dormire puellam
　et canae totiens oscula ferre comae.

quält. Dich rührt vielleicht Tantalos' Schicksal, der am Fluß steht und seinen Durst mit dem Wasser, das zurückweicht, nicht stillen kann; du staunst vielleicht über Sisyphos' Mühsal, der den ganzen Berg hinauf die schwere Last wälzt, aber auf Erden gibt es kein härteres Leben als das eines Liebenden, nichts, das ein vernünftiger Mensch sich weniger wünschen könnte.

Eben noch pries man mich glücklich, und meine Neider waren bedrückt, und jetzt läßt sie mich kaum jeden zehnten Tag ein; jetzt darf ich in klaren Mondnächten an Straßenecken liegen oder durch Spalten in der Tür Botschaften senden. Aber trotz allem werde ich mich hüten, eine andere Herrin zu suchen: wenn sie spürt, wie treu ich bin, wird sie weinen. Ständiges Klagen hat schon vielen Haß beschert, aber wenn ein Mann schweigt, entwaffnet es oft die Frau. Hast du etwas gesehen, sag nie, du habest es gesehen: tut dir etwas weh, sag nie, es tue dir weh. Eigentlich müßte ich meinen Schmerz mäßigen, ist doch Cupido oft ungut zu einem Menschen, dem er vorher gut war.

18

Wenn ich jetzt alt wäre, mein Haar von den Lebensjahren schneeweiß und meine Wangen schlaff und ganz verrunzelt? Aber Aurora verschmähte den greisen Tithonos nicht und ließ ihn nicht allein in ihrem Palast im Osten liegen. Wenn sie ihren Wagen bestieg, nannte sie die Götter lieblos und leistete ungern der Welt ihren Dienst, und wenn sie abgestiegen war, wärmte sie ihn oft in ihren Armen, noch bevor sie pflichtbewußt die abgespannten Pferde gewaschen hatte. Wenn sie in der Nachbarschaft Indiens in seinen Armen ruhte, klagte sie, daß der Tag zu früh zurückkehre. Ihre Freude, daß der alte Tithonos am Leben blieb, war größer als ihre tiefe Trauer über den Verlust von Memnon. Eine solche Frau schämte sich nicht, mit einem Greis zu schlafen und immer wieder sein graues Haupt zu küssen. Du aber, Treulose, haßt mich, ob-

at tu etiam iuvenem odisti me, perfida, cum sis 15
  ipsa anus haud longa curva futura die.

Nunc etiam infectos demens imitare Britannos,
  laedis et externo tincta nitore caput? 20
ut natura dedit, sic omnis recta figura:
  turpis Romano Belgicus ore color. 22
an si caeruleo quaedam sua tempora fuco 27
  tinxerit, idcirco caerula forma bona est? 28
illi sub terris fiant mala multa puellae, 23
  quae mentita suas vertit inepta comas!
desine: mi certe poteris formosa videri, 25
  mi formosa sat es, si modo saepe venis.
cum tibi nec frater nec sit tibi filius ullus, 29
  frater ego et tibi sim filius unus ego, 30
ipse tuus semper tibi sit custodia vultus,
  nec nimis ornata fronte sedere velis.
credam ego narranti (noli committere) famae:
  et terram rumor transilit et maria.

19

Etsi me invito discedis, Cynthia, Roma,
  laetor, quod sine me devia rura coles.
nullus erit castis iuvenis corruptor in agris,
  qui te blanditiis non sinat esse probam;
ulla neque ante tuas orietur rixa fenestras, 5
  nec tibi clamatae somnus amarus erit.
sola eris et solos spectabis, Cynthia, montis
  et pecus et finis pauperis agricolae.
illic te nulli poterunt corrumpere ludi
  fanaque, peccatis plurima causa tuis. 10
illic assidue tauros spectabis arantis
  et vitem docta ponere falce comas,
atque ibi rara feres inculto tura sacello,
  haedus ubi agrestis corruet ante focos;

wohl ich noch jung bin, und dabei wirst du schon bald eine krumme alte Frau sein.

Bist du jetzt schon so verrückt, daß du es den Britanniern nachmachst, die sich bemalen, und deinem Kopf zum Spaß exotische Farbtöne gibst? So wie die Natur sie schuf, ist jede Schönheit recht; belgische Farben sind eine Schande für ein römisches Gesicht. Oder muß, weil irgendeine Frau sich an den Schläfen blaue Schminke aufgetragen hat, Schönheit unbedingt blau sein? Die dumme Frau, die sich (als erste) das Haar durch Färbung verfälschte, soll in der Unterwelt viel leiden! Hör auf damit. Für mich bist du sicher schön, wie du bist; für mich bist du schön, wenn du nur häufig kommst. Weil du keinen Bruder, keinen Sohn hast, möchte ich allein dein Bruder, ich dein Sohn sein. Laß dein wahres Gesicht stets dein Wächter sein, und sitz bitte nicht in großer Aufmachung da. Ich glaube, was der Klatsch erzählt; stell nichts an: Gerüchte fliegen über Länder und Meere.

19

Auch wenn du gegen meinen Wunsch Rom verläßt, Cynthia, bin ich doch froh, daß du – ohne mich – in ländlicher Einsamkeit wohnen wirst. Das Land ist unverdorben; dort wird kein junger Verführer sein, der es dir mit Schmeichelreden schwer macht, treu zu sein. Vor deinen Fenstern wird kein Streit entstehen, man wird nicht deinen Namen rufen und dir den Schlaf stören. Ganz allein bist du dort, und allein die Berge siehst du, Cynthia, und das Vieh, das Land eines armen Bauern. Dort locken dich keine Schauspiele und keine Tempel, die so oft ein Vorwand deiner Sünden sind. Dort siehst du ständig Ochsen pflügen und Winzer mit kunstvoll geführtem Rebmesser das Grüne am Weinstock beschneiden. Dort wirst du in einem ganz einfachen Schrein ein paar Weihrauchkörner streuen, wenn man vor dem ländlichen Altar ein Böcklein opfert. Danach wirst du gleich deine Beine

protinus et nuda choreas imitabere sura,   15
  omnia ab externo sint modo tuta viro.

Ipse ego venabor: iam nunc me sacra Dianae
  suscipere et Veneris ponere vota iuvat.
incipiam captare feras et reddere pinu
  cornua et audaces ipse monere canis;   20
non tamen aut vastos ausim temptare leones
  aut celer agrestis comminus ire sues.
haec igitur mihi sit lepores audacia mollis
  excipere et structo figere avem calamo,
qua formosa suo Clitumnus flumina luco   25
  integit, et niveos abluit unda boves.

Tu quotiens aliquid conabere, vita, memento
  venturum paucis me tibi Luciferis.
hic me nec solae poterunt avertere silvae
  nec vaga muscosis flumina fusa iugis,   30
quin ego in assidua metuam tua nomina lingua:
  absenti nemo non nocuisse velit.

20

Quid fles abducta gravius Briseide? quid fles
  anxia captiva tristius Andromacha?
quidve mea de fraude deos, insana, fatigas?
  quid quereris nostram sic cecidisse fidem?
non tam nocturna volucris funesta querela   5
  Attica Cecropiis obstrepit in foliis,
nec tantum Niobae bis sex ad busta superbae
  sollicito lacrimae defluit a Sipylo.

Mi licet aeratis astringant bracchia nodis,
  sint tua vel Danaes condita membra domo,   10

entblößen und die Tänze lernen – wenn all das nur sicher ist vor einem anderen Mann!

Ich selbst werde jagen. Schon jetzt lockt es mich, in den heiligen Dienst Dianas zu treten und alles, was ich Venus gelobte, zu widerrufen. Gern möchte ich jetzt wilde Tiere fangen, Geweihe an Fichten heften und selbst die wackeren Hunde anspornen. Nicht, daß ich den Mut hätte, gewaltige Löwen zu reizen oder Wildschweinen rasch entgegenzutreten. Höchstens würde ich wagen, auf sanfte Hasen zu lauern und mit aufgesteckter Leimrute einen Vogel zu fangen, dort, wo Clitumnus seine schönen Fluten mit dem ihm geweihten Hain überschattet und seine Wellen weiße Rinder bespülen.

Doch wenn du in Versuchung kommst, mein Leben, vergiß nicht, daß ich schon in wenigen Tagen bei dir bin. Hier kann keine Waldeinsamkeit, kann kein Fluß, der sich zwischen bemoosten Felsen schlängelt, mich daran hindern, zu fürchten, daß dein Name ständig auf der Zunge eines anderen ist. Jeder möchte gern dem fernen Geliebten schaden.

20

Warum weinst du noch heftiger als Briseis, als man sie wegführte? Warum weinst du in deiner Angst noch schmerzlicher als Andromeda, die Gefangene? Warum ermüdest du hysterisch die Götter mit Anklagen gegen mich, den Betrüger? Warum jammerst du, daß meine Treue so tief gesunken sei? So traurig ist nicht die nächtliche Klage des attischen Vogels, der in den Bäumen von Kekrops singt; so viele Tränen fließen nicht wegen Niobes Stolz, der zwölf Leichen forderte, vom kummervollen Sipylos herab!

Man fessle mir die Arme mit ehernen Banden, man sperre dich in den Turm der Danae ein: für dich, mein Leben, will

in te ego et aeratas rumpam, mea vita, catenas,
   ferratam Danaes transiliamque domum.
de te quodcumque, ad surdas mihi dicitur auris:
   tu modo ne dubita de gravitate mea.
ossa tibi iuro per matris et ossa parentis   15
   (si fallo, cinis heu sit mihi uterque gravis!)
me tibi ad extremas mansurum, vita, tenebras:
   ambos una fides auferet, una dies.
quod si nec nomen nec me tua forma teneret,
   posset servitium mite tenere tuum.   20

Septima iam plenae deducitur orbita lunae,
   cum de me et de te compita nulla tacent:
interea nobis non numquam ianua mollis,
   non numquam lecti copia facta tui;
nec mihi muneribus nox ulla est empta beatis: 25
   quicquid eram, hoc animi gratia magna tui.
cum te tam multi peterent, tu me una petisti;
   possum ego nunc curae non meminisse tuae?
tum me vel tragicae vexetis Erinyes, et me
   inferno damnes, Aeace, iudicio,   30
atque inter Tityi volucris mea poena vagetur,
   tumque ego Sisyphio saxa labore geram!

Ne tu supplicibus me sis venerata tabellis:
   ultima talis erit, quae mea prima fides.
haec mihi perpetuum laus est, quod solus amator   35
   nec cito desisto nec temere incipio.

21

A quantum de me Panthi tibi pagina finxit,
   tantum illi Pantho ne sit amica Venus!
sed tibi iam videor Dodona verior augur:
   uxorem ille tuus pulcher amator habet!

ich eherne Ketten sprengen und über die eisernen Mauern von Danaes Turm springen. Alles, was man über dich sagt, prallt bei mir auf taube Ohren: du darfst nur nicht daran zweifeln, daß es mir ernst ist. Bei den Gebeinen meiner Mutter, bei denen meines Vaters schwöre ich dir – und möge beider Asche mich strafen, wenn ich lüge –, daß ich bis an mein Lebensende, bis zur Finsternis, die auf uns wartet, dir gehören werde: *Ein* Treuebund, *ein* Todestag rafft uns beide dahin. Denn wenn mich nicht dein Name, deine Schönheit an dich fesseln würden, so könnte mich deine sanfte Herrschaft fesseln.

Schon nähert sich der Vollmond zum siebenten Mal dem Ende seines Laufs, seit an allen Straßenecken von dir und mir die Rede ist. Während dieser Zeit war deine Haustür mir manchmal gnädig, und manchmal hatte ich leichten Zugang zu deinem Bett; dabei brauchte ich nie eine Nacht mit kostbaren Geschenken zu erkaufen: was ich auch war, verdanke ich ganz deiner Großherzigkeit. So viele begehrten dich, doch du allein begehrtest mich; kann ich jetzt deine Liebe vergessen? Dann dürft ihr Furien der Tragödie mich quälen, und du, Aiakos, mich als Richter in der Unterwelt verdammen; unter Tityos' Geiern soll einer flattern, der *mich* bestraft, und ich will mühsam wie Sisyphos den Stein rollen.

Du brauchst mich nicht in flehenden Briefen zu beschwören: meine Treue wird am Schluß noch so sein, wie sie am Anfang war. Das ist immer mein Ruhm: unter den Liebenden bin ich der einzige, der nicht bald aufhört und nicht unbedacht anfängt.

21

Ah! Die Lügen, die Panthus' Wisch dir über mich erzählt hat, soll Venus ihm mit ihrem Haß vergelten. Da hast du es: ich bin ein besserer Prophet für dich als das Orakel von Dodona. Dein feiner Liebhaber hat eine Gattin! So viele Nächte ver-

tot noctes periere: nihil pudet? aspice, cantat 5
 liber: tu, nimium credula, sola iaces.
et nunc inter eos tu sermo es, te ille superbus
 dicit se invito saepe fuisse domi.
dispeream, si quicquam aliud quam gloria de te
 quaeritur: has laudes ille maritus habet. 10

Colchida sic hospes quondam decepit Iason:
 eiecta est (tenuit namque Creusa) domo.
sic a Dulichio iuvene est delusa Calypso:
 vidit amatorem pandere vela suum.
a nimium faciles aurem praebere puellae, 15
 discite desertae non temere esse bonae!
huic quoque, qui restet, iam pridem quaeritur alter:
 experta in primo, stulta, cavere potes.
nos quocumque loco, nos omni tempore tecum
 sive aegra pariter sive valente sumus. 20

22 A

Scis here mi multas pariter placuisse puellas;
 scis mihi, Demophoon, multa venire mala.
nulla meis frustra lustrantur compita plantis;
 o nimis exitio nata theatra meo!
sive aliqua in molli diducit candida gestu 5
 bracchia seu varios incinit ore modos,
interea nostri quaerunt sibi vulnus ocelli,
 candida non tecto pectore si qua sedet,
sive vagi crines puris in frontibus errant,
 Indica quos medio vertice gemma tenet. 10

Quaeris, Demophoon, cur sim tam mollis in omnis? 13
 quod quaeris, 'quare', non habet ullus amor.
cur aliquis sacris laniat sua bracchia cultris, 15
 et Phrygis insanos caeditur ad numeros?
unicuique dedit vitium natura creato:
 mi fortuna aliquam semper amare dedit. 18

tan! Schämst du dich nicht? Sieh nur, er ist frei, er singt, und du, allzu Vertrauensselige, schläfst allein. Jetzt bist du für die beiden ein Gesprächsthema; verächtlich behauptet er, du habest oft zu Hause auf ihn gewartet, wenn er dich gar nicht wollte. Verdammt nochmal, es geht ja nur darum, daß er sich auf deine Kosten brüstet. Dieser Ruhm gehört ihm, dem Ehemann.

So betrog einst Iason die Frau aus Kolchis, deren Gast er gewesen war; sie wurde hinausgeworfen, denn jetzt besaß ihn Kreusa. So wurde Kalypso vom Helden aus Ithaka enttäuscht: sie sah ihren Liebhaber davonsegeln. Ah, ihr Frauen seid viel zu leichtgläubig! wenn ihr dann allein seid, müßt ihr lernen, nicht einfach so lieb zu sein. Auch sie sucht schon längst einen anderen, der treu bleibt: nach dem, was du mit dem ersten erlebt hast, solltest du dich hüten, Törin. Ich aber bin überall, zu jeder Zeit bei dir, ob du gesund bist oder krank.

22 A

Du weißt, daß mir gestern viele Frauen gleich gut gefielen; du weißt, Demophoon, daß viel Unglück auf mich zukommt. Ich durchschreite keinen Platz ohne Folgen; und die Theater! sie sind geradezu mein Verhängnis! Wenn eine Tänzerin ihre weißen Arme in weichen Gesten auseinanderbreitet und dazu verschiedene Arien singt, suchen meine Augen unterdessen etwas, das Wunden schlägt – ob da eine Schöne sitzt, deren Brust nicht bedeckt ist, ob lose Locken, die mitten auf dem Scheitel ein indischer Edelstein zusammenhält, sich auf einer reinen Stirn verirren.

Du fragst, Demophoon, warum ich keiner Frau widerstehen kann? In der Liebe gibt es nie das «Warum?» wonach du fragst. Warum zerfleischt sich einer die Arme mit geweihten Messern und schlägt sich zu den Klängen der phrygischen Flöte blutig? Jedem Menschen gab die Natur bei der Geburt eine Schwäche: mir ist es vom Schicksal bestimmt, immer ir-

quae si forte aliquid vultu mihi dura negarat, 11
 frigida de tota fronte cadebat aqua. 12
me licet et Thamyrae cantoris fata sequantur, 19
 numquam ad formosas, invide, caecus ero. 20

Sed tibi si exilis videor tenuatus in artus,
 falleris: haud umquam est culta labore Venus.
percontere licet: saepe est experta puella
 officium tota nocte valere neum.
Iuppiter Alcmenae geminas requieverat Arctos, 25
 et caelum noctu bis sine rege fuit;
nec tamen idcirco languens ad fulmina venit:
 nullus amor vires eripit ipse suas.
quid? cum e complexu Briseidos iret Achilles,
 num fugere minus Thessala tela Phryges? 30
quid? ferus Andromachae lecto cum surgeret Hector,
 bella Mycenaeae non timuere rates?
illi vel classis poterant vel perdere muros:
 hic ego Pelides, hic ferus Hector ego.

Aspice uti caelo modo Sol modo Luna ministret: 35
 sic etiam nobis una puella parum est.
altera me cupidis teneat foveatque lacertis,
 altera si quando non sinit esse locum,
aut si forte ingrata meo sit facta cubili,
 ut sciat esse aliam, quae velit esse mea. 40
nam melius duo defendunt retinacula navim,
 tutius et geminos anxia mater alit.

22 B

.... Aut, si es dura, nega: siue es non dura, venito!
 quid iuvat, heu! nullo pondere verba loqui?
hic unus dolor est ex omnibus acer amanti 45
 speranti, subito si qua venire negat.

gendeine Frau zu lieben. Wenn sie mich dann böse ansah und «Nein!» zu mir sagte, floß mir immer kalter Schweiß über die ganze Stirn. Auch wenn mich das Schicksal des Sängers Thamyras ereilen sollte, werde ich nie für schöne Frauen blind sein, neidischer Mensch!

Doch wenn du meinst, ich sei dünn, bis auf die Knochen abgemagert, so könntest du dich täuschen: noch nie war Venusdienst harte Arbeit für mich. Du kannst dich erkundigen: schon oft hat eine Frau erlebt, daß ich die ganze Nacht wacker meine Pflicht tat. Iuppiter gab Alkmene zuliebe den beiden Bären frei, und zwei Nächte lang war der Himmel ohne Herrscher; aber deswegen kehrte er nicht erschöpft zu seinen Blitzen zurück: Liebe raubt sich nie die ihr eigene Kraft. Und Achilles? wenn er aus Briseis' Armen kam, flohen da die Phryger weniger schnell vor seinen thessalischen Geschossen? Und Hektor? wenn er sich kampfbereit von Andromaches Lager erhob, brauchten da die mykenischen Schiffe keinen Angriff zu fürchten? Jene großen Helden waren fähig, Schiffe und Mauern zu zerstören: hier bin ich der Pelide, hier bin ich der wilde Hektor!

Sieh nur, wie am Himmel bald die Sonne ihren Dienst leistet, bald der Mond: so komme auch ich mit einer einzigen Frau nicht aus. Ich brauche eine, die mich voll Verlangen umarmt und wärmt, und eine andere, die das tut, wenn die erstere nicht willig ist – oder wenn sie mir gerade im Bett nicht willkommen ist, daß sie wisse, da ist eine andere, die gern die Meine wäre. Denn *zwei* Ankerketten geben einem Schiff besseren Schutz, und die besorgte Mutter nährt Zwillinge mit größerer Zuversicht.

22 B

.... Wenn du hart bist, sag nein; wenn du nicht hart bist, komm! Was nützt es, ach! Worte zu sagen, die nichts bedeuten? Für den Liebenden, der noch hofft, ist es schmerzlicher als alles andere, wenn man ihm plötzlich sagen läßt: Ich

quanta illum toto versant suspiria lecto,
  cum recipi, quasi non noverit, illa vetat?
et rursus puerum quaerendo audita fatigat,
  quem, quae scire timet, promere furta iubet ...   50

23

Cui fuit indocti fugienda et semita vulgi,
  ipsa petita lacu nunc mihi dulcis aqua est.
ingenuus quisnam alterius dat munera servo,
  ut commissa suae verba ferat dominae?
et quaerit totiens 'quaenam nunc porticus illam   5
  integit?' et 'Campo quo movet illa pedes?'
deinde ubi pertuleris, quos dicit fama, labores
  Herculis, ut scribat 'muneris ecquid habes?'
cernere uti possis vultum custodis avari,
  captus et immunda saepe latere casa?   10
quam care semel in toto nox venditur anno!
  a pereant, si quos ianua clausa iuvat!   12

et modo pavonis caudae flabella superbae   35
  et manibus duram frigus habere pilam
et cupit iratum talos me poscere eburnos
  quaeque nitent Sacra vilia dona Via.
a peream, si me ista movent dispendia, sed me
  fallaci dominae iam pudet esse iocum!   40
Contra, reiecto quae libera vadit amictu   13
  custodum et nullo saepta timore, placet,
cui saepe immundo Sacra conteritur Via socco,   15
  nec sinit esse moram, si quis adire velit.
differet haec numquam, nec poscet garrula, quod te
  astrictus ploret saepe dedisse pater,
nec dicet 'timeo: propera iam surgere, quaeso;
  infelix, hodie vir mihi rure venit.'   20

komme nicht. Wie stöhnt er dann und wälzt sich übers ganze Bett, wenn die Herrin befiehlt, ihn nicht einzulassen, als kenne sie ihn überhaupt nicht. Dann ermüdet er wieder den Sklaven, indem er nochmals das fragt, was er schon gehört hat und ihm befiehlt, von ihren Abenteuern zu berichten, von denen er lieber nichts wüßte ...

23

Eigentlich müßte ich den Weg des ungebildeten Pöbels fliehen, jetzt aber schmeckt mir selbst das Wasser aus dem Brunnentrog süß. Besticht ein freier Mann den Sklaven eines anderen, damit er seiner Herrin die ihm anvertraute Botschaft überbringt? Fragt er immer wieder: «Welche Säulenhalle spendet ihr jetzt Schatten?» und «In welchem Park geht sie spazieren?» Nur damit sie dann schreibt, wenn du die mythischen Arbeiten eines Herakles geleistet hast: «Hast du vielleicht ein Geschenk für mich?» Damit du das Gesicht eines geldgierigen Wächters sehen kannst und dich jedesmal, wenn du ertappt wirst, in einem schmutzigen Verschlag verstecken mußt? Wie teuer verkauft sich eine Liebesnacht in einem ganzen Jahr! Fluch über alle, die sich an verschlossenen Türen freuen!

Bald will sie einen Fächer aus einem prächtigen Pfauenschwanz, bald eine Kristallkugel, um sich die Hände zu kühlen: es macht mich wütend, wenn sie verlangt, daß ich ihr elfenbeinerne Würfel kaufe und was sonst an glitzerndem Tand an der «Heiligen Straße» feilgeboten wird. Ich will verdammt sein, wenn es die Kosten sind, die mich ärgern; nein, ich schäme mich, für eine treulose Herrin den Narren zu spielen. Anderseits gefällt mir eine, die frei und unverschleiert daherkommt, von keiner Furcht vor Wächtern gehemmt, die in staubigen Halbschuhen das Pflaster der «Heiligen Straße» abnützt, die man ohne weiteres ansprechen kann, wenn man etwas von ihr will, die dich nicht auf später vertröstet und nicht wortreich Geschenke fordert, über die dein knausriger Vater noch öfter jammern könnte, die nicht sagen wird: «Ich

et quas Euphrates et quas mihi misit Orontes,
  me capiant: nolim furta pudica tori.
libertas quoniam nulli iam restat amanti,
  nullus liber erit, si quis amare volet.

'Tu loqueris, cum sis iam noto fabula libro   24, 1 (25)
  et tua sit toto Cynthia lecta foro?'
cui non his verbis aspergat tempora sudor?
  aut pudor ingenuis aut retinendus amor.
quod si iam facilis spiraret Cynthia nobis,   5
  non ego nequitiae dicerer esse caput,   (30)
nec sic per totam infamis traducerer urbem,
  urerer et quamvis non bene, verba darem.
quare ne tibi sit mirum me quaerere vilis:
  parcius infamant: num tibi causa levis?   10

24

Hoc erat in primis quod me gaudere iubebas?   17
  tam te formosam non pudet esse levem?
una aut altera nox nondum est in amore peracta,
  et dicor lecto iam gravis esse tuo.   20
me modo laudabas et carmina nostra legebas: (5)
  ille tuus pennas tam cito vertit amor?   22
dura est quae multis simulatum fingit amorem   47
  et se plus uni si qua parare potest.   48

Contendat mecum ingenio, contendat et arte,   23
  in primis una discat amare domo!
si libitum tibi erit, Lernaeas pugnet ad hydras,   25
  et tibi ab Hesperio mala dracone ferat,   (10)
taetra venena libens et naufragus ebibat undas,
  et numquam pro te deneget esse miser

habe Angst; steh auf, mach schon, bitte, du Unglücksmensch; mein Mann kommt heute vom Land zurück!» Mich sollen Frauen erobern, die mir der Euphrat, die mir der Orontes geschickt haben; verstohlene Genüsse in Ehebetten sind nichts für mich. Wenn dem Liebenden keine Freiheit mehr bleibt, wird keiner frei sein, wenn er lieben will.

«Du wagst noch, zu reden, nachdem dein Buch bekannt und du zum Stadtgespräch geworden bist und deine ‹Cynthia› auf dem ganzen Forum gelesen wird?» Wem würde sich bei solchen Worten die Stirn nicht in Schweiß baden? Ein Herr muß sich zwischen seiner Ehre und seiner Liebe entscheiden. Ja, wenn ein huldreicher Hauch von Cynthia zu mir wehen würde, dann hieße es nicht, ich sei ein Ausbund von Verworfenheit, mein Name würde nicht in ganz Rom durch den Schmutz gezogen, und obwohl ich immer noch schmerzhaft gebrandmarkt wäre, könnte ich mich herausreden. Deshalb darfst du dich nicht wundern, wenn ich leichte Mädchen suche. Sie schaden meinem Ruf nicht so sehr. Ist das etwa kein guter Grund?

24

Das also war es, worüber ich mich ganz besonders freuen sollte? Du bist so schön und doch so treulos: schämst du dich nicht? Kaum haben wir eine Liebesnacht oder zwei verbracht, heißt es schon, ich falle deinem Bett zur Last. Eben noch lobtest du mich, lasest meine Gedichte: ist deine große Liebe so schnell verflogen? Grausam ist eine Frau, die vielen Männern Liebe vortäuscht und sich für mehr als einen schmücken kann.

Soll er sich mit mir messen, was Begabung, was Kunst betrifft, aber vor allem soll er lernen, nur in *einem* Haus zu lieben. Wenn du es wünschest, soll er gegen lernäische Schlangen kämpfen und dir die Äpfel bringen, die er dem Drachen der Hesperiden raubte, soll freudig tödliches Gift und als Schiffbrüchiger Wasser trinken und deinetwegen jedes Un-

(quos utinam in nobis, vita, experiare labores!)
  iam tibi de timidis iste protervus erit,   30
qui nunc se in tumidum iactando venit honorem: (15)
  discidium vobis proximus annus erit.
at me non aetas mutabit tota Sibyllae,
  non labor Alcidae, non niger ille dies.   34
noli nobilibus, noli consuesse baetis: 49
  vix venit, extremo qui legat ossa die.   50
hi tibi nos erimus: sed tu potius precor ut me   51
  demissis plangas pectora nuda comis.   52
Tum me compones et dices 'ossa, Properti,   35
  haec tua sunt? eheu tu mihi certus eras,   (20)
certus eras, eheu, quamvis nec sanguine avito
  nobilis et quamvis non ita dives eras.'
nil ego non patiar; numquam me iniuria mutat:
  ferre ego formosam nullum onus esse puto.   40
credo ego non paucos ista periisse figura,   (25)
  credo ego sed multos non habuisse fidem.
parvo dilexit spatio Minoida Theseus,
  Phyllida Demophoon, hospes uterque malus.
iam tibi Iasonia vecta est Medea carina,   45
  et modo servato sola relicta viro.   (30)

25

Unica nata meo pulcherrima cura dolori,
  (excludi quoniam sors mea saepe vehit),
ista meis fiet notissima forma libellis,
  Calve, tua venia, pace, Catulle, tua.

Miles depositis annosus secubat armis,   5
  grandaevique negant ducere aratra boves,
putris et in vacua requiescit navis harena,
  et vetus in templo bellica parma vacat:
at me ab amore tuo diducet nulla senectus,
  sive ego Tithonus sive ego Nestor ero.   10

glück auf sich nehmen (wenn du nur mir, mein Leben solche
Prüfungen auferlegen würdest!), und schon wäre dein Hitzkopf eher furchtsam, er, der jetzt durch seinen Selbstruhm zu
aufgeblähten Ehren kam: schon das nächste Jahr wird eure
Trennung sein. Mich aber wird die ganze Lebenszeit der Sibylle nicht wandeln, keine herkuleische Tat, auch nicht der
schwarze Tag. Verkehr nicht mit den Vornehmen, nicht mit
den Reichen; am Ende kommt vielleicht keiner, der deine Gebeine sammelt. Dann werde *ich* für dich da sein. Doch ich
bete, daß vielmehr du für mich dein Haar auflösen und an
deine nackten Brüste schlagen mußt. Dann wirst du mich zur
Ruhe betten und sagen: «Sind das deine Gebeine, Properz?
Ach, ach, du warst mir treu, treu warst du mir, ach, ach, obwohl du nicht von altem Adel und obwohl du nicht besonders reich warst.» Alles werde ich ertragen; kein Unrecht
wird je mich ändern; die Launen einer schönen Frau zu dulden, ist keine Last für mich. Nicht wenige, glaube ich, haben
sich in ein solches Gesicht sterblich verliebt, aber viele, glaube
ich, sind nicht treu geblieben. Nur kurze Zeit war Theseus in
Ariadne, Demophoon in Phyllis verliebt, beides undankbare
Gäste. Eben noch segelte Medea auf Iasons Schiff, und schon
ist sie allein, von dem Mann, den sie gerettet hatte, verlassen.

25

Meine wunderschöne Geliebte, einzig dazu geboren, mir weh
zu tun (bringt es doch mein Schicksal mit sich, oft abgewiesen zu werden): deine Schönheit wird durch meine Gedichte
weltberühmt werden; bitte, entschuldige mich, Calvus; Verzeihung, Catull!

Veteranen versorgen ihre Waffen und schlafen ohne sie; alte
Ochsen weigern sich, den Pflug zu ziehen; morsche Schiffe
ruhen an einem leeren Strand; Schilde aus früheren Kriegen
hängen müßig in den Tempeln; mich aber wird auch im hohen
Alter nichts von deiner Liebe trennen, ob ich ein Tithonos
oder ein Nestor bin.

Nonne fuit satius duro servire tyranno,
  et gemere in tauro, saeve Perille, tuo?
Gorgonis et satius fuit obdurescere vultu;
  Caucasias etiam sic pateremur avis.
sed tamen obsistam! teritur robigine mucro   15
  ferreus et parvo saepe liquore silex:
at nullus dominae teritur sub crimine amator:
  restat et immerita sustinet aure minas.
ultro contemptus rogat, et peccasse fatetur
  laesus, et invitis ipse redit pedibus.   20

Tu quoque, qui pleno fastus assumis amore,
  credule, nulla diu femina pondus habet.
an quisquam in mediis persolvit vota procellis,
  cum saepe in portu fracta carina natet,
aut prius infecto deposcit praemia cursu,   25
  septima quam metam triverit ante rota?
mendaces ludunt flatus in amore secundi:
  si qua venit sero, magna ruina venit.
tu tamen interea, quamvis te diligat illa,
  in tacito cohibe gaudia clausa sinu;   30
namque in amore suo semper sua maxima cuique
  nescio quo pacto verba nocere solent.
quamvis te persaepe vocet, semel ire memento:
  invidiam quod habet, non solet esse diu.

At si saecla forent antiquis grata puellis,   35
  essem ego, quod nunc tu: tempore vincor ego.
non tamen ista meos mutabunt saecula mores:
  unus quisque suam noverit ire viam.
at vos, qui officia in multos renovatis amores,
  quantus tum cruciat lumina vestra dolor!   40
vidistis pleno teneram candore puellam,
  vidistis fuscam: ducit uterque color;
vidistis quandam Argiva prodire figura;
  vidistis nostras: utraque forma rapit;
illaque plebeio vel sit sandycis amictu: 45
  haec atque illa mali vulneris una via est.

Wäre es nicht besser, einem brutalen Tyrannen zu dienen, und in deinem Stier zu stöhnen, grausamer Perillos? Besser wäre es auch, vor dem Gesicht der Gorgo zu Stein zu erstarren, und man könnte geradesogut unter den Geiern des Kaukasus leiden. Und dennoch bleibe ich standhaft. Vom Rost wird die Schwertspitze zerfressen, vom steten Rinnsal eisenhaltiges Gestein, aber nie zerfressen die Vorwürfe der Herrin den Liebenden: er bleibt und hört Beschimpfungen an, die er nicht verdient hat. Wird er verachtet, bittet er um Verzeihung, wird er beleidigt, gesteht er seine Schuld, und er kommt freiwillig zurück, auch wenn die Füße nicht wollen.

Du gebärdest dich überheblich, weil deine Liebe erfüllt ist, aber ich sage dir, leichtgläubiger Tor: keine Frau ist auf die Dauer zuverlässig. Löst man etwa mitten in einem Sturm ein Gelübde ein, wo doch oft im Hafen havarierte Schiffe treiben? Fordert man den Siegespreis, noch bevor das Rennen beendet ist und das Rad zum siebenten Mal die Zielsäule gestreift hat? In der Liebe treiben günstige Winde ein falsches Spiel: kommt das Unheil spät, so kommt es vernichtend. Wie sehr sie dich auch liebt, behalte bis auf weiteres dein Glück ganz heimlich, gut verschlossen, in der Brust. Denn gerade wenn in der Liebe alles gut geht, werden einem immer wieder irgendwie die großen Worte zum Verhängnis. Wie oft sie dich auch einlädt, geh nur einmal, denk daran! was Neid erregt, ist meistens nicht von Dauer.

Ja, wenn unser Zeitalter Frauen, wie es sie früher gab, günstig wäre, dann wäre ich, was du jetzt bist: ich bin ein Opfer der Zeiten. Aber selbst dieses Zeitalter wird meine Gesinnung nicht ändern: jeder muß eben den Weg wissen, auf dem er geht. Ihr aber, die ihr euren Liebesdienst oft erneuert, wie groß ist dann der Schmerz, der eure Augen quält! Ihr seht eine zarte Frau mit reiner, weißer Haut; ihr seht eine Dunkle: beide Farben ziehen euch an. Ihr seht eine griechische Schönheit schreiten, ihr seht Römerinnen: eine so hinreißend wie die andere! Ob sie wie eine Frau aus dem Volk gekleidet ist oder eine Purpurrobe trägt, so oder so wirst du gleich schwer

cum satis una tuis insomnia portet ocellis,
  una sat est cuivis femina multa mala.

26 A

Vidi te in somnis fracta, mea vita, carina
  Ionio lassas ducere rore manus,
et quaecumque in me fueras mentita fateri,
  nec iam umore gravis tollere posse comas
qualem purpureis agitatam fluctibus Hellen, 5
  aurea quam molli tergore vexit ovis.
quam timui, ne forte tuum mare nomen haberet
  teque tua labens navita fleret aqua!
quae tum ego Neptuno, quae tum cum Castore fratri,
  quaeque tibi excepi, iam dea Leucothoe! 10
at tu vix primas extollens gurgite palmas
  saepe meum nomen iam peritura vocas.
quod si forte tuos vidisset Glaucus ocellos,
  esses Ionii facta puella maris,
et tibi ob invidiam Nereides increpitarent, 15
  candida Nesaee, caerula Cymothoe.
sed tibi subsidio delphinum currere vidi,
  qui, puto, Arioniam vexerat ante lyram.
iamque ego conabar summo me mittere saxo,
  cum mihi discussit talia visa metus. 20

26 B

...Nunc admirentur, quod tam mihi pulchra puella
  serviat et tota dicar in urbe potens.
non, si iam Gygae redeant et munera Croesi,
  dicat 'de nostro surge, poeta, toro!'
nam mea cum recitat, dicit se odisse beatos: 25
  carmina tam sancte nulla puella colit.
multum in amore fides, multum constantia prodest:
  qui dare multa potest, multum et amare potest...

verwundet. Da eine einzige Frau dir schlaflose Nächte zur Genüge schafft, ist eine einzige für einen Mann Verdruß genug.

26 A

Im Traum sah ich dich Schiffbruch leiden, mein Leben, erschöpft im Ionischen Meere schwimmen und alles eingestehen, was du mir jemals vorgelogen hast; die vom Wasser schweren Locken konntest du nicht mehr heben, und du triebst in den purpurroten Fluten, wie einst Helle, die das goldene Schaf auf seinem weichen Rücken getragen hatte. Ich hatte solche Angst, daß das Meer vielleicht nach dir benannt würde und daß Schiffer, in deinen Gewässern segelnd, um dich weinen müßten! Was habe ich da Neptun, was Kastors Bruder, was dir, Leukothoë – du bist ja eine Göttin – alles gelobt! Du aber kannst kaum die Fingerspitzen aus dem Wasser heben und rufst, dem Untergang nahe, immer wieder meinen Namen. Wenn Glaukos dir zufällig in die Augen geschaut hätte, wärst du eine Nymphe des Ionischen Meeres geworden, und die Nereiden würden dich aus lauter Neid beschimpfen, die weiße Nesaië und die blauäugige Kymothoë. Aber da sah ich einen Delphin, der sich beeilte, dir zu helfen; es war vermutlich derselbe, der einst Arion mit seiner Leier gerettet hatte. Und schon wollte ich mich von einem hohen Felsen stürzen, da verscheuchte die Angst den geschilderten Traum.

26 B

... Jetzt mag man staunen, daß eine so schöne Frau mir ergeben ist, und in der ganzen Stadt darf man von meinem Erfolg sprechen. Selbst wenn Geschenke von Kambyses und Kroisos zurückkämen, würde sie nicht sagen: «Dichter, hebe dich hinweg von meinem Bett!» Denn wenn sie meine Verse vorliest, haßt sie, wie sie sagt, die Reichen: so ehrfürchtig huldigt keine andere Frau die Poesie. Viel bewirkt in der Liebe die Treue, viel auch die Beständigkeit; wer stark im Geben ist, ist auch stark im Lieben ...

26 C

Heu mare per longum mea cogitat ire puella;
   hanc sequar, et fidos una aget aura duos,   30
unum litus erit sopitis unaque tectum
   arbor, et ex una saepe bibemus aqua;
et tabula una duos poterit componere amantis,
   prora cubile mihi seu mihi puppis erit.
omnia perpetiar: saevus licet urgeat Eurus   35
   velaque in incertum frigidus Auster agat,
quicumque et venti miserum vexastis Ulixem
   et Danaum Euboico litore mille ratis,
et qui movistis duo litora, cum rudis Argus
   dux erat ignoto missa columba mari.   40
illa meis tantum non umquam desit ocellis,
   incendat navem Iuppiter ipse licet.
certe isdem nudi pariter iactabimur oris:
   me licet unda ferat, te modo terra tegat.

Sed non Neptunus tanto crudelis amori,   45
   Neptunus fratri par in amore Iovi:
testis Amymone, latices dum ferret, in Argis
   compressa et Lernae pulsa tridente palus.
quam deus amplexus votum persolvit: at illi
   aurea divinas urna profudit aquas.   50
crudelem et Borean rapta Orithyia negavit:
   hic deus et terras et maria alta domat.
crede mihi, nobis mitescet Scylla nec umquam
   alternante vacans vasta Charybdis aqua;
ipsaque sidera erunt nullis obscura tenebris,   55
   purus et Orion, purus et Haedus erit.
quod mihi si ponenda tuo sit corpore vita,
   exitus hic nobis non inhonestus erit.

26 C

Ach, meine Geliebte hat im Sinn, übers weite Meer zu ziehen: ich will ihr folgen, und *ein* Wind wird *zwei* treue Menschen mit sich tragen, *ein* Strand, *ein* Baum werden unsere Unterkunft sein, und aus *einer* Quelle werden wir immer wieder trinken; *eine* Planke wird unser Bett sein, wenn wir uns lieben, gleichgültig, ob das auf dem Vorder- oder dem Hinterdeck ist. Alles werde ich ertragen, mag auch ein scharfer Wind aus Südost uns überfallen, ein kühler Südwind die Segel wer weiß, wohin treiben, und alle Winde, die den bedauernswerten Odysseus und vor der Küste von Euböa die tausend Schiffe der Griechen durcheinander brachten, und ihr, die ihr zwei Küsten in Bewegung setztet, als die unerfahrene Argo über ein unerforschtes Meer einer Taube folgte. Nur *sie* möchte ich nie aus den Augen verlieren, selbst wenn Iuppiter das Schiff in Brand steckt. Wenigstens werden unsere nackten Leichen vereint an dieselbe Küste geworfen werden: mich sollen die Wellen davontragen, wenn nur dich die Erde bedeckt.

Doch Neptun kann gegenüber einer so großen Liebe nicht grausam sein, denn Neptun ist in der Liebe seinem Bruder Iuppiter gleich. Das bezeugt Amymone: sie gab sich ihm in Argos hin, weil sie Wasser brauchte, und der Sumpf von Lerna wurde vom Dreizack aufgestochen. Der Gott liebte sie und hielt sein Versprechen, ihr goldener Krug spendete göttliches Wasser. Boreas entführte Oreithyia, aber sie nannte ihn nicht grausam: er ist ein Gott, der Länder und tiefe Meere unterwirft. Glaube mir, für uns werden sich die Skylla und die wüste Charybdis, bei der stets Ebbe und Flut herrscht, besänftigen. Selbst die Sterne werden nicht im Dunkel verschwinden: hell wird für uns Orion, hell auch das Böcklein strahlen. Und wenn ich in deinen Armen mein Leben ende, so ist das für mich kein Tod, der mich enthört.

27

Et vos incertam, mortales, funeris horam
  quaeritis, et qua sit mors aditura via;
quaeritis et caelo, Phoenicum inventa, sereno,
  quae sit stella homini commoda quaeque mala.

Seu pedibus Parthos sequimur seu classe Britannos, 5
  et maris et terrent caeca pericla viae;
rursus et obiectum fles tu caput esse tumultu,
  cum Mavors dubias miscet utrimque manus;
praeterea domibus flammam metuisque ruinas,
  neu subeant labris pocula nigra tuis. 10

Solus amans novit, quando periturus et a qua
  morte, neque hic Boreae flabra neque arma timet;
iam licet et Stygia sedeat sub harundine remex,
  cernat et infernae tristia vela ratis:
si modo clamantis revocaverit aura puellae, 15
  concessum nulla lege redibit iter.

28 A

Iuppiter, affectae tandem miserere puellae:
  tam formosa tuum mortua crimen erit.
hoc tibi vel poterit coniunx ignoscere Iuno: 33
  frangitur et Iuno, si qua puella perit. 34
venit enim tempus, quo torridus aestuat aer, 5
  incipit et sicco fervere terra Cane.
sed non tam ardoris culpa est neque crimina caeli,
  quam totiens sanctos non habuisse deos.
hoc perdit miseras, hoc perdidit ante puellas:
  quicquid iurarunt, ventus et unda rapit. 10

27

Ihr Menschen forscht nach der Stunde eures Todes, die niemand weiß, und nach dem Weg, auf dem der Tod euch finden wird; ihr wollt erforschen – es ist die Kunst der Phönizier –, welches Gestirn am klaren Firmament dem Menschen günstig, welches ihm verderblich ist.

Ob wir zu Fuß nach Parthien oder zu Schiff nach Britannien ziehen, die Gefahren, die uns zu Wasser und zu Lande drohen, sind im Dunkeln. Andererseits mußt du weinen, wenn ein Bürgerkrieg ausbricht und Mars von beiden Seiten Heere, deren Hoffnungen schwanken, gegeneinander führt. Du fürchtest aber auch, dein Haus könnte abbrennen oder einstürzen, oder du könntest einen tödlichen Trunk an die Lippen führen.

Nur der Liebende weiß, wann und wie er sterben wird; er braucht weder das Brausen des Nordwinds noch den Krieg zu fürchten. Selbst wenn er schon als Ruderer beim Schilf des Styx sitzt und die düsteren Segel des Nachens der Unterwelt sieht, sobald nur ein Hauch der Stimme der Geliebten ihn zurückruft, wandert er auf dem Weg, den kein Gesetz erlaubt, zurück.

28 A

Iuppiter, erbarme dich doch endlich meiner kranken Geliebten! Wenn eine solche Schönheit stirbt, bist du daran schuld! Selbst Iuno, deine Gattin, wird dir das verzeihen, denn auch Iuno leidet schwer, wenn eine Frau stirbt. Die Jahreszeit ist ja gekommen, in der sich die Luft bis zur Glut erhitzt und die Erde unter dem austrocknenden Hundsstern zu kochen beginnt. Aber eigentlich ist nicht die Hitze schuld, und das Wetter kann nichts dafür: sie hat so lange die Götter mißachtet. Das rächt sich leider an Frauen, hat sich schon immer gerächt: was sie auch schwören, Winde und Wellen tragen es fort. War

num sibi collatam doluit Venus? illa peraeque
　prae se formosis invidiosa dea est.
an contempta tibi Iunonis planta Pelasgae?
　Palladis aut oculos ausa negare bonos?
semper, formosae, non nostis parcere verbis:　　　　　　　15
　hoc tibi lingua nocens, hoc tibi forma dedit.

Sed tibi vexatae post multa pericula vitae
　extremo veniat mollior aura die.
Io versa caput primos mugiverat annos:
　nunc dea, quae Nili flumina vacca bibit.　　　　　　　　20
Ino etiam prima terris aetate vagata est:
　hanc miser implorat navita Leucothoen.
Andromede monstris fuerat devota marinis:
　haec eadem Persei nobilis uxor erat.
Callisto Arcadios erraverat ursa per agros:　　　　　　　25
　haec nocturna suo sidere vela regit.

Quod si forte tibi properarint fata quietem,
　ipsa, sepultura facta beata tua,
narrabis Semelae, quo sis formosa periclo
　(credet et illa, suo docta puella malo),　　　　　　　　30
et tibi Maeonias omnis heroidas inter
　primus erit nulla non tribuente locus.
nunc, utcumque potes, fato gere saucia morem:
　et deus et durus vertitur ipse dies.

28 B

Deficiunt magico torti sub carmine rhombi,　　　　　　　35
　et iacet exstincto laurus adusta foco,
et iam Luna negat totiens descendere caelo,
　nigraque funestum concinit omen avis.

Una ratis fati nostros portabit amores
　caerula in inferno velificata lacu.　　　　　　　　　　　40

Venus erzürnt, weil man dich mit ihr verglich? Das ist eine Göttin, die nun wirklich auf alle Frauen eifersüchtig ist, die schöner sind als sie. Hast du dich abschätzig über die Gangart der pelasgischen Hera geäußert? Hast du gewagt, zu sagen, Athenas Augen seien nicht so besonders? Ihr Schönen versteht einfach nicht, eure Worte zu mäßigen. Das hat dir deine scharfe Zunge, hat dir deine Schönheit eingebrockt.

Doch nach den vielen Krisen eines stürmischen Lebens möge dir am letzten Tag ein sanfteres Lüftchen wehen. Als Ios Kopf verwandelt worden war, muhte sie ein paar Jahre lang; aber jetzt ist sie, die als Kuh Nilwasser trank, eine Göttin. Ino irrte in ihrer Jugend in der Welt herum, jetzt beten die Schiffer in Seenot zu ihr als Leukothoë. Andromeda hatte man einem Seeungetüm zum Opfer geweiht: sie wurde dann die Gattin des berühmten Perseus. In Gestalt einer Bärin irrte Kallisto durch Arkadien; jetzt lenkt sie als Sternbild Schiffe in der Nacht.

Doch wenn das Schicksal dir allzu früh die Ruhe bringt, wirst du durch dein Begräbnis selig; du wirst Semele erzählen, wie gefährlich es ist, schön zu sein (und sie wird es dir glauben, hat sie es doch zu ihrem eigenen Leidwesen erfahren): unter allen Heroinen Homers wird dir der erste Platz zuteil, und keine wird ihn dir streitig machen. Jetzt aber, da es dir schlecht geht, finde dich mit deinem Schicksal ab, so gut du kannst: selbst ein Gott und selbst der schwere Tag kann sich wandeln.

28 B

Die Kreisel, die zu Zaubersprüchen gewirbelt werden, wirken nicht, und der Herd mit dem angebrannten Lorbeer ist erloschen; der Mond will nicht mehr so und so oft vom Himmel herunter kommen; schwarze Vögel krächzen Unheil.

Ein dunkles Totenschiff soll uns zwei Liebende tragen, wenn es auf dem See der Unterwelt seine Segel setzt. Wenn du dich

si non unius, quaeso, miserere duorum:
  vivam, si vivet; si cadet illa, cadam.
pro quibus optatis sacro me carmine damno:
  scribam ego 'per magnum est salva puella Iovem';
ante tuosque pedes illa ipsa operata sedebit, 45
  narrabitque sedens longa pericla sua.

28 C

Et tua, Persephone, maneat clementia, nec tu,
  Persephonae coniunx, saevior esse velis.
sunt apud infernos tot milia formosarum:
  pulchra sit in superis, si licet, una locis! 50
vobiscum Antiope est, vobiscum candida Tyro,
  vobiscum Europe nec proba Pasiphae,
et quot Creta tulit vetus et quot Achaia formas
  et Thebae et Priami diruta regna senis,
et quaecumque erat in numero Romana puella, 55
  occidit: has omnis ignis avarus habet.
nec forma aeternum aut cuiquam est fortuna perennis:
  longius aut propius mors sua quemque manet.
tu quoniam es, mea lux, magno dimissa periclo,
  munera Dianae debita redde choros, 60
redde etiam excubias Divae nunc, ante iuvencae,
  votivas noctes et mihi solve decem!

29 A

Hesterna, mea lux, cum potus nocte vagarer,
  nec me servorum duceret ulla manus,
obvia nescio quot pueri mihi turba minuti
  venerat (hos vetuit me numerare timor),
quorum alii faculas, alii retinere sagittas, 5
  pars etiam visa est vincla parare mihi.

eines Menschen nicht erbarmst, erbarme dich bitte der beiden: lebt sie, lebe ich, stirbt sie, sterbe ich. Für die Erfüllung dieser Wünsche verpflichte ich mich zu einem Weihgedicht; dann will ich schreiben: «Dank Iuppiters Macht ist die Liebste wieder gesund.» Sie selbst wird dir Opfer bringen, zu deinen Füßen sitzen und dir von ihrer langen Krise berichten.

28 C

Möge uns deine Gunst erhalten bleiben, Persephone, und du, Gatte der Persephone, sei nicht grausamer als sie! In der Unterwelt gibt es Tausende von schönen Frauen: laßt uns auf der Oberwelt, wenn möglich, wenigstens diese eine liebliche Erscheinung. Bei euch ist Antiope, bei euch die weiße Tyro, bei euch Europa und die berüchtigte Pasiphaë und alle Schönen, die in alten Zeiten Kreta und Achaia, Theben und das untergegangene Reich des greisen Priamos hervorbrachten, und alle Römerinnen, die man hätte dazuzählen können: sie alle gingen dahin; der unersättliche Scheiterhaufen behielt sie. Niemand ist ewig schön, niemand hat ständig Glück: früher oder später kommt für alle der ihnen bestimmte Tod. Doch weil du, mein Licht, aus einer großen Gefahr gerettet wurdest, mußt du Diana die Tänze opfern, die du ihr schuldest; opfere auch Isis, jetzt eine Göttin, früher eine Kuh – und mir schenke die zehn Nächte, die du mir gelobt hast!

29 A

Als ich letzte Nacht betrunken herumzog, von keinen Sklaven geführt, kam mir eine Schar kleiner Knaben entgegen – ich weiß nicht, wie viele es waren; die Angst verbot mir, sie zu zählen. Einige hielten Fackeln, andere Pfeile, wieder andere hatten, wie mir schien, Fesseln für mich bereit. Doch sie waren nackt. Einer, der frechste von allen, rief: «Verhaftet

sed nudi fuerant. quorum lascivior unus
  'arripite hunc' inquit, 'nam bene nostis eum.
hic erat, hunc mulier nobis irata locavit.'
  dixit, et in collo iam mihi nodus erat. 10

Hic alter iubet in medium propellere, at alter
  'intereat, qui nos non putat esse deos!
haec te non meritum totas expectat in horas:
  at tu nescio quam quaeris, inepte, foris.
quae cum Sidoniae nocturna ligamina mitrae 15
  solverit atque oculos moverit illa gravis,
afflabunt tibi non Arabum de gramine odores,
  sed quos ipse suis fecit Amor manibus.
parcite iam, fratres: iam certos spondet amores
  et iam ad mandatam venimus ecce domum.' 20
atque ita mi iniecto dixerunt rursus amictu
  'i nunc et noctes disce manere domi.'

29 B

Mane erat, et volui, si sola quiesceret illa,
  visere: at in lecto Cynthia sola fuit.
obstupui: non illa mihi formosior umquam 25
  visa, neque ostrina cum fuit in tunica,
ibat et hinc castae narratum somnia Vestae,
  neu sibi neve mihi quae nocitura forent:
talis visa mihi somno dimissa recenti.
  heu quantum per se candida forma valet! 30

'Quo tu matutinus' ait 'speculator amicae?
  me similem vestris moribus esse putas?
non ego tam facilis: sat erit mihi cognitus unus,
  vel tu vel si quis verior esse potest.
apparent non ulla toro vestigia presso, 35
  signa volutantis nec iacuisse duos.
aspice, ut in toto nullus mihi corpore surgat
  spiritus admisso natus adulterio.'

ihr! Ihr kennt ihn ja genau. Er ist es, den die empörte Dame angezeigt hat.» Er sprach's, und schon hatte ich eine Schlinge um den Hals.

Da sagte ein anderer: «Treibt ihn durch die Straßen!», ein dritter: «Wir sind Götter, und wer uns nicht anerkennt, verdient den Tod. Stundenlang wartet sie schon auf dich, obwohl du das nicht wert bist, doch du suchst draußen irgendeine andere, du Tor. Wenn sie die Bänder des purpurnen Mieders, das sie nachts trägt, gelöst hat und ihre ernsten Augen auf dich richtet, dann wehen dich nicht bloß Düfte von arabischen Gewürzen an, sondern die, die Amor mit eigener Hand bereitet hat. Aber laßt ihn schon los, Kameraden: jetzt wird er ewige Treue schwören, und – seht nur – das ist schon die Adresse, die man uns genannt hat.» Und sie warfen mir den Mantel wieder über und sagten: «Geh jetzt, und lerne, nachts daheim zu bleiben!»

29 B

Es war ganz früh am Morgen, und ich wollte nachsehen, ob sie allein schlafe – doch Cynthia lag wirklich allein im Bett. Ich war wie erstarrt: noch nie war sie mir schöner erschienen, auch damals nicht, als sie das dunkelrote Unterkleid trug und ihr Haus verließ, um Vesta, der Göttin der Keuschheit, ihre Träume zu berichten, damit sie ihr und mir nicht schaden würden. So erschien sie mir, frisch vom Schlummer gelöst. Ach, wie stark wirkt wahre Schönheit durch sich selbst!

«Wozu spionierst du in aller Frühe deiner Freundin nach?» fragte sie. «Glaubst du, ich sei wie euresgleichen? Nein, so leichtfertig bin ich nicht. Mir genügt es, einen einzigen Mann zu kennen, ob du das bist oder ein anderer, wenn er es ehrlich mit mir meint. Du kannst in meinem Bett keine Spur von Eindrücken finden, keine Anzeichen, daß zwei hier lagen und sich wälzten. Sieh nur, von meinem ganzen Körper steigt kein Hauch auf, der von einem Treuebruch herrührt.» So sprach

dixit et opposita propellens savia dextra
   prosilit in laxa nixa pedem solea.   40

Sic ego tam sancti custode eludor amoris:
   ex illo felix nox mihi nulla fuit.

30 A

Quo fugis, a demens? nulla est fuga: tu licet usque
   ad Tanain fugias, usque sequetur Amor.
non si Pegaseo vecteris in aëre dorso,
   nec tibi si Persei moverit ala pedes,
vel si te sectae rapiant talaribus aurae,   5
   nil tibi Mercurii proderit alta via.
instat semper Amor, supra caput instat amanti,
   et gravis ipse super libera colla sedet.
excubat ille acer custos et tollere numquam
   te patietur humo lumina capta semel.   10
sed iam si pecces, deus exorabilis ille est,
   si modo praesentis viderit esse preces.

30 B

Ista senes licet accusent convivia duri:
   nos modo propositum, vita, teramus iter.
illorum antiquis onerentur legibus aures: 15
   hic locus est, in quo, tibia docta, sones.

quae non iure vado Maeandri iacta natasti,
   turpia cum faceret Palladis ora tumor,
non tamen immerito: Phrygias libet ire per undas
   et petere Hyrcani litora nuda maris,   20
spargere et alterna communis caede Penatis
   et ferre ad patrios praemia dira Lares....

sic, wehrte mit vorgehaltener Hand meine Küsse ab, steckte lose die Füße in die Sandalen und sprang davon.

So werde ich von der Hüterin einer so heiligen Liebe genarrt! Seither wurde ich keiner einzigen Nacht mehr froh.

30 A

Wohin fliehst du? Bist du denn verrückt? Es gibt kein Entfliehen; selbst wenn du bis zum Tanais fliehst, wird Amor dir überallhin folgen. Selbst wenn Perseus' Fittiche dir die Füße beflügeln oder Winde dich entführen, die du mit Flügelschuhen zerteilst, wird der Weg Merkurs hoch oben dir nicht nützen. Immer bedroht dich Amor, fliegt dem Liebenden drohend über dem Kopf und sitzt schwer auf dem Nacken eines Mannes, der einst frei war. Er ist ein strenger Wächter, Tag und Nacht, und erlaubt dir nicht, die Augen, die einmal gefangen wurden, vom Boden zu erheben. Doch wenn du dich auch einmal versündigst, ist er ein Gott, der sich erweichen läßt, wenn du ihn gleich um Verzeihung bittest.

30 B

Auch wenn gestrenge ältere Herren sich über unsere Feste beschweren, wollen wir auf dem Weg, den wir beschritten haben, weitergehen, mein Leben. Sie mögen sich die Ohren mit altmodischen Gesetzen befrachten: hier ist eine Stätte, an der du erklingen darfst, kunstvoll gespielte Flöte!

Zu Unrecht hat man dich in den Mäander geworfen, schwammst du in seinen Fluten, weil geschwollene Wangen Pallas' Antlitz entstellten, und doch nicht unverdient! Du willst im Hellespont treiben, am kahlen Ufer des Kaspischen Meeres landen, die Penaten einer Familie durch Blut beflecken und den Laren der Väter furchtbare Beutestücke bringen ...

30 C

Una contentum pudeat me vivere amica?
  hoc si crimen erit, crimen Amoris erit:
mi nemo obiciat! libeat tibi, Cynthia, mecum   25
  rorida muscosis antra tenere iugis:
illic aspicies scopulis haerere Sorores,
  et canere antiqui dulcia furta Iovis,
ut Semela est combustus, ut est deperditus Io,
  denique ut ad Troiae tecta volavit avis.   30
quod si nemo extat, qui vicerit Alitis arma,
  communis culpae cur reus unus agor?
nec te virginei reverentia moverit oris:
  hic quoque non nescit, quid sit amare, chorus,
si tamen Oeagri quaedam compressa figurae   35
  Bistoniis olim rupibus accubuit.
hic ubi te prima statuent in parte choreae
  et medius docta cuspide Bacchus erit,
tum capiti sacros patiar pendere corymbos:
  nam sine te nostrum non valet ingenium.   40

31

Quaeris, cur veniam tibi tardior? aurea Phoebi
  porticus a magno Caesare aperta fuit.
tota erat in spatium Poenis digesta columnis,
  inter quas Danai femina turba senis.
hic Phoebus Phoebo visus mihi pulchrior ipso   5
  marmoreus tacita carmen hiare lyra,
atque aram circum steterant armenta Myronis,
  quattuor artifices, vivida signa, boves.
tum medium claro surgebat marmore templum,
  et patria Phoebo carius Ortygia.   10
in quo Solis erat supra fastigia currus,
  et valvae, Libyci nobile dentis opus:

30 C

Soll ich mich schämen, zufrieden mit einer einzigen Geliebten zu leben? Wenn das ein Vergehen ist, so muß es Amors Vergehen sein. Mir soll niemand einen Vorwurf machen. Ich wäre so glücklich, Cynthia, wenn du mit mir in taufrischen Grotten auf bemoosten Hügeln leben möchtest! Dort wirst du sehen, wie die Musen auf den Klippen sitzen und Zeus' süße Liebesabenteuer in alter Zeit besingen: wie er für Semele entbrannte, wie er sich um Io verzehrte, wie er schließlich als Adler zum Palast von Troja flog. Wenn es keinen gibt, der den Waffen des geflügelten Gottes gewachsen ist, warum bezichtigt man mich allein einer Schuld, die alle teilen? Du brauchst dich nicht von der Ehrfurcht vor dem jungfräulichen Gesicht bewegen zu lassen: ihr Reigen weiß sehr wohl, was Lieben heißt, wenigstens wenn es wahr ist, daß eine von ihnen sich von dem schönen Oiagros umarmen ließ und mit ihm einst im thrakischen Gebirge schlief. Wenn sie dich dort ins vorderste Glied ihres Reigens stellen und mitten drin Bakchos steht mit seinem Thyrsosstab, der Dichter macht, dann will ich gern von meinem Haupt geweihte Blütendolden hängen lassen; denn ohne dich ist meine Begabung nichts.

31

Du willst wissen, warum ich zu spät gekommen bin? Der große Caesar hat Phoibos' goldene Säulenhalle eröffnet. Sie war in ihrer ganzen Länge mit Säulen aus punischem Marmor gegliedert, in deren Zwischenräumen die Töchter des alten Danaos standen. Da schien mir Phoibos noch schöner als Phoibos selbst, wie er in Marmor zu seiner schweigenden Leier ein Lied sang. Um den Altar stand die von Myron geschaffene Herde, vier kunstvolle Rinder, beseeltes Bildwerk! Und dann: mittendrin erhob sich der Tempel aus leuchtendem Marmor, für Phoibos noch teurer als sein heimisches Ortygia. Auf ihm, über dem Giebel, stand der Sonnenwagen, und da waren die Türflügel, ein ganz besonderes Kunstwerk

altera deiectos Parnasi vertice Gallos,
  altera maerebat funera Tantalidos.
deinde inter matrem deus ipse interque sororem 15
  Pythius in longo carmina veste sonat.

[32]

hoc utinam spatiere loco quodcumque vacabis, 7
  Cynthia, sed tibi me credere turba vetat,
cum videt accensis devotam currere taedis
  in Nemus et Triviae lumina ferre deae. 10
'qui videt, is peccat.' qui te non viderit, ergo 1
  non cupiet? facti lumina crimen habent?
nam quid Praenesti dubias, o Cynthia, sortis,
  quid petis Aeaei moenia Telegoni?
cur ita te Herculeum deportant esseda Tibur? 5
  Appia cur totiens te via Lanuvium? 6
scilicet umbrosis sordet Pompeia columnis 11
  porticus, aulaeis nobilis Attalicis,
et platanis creber pariter surgentibus ordo,
  flumina sopito quaeque Marone cadunt,
et sonitus lymphis toto crepitantibus orbe, 15
  cum subito Triton ore recondit aquam?
falleris: ista tui furtum via monstrat amoris:
  non urbem, demens, lumina nostra fugis.
nil agis: insidias in me componis inanis,
  tendis iners docto retia nota mihi. 20

Sed de me minus est: famae iactura pudicae
  tanta tibi miserae, quanta mereris, erit.
nuper enim de te nostras pervenit ad auris
  rumor, et in tota non bonus urbe fuit.
'Sed tu non debes inimicae credere linguae: 25
  semper formosis fabula poena fuit.

aus libyschem Elfenbein: der eine stellte die vom Gipfel des Parnassos stürzenden Gallier dar, der andere die den Tod ihrer Kinder beklagende Niobe. Und dann: zwischen Mutter und Schwester ließ der Gott selbst im langen Gewand sein Lied ertönen.

[32]

Geh doch bitte hier spazieren, Cynthia, wenn du Zeit hast. Aber es gibt viele Leute, die nicht wollen, daß ich dir glaube, weil sie sehen, wie du mit brennenden Fackeln, um ein Gelübde zu erfüllen, in den heiligen Hain eilst und der Göttin des Dreiwegs Lichter darbringst. «Wer mich sieht, ist im Fehler.» Wer dich nicht sieht, wird dich also nicht begehren? Sind die Augen an allem Schuld? Warum, liebe Cynthia, suchst du zweideutige Orakel in Praeneste? warum zieht es dich zu der von Telegonos aus Aiaia gegründeten Stadt? Warum entführt dein Wagen dich so oft nach Tibur, der Stadt des Herakles, warum so oft auf der Appischen Straße nach Lanuvium? Natürlich ist dir die Halle des Pompeius mit ihren schattenspendenden Säulen und ihren vornehmen Draperien aus Goldbrokat nicht schön genug, die dichte Allee von ebenmäßig wachsenden Platanen, der Springbrunnen, der vom schlafenden Maron herabfällt und das Klatschen des Wassers, das ein rundes Becken füllt, wenn Triton es plötzlich seinem Mund entströmen läßt. Du irrst dich: der Weg, den du wählst, beweist, daß du auf ein heimliches Abenteuer aus bist; in deinem Wahn fliehst du nicht die Stadt, sondern meine Blicke. Es nützt dir nichts; du spinnst vergeblich deine Ränke gegen mich und legst erfolglos Netze aus, die ich schon kenne.

Aber es geht nicht so sehr um mich: der Verlust deines guten Rufes wird für dich so schmerzlich sein, wie du das verdienst. Denn kürzlich drang ein übles Gerücht, das dich betrifft, an mein Ohr und verbreitete sich in der ganzen Stadt. «Aber du darfst den bösen Zungen nicht glauben: schon immer mußten schöne Frauen unter dem Gerede der Leute leiden! Ich habe

non mea deprenso damnata est fama veneno
   (testis eris puras, Phoebe, videre manus).
sin autem longo nox una aut altera lusu
   consumpta est, num te crimina parva movent?   30

Tyndaris externo patriam mutavit amore
   et sine dedecore est viva reducta domum.
ipsa Venus fertur correpta libidine Martis
   nec minus in caelo semper honesta fuit,
quamvis Ida palam pastorem dicat amasse   35
   atque inter pecudes accubuisse deam:
hoc et Hamadryadum spectavit turba sororum
   Silenique senes et pater ipse chori,
cum quibus Idaeo legisti poma sub antro,
   supposita excipiens, Nai, caduca manu.   40

An quisquam in tanto stuprorum examine quaerit
   "cur haec tam dives? quis dedit? unde dedit?"
o nimium nostro felicem tempore Romam,
   si contra mores una puella facit!
haec eadem ante illam iam impune et Lesbia fecit: 45
   quae sequitur, certe est invidiosa minus.
qui quaerit Tatios veteres durosque Sabinos,
   hic posuit nostra nuper in urbe pedem.
tu prius et fluctus poteris siccare marinos,
   altaque mortali deligere astra manu,   50
quam facere, ut nostrae nolint peccare puellae:
   hic mos Saturno regna tenente fuit.
at cum Deucalionis aquae fluxere per orbem,
   et post antiquas Deucalionis aquas,
dic mihi, quis potuit lectum servare pudicum,   55
   quae dea cum solo vivere sola deo?
uxorem quondam magni Minois, ut aiunt,
   corripuit torvi candida forma bovis;
nec minus aerato Danae circumdata muro
   non potuit magno casta negare Iovi.'   60
quod si tu Graias es tuque imitata Latinas,
   semper vive meo libera iudicio!

meinen guten Ruf nicht verloren, weil man Gift bei mir entdeckt hat (Phoibos, du wirst Zeuge sein, daß du reine Hände siehst). Und habe ich ein, zwei Nächte mit langen Liebesspielen verbracht, sind es kleine Vergehen, die dich erbosen?

Helena verließ ihren Gatten, weil sie einen Fremden liebte und kehrte lebend, ohne entehrt zu sein, nach Hause zurück. Aphrodite, so heißt es, wurde vom liebestollen Ares überfallen und war doch stets im Himmel nicht weniger angesehen, obwohl der Berg Ida erzählt, sie, die Göttin habe offen einen Hirten geliebt und sich inmitten der Herden zu ihm gelegt (das sahen auch die Schar der schwesterlichen Hamadryaden, die greisen Silene und der Vater des Reigens selbst; mit ihnen pflückten die Naiaden Äpfel in einem Felsental des Ida, unten die Hände hinhaltend und die fallenden Früchte auffangend).

Fragt in diesem Gewimmel von Ausschweifungen überhaupt noch jemand: ‹Warum ist die so reich? Wer hat ihr das gegeben? Woher hat er es genommen?› Rom, dich darf man heutzutage sehr, sehr glücklich preisen, wenn nur eine einzige Frau gegen die Sitten verstößt! Das trieb ungestraft schon vor ihr Lesbia; wer es ihr nachtut, erregt sicher weniger Anstoß. Wenn einer in Rom den alten Tatius und die strengen Sabiner sucht, so hat er erst vor kurzem seinen Fuß in unsere Stadt gesetzt. Eher könntest du die Fluten des Meeres austrocknen oder als Sterblicher die Sterne vom Himmel pflücken als bewirken, daß unsere Frauen das Sündigen aufgeben. So waren die Sitten, als noch Saturn die Welt regierte. Aber als Deukalions Sintflut über die Erde spülte und später, nach der mythischen Überschwemmung Deukalions, wer konnte sich die Treue seiner Gattin erhalten, sprich? Welche Göttin lebte mit einem einzigen Gott? Ein schöner, wilder, weißer Stier, so heißt es, verführte einst die Gattin des großen Minos. Auch Danae, von ehernen Mauern eingeschlossen, konnte nicht keusch bleiben und zum großen Zeus Nein sagen.» Ob du dir also Griechinnen, ob du dir Römerinnen zum Vorbild nimmst, mein Rat lautet: Mach im Leben immer genau das, was du willst!

33 A

Tristia iam redeunt iterum sollemnia nobis:
  Cynthia iam noctes est operata decem.
atque utinam pereant, Nilo quae sacra tepente
  misit matronis Inachis Ausoniis!
quae dea tam cupidos totiens divisit amantis, 5
  quaecumque illa suis semper amara fuit.
tu certe Iovis occultis in amoribus, Io,
  sensisti, multas quid sit inire vias.
cum te iussit habere puellam cornua Iuno
  et pecoris duro perdere verba sono, 10
a quotiens quernis laesisti frondibus ora,
  mandisti et stabulis arbuta pasta tuis!
an, quoniam agrestem detraxit ab ore figuram
  Iuppiter, idcirco facta superba dea es?
an tibi non satis est fuscis Aegyptus alumnis? 15
  cur tibi tam longa Roma petita via?
quidve tibi prodest viduas dormire puellas?
  sed tibi, crede mihi, cornua rursus erunt,
aut nos e nostra te, saeva, fugabimus urbe!
  cum Tiberi Nilo gratia nulla fuit. 20
at tu, quae nostro nimium placata dolore es,
  noctibus his vacui ter faciamus iter.

33 B

Non audis et verba sinis mea ludere, cum iam
  flectant Icarii sidera tarda boves.
lenta bibis: mediae nequeunt te frangere noctes. 25
  an nondum est talos mittere lassa manus?

A pereat, quicumque meracas repperit uvas
  corrupitque bonas nectare primus aquas!
Icare, Cecropiis merito iugulate colonis,
  pampineus nosti quam sit amarus odor! 30

33 A

Schon wieder ist das für mich betrübliche Fest gekommen: schon wieder weiht Cynthia zehn Nächte ihrer Göttin. Ich verwünsche die Religion, die Inachos' Tochter vom warmen Nil den römischen Damen geschickt hat! Die Göttin, die so oft schon Menschen, die sich leidenschaftlich liebten, getrennt hat, wer sie auch ist, machte es ihren Anhängern immer schwer. Als heimliche Geliebte von Zeus hast du doch sicher erfahren, Io, was es bedeutet, auf vielen Straßen zu wandern. Als Hera dich, eine junge Frau, in eine gehörte Kuh verwandelte, und du nicht mehr sprechen, nur noch rauh muhen konntest, ach! wie oft hast du da dein Gesicht an Eichenästen verletzt und in deinem Stall die Erdbeersträucher, die du gefressen hattest, wiedergekäut! Weil Zeus dich dann aus deiner Tiergestalt zurückverwandelte, bist du deswegen eine stolze Göttin geworden? Oder war Ägypten mit seinen dunklen Töchtern nicht genug für dich? Warum mußtest du die lange Reise nach Rom unternehmen? Was hast du davon, wenn Frauen allein schlafen? Glaub mir, bald wirst du wieder Hörner tragen – oder wir werden dich, grausame Göttin, aus unserer Stadt vertreiben. Freundschaft zwischen Tiber und Nil gab es noch nie. Weil man dich übermäßig besänftigte, habe ich gelitten; aber wenn diese Nächte hinter uns sind, wollen wir dreimal «die Reise tun».

33 B

Du hörst mir nicht zu, und meine Worte bedeuten dir nichts, während Ikarios' träge Ochsen schon untergehen. Du trinkst ganz gemütlich. Es ist Mitternacht, und dich stört es überhaupt nicht. Bis du noch nicht müde, die Würfel zu stürzen?

Verflucht sei, wer die berauschenden Trauben entdeckte und als erster gutes Wasser mit Wein verfälschte! Mit Recht haben dich die attischen Bauern erschlagen, Ikaros; du mußtest erfahren, wie herb der Duft der Reben ist. Auch dir, Kentaur

tuque o Eurytion vino Centaure peristi,
  nec non Ismario tu, Polypheme, mero.
vino forma perit, vino corrumpitur aetas,
  vino saepe suum nescit amica virum.

Me miserum, ut multo nihil est mutata Lyaeo! 35
  iam bibe: formosa es: nil tibi vina nocent!
cum tua praependent demissae in pocula sertae,
  et mea deducta carmina voce legis,
largius effuso madeat tibi mensa Falerno,
  spumet et aurato mollius in calice. 40

33 C

... Semper in absentis felicior aestus amantis: 43
  elevat assiduos copia longa viros. 44
nulla tamen lecto recipit se sola libenter: 41
  est quiddam, quod vos quaerere cogat Amor ... 42

34

Cur quisquam faciem dominae iam credat amico?
  sic erepta mihi paene puella mea est.
expertus dico: nemo est in amore fidelis;
  formosam raro non sibi quisque petit.
polluit ille deus cognatos, solvit amicos 5
  et bene concordis tristia ad arma vocat.
hospes in hospitium Menelao venit adulter;
  Colchis et ignotum nonne secuta virum est?

Lynceu, tune meam potuisti, perfide, curam
  tangere? nonne tuae tum cecidere manus? 10
quid si non constans illa et tam certa fuisset,
  posses tu tanto vivere flagitio?

Eurytion, brachte der Wein den Tod, und dir der Ungemischte von Ismaros, Polyphem. Wein schadet der Schönheit, Wein zerstört die Jugend, und wegen des Weins kennt oft die Geliebte den Freund nicht mehr.

Doch ach! sie hat so viel Wein getrunken und sich überhaupt nicht verändert! Trink nur weiter; du bist schön; der Wein tut dir nichts. Wenn der Kranz dir ins Gesicht rutscht und vornüber in den Becher hängt und du mit leiser Stimme meine Gedichte liest, soll verschütteter Falerner noch reichlicher auf deinem Tisch schwimmen, soll er noch üppiger im vergoldeten Kelche schäumen.

33 C

Immer erglüht man heißer für die Liebenden in der Ferne; der Mann, der schon so lange zur Verfügung steht, ist weniger wert. Und doch begibt sich eine Frau nicht gern allein zu Bett; da ist ein gewisses Etwas, das Amor euch zu suchen zwingt...

34

Warum soll man einem Freund die Schönheit der Herrin anvertrauen? So wäre mir meine Geliebte beinah entrissen worden. Ich spreche aus Erfahrung: In der Liebe ist auf niemanden Verlaß; eine schöne Frau möchte doch fast jeder für sich selbst. Dieser mächtige Gott hat nahe Verwandte befleckt, Freunde entzweit und schafft tragische Konflikte zwischen Menschen, die sich bisher gut verstanden. Ein Ehebrecher kam als Gast zu Menelaos und wurde gastlich empfangen, und folgte nicht Medea einem Mann, den sie nicht kannte?

Lynceus, du treuloser Freund, konntest meine Geliebte berühren? Fielen dir da nicht die Hände herab? Wie, wenn sie nicht so fest, so standhaft geblieben wäre? Könntest du dann mit dieser Schande leben?

Tu mihi vel ferro pectus vel perde veneno:
 a domina tantum te modo tolle mea.
te dominum vitae, te corporis esse licebit,   15
 te socium admitto rebus, amice, meis:
lecto te solum, lecto te deprecor uno:
 rivalem possem non ego ferre Iovem.
ipse meae solus, quod nil est, aemulor umbrae,
 stultus, et in nullo saepe timore tremo.   20
una tamen causa est, qua crimina tanta remitto,
 errabant multo quod tua membra mero.

Sed numquam vitae fallet me ruga severae:
 omnes iam norunt, quam sit amare bonum.
Lynceus ipse meos insanit serus amores: 25
 serum te nostros laetor adire deos.
quid tua Socraticis tibi nunc sapientia libris
 proderit aut rerum dicere posse vias?
aut quid Aratei tibi prosunt carmina plectri?
 nil iuvat in magno vester amore senex.   30
tu satius Musam leuiorem imitere Philitae
 et non inflati somnia Callimachi.
nam rursus licet Aetoli referas Acheloi,
 fluxerit ut magno tactus amore liquor,
atque etiam ut Phrygio fallax Maeandria campo   35
 errat et ipsa suas decipit unda vias,
qualis et Adrasti fuerit vocalis Arion
 tristia ad Archemori funera victor equus:
Amphiaraëae nil prosunt fata quadrigae
 aut Capanei magno grata ruina Iovi.   40
desine et Aeschyleo componere verba cothurno,
 desine! et ad mollis membra resolve choros!
incipe iam angusto versus includere torno,
 inque tuos ignis, dure poeta, veni.
tu non Antimacho, non tutior ibis Homero: 45
 despicit et magnos recta puella deos.

Nimm mir das Leben mit dem Schwert oder mit Gift, aber laß bitte die Hände von meiner Herrin! Du darfst über mein Leben, über meinen Leib verfügen, ich teile mein Hab und Gut mit dir, mein Freund, nur von meinem Bett, von meinem Bett allein halte dich fern, ich bitte dich: selbst Iuppiter könnte ich nicht als Nebenbuhler dulden! Wenn ich allein bin, bin ich auf meinen Schatten eifersüchtig – ein Nichts! – denn ich Narr zittere oft, ohne Grund zur Furcht zu haben. Dennoch gibt es für mich einen Grund, dir dein schweres Verbrechen zu verzeihen: dein Körper versagte dir den Dienst, weil du zu viel getrunken hattest.

Aber die gerunzelte Stirn deines strengen Lebensstils wird mich niemals täuschen; alle wissen ja bereits, wie schön die Liebe ist. Selbst mein Freund Lynceus wird spät von meinem Liebeswahn ergriffen: ich freue mich, daß er, wenn auch spät, meinen Göttern huldigt. Was nützt dir jetzt die Weisheit, die du aus den Büchern der Sokratiker geschöpft hast? Was hast du von deiner ganzen Naturwissenschaft? Was nützen dir die Lieder von Aratos' Plektron? Wenn ihr leidenschaftlich liebt, hilft euch euer alter Dichter nicht. Du solltest eher Philitas' leichtere Muse nachahmen oder den «Traum» von Kallimachos, der sich nicht aufbläst. Du darfst nicht nochmals erzählen, wie das Wasser des Acheloos, von einer großen Liebe berührt, dahinfloß, wie die Wellen des Mäander trügerisch über die phrygische Ebene strömen und sich über ihre eigene Richtung täuschen und wie Arion, das sprechende Pferd des Adrastos, an der Trauerfeier für Archemoros den Sieg davontrug: das Schicksal von Amphiaraos' Viergespann nützt dir nichts, auch nicht Kapaneus' Sturz, über den Zeus sich freute. Hör auf, Verse für Aischylos' Kothurn zu schreiben, hör auf, und lockere dich zu weichen Tänzen. Fang an, deine Verse auf eine schmale Drehbank zu spannen und überlaß dich deiner Leidenschaft, du harter Dichter. Mit Antimachos, mit Homer wirst du dich nicht sicherer fühlen: eine schöne Frau achtet auch mächtige Götter gering.

harum nulla solet rationem quaerere mundi,
  nec cur fraternis Luna laboret equis,
nec si post Stygias aliquid restabimus undas,
  nec si consulto fulmina missa tonent. 54

Sed non ante gravi taurus succumbit aratro, 47
  cornua quam validis haeserit in laqueis,
nec tu tam duros per te patieris amores:
  trux tamen a nobis ante domandus eris. 50
aspice me, cui parva domi fortuna relicta est, 55
  nullus et antiquo Marte triumphus avi,
ut regnem mixtas inter conviva puellas
  hoc ego, quo tibi nunc elevor, ingenio.

Me iuvat hesternis positum languere corollis,
  quem tetigit iactu certus ad ossa deus, 60
Actia Vergilium custodis litora Phoebi,
  Caesaris et fortis dicere posse ratis,
qui nunc Aeneae Troiani suscitat arma
  iactaque Lavinis moenia litoribus.
cedite Romani scriptores, cedite Grai! 65
  nescio quid maius nascitur Iliade. 66

tu canis Ascraei veteris praecepta poetae 77
  quo seges in campo, quo viret uva iugo.
tale facis carmen docta testudine, quale
  Cynthius impositis temperat articulis. 80
tu canis umbrosi subter pineta Galaesi 67
  Thyrsin et attritis Daphnin harundinibus, 68
utque decem possint corrumpere mala puellam 69
  missus et impressis haedus ab uberibus. 70
felix, qui vilis pomis mercaris amores!
  huic licet ingratae Tityrus ipse canat.
felix intactum Corydon qui temptat Alexin
  agricolae domini carpere delicias!

Keine von ihnen interessiert sich gewöhnlich für das kosmische Prinzip oder möchte wissen, warum Luna wegen ihres Bruders Gespann in Schwierigkeiten gerät, ob jenseits des Styx noch etwas von uns übrig bleibt, ob hinter dem Donner eine Absicht ist, wenn Blitze geschleudert werden.

Doch der Stier bequemt sich nicht eher zum schweren Pflug, als bis er sich mit seinen Hörnern in soliden Schlingen verfangen hat, und auch du wirst nicht von dir aus die harte Disziplin der Liebe ertragen: trotzig, wie du bist, werde ich dich vorher zähmen müssen. Sieh mich an: von Haus aus habe ich nur ein kleines Vermögen ererbt und keinen Vorfahr, der in alter Zeit Triumphe feiern durfte, und dennoch bin ich als Gast zwischen den Frauen der König, dank meiner Begabung, die du so wenig achtest.

Mir behagt es, lässig auf den Kränzen der vergangenen Nacht zu liegen, weil der Gott, der nie sein Ziel verfehlt, mich mit seinem Pfeil bis ins Mark getroffen hat, doch Vergil möchte die von Phoibos beschützte Küste von Actium und die heroische Flotte Caesars besingen; jetzt beschwört er die Kämpfe des Troianers Aineias herauf und die Mauern, die an der Küste von Lavinium errichtet wurden. Macht Platz, ihr römischen, ihr griechischen Dichter, macht Platz: ich glaube, da entsteht etwas größeres als die Ilias.

Du singst, was der alte Dichter von Askra vorschrieb, auf welchen Ebenen die Saat, auf welchen Hügeln die Traube reift. Als Künstler bringst du auf deiner Leier ein Lied hervor, wie Apollon es anstimmt, wenn er die Finger an die Saiten legt. Du singst am Fuß der Pinienwälder des schattenspendenden Galaesus auf deiner vielbenützten Schalmei, von Thyrsis und von Daphnis und wie zehn Äpfel und ein Böcklein, das noch am Euter saugt, Mädchen verführen können. Glücklich bist du, der mit Äpfeln billig Liebe kauft: Tityros selbst mag für diese singen, wenn sie undankbar ist. Glücklich ist Corydon, der den unberührten Alexis, den Liebling des Gutsherrn, in Versuchung führen möchte. Auch wenn er

quamvis ille sua lassus requiescat avena, 75
 laudatur facilis inter Hamadryadas. 76
non tamen haec ulli venient ingrata legenti, 81
 sive in amore rudis sive peritus erit.
nec minor hic animis, ut sit minor ore, canorus
 anseris indocto carmine cessit olor.

Haec quoque perfecto ludebat Iasone Varro, 85
 Varro Leucadiae maxima flamma suae;
haec quoque lascivi cantarunt scripta Catulli,
 Lesbia quis ipsa notior est Helena;
haec etiam docti confessa est pagina Calvi,
 cum caneret miserae funera Quintiliae. 90
et modo formosa quam multa Lycoride Gallus
 mortuus inferna vulnera lavit aqua!
Cynthia quin vivet versu laudata Properti,
 hos inter si me ponere Fama volet.

sich, vom Flötenspiel ermüdet, ausruht, lobt man ihn im Kreis der gefälligen Hamadryaden. Und doch werden diese Dichtungen keinem Leser unwillkommen sein, ob er in der Liebe nur ein Anfänger oder schon ein Kenner ist. Hier ist der melodische Schwan nicht an Geist, nur an Stimmkraft unterlegen und braucht sich vor dem kunstlosen Gesang der Gans nicht zu schämen.

Solche Dichtungen schuf auch Varro, nachdem er seinen «Iason» vollendet hatte, Varro, die große Leidenschaft seiner geliebten Leucadia! So klangen auch die erotischen Dichtungen Catulls, durch die Lesbia noch berühmter wurde als Helena. Solche Geständnisse hat auch Calvus, ein bedeutender Dichter, gemacht, als er den Tod der armen Quintilia beklagte. Und vor kurzem hat Gallus im Tod so manche Wunde, die ihm die schöne Lykoris schlug, im Strom der Unterwelt gewaschen! Wenn ich einst so berühmt wie diese Dichter bin, wird auch Cynthia, von Properz gefeiert, leben!

LIBER TERTIUS

I

Callimachi Manes et Coi sacra Philitae,
  in vestrum, quaeso, me sinite ire nemus!
primus ego ingredior puro de fonte sacerdos
  Itala per Graios orgia ferre choros.
dicite, quo pariter carmen tenuastis in antro? 5
  quove pede ingressi? quamve bibistis aquam?

A valeat, Phoebum quicumque moratur in armis!
  exactus tenui pumice versus eat,
quo me Fama levat terra sublimis; et a me
  nata coronatis Musa triumphat equis, 10
et mecum in curru parvi vectantur Amores,
  scriptorumque meas turba secuta rotas.
quid frustra immissis mecum certatis habenis?
  non datur ad Musas currere lata via.

Multi, Roma, tuas laudes annalibus addent, 15
  qui finem imperii Bactra futura canent:
sed, quod pace legas, opus hoc de monte Sororum
  detulit intacta pagina nostra via.
mollia, Pegasides, date vestro serta poetae:
  non faciet capiti dura corona meo. 20

At mihi quod vivo detraxerit invida turba,
  post obitum duplici faenore reddet Honos.
omnia post obitum fingit maiora vetustas:
  maius ab exsequiis nomen in ora venit.

nam quis equo pulsas abiegno nosceret arces, 25
  fluminaque Haemonio comminus isse viro

DRITTES BUCH

I

Geist des Kallimachos! Weihen des Philitas von Kos! Laßt mich bitte euren heiligen Hain betreten. Als erster wage ich, ein Priester vom reinen Quell, durch griechische Tänze römische Mysterien zu tragen. Sagt mir, in welcher Grotte habt ihr zusammen eure Gedichte gesponnen? Mit welchem Fuß habt ihr sie betreten? Welches Wasser habt ihr getrunken?

Weg mit allen, die Phoibos mit Krieg in Anspruch nehmen! Mit feinem Bimsstein geglättet sei der Vers, durch den der Ruhm mich von der Erde in die Höhe hebt. Die Dichtung, deren Vater ich bin, feiert Triumphe mit bekränzten Rossen; mit mir, in meinem Wagen, fahren kleine Eroten, und die Schar der Schreiber heftet sich an meine Räder. Warum wetteifert ihr mit verhängten Zügeln mit mir? Es ist zwecklos: es gibt keine breite Straße, die rasch zu den Musen führt.

Viele werden deiner Geschichte neuen Ruhm verleihen, Rom, und Baktra als neue Grenze deines Reichs besingen, aber dieses Werk, das man in Friedenszeiten lesen kann, hat meine Dichtung auf einem noch nie betretenen Weg vom Berg der Schwestern herabgebracht. Musen von der Hippokrene, gebt eurem Dichter weiche Girlanden: ein stacheliger Kranz paßt nicht auf meinen Kopf!

Was die Schar der Neider mir zu Lebzeiten genommen hat, wird die Verehrung nach meinem Tod mit doppeltem Zins vergelten. Alles macht die Nachwelt größer nach dem Tod, und größer ist der Ruhm, der nach der Bestattung im Mund der Menschen ist.

Wer wüßte sonst, daß eine befestigte Stadt von einem hölzernen Pferd gerammt wurde, daß Flüsse mit dem thessalischen

Idaeum Simoenta Iovis cum prole Scamandro,
  Hectora per campos ter maculasse rotas?
Deiphobumque Helenumque et Pulydamanta et in armis
  qualemcumque Parim vix sua nosset humus.   30
exiguo sermone fores nunc, Ilion, et tu,
  Troia, bis Oetaei numine capta dei.
nec non ille tui casus memorator Homerus
  posteritate suum crescere sensit opus.

Meque inter seros laudabit Roma nepotes: 35
  illum post cineres auguror ipse diem.
ne mea contempto lapis indicet ossa sepulcro,
  provisum est Lycio vota probante deo.

2

Carminis interea nostri redeamus in orbem,
  gaudeat ut solito tacta puella sono.
Orphea delinisse feras et concita dicunt
  flumina Threicia sustinuisse lyra;
saxa Cithaeronis Phoebeam agitata per artem   5
  sponte sua in muri membra coisse ferunt;
quin etiam, Polypheme, fera Galatea sub Aetna
  ad tua rorantis carmina flexit equos:
miremur, nobis et Baccho et Apolline dextro
  turba puellarum si mea verba colit?   10

Quod non Taenariis domus est mihi fulta columnis,
  nec camera auratas inter eburna trabes,
nec mea Phaeacas aequant pomaria silvas,
  non operosa rigat Marcius antra liquor:
at Musae comites, et carmina cara legenti,   15
  nec defessa choris Calliopea meis.

Helden kämpften – Simoeis, der vom Ida fließt und Skamandros, der Sohn des Zeus –, daß Hektor, dreimal über die Ebene geschleift, die Wagenräder mit seinem Blut bespritzte? Deiphobos und Helenos und Polydamas und Paris, ob er nun ein Held war oder nicht, ihre eigene Erde hätte kaum von ihnen gewußt. Ilion, und auch du, Troja, zweimal vom göttlichen Herakles erobert, würdest heute kaum erwähnt. Auch Homer, der große Künder deines Schicksals, erfuhr, daß in späteren Jahrhunderten sein Werk an Bedeutung gewann.

Auch mich wird das Rom künftiger Generationen preisen. Ich prophezeie selber diesen Tag, der kommen wird, wenn ich schon Asche bin. Apollon hat mein Gebet erhört und sorgt dafür, daß nicht nur ein Stein auf einem verwahrlosten Grab anzeigt, wo meine Gebeine liegen.

2

Unterdessen möchte ich in den Kreis meiner Dichtung zurückkehren, damit die Geliebte sich freut, wenn der vertraute Klang sie berührt. Orpheus soll mit seiner thrakischen Leier wilde Tiere besänftigt und reißende Ströme aufgehalten haben. Man berichtet, daß Felsen vom Kithairon, durch apollinische Kunst in Bewegung gesetzt, sich von selber als Bausteine zu einer Mauer zusammenfügten. Selbst Galatea lenkte am Fuß des wilden Ätna ihre schaumbedeckten Rosse zu dir hin, als du dein Lied sangst, Polyphem. Soll ich mich da wundern, wenn dank der Gunst von Bakchos und Apollon, Scharen von Frauen andächtig meinen Worten lauschen?

Auch wenn mein Haus nicht auf Marmorsäulen ruht und die Decke zwischen vergoldeten Balken nicht mit Elfenbein ausgelegt ist, meine Obstgärten nicht so groß wie die Plantagen der Phäaken sind und die Wasserleitung des Marcius bei mir keine künstlichen Grotten berieselt, so sind doch die Musen meine Gefährtinnen, meine Gedichte den Lesern lieb, und Kalliope ist von meinen Tänzen noch nie müde geworden.

Fortunata, meo si qua es celebrata libello!
  carmina erunt formae tot monumenta tuae.
nam neque Pyramidum sumptus ad sidera ducti,
  nec Iovis Elei caelum imitata domus, 20
nec Mausolei dives fortuna sepulcri
  mortis ab extrema condicione vacant.
aut illis flamma aut imber subducet honores,
  annorum aut tacito pondere victa, ruent.
at non ingenio quaesitum nomen ab aevo 25
  excidet: ingenio stat sine morte decus.

3

Visus eram molli recubans Heliconis in umbra,
  Bellerophontei qua fluit umor equi,
reges, Alba, tuos et regum facta tuorum,
  tantum operis, nervis dicere posse meis,
parvaque iam magnis admoram fontibus ora, 5
  unde pater sitiens Ennius ante bibit.
et cecini Curios fratres et Horatia pila
  regiaque Aemilia vecta tropaea rate,
victricesque moras Fabii pugnamque sinistram
  Cannensem et versos ad pia vota deos, 10
Hannibalemque Lares Romana ex aede fugantis,
  anseris et tutum voce fuisse Iovem:

Cum me Castalia speculans ex arbore Phoebus
  sic ait aurata nixus ad antra lyra:
'quid tibi cum tali, demens, est flumine? quis te 15
  carminis heroi tangere iussit opus?
non hinc ulla tibi speranda est fama, Properti:
  mollia sunt parvis prata terenda rotis,
ut tuus in scamno iactetur saepe libellus,
  quem legat exspectans sola puella virum. 20

Glücklich bist du, wenn du je von mir in einem Gedicht gefeiert wurdest! Jede Dichtung wird ein Denkmal deiner Schönheit sein. Denn die Pracht der Pyramiden, die bis an die Sterne reichen, der Zeustempel von Olympia, der den Himmel nachbildet, und das berühmte Grab des Maussollos mit seinem reichen Schmuck sind alle dem harten Gesetz der Vergänglichkeit unterstellt. Feuersbrünste oder Regenfälle werden ihnen ihr Ansehen rauben, oder sie stürzen ein, vom lautlosen Druck der Jahre überwältigt. Nie aber wird der Ruhm, den das Genie errang, im Lauf der Zeit verschwinden: unsterblich bleibt die Ehre des Genies.

3

Ich träumte, daß ich auf dem Helikon, wo die vom Pegasos geschaffene Quelle fließt, im weichen Schatten lag, und glaubte, zu meinem Saitenspiel deine Könige, Alba Longa, und die Taten deiner Könige besingen zu können – eine große Aufgabe –, und ich hatte schon meinen kleinen Mund der mächtigen Quelle genähert, aus der vor mir einst Vater Ennius durstig trank, und ich sang von den Curiatiern, den Lanzen der Horatier, von der königlichen Kriegsbeute, die auf dem Schiff des Aemilius übers Meer fuhr, von Fabius' Taktik des Zögerns, die den Sieg brachte, der Katastrophe von Cannae und wie die Götter fromme Gelübde erhörten und sich wieder gnädig zeigten, wie die Laren Hannibal von ihrem römischen Tempel vertrieben, und wie Iuppiter durch das Schnattern der Gänse gerettet wurde.

Da faßte mich Phoibos, der im kastalischen Hain auf seine goldene Leier gelehnt bei einer Grotte stand, ins Auge und sprach: «Bist du verrückt? Was willst du dort mit diesem Quell? Wer hieß dich, ein Werk im heroischen Stil zu versuchen? Von daher darfst du dir keinen Ruhm erhoffen, Properz. Kleine Räder müssen über sanfte Wiesen rollen, damit dein Buch, in dem eine einsame Frau in Erwartung des Geliebten liest, oft auf den Nachttisch geworfen wird. Warum

cur tua praescriptos evecta est pagina gyros?
  non est ingenii cumba gravanda tui.
alter remus aquas, alter tibi radat harenas,
  tutus eris: medio maxima turba mari est.'
dixerat, et plectro sedem mihi monstrat eburno,   25
  qua nova muscoso semita facta solo est.

Hic erat affixis viridis spelunca lapillis,
  pendebantque cavis tympana pumicibus,
orgia Musarum et Sileni patris imago
  fictilis et calami, Pan Tegeaee, tui;   30
et Veneris dominae volucres, mea turba, columbae
  tingunt Gorgoneo punica rostra lacu;
diverseque novem sortitae iura Puellae
  exercent teneras in sua dona manus:
haec hederas legit in thyrsos, haec carmina nervis   35
  aptat, at illa manu texit utraque rosam.

E quarum numero me contigit una dearum
  – ut reor a facie, Calliopea fuit –:
'contentus niveis semper vectabere cycnis,
  nec te fortis equi ducet ad arma sonus.   40

nil tibi sit rauco praeconia classica cornu
  flare, nec Aonium tingere Marte nemus,
aut quibus in campis Mariano proelia signo
  stent et Teutonicas Roma refringat opes,
barbarus aut Suevo perfusus sanguine Rhenus   45
  saucia maerenti corpora vectet aqua.
quippe coronatos alienum ad limen amantis
  nocturnaeque canes ebria signa fugae,
ut per te clausas sciat excantare puellas,
  qui volet austeros arte ferire viros.'   50
talia Calliope, lymphisque a fonte petitis
  ora Philitea nostra rigavit aqua.

hat deine Dichtung den vorgeschriebenen Kreis verlassen? Du darfst den Nachen deiner Begabung nicht zu sehr befrachten. Ein Ruder soll das Wasser streifen, das andere den Sand; so bist du sicher; auf hoher See kann es sehr stürmisch sein.» Er sprach's und zeigte mir mit seinem elfenbeinernen Plektron einen Ort, zu dem auf moosigem Grund ein frischer Pfad gebahnt war.

Da war eine Grotte, die von Mosaiksteinchen grünlich leuchtete; Tamburine, die heiligen Geräte der Musen, hingen vom gewölbten Tropfstein herab; da war eine Tonbüste von Vater Silen und deine Hirtenflöte, Pan von Tegea. Tauben, die Vögel meiner Herrin Venus, meine Schar, tunken ihre purpurroten Schnäbel in den Gorgo-Teich, und die neun Musen, deren jede ihren eigenen Bereich hat, üben mit ihren zarten Händen ihr besonderes Talent: die eine pflückt Efeu für Thyrsosstäbe, die andere begleitet ein Lied auf dem Saitenspiel, eine dritte flicht mit beiden Händen Rosen zum Kranz.

Da berührte mich eine der Göttinnen (ihrem Gesicht nach war es wohl Kalliope): «Begnüge dich damit, stets mit einem Gespann von weißen Schwänen zu fahren, und laß dich nicht von den klappernden Hufen eines mutigen Rosses in die Schlacht führen.

Es ist nicht deine Sache, auf heiseren Hörnern militärische Signale zu blasen, den Musenhain mit Krieg zu beflecken, zu berichten, auf welchen Schlachtfeldern Marius' Armeen standen, wie Rom die Streitmacht der Teutonen zurückwarf und wie der Rhein, der Fluß der Barbaren, vom Blut der Sueben gerötet, traurig auf seinen Wellen verstümmelte Leichen trug. Du wirst vielmehr von Verliebten singen, die bekränzt an einer fremden Schwelle stehen, und von den Spuren, die sie hinterlassen, wenn sie trunken durch die Nacht rennen, damit man von dir lernen kann, wie man eingesperrte Frauen durch Lieder herauslockt, wenn man strenge Gatten kunstgerecht überlisten will.» So sprach Kalliope, schöpfte aus der Quelle und benetzte mein Gesicht mit dem Wasser, das einst Philitas trank.

4

Arma deus Caesar dites meditatur ad Indos,
   et freta gemmiferi findere classe maris.   2
ipsa tuam serva prolem Venus: hoc sit in aevum,   19
   cernis ab Aenea quod superesse caput.   20
magna viris merces! parat ultima terra trimphos: 3
   Tigris et Euphrates sub nova iura fluent,
Seres et Ausoniis venient provincia virgis,   5
   adsuescent Latio Partha tropaea Iovi.
ite agite, expertae bello date lintea prorae,
   et solitum, armigeri, ducite munus equi!
omina fausta cano: Crassos clademque piate,
   ite et Romanae consulite historiae!   10

Mars pater et sacrae fatalia lumina Vestae,
   ante meos obitus sit, precor, illa dies,
qua videam spoliis onerato Caesaris axe,
   ad vulgi plausus saepe resistere equos,
inque sinu carae nixus spectare puellae   15
   incipiam et titulis oppida capta legam,
tela fugacis equi et bracati militis arcus,
   et subter captos arma sedere duces!   18

praeda sit haec illis, quorum meruere labores: 21
   mi sat erit Sacra plaudere posse Via.

5

Pacis Amor deus est, pacem veneramur amantes:
   sat mihi cum domina proelia dura mea.
nec tamen inviso pectus mihi carpitur auro,
   nec bibit et gemma divite nostra sitis,

4

Der göttliche Caesar bereitet einen Feldzug nach dem reichen Indien vor und will mit seiner Flotte die Fluten des Meeres, aus dem man Perlen fischt, durchpflügen. Schütze du selber deinen Nachkommen, Venus! Möge der Held, den du aus Aineias' Blut noch siehst, uns ewig erhalten bleiben. Groß ist die Belohnung für Männer. Am Ende der Welt bereitet man sich auf unseren Triumphzug vor: Tigris und Euphrat werden unter einem neuen Herrscher fließen: China wird eine römische Provinz sein, und die parthischen Trophäen werden sich an den Iuppiter von Latium gewöhnen müssen. Also los, ihr kriegserfahrenen Schiffe, setzt die Segel! Schwere Kavallerie, geh du voran; das war schon immer deine Pflicht. Mein Lied kündet günstige Vorzeichen: Vergeltung für die Niederlage der Crassi! Geht und tut euer Teil für die Geschichte Roms!

Vater Mars! Schicksalshafte Flamme der heiligen Vesta! Laßt mich, ich bitte euch, vor meinem Tod den Tag erleben, am dem ich sehen darf, wie die Pferde an Caesars von Beute beladenem Wagen vom Beifallslärm der Menge immer wieder scheuen, damit ich, am Busen der Geliebten liegend, das betrachten und auf den Schriftbändern die Namen der eroberten Städte lesen kann, die Geschosse der flüchtigen Kavallerie, die Bogen der behosten Krieger und die gefangenen Häuptlinge, die am Fuß von Waffenbergen sitzen.

Dies sei die Beute für jene, deren Strapazen sie verdienten. Mir genügt es, wenn ich an der «Heiligen Straße» Beifall klatschen kann.

5

Amor ist ein Gott des Friedens; wir Liebende verehren den Frieden; der Krieg, den ich mit der Herrin führe, ist hart genug für mich. Und doch quält nicht die Gier nach bösem Gold mein Herz, und ich stille nicht aus kostbaren Edelstei-

nec mihi mille iugis Campania pinguis aratur, 5
　　nec mixta aera paro clade, Corinthe, tua.

O prima infelix fingenti terra Prometheo!
　　ille parum caute pectoris egit opus.
corpora disponens mentem non vidit in arte:
　　recta animi primum debuit esse via. 10
nunc maris in tantum vento iactamur et hostem
　　quaerimus atque armis nectimus arma nova.
haud ullas portabis opes Acherontis ad undas,
　　nudus at inferna, stulte, vehere rate.
victor cum victo pariter miscetur in umbris, 15
　　consule cum Mario, capte Iugurtha, sedes;
Lydus Dulichio non distat Croesus ab Iro:
　　optima mors, carpta quae venit ante die.

Me iuvat in prima coluisse Helicona iuventa,
　　Musarumque choris implicuisse manus: 20
me iuvat et multo mentem vincire Lyaeo,
　　et caput in verna semper habere rosa.

Atque ubi iam Venerem gravis interceperit aetas
　　sparserit et nigras alba senecta comas,
tum mihi naturae libeat perdiscere mores: 25
　　quis deus hanc mundi temperet arte domum,
qua venit exoriens, qua deficit, unde coactis
　　cornibus in plenum menstrua luna redit,
unde salo superant venti, quid flamine captet
　　Eurus, et in nubes unde perennis aqua, 30
sit ventura dies mundi quae subruat arces,
　　purpureus pluvias cur bibit arcus aquas,
aut cur Perrhaebi tremuere cacumina Pindi,
　　solis et atratis luxerit orbis equis,

nen meinen Durst; ich besitze auch nicht tausend Gespanne, die die fruchtbare Erde der Campania pflügen, und ich sammle nicht Bronzen, die in deinem Untergang, Korinth, geschmolzen wurden.

O Urschlamm! du hast Prometheus, der dich formte, wenig Glück gebracht. Zu wenig sorgsam hat er die Schöpfung der Vernunft bedacht. Während er den Körper schuf, achtete er in seinem Kunstwerk nicht auf den Geist; er hätte vor allem den Verstand gut einrichten müssen. So aber wirft uns ein Sturm aufs weite Meer hinaus; wir schaffen uns Feinde, und Krieg knüpft sich an Krieg. Du wirst ja keine Schätze zum Strom des Acheron tragen: nackt mußt du auf dem Nachen der Toten fahren, Narr! Im Schattenreich gesellt sich der Sieger zum Besiegten, und du sitzest als Gefangener, Iugurtha, neben Marius, dem Konsul. Kroisos, der König von Lydien, unterscheidet sich nicht von Iros, dem Bettler von Ithaka. Am schönsten ist der Tod, wenn man zuvor das Leben genossen hat.

Mich freut es, schon in früher Jugend den Helikon verehrt und im Tanz mit den Musen die Hände verschränkt zu haben. Mich freut es, mein Denken mit viel Wein zu fesseln und immer die Rosen des Frühlings auf dem Kopf zu tragen.

Aber wenn der Ernst des Alters die Freuden der Liebe einschränkt und weiße Haare sich unter die schwarzen mischen, will ich gern die Naturgesetze gründlich studieren: welcher Gott dieses Weltgehäuse so gut regiert, wieso der Mond im Osten aufgeht, wieso er abnimmt, warum jeden Monat seine Hörner zusammenwachsen und er wieder voll ist, warum auf dem Meer die Winde so stürmisch sind, was der Südostwind mit seinen Böen bezweckt, woher immer wieder Wasser zu den Wolken aufsteigt, ob einst ein Tag kommt, der die Grundfesten des Weltalls erschüttert, warum der schillernde Regenbogen den Regen trinkt, warum ein Erdbeben den Gipfel des Pindos erschütterte und die Sonnenscheibe, von schwarzen Rossen gezogen, Trauer trug, warum Bootes mit

cur serus versare boves et plaustra Bootes, 35
  Pleiadum spisso cur coit igne chorus,
curve suos finis altum non exeat aequor,
  plenus et in partis quattuor annus eat,
sub terris sint iura deum et tormenta nocentum 39
  num rota, num scopuli, num sitis inter aquas, 42
aut Alcmaeoniae furiae aut ieiunia Phinei, 41
  Tisiphones atro si furit angue caput, 40
num tribus infernum custodit faucibus antrum 43
  Cerberus, et Tityo iugera pauca novem,
an ficta in miseras descendit fabula gentis, 45
  et timor haud ultra quam rogus esse potest.

Exitus hic vitae superet mihi: vos, quibus arma
  grata magis, Crassi signa referte domum!

6

Dic mihi de nostra, quae sentis, vera puella:
  sic tibi sint dominae, Lygdame, dempta iuga.
num me laetitia tumefactum fallis inani,
  haec referens, quae me credere velle putas?
omnis enim debet sine vano nuntius esse, 5
  maioremque timens servus habere fidem.
nunc mihi, si qua tenes, ab origine dicere prima
  incipe: suspensis auribus ista bibam.

Sicin eram incomptis vidisti flere capillis?
  illius ex oculis multa cadebat aqua? 10
nec speculum strato vidisti, Lygdame, lecto? 11
  scriniaque ad lecti clausa iacere pedes 14
ac maestam teneris vestem pendere lacertis? 13
  ornabat niveas nullane gemma manus? 12
tristis erat domus, et tristes sua pensa ministrae 15
  carpebant, medio nebat et ipsa loco,
umidaque impressa siccabat lumina lana,
  rettulit et querulo iurgia nostra sono?

Verspätung seinen Ochsenkarren dreht, warum der Reigen der funkelnden Pleiaden so dichtgedrängt ist, warum das tiefe Meer nie über seine Küsten quillt, warum ein volles Jahr sich über vier Zeiten erstreckt, ob in der Unterwelt die Götter ein Urteil sprechen und Sünder gefoltert werden, ob dort ein Rad ist, ein Felsen und mitten im Wasser einer, der Durst hat, ob die Furien Alkmaion oder der Hunger Phineus quälen, ob Tisiphones Haupt von wütenden schwarzen Schlangen starrt, ob Kerberos mit seinen drei Rachen den Eingang zur Unterwelt bewacht, ob neun Morgen Land für Tityos kaum ausreichen, oder ob das nur Mythen sind, erfunden, um die arme Menschheit zu plagen, und man das, was jenseits des Scheiterhaufens ist, nicht zu fürchten braucht.

Das soll mich an meinem Lebensabend beschäftigen. Euch zieht es in den Krieg. Also bringt die Standarten von Crassus zurück!

6

So wahr du vom Joch der Herrin befreit sein mögest, Lygdamus, sag mir, was du wirklich über meine Geliebte denkst. Berichtest du mir, was ich, wie du meinst, gern glaube, um mich heuchlerisch mit leerer Freude aufzublähen? Jeder Bote muß nämlich glaubhaft sein, und als Sklave erst recht vertrauenswürdig, weil er in Furcht lebt. Wenn du etwas zu sagen hast, erzähl es mir jetzt bitte von Anfang an: ich werden die Ohren spitzen und es trinken.

Du hast also wirklich gesehen, wie die Herrin unfrisiert war und weinte, wie ein Tränenstrom ihr aus den Augen stürzte? Auf der Bettdecke sahst du keinen Spiegel, Lygdamus, und das Kästchen am Fußende war verschlossen? Ein dunkles Kleid hing von ihren zarten Schultern, und kein Edelstein schmückte ihre schneeweißen Hände? War ihr Haus traurig? Zupften die Mägde traurig an ihrem Wollstrang? Spann sie mitten unter ihnen selber und drückte Wolle auf ihre feuchten Augen, um sie zu trocknen, und wiederholte sie mit klagender Stimme ihre Vorwürfe gegen mich?

'Haec te teste mihi promissa est, Lygdame, merces?
　　est poena et servo rumpere teste fidem.　　　　　　　　20
ille potest nullo miseram me linquere facto,
　　et qualem nolo dicere, habere domi?
gaudet me vacuo solam tabescere lecto?
　　si placet, insultet, Lygdame, morte mea!
non me moribus illa, sed herbis improba vicit:　　　　　　25
　　staminea rhombi ducitur ille rota;
illum turgentis sanie portenta rubetae
　　et lecta exsertis unguibus ossa trahunt
et strigis inventae per busta iacentia plumae
　　cinctaque funesto lanea vitta toro.　　　　　　　　　　30
si non vana canunt mea somnia, Lygdame, testor,
　　poena erit ante meos sera, sed ampla, pedes,
putris et in vacuo texetur aranea lecto:
　　noctibus illorum dormiet ipsa Venus.'

Quae tibi si veris animis est questa puella,　　　　　　　　35
　　hac eadem rursus, Lygdame, curre via,
et mea cum multis lacrimis mandata reporta:
　　iram, non fraudes esse in amore meo,
me quoque consimili impositum torrerier igni;
　　iurabo bis sex integer esse dies.　　　　　　　　　　　40
quod mihi si tanto felix concordia bello
　　exstiterit, per me, Lygdame, liber eris.

7

Ergo sollicitae tu causa, pecunia, vitae!
　　per te immaturae mortis adimus iter,
tu vitiis hominum crudelia pabula praebes,
　　semina curarum de capite orta tuo.
tu Paetum ad Pharios tendentem lintea portus　　　　　　5
　　obruis insano terque quaterque mari,

«Lygdamus, war das die Belohnung, die er mir in deiner Gegenwart versprach? Wenn auch nur ein Sklave zugegen war, ist es strafbar, einen Schwur zu brechen. Ich Ärmste habe nichts getan, und er kann mich verlassen und eine – ich will nicht sagen, was sie ist – bei sich haben? Freut er sich, wenn ich allein im leeren Bett verkümmern muß? Lygdamus, wenn er das will, soll er bei meiner Leiche tanzen! Dieses widerliche Weib hat mich nicht durch ihren Liebreiz verdrängt, sondern durch ihre Zauberkunst. Er wird durch den Rhombos, der am Ende eines Fadens schwirrt, zu ihr gezogen; ihn verführt die magische Kraft einer giftgeschwollenen Kröte, ihn locken die Knochen, die sie mit spitzen Nägeln gesammelt, Federn von einem Käuzchen, die sie zwischen umgestürzten Grabsteinen gefunden hat, die Wollbinde, die um eine Totenbahre geschlungen war. Wenn meine Träume nichts Falsches prophezeien, Lygdamus, so wird er mir zu Füßen spät, doch ausgiebig Buße tun; ein staubiges Spinnennetz wird ihr unbenütztes Bett überziehen, und in ihren Liebesnächten wird selbst Venus schlafen.»

Lygdamus, wenn die Klagen der Geliebten wirklich von Herzen kommen, dann eile auf dem gleichen Weg zurück und richte ihr unter vielen Tränen als Botschaft von mir aus, daß in meiner Liebe nur Zorn, kein Trug sei, daß ich über dem gleichen Feuer geröstet werde wie sie; ich will schwören, daß ich zwölf Tage lang enthaltsam war. Wenn dieser schwere Konflikt in holder Eintracht endet, dann sollst du frei sein, Lygdamus, sofern es an mir liegt.

7

Du bist also schuld an den Qualen des Lebens, Geld! Deinetwegen betreten wir den Weg zu einem frühzeitigen Tod; du gibst den Lastern der Menschen grausame Nahrung; aus deinem Kopf geht die Saat der Sorgen auf. Du versenkst Paetus, der seine Segel zum Hafen von Pharos gesetzt hat, dreimal, viermal im tobenden Meer, denn weil er dir nachjagt, verliert

nam dum te sequitur, primo miser excidit aevo,
  et nova longinquis piscibus esca natat.   8

quod si contentus patrios bove verteret agros   43
  verbaque duxisset pondus habere mea,
viveret ante suos dulcis conviva Penatis,   45
  pauper, at in terra nil nisi fleret opes.
noluit haec Paetus: stridorem audire procellae
  et duro teneras laedere fune manus,
sed thyio thalamo aut Oricia terebintho
  ecfultum pluma versicolore caput.   50

hunc parvo ferri vidit nox improba ligno,   53
  et miser invisam traxit hiatus aquam;
huic fluctus vivo radicitus abstulit unguis: 51
  Paetus ut occideret, tot coiere mala.
flens tamen extremis dedit haec mandata querelis,   55
  cum moribunda niger clauderet ora liquor:

'di maris Aegaei, quos sunt penes aequora, venti,
  et quaecumque meum degravat unda caput,
quo rapitis misero primae lanuginis annos?
  attulimus longas in freta vestra comas.   60
ah miser alcyonum scopulis affligar acutis:
  in me caeruleo fuscina sumpta deo est.
at saltem Italiae regionibus evehat aestus:
  hoc de me sat erit, si modo matris erit.'

subtrahit haec fantem torta vertigine fluctus: 65
  ultima quae Paeto voxque diesque fuit.   66
Paete, quid aetatem numeras? quid cara natanti   17
  mater in ore tibi est? non habet unda deos.   18
Et mater non iusta piae dare debita terrae,   9
  nec pote cognatos inter humare rogos,   10

der Ärmste sein junges Leben und treibt im weiten Meer, den Fischen zum ungewohnten Fraß.

Ja, wenn er zufrieden das Land seiner Väter gepflügt und meinen Worten Beachtung geschenkt hätte, so könnte er als angenehmer Tischgenosse vor seinen Penaten leben, arm, aber auf festem Boden, und brauchte nur zu weinen, weil er nicht reich ist. Das wollte Paetus nicht: das Heulen des Sturms hören, die zarten Hände an harten Tauen wund reiben; sondern sein Haupt in einem Schlafgemach aus Zitrusholz oder Terebinthe von Orikos auf farbenschillernde Kissen betten.

Diese schreckliche Nacht sah ihn auf einem schmalen Balken treiben, und der Ärmste mußte mit offenem Mund das schlimme Wasser schlucken. Noch lebend rissen ihm die Fluten die Nägel samt der Wurzel aus: Soviel Unglück kam zusammen, daß Paetus sterben mußte! Und doch konnte er noch weinend und klagend, als ihm schwarzes Wasser schon den Mund verschloß und er im Sterben war, diese letzten Worte sagen:

«Ihr Götter der Agäis, die ihr Macht über das Meer habt! Ihr Winde! Ihr Wellen, die ihr mein Haupt hinabdrückt! Warum raubt ihr mir – ich bitte euch! – die Jahre, in denen der erste Flaum mir sproßt? Und das Haar, das ich euren Fluten opfern muß, ist noch lang! Ach weh, ach weh! ich werde an die scharfen Klippen geschmettert, auf denen Eisvögel hocken! Der dunkelblaue Gott hat gegen mich den Dreizack erhoben. Wenn die Strömung mich wenigstens an eine Küste Italiens spülen würde! Was dann noch von mir übrig ist, genügt, wenn nur meine Mutter es birgt.»

Er sprach noch, aber das Meer verschluckte ihn in einem wirbelnden Strudel. Das war für Paetus das letzte Wort, der letzte Tag. Paetus, wozu nennst du die Zahl deiner Jahre? Wozu rufst du deine liebe Mutter, während du dahintreibst? Die Wellen haben keine Götter. Und deine Mutter kann dir nicht den letzten Dienst, den sie dir schuldet, die liebevolle

sed tua nunc volucres astant super ossa marinae,
  nunc tibi pro tumulo Carpathium omne mare est.

infelix Aquilo, raptae timor Orithyiae,
  quae spolia ex illo tanta fuere tibi?
aut quidnam fracta gaudes, Neptune, carina? 15
  portabat sanctos alveus ille viros. 16

o centum aequoreae Nereo genitore puellae, 67
  et tu, materno tacta dolore, Thetis,
vos decuit lasso supponere bracchia mento:
  non poterat vestras ille gravare manus. 70

Reddite corpus humo, posita est in gurgite vita; 25
  Paetum sponte tua, vilis harena, tegas,
et quotiens Paeti transibit nauta sepulcrum,
  dicat: 'et audaci tu timor esse potes.'

Ite, rates curvas et leti texite causas:
  ista per humanas mors venit acta manus. 30
terra parum fuerat, fatis adiecimus undas,
  fortunae miseras auximus arte vias.
ancora te teneat, quem non tenuere Penates?
  quid meritum dicas, cui sua terra parum est?
ventorum est, quodcumque paras: haud ulla carina 35
  consenuit, fallit portus et ipse fidem. 36

nam tibi nocturnis ad saxa ligata procellis 19
  omnia detrito vincula fune cadunt. 20
sunt Agamemnonias testantia litora curas
  quae notat Argynni poena Athamantiadae
(hoc iuvene amisso classem non solvit Atrides,
  pro qua mactata est Iphigenia mora.) 24

Bestattung, erweisen und dich im Familiengrab beerdigen: jetzt stehen Meervögel über deinen Gebeinen; jetzt ist das ganze Karpathische Meer dein Grab.

Unglücklicher Nordwind, du erschrecktest Oreithyia, als du sie raubtest; gewannst du wirklich so viel durch Paetus' Tod? Warum freust du dich über seinen Schiffbruch, Neptun? Die Passagiere waren doch schuldlos.

O ihr hundert Nymphen des Meeres, Töchter des Nereus! Und du, Thetis! auch du kennst den Schmerz, den nur eine Mutter fühlt. Ihr hättet mit euren Armen sein Kinn stützen sollen, als er nicht mehr konnte; er wäre euren Händen nicht zur Last gefallen.

Gebt die Leiche zur Bestattung heraus! Er mußte im Meer sein Leben lassen. Wenn nur ein bißchen Sand bereit wäre, Paetus zuzudecken. Wenn dann ein Seemann an Paetus' Grab vorbeifährt, kann er sagen: «Du nimmst auch einem tapferen Mann den Mut.»

Macht nur weiter! Zimmert gebogene Schiffe, die Menschen das Leben kosten! Dieser Tod war das Werk von Menschenhand. Das Festland genügte uns nicht: um den Tod zu beschleunigen, brauchten wir das Meer; durch die Technik haben wir neue Möglichkeiten für Katastrophen geschaffen. Ein Anker soll dich halten, wenn deine Penaten dich nicht hielten? Sag mir, was einer verdient hat, dem sein Stück Land nicht genügt? Was du auch unternimmst, gehört den Winden. Kein Schiff ist jemals alt geworden, und selbst der Hafen, dem du vertraust, verrät dich.

Denn obwohl deine Taue an Felsen befestigt waren, wurden sie alle in nächtlichen Stürmen zerrieben und gaben nach. Es ist die Küste, die von Agamemnons Liebe zeugt, bekannt durch seine Sühne für Argynnos, den Enkel des Athamas. Als er diesen Jüngling verlor, ließ der Atride die Flotte nicht auslaufen, und wegen der Verzögerung mußte Iphigeneia geopfert werden.

natura insidians pontum substravit avaris: 37
   ut tibi succedat, vix semel esse potest.
saxa triumphalis fregere Capherea puppis,
   naufraga cum vasto Graecia tracta salo est. 40
paulatim socium iacturam flevit Ulixes,
   in mare cui soliti non valuere doli. 42
At tu, saeve Aquilo, numquam mea vela videbis: 71
   ante fores dominae condar oportet iners.

8 A

Dulcis ad hesternas fuerat mihi rixa lucernas,
   vocis et insanae tot maledicta tuae. 2
tu vero nostros audax invade capillos, 5
   et mea formosis unguibus ora nota;
tu minitare oculos subiecta exurere flamma,
   fac mea rescisso pectora nuda sinu! 8
cum furibunda mero mensam propellis, et in me 3
   proicis insana cymbia plena manu. 4
nimirum veri dantur mihi signa caloris: 9
   nam sine amore gravi femina nulla dolet. 10
quae mulier rabida iactat convicia lingua,
   haec Veneris magnae volvitur ante pedes;
custodum grege seu circa se stipat euntem,
   seu sequitur medias, Maenas ut icta, vias,
seu timidam crebro dementia somnia terrent, 15
   seu miseram in tabula picta puella movet.

His ego tormentis animi sum verus haruspex,
   has didici certo saepe in amore notas.
non est certa fides, quam non in iurgia vertas:
   hostibus eveniat lenta puella meis! 20
in morso aequales videant mea vulnera collo:
   me doceat livor mecum habuisse meam.
aut in amore dolere volo aut audire dolentem,
   sive tuas lacrimas sive videre meas.

Heimtückisch hat die Natur vor den habgierigen Menschen das Meer ausgebreitet. Kaum jemals kommt es vor, daß man Erfolg hat. Die siegreiche Flotte Griechenlands scheiterte am Kap Kaphereus, erlitt Schiffbruch und wurde in die Tiefen des Meeres gesogen. Odysseus weinte, weil er einen Gefährten nach dem anderen verlor, denn seine gewohnten Listen halfen ihm nichts gegen die See. Doch du, grausamer Nordwind, wirst nie meine Segel sehen: Ich muß untätig an der Schwelle meiner Herrin liegen.

8 A

Letzte Nacht, als die Lampen brannten, genoß ich unseren Streit und die vielen Flüche, die du tobend ausgestoßen hast. Ja, fahr mir getrost ins Haar, zerkratz mir das Gesicht mit deinen schönen Fingernägeln, droh nur, ein Feuer anzuzünden und mir die Augen auszubrennen, reiß mir das Untergewand herunter und entblöße meine Brust! Wenn du sinnlos betrunken den Tisch umstößt und mich rasend vor Wut mit vollen Bechern bewirfst, dann sind das für mich doch Zeichen wahrer Glut, denn keine Frau ist so erregt, wenn sie nicht leidenschaftlich liebt! Ein Weib, das hemmungslos Beschimpfungen ausspuckt, wälzt sich zu Füßen der mächtigen Venus, ob sie sich beim Spazierengehen mit einer Schar von Leibwächtern umringt, oder ob sie besessen, wie eine Mänade, mitten durch die Straßen rennt, oder ob verrückte Träume sie immer wieder erschrecken, wenn sie ohnehin Angst hat, oder ein Damenporträt die Ärmste erregt.

Für solche seelischen Qualen bin ich der berufene Deuter; daß dies die Anzeichen echter Liebe sind, habe ich oft erlebt. Es gibt keine echte Treue, die man nicht zu Wutausbrüchen provozieren kann: nur meinen Feinden wünsche ich eine Geliebte, die sich nicht aus der Ruhe bringen läßt. An meinem Hals sollen die Kameraden Bißwunden sehen, und bläuliche Flecken dürfen verraten, daß meine Freundin bei mir war. In der Liebe will ich selber leiden oder hören, wie du leidest,

[tecta superciliis si quando verba remittis, 25
  aut tua cum digitis scripta silenda notas.]
odi ego, quos numquam pungunt suspiria somnos:
  semper in irata pallidus esse velim.

Dulcior ignis erat Paridi, cum Graia per arma
  Tyndaridi poterat gaudia ferre suae. 30
dum vincunt Danai, dum restat barbarus Hector,
  ille Helenae in gremio maxima bella gerit.
aut tecum aut pro te mihi cum rivalibus arma
  semper erunt: in te pax mihi nulla placet.

8 B

... gaude, quod nulla est aeque formosa! doleres, 35
  si qua foret: nunc sis iure superba licet!
at tibi, qui nostro nexisti retia lecto,
  sit socer aeternum nec sine matre domus!
cui nunc si qua data est furandae copia noctis,
  offensa illa mihi, non tibi amica, dedit... 40

9

Maecenas, eques Etrusco de sanguine regum,
  intra fortunam qui cupis esse tuam,
quid me scribendi tam vastum mittis in aequor?
  non sunt apta meae grandia vela rati.
turpe est, quod nequeas, capiti committere pondus, 5
  et pressum inflexo mox dare terga genu.
omnia non pariter rerum sunt omnibus apta,
  palma nec ex aequo ducitur una iugo.

Gloria Lysippo est animosa ecfingere signa,
  exactis Calamis se mihi iactat equis, 10

deine Tränen sehen oder meine. [Wenn du mit deinen Augenbrauen geheime Botschaften schickst oder mit den Fingern diskrete Zeichen malst.] Ich hasse den Schlaf, den keine Seufzer unterbrechen; stets möchte ich der bleiche Liebhaber einer zornigen Frau sein.

Süßer empfand Paris seine Glut, wenn er mitten im Krieg gegen die Griechen seiner Helena Freuden bringen konnte. Während die Danaer siegen, während der wilde Hektor ihnen Widerstand leistet, trägt jener in Helenas Armen die größten Kämpfe aus. Mit dir oder mit Rivalen um dich werde ich immer Krieg führen; wenn es um dich geht, bin ich gar nicht für den Frieden.

8 B

... Freue dich, daß keine andere so schön ist wie du; wenn eine es wäre, würde es dir weh tun; nun darfst du stolz sein, und das mit Recht. Doch dir, der unser Liebeslager mit Netzen umgarnt hast, wünsche ich auf ewige Zeiten den Schwiegervater und die Mutter ins Haus. Denn wenn dir jetzt auch eine heimliche Liebesnacht gewährt worden ist, so war das nur, weil ich sie kränkte, nicht weil sie dich liebt...

9

Maecenas, als Ritter aus dem Geblüt etruskischer Könige ist es dein Wunsch, in deiner Stellung zu bleiben: warum dann schickst du mich auf dieses weite Meer der Dichtung hinaus? Große Segel passen nicht zu meinem Kahn. Beschämend ist es, eine Last auf den Kopf zu nehmen, die man nicht tragen kann, unter dem Druck in die Knie zu sinken und sich schließlich geschlagen zu geben. In dieser Welt schickt sich nicht alles gleichermaßen für alle, und zwei gleichwertige Gespanne bringen nicht denselben Siegespreis.

Lysippos' Ruhm besteht darin, beseelte Statuen zu formen, Kalamis besticht mich durch seine vollendeten Pferdeskulp-

in Veneris tabula summam sibi poscit Apelles,
  Parrhasius parva vindicat arte locum,
argumenta magis sunt Mentoris addita formae,
  at Myos exiguum flectit acanthus iter;
Phidiacus signo se Iuppiter ornat eburno,   15
  Praxitelen propria vendit ab urbe lapis.
est quibus Eleae concurrit palma quadrigae,
  est quibus in celeres gloria nata pedes.
hic satus ad pacem, hic castrensibus utilis armis:
  naturae sequitur semina quisque suae.   20

Te duce vel Iovis arma canam caeloque minantem   47
  Coeum et Phlegraeis Eurymedonta iugis;
celsaque Romanis decerpta Palatia tauris
  ordiar et caeso moenia firma Remo,   50
eductosque pares silvestri ex ubere reges,
  crescet et ingenium sub tua iussa meum.
prosequar et currus utroque ab litore ovantis,
  Parthorum astutae tela remissa fugae,
claustraque Pelusi Romano subruta ferro   55
  Antonique graves in sua fata manus.   56

At tua, Maecenas, vitae praecepta recepi,   21
  cogor et exemplis te superare tuis.
cum tibi Romano dominas in honore securis
  et liceat medio ponere iura foro,
vel tibi Medorum pugnaces ire per hastas,   25
  atque ornare tuam fixa per arma domum,
et tibi ad effectum vires det Caesar et omni
  tempore tam faciles insinuentur opes,
parcis, et in tenuis humilem te colligis umbras;
  velorum plenos subtrahis ipse sinus.   30
crede mihi, magnos aequabunt ista Camillos
  iudicia, et venies tu quoque in ora virum,

turen; geht es um Gemälde von Aphrodite, so nimmt Apelles den ersten Rang in Anspruch; Parrhasios heischt einen ehrenvollen Platz in der Kleinkunst; Mentors Plastik eignet sich vorzüglich für epische Themen; bei Mys ist es der Akanthos, der sich auf engem Raum windet; der Zeus des Pheidias darf sich seiner elfenbeinernen Statue rühmen; Praxiteles wurde durch den Marmor seiner Vaterstadt bekannt. Manchen wird in Elis der Siegespreis im Wagenrennen zuteil; andere werden durch ihre schnellen Füße glorreich. Der eine ist für den Frieden geschaffen, der andere eignet sich zum Kriegsdienst: jeder folgt seiner natürlichen Begabung.

Wenn du mich führst, will ich sogar von Zeus' Kämpfen singen, von Koios, der den Himmel bedrohte, und von Eurymedon auf der Hochebene von Phlegrai; ich will anheben, wie einst auf dem hohen Palatin Stiere grasten und wie die Mauern stark wurden, als Remus erschlagen lag; vom königlichen Zwillingspaar, das sich am Euter eines wilden Tieres nährte, und mein Talent wird zur Höhe deiner Gebote wachsen. Ferner will ich von den Triumphen nach den Siegen über Orient und Okzident berichten, von den Pfeilen, welche die Parther, wenn sie zum Schein die Flucht ergreifen, rückwärts entsenden, von dem Befestigungswerk bei Pelusion, das von den eisernen Werkzeugen der Römer zerstört wurde, und wie Antonius sich mit eigener Hand den Tod gab.

Doch ich habe mir deine Grundsätze zu eigen gemacht, Maecenas, und sehe mich gezwungen, dich durch dein eigenes Beispiel zu widerlegen. Du könntest in Rom ein hohes Amt bekleiden, auf dem Forum als Zeichen deiner Macht die Äxte hinstellen und Urteile fällen; du könntest auch im Krieg medische Lanzenträger besiegen und dein Haus mit aufgehängten Trophäen schmücken; Caesar würde zu deinem Erfolg beitragen und dir jederzeit ohne weiteres Mittel zur Verfügung stellen: und dennoch zögerst du, hältst dich bescheiden im Hintergrund, wirfst einen schmalen Schatten und raffst selber den vollen Bausch deiner Segel. Glaub mir, man wird deinen Entschluß noch mit dem des großen Camillus ver-

Caesaris et famae vestigia iuncta tenebis:
  Maecenatis erunt vera tropaea fides.

Non ego velifera tumidum mare findo carina, 35
  tuta sub exiguo flumine nostra mora est.
non flebo in cineres arcem sedisse paternos
  Cadmi nec septem proelia clade pari,
nec referam Scaeas et Pergama, Apollinis arces,
  et Danaum decimo vere redisse ratis, 40
moenia cum Graio Neptunia pressit aratro
  victor Palladiae ligneus artis equus.
inter Callimachi sat erit placuisse libellos
  et cecinisse modis, Coe poeta, tuis.
haec urant pueros, haec urant scripta puellas, 45
  meque deum clament et mihi sacra ferant! 46

Mollia tu coeptae fautor cape lora iuventae, 57
  dexteraque immissis da mihi signa rotis.
hoc mihi, Maecenas, laudis concedis, et a te est,
  quod ferar in partis ipse fuisse tuas. 60

10

Mirabar, quidnam visissent mane Camenae
  ante meum stantes sole rubente torum.
natalis nostrae signum misere puellae,
  et manibus faustos ter crepuere sonos.

Transeat hic sine nube dies, stent aëre venti, 5
  ponat et in sicco molliter unda minax.
aspiciam nullos hodierna luce dolentis,
  et Niobae lacrimas supprimat ipse lapis,

gleichen, und auch von dir wird die Nachwelt sprechen. Du wirst Schritt halten mit Caesars Ruhm: Maecenas' wahres Siegesdenkmal wird die Treue sein.

Ich durchkreuze nicht im Segelschiff das schäumende Meer; auf einem Bächlein fühle ich mich sicher. Ich will kein tragisches Gedicht darüber schreiben, wie die Akropolis von Theben auf die Asche der Ahnen fiel, noch über die Schlachten der Sieben, die in derselben Niederlage endeten, noch will ich vom skaiischen Tor berichten und von Pergamon, der Burg Apollons, und wie im zehnten Frühling die Schiffe der Danaer nach Hause fuhren, nachdem das siegreiche hölzerne Pferd, durch Pallas' Kunst erschaffen, mit dem griechischen Pflug die Mauern Poseidons geebnet hatte. Mir soll es genügen, neben Kallimachos' Dichtungen gelobt zu werden und deinen Ton getroffen zu haben, Dichter von Kos. Meine Verse sollen junge Männer und Frauen entflammen, und sie mögen mich als Gott anrufen und mir opfern.

Gönner meiner Jugend, nimm die weichen Zügel und gib mir, wenn die Räder sich in vollem Laufe drehen, das siegverheißende Zeichen! Das ist der Ruhm, Maecenas, den du mir zugestehst, und dein Werk ist es, wenn man von mir sagen wird, ich sei einer der deinen gewesen.

10

Ich wunderte mich, warum die Musen mich besuchten, die frühmorgens, als die Sonne sich rötete, mein Bett umstanden. Sie gaben mir ein Zeichen, daß heute der Geburtstag der Geliebten sei und klatschten dreimal glückverheißend in die Hände.

Möge dieser Tag wolkenlos vorübergehen, die Winde still stehen in der Luft, die drohenden Wellen sich am trockenen Strand beruhigen. Heute möchte ich niemanden leiden sehen; selbst der Felsen der Niobe soll aufhören zu weinen, die Eis-

alcyonum positis requiescant ora querelis,
　increpet absumptum nec sua mater Ityn. 10

Tuque, o cara mihi, felicibus edita pennis,
　surge et praesentis iusta precare deos.
at primum pura somnum tibi discute lympha,
　et nitidas presso pollice finge comas;
dein, qua primum oculos cepisti veste Properti, 15
　indue, nec vacuum flore relinque caput;
et pete, qua polles, ut sit tibi forma perennis,
　inque meum semper stent tua regna caput.

Inde, coronatas ubi ture piaveris aras,
　luxerit et tota flamma secunda domo, 20
sit mensae ratio, noxque inter pocula currat,
　et crocino naris murreus ungat onyx.
tibia nocturnis succumbat rauca choreis,
　et sint nequitiae libera verba tuae,
dulciaque ingratos adimant convivia somnos, 25
　publica vicinae perstrepat aura viae.
sit sors et nobis talorum interprete iactu,
　quem gravius pennis verberet ille puer.

cum fuerit multis exacta trientibus hora
　noctis et instituet sacra ministra Venus, 30
annua solvamus thalamo sollemnia nostro,
　natalisque tui sic peragamus iter.

11

Quid mirare, meam si versat femina vitam
　et trahit addictum sub sua iura virum,

vögel sollen ihre Klagen verstummen lassen und ihren Stimmen Ruhe gönnen, und Itys' Mutter soll nicht jammern über den Sohn, den sie verlor.

Und du, meine Geliebte, die unter glücklichen Vorzeichen geboren wurde, steh auf und bitte die gegenwärtigen Götter um das, was recht ist. Doch schüttle zuerst mit reinem Wasser den Schlaf von dir ab, drücke den Daumen an dein glänzendes Haar, und dann zieh das Kleid an, in dem du zum erstenmal Properzens Augen gefangen hast; laß dein Haupt nicht ohne Blumenschmuck sein, und bete darum, daß die Schönheit, die deine Macht ist, dir immer erhalten bleibt und deine Herrschaft über mich nie endet.

Wenn du dann den Altar bekränzt und fromm mit Weihrauch versehen hast und die glückverheißende Flamme ihren Schein durch das ganze Haus wirft, wollen wir ans Essen denken. Beim Wein soll die Nacht verfliegen, und die Schale aus Murra soll unsere Nasen mit Safrandüften salben. Bis sie heiser ist und müde, soll die Flöte zu nächtlichen Tänzen spielen, und du darfst hemmungslos alles sagen, was dein Übermut dir eingibt. Fröhliche Gelage sollen den unerwünschten Schlaf verscheuchen, und die Luft der Straßen in der Nachbarschaft soll, für alle hörbar, von Lärm erfüllt sein. Dann soll uns auch das Schicksal im Fallen der Würfel kund tun, wen von uns beiden der göttliche Knabe mit seinen Schwingen härter peitscht.

Wenn dann die Stunden bei vielen Bechern zur Neige gegangen sind und Venus in unserem Dienst die Weihen der Nacht verordnet, dann wollen wir auf unserem Liebeslager dein Jahresfest begehen und die Geburtstagsfeier beschließen.

11

Weshalb wunderst du dich, daß eine Frau mein Leben regiert, mich als Mann zum Sklaven macht und ganz in ihrer Gewalt

criminaque ignavi capitis mihi turpia fingis,
   quod nequeam fracto rumpere vincla iugo?
ventorum melius praesagit navita motum,   5
   vulneribus didicit miles habere metum.
ista ego praeterita iactavi verba iuventa:
   tu nunc exemplo disce timere meo.

Colchis flagrantis adamantina sub iuga tauros
   egit et armigera proelia sevit humo,   10
custodisque feros clausit serpentis hiatus,
   iret ut Aesonias aurea lana domos.
ausa ferox ab equo quondam oppugnare sagittis
   Maeotis Danaum Penthesilea ratis;
aurea cui postquam nudavit cassida frontem,   15
   vicit victorem candida forma virum.
Omphale in tantum formae processit honorem,
   Lydia Gygaeo tincta puella lacu,
ut, qui pacato statuisset in orbe columnas,
   tam dura traheret mollia pensa manu.   20
Persarum statuit Babylona Semiramis urbem,
   ut solidum cocto tolleret aggere opus,
et duo in adversum mitti per moenia currus
   nec possent tacto stringere ab axe latus;
duxit et Euphraten medium, quam condidit, arcis,   25
   iussit et imperio subdere Bactra caput.

Nam quid ego heroas, quid raptem in crimina divos?
   Iuppiter infamat seque suamque domum:
quid, modo quae nostris opprobria nexerit armis
   et famulos inter femina trita suos?   30
coniugii obsceni pretium Romana poposcit
   moenia et addictos in sua regna Patres.
noxia Alexandria, dolis aptissima tellus,
   et totiens nostro Memphi cruenta malo,
tris ubi Pompeio detraxit harena triumphos!   35
   tollet nulla dies hanc tibi, Roma, notam.
issent Phlegraeo melius tibi funera campo,
   vel tua si socero colla daturus eras.

hat? Warum beleidigst du mich und behauptest einfach so, ich sei ein feiger Kerl, weil ich nicht mein Joch zerbrechen, meine Fesseln sprengen kann? Besser sagt der Seemann das Wehen der Winde voraus; von seinen Wunden hat der Soldat das Fürchten gelernt. So wie du prahlte ich früher in meiner Jugend; lerne jetzt an meinem Beispiel die Angst.

Medea zwang flammenschnaubende Stiere unter ein stahlhartes Joch und säte Streit in einen Boden, aus dem Krieger wuchsen; sie schloß den Schlund des wilden Hüterdrachens, damit das Goldene Vlies ins Haus von Iason gehen konnte. In ihrem Ungestüm wagte es Penthesileia vom See Maiotis einst, zu Pferd die Schiffe der Danäer mit Pfeilen zu beschießen, doch als der Goldhelm ihr Antlitz freigab, besiegte ihre strahlende Schönheit den Besieger. Die Lyderin Omphale, die im See des Gyges badete, war so berühmt für ihre Schönheit, daß der Held, der an den Grenzen der von ihm befriedeten Welt Säulen errichtet hatte, ihr mit seinen harten Händen weiche Wollstränge spann. Semiramis baute Babylon, die Hauptstadt Persiens, so gut, daß aus Backsteinen eine fest gefügte Mauer emporwuchs, auf der zwei Wagen aneinander vorbeifahren könnten, ohne sich seitlich mit den Achsen zu berühren; sie lenkte auch den Lauf des Euphrats mitten durch die Festung, die sie gegründet hatte, und befahl Baktra, das Haupt unter ihre Macht zu beugen.

Warum soll ich Heroen, warum Götter zur Rechenschaft ziehen? Iuppiter bringt sich selbst und sein ganzes Haus in Verruf. Was soll ich über die Frau sagen, die vor kurzem unsere Kriegsmacht beleidigte und unter ihren Sklaven von Hand zu Hand ging? Als Preis für ihren verwerflichen Ehebund forderte sie die Stadt Rom und wollte, daß der Senat ihr als Königin huldige! Alexandria, du verbrecherisches, für Verrätereien überaus begabtes Land! Memphis, zu unserem Schaden so oft von Blut getränkt, wo der Sand Pompeius drei Triumphe entriß. Kein Tag wird jemals dieses Schandmal für dich tilgen, Rom! Es wäre besser gewesen, Pompeius, du wärst in der Ebene von Phlegrai bestattet worden, oder du hättest dich deinem Schwiegervater ergeben.

Scilicet incesti meretrix regina Canopi,
　una Philippeo sanguine adusta nota, 40
ausa Iovi nostro latrantem opponere Anubim,
　et Tiberim Nili cogere ferre minas,
Romanamque tubam crepitanti pellere sistro,
　baridos et contis rostra Liburna sequi,
foedaque Tarpeio conopia tendere saxo, 45
　iura dare et statuas inter et arma Mari!
quid nunc Tarquinii fractas iuvat esse securis,
　nomine quem simili vita superba notat,
si mulier patienda fuit? cane, Roma, triumphum,
　et longum Augusto salva precare diem! 50

Fugisti tamen in timidi vaga flumina Nili,
　nec cepere tuas Romula vincla manus.
bracchia spectasti sacris admorsa colubris,
　et trahere occultum membra soporis iter.
'non hoc, Roma, fui tanto tibi cive verenda!' 55
　dixit et assiduo lingua sepulta mero.

Septem urbs alta iugis, toti quae praesidet orbi,
　femineas timuit territa Marte minas. 58
haec di condiderunt, haec di quoque moenia servant: 65
　vix timeat salvo Caesare Roma Iovem. 66
nunc ubi Scipiadae classes, ubi signa Camilli, 67
　aut modo Pompeia, Bospore, capta manu, 68
Hannibalis spolia et victi monumenta Syphacis, 59
　et Pyrrhi ad nostros gloria fracta pedes? 60
Curtius expletis statuit monumenta lacunis,
　Decius admisso proelia rupit equo,
Coclitis abscissos testatur semita pontis,
　est, cui cognomen corvus habere dedit. 64

Aber nein: die königliche Dirne von Kanopos, wo Blutschande betrieben wird, dieses unerhörte Mal, das der Dynastie Philipps eingebrannt ist, hat versucht, mit dem bellenden Anubis gegen unseren Iuppiter zu ziehen, dem Tiber die Drohungen des Nils aufzuzwingen, die römische Tuba mit dem klappernden Sistrum zu vertreiben, mit den Ruderstangen ihrer Barken liburnische Kriegsschiffe zu verfolgen, auf dem tarpeischen Felsen ihr häßliches Moskitonetz aufzuspannen und zwischen den Statuen, den Trophäen eines Marius Recht zu sprechen! Was hilft es jetzt, daß die Beile von Tarquinius zerbrochen wurden, dessen Hochmut ihm den passenden Beinamen eintrug, wenn wir die Herrschaft eines Weibs ertragen müßten? Rom, stimm das Triumphlied an, und bete für ein langes Leben für Augustus, weil er dich gerettet hat.

Und doch konntest du in die seichten Arme des feigen Nils entfliehen, und deine Hände mußten keine römischen Ketten tragen; du hast gesehen, wie deine Arme von den heiligen Schlangen gebissen wurden, und gefühlt, wie das einschläfernde Gift heimlich in deinen Körper drang, und deine unter viel Wein begrabene Zunge sagte: «Rom, du brauchtest mich nicht zu fürchten, solang du diesen großen Bürger hast.»

Die Stadt, die auf den sieben Hügeln ragt, die über den Erdkreis herrscht, erschrak aus Furcht vor einem Krieg vor den Drohungen einer Frau! Die Götter haben diese Mauern gegründet, die Götter bewahren sie auch. Solange Caesar lebt, braucht Rom kaum Iuppiter zu fürchten: Wo sind jetzt die Flotten Scipios, wo die Feldzeichen des Camillus? Wo bist du, Bosporus, vor kurzem von Pompeius' Hand erobert? Wo ist die Beute aus den Kriegen gegen Hannibal, das Denkmal, das an den Sieg über Syphax erinnert, der Ruhm des Pyrrhos, der vor unseren Füßen zerbrach? Curtius schuf sich ein Denkmal, als er den Abgrund füllte; Decius durchbrach die Schlachtreihen auf seinem schnellen Roß. Der Weg des Cocles zeugt davon, daß hier eine Brücke abgerissen wurde, und es gab einen Helden, der seinen Beinamen einem Raben

Leucadius versas acies memorabit Apollo: 69
   tanti operis bellum sustulit una dies. 70
at tu, sive petes portus seu, navita, linques,
   Caesaris in tuto sis memor Ionio.

12

Postume, plorantem potuisti linquere Gallam,
   miles et Augusti fortia signa sequi?
tantine ulla fuit spoliati gloria Parthi,
   ne faceres Galla multa rogante tua?
si fas est, omnes pariter pereatis avari, 5
   et quisquis fido praetulit arma toro!
tu tamen iniecta tectus, vesane, lacerna
   potabis galea fessus Araxis aquam.

Illa quidem interea fama tabescet inani,
   haec tua ne virtus fiat amara tibi, 10
neve tua Medae laetentur caede sagittae,
   ferreus armato neu cataphractus equo;
neve aliquid de te flendum referatur in urna:
   sic redeunt, illis qui cecidere locis.

Ter quater in casta felix, o Postume, Galla! 15
   moribus his alia coniuge dignus eras.
quid faciet nullo munita puella timore,
   cum sit luxuriae Roma magistra suae?
sed securus eas: Gallam non munera vincent,
   duritiaeque tuae non erit illa memor, 20
nam quocumque die salvum te fata remittent,
   pendebit collo Galla pudica tuo.

Postumus alter erit miranda coniuge Ulixes:
   non illi longae tot nocuere morae,

verdankt. Der Apoll von Leukas wird daran erinnern, daß hier ein feindliches Heer in die Flucht geschlagen wurde: ein einziger Tag vernichtete eine gewaltige Kriegsmacht. Du aber, Seemann, ob du einen Hafen ansteuerst oder ihn verläßt, denk auf dem jetzt sicheren Ionischen Meer an Caesar!

12

Postumus, du konntest Galla trotz ihrer Tränen verlassen und als Soldat Augustus' heroischen Feldzeichen folgen? Bedeutet dir der Ruhm, in Parthien Beute zu machen, so viel, obwohl deine Galla dich immer wieder bat zu bleiben? Mit Verlaub gesagt: Mögt ihr alle ohne Ausnahme umkommen, die ihr nach Gewinn trachtet, und ihr alle, die ihr den Krieg einer treuen Liebe vorzieht. Doch du, Wahnsinniger, wirst, in deinen Militärmantel gehüllt, aus dem Helm Wasser vom Araxes trinken, wenn du erschöpft bist.

Inzwischen welkt sie dahin, auf leere Gerüchte wartend und fürchtend, daß du deine Tapferkeit bitter bereuen mußt, daß medische Bogenschützen oder Ritter in eiserner Rüstung auf gepanzerten Pferden sich über deinen Tod freuen, und daß nur ein kläglicher Rest von dir in der Urne zurückgebracht wird: so kehren die nach Hause, die in fernen Ländern fielen!

Dreimal, viermal muß man dich glücklich preisen, Postumus, daß du deine keusche Galla hast! So wie du bist, hättest du eine andere Gattin verdient. Was soll eine Frau tun, die von keinen Wächtern beschützt wird, wenn Rom die Lehrerin ihrer Ausschweifungen ist? Doch du darfst ruhigen Herzens ziehen: keine Geschenke werden Galla gewinnen, und sie wird nicht an deine Grausamkeit denken, denn an dem Tag, an dem dich das Schicksal heil nach Hause bringt, wird eine treue Galla an deinem Halse hängen.

Dank seiner bewundernswerten Gattin wird Postumus ein zweiter Odysseus sein. Ihm brachte es keinen Schaden, daß

castra decem annorum et Ciconum manus, Ismara capta, 25
  exustaeque tuae nox, Polypheme, genae,
et Circae fraudes lotosque herbaeque tenaces,
  Scyllaque et alternans scissa Charybdis aquas,
Lampeties Ithacis veribus mugisse iuvencos
  – paverat hos Phoebo filia Lampetie –, 30
et thalamum Aeaeae flentis fugisse puellae,
  totque hiemis noctes totque natasse dies,
nigrantisque domos animarum intrasse silentum,
  Sirenum surdo remige adisse lacus,
et veteres arcus leto renovasse procorum, 35
  errorisque sui sic statuisse modum,
nec frustra, quia casta domi persederat uxor:
  vincet Penelopes Aelia Galla fidem.

13

Quaeritis, unde avidis nox sit pretiosa puellis,
  et Venere exhaustae damna querantur opes.
certa quidem tantis causa et manifesta ruinis:
  luxuriae nimium libera facta via est.

Inda cavis aurum mittit formica metallis, 5
  et venit e Rubro concha Erycina salo,
et Tyros ostrinos praebet Cadmea colores
  cinnamon et multi pistor odoris Arabs.
haec etiam clausas expugnant arma pudicas,
  quaeque gerunt fastus, Icarioti, tuos. 10
matrona incedit census induta nepotum,
  et spolia opprobrii nostra per ora trahit.
nulla est poscendi, nulla est reverentia dandi;
  aut si qua est, pretio tollitur ipsa mora.

er so lange fern blieb: die zehnjährige Belagerung, der Handstreich der Kikonen, die Eroberung von Ismara, die Nacht, in der dein Auge ausgebrannt wurde, Polyphem, Kirkes Heimtücke, die Lotosfrucht, die Zauberkräuter, die einen nicht loslassen, Skylla und Charybdis, die zwischen Ebbe und Flut gespalten ist, die Rinder der Lampetië, die an den Bratspießen des Helden aus Ithaka brüllten – für Phoibos hatte sie seine Tochter Lampetië gehütet –, daß er aus dem Gemach der weinenden Frau von Aiaia geflohen war und auf dem stürmischen Meer so viele Nächte, so viele Tage schwamm, daß er das schwarze Haus der schweigenden Seelen betrat, und mit tauben Ruderern die Lagunen der Sirenen befuhr, den alten Bogen neu bespannte, um die Freier zu töten und so das Ziel seiner Irrfahrt erreichte, und nicht umsonst! Denn zu Hause war die Gattin ihm beharrlich treu geblieben. Aelia Galla wird Penelopes Treue übertreffen.

13

Ihr möchtet wissen, warum habgierige Frauen sich eine Nacht so teuer bezahlen lassen und man den Verlust eines Vermögens beklagen muß, das vom Liebesgenuß erschöpft wurde. Es gibt einen ganz bestimmten, ganz eindeutigen Grund für solche Katastrophen: das Luxusleben hat sich zu stark ausgebreitet!

Aus unterirdischen Bergwerken fördern indische Ameisen Gold zutage; vom Roten Meer kommt die der Venus heilige Perlmuschel; Tyros, die Stadt des Kadmos, bietet Purpurfarben an und der arabische Hersteller von starken Gewürzen Zimt. Das sind die Waffen, die auch wohlbehütete Frauen und solche, die sich so spröde geben wie du, Penelope, erobern. Da kommt eine Dame daher, die mit der Erbschaft eines Verschwenders geschmückt ist und die Beutestücke ihrer Schande an unseren Gesichtern vorbei schleppt. Es gibt keine Scheu, zu fordern und keine, sich zu verschenken; eventuelle Hemmungen werden durch ein besseres Angebot beseitigt.

Felix Eois lex funeris illa maritis, 15
 quos Aurora suis rubra colorat equis.
namque ubi mortifero iacta est fax ultima lecto,
 uxorum fusis stat pia turba comis,
et certamen habent leti, quae viva sequatur
 coniugium: pudor est non licuisse mori. 20
ardent victrices et flammae pectora praebent,
 imponuntque suis ora perusta viris.
hoc genus infidum nuptarum, hic nulla puella
 nec fida Euadne nec pia Penelope.

Felix agrestum quondam pacata iuventus, 25
 divitiae quorum messis et arbor erant!
illis munus erat decussa Cydonia ramo,
 et dare puniceis plena canistra rubis,
nunc violas tondere manu, nunc mixta referre
 lilia vimineos lucida per calathos, 30
et portare suis vestitas frondibus uvas
 aut variam plumae versicoloris avem.

His tum blanditiis furtiva per antra puellae
 oscula silvicolis empta dedere viris;
hinnulei pellis tutos operibat amantis, 35
 altaque nativo creverat herba toro;
pinus et incumbens lentas circumdabat umbras,
 nec fuerat nudas poena videre deas.

Corniger Arcadii vacuam pastoris in aulam
 dux aries saturas ipse reduxit ovis. 40
dique deaeque omnes, quibus est tutela per agros,
 praebebant vestri verba benigna foci:
'et leporem, quicumque venis, venaberis, hospes,
 et si forte meo tramite quaeris, avem:
et me Pana tibi comitem de rupe vocato, 45
 sive petes calamo praemia, sive cane.'

Für die Ehemänner im Fernen Osten, die die rosige Morgenröte mit ihren Rossen färbt, ist dieser bekannte Brauch beglückend: Sobald die letzte Fackel auf die Bahre des Toten geworfen wurde, steht mit aufgelöstem Haar die treue Schar der Gattinnen bereit, und sie streiten sich um die Ehre, lebend dem Gatten zu folgen; nicht sterben zu dürfen, gilt als Schande. Die Siegerinnen glühen und bieten die Brüste den Flammen dar, und das schon verbrannte Gesicht pressen sie auf den Mann. Unser Geschlecht von Gattinnen ist treulos; hier ist keine einzige Frau eine treue Euadne oder eine ergebene Penelope.

Glücklich und in Frieden lebte einst die ländliche Jugend, deren ganzer Reichtum aus Getreide und Obst bestand. Für sie war es ein rechtes Geschenk, von den Ästen geschüttelte Quitten oder Körbe voll von purpurroten Brombeeren zu geben, manchmal Veilchen zu pflücken, dann wieder buntgemischte, in einem Binsenkörbchen leuchtende Lilien zu bringen oder mit ihrem Laub bekleidete Trauben oder einen bunten Vogel mit schillerndem Gefieder zu tragen.

Damals gaben die Mädchen heimlich in Grotten den Männern, die in Wäldern hausten, durch so liebevolle Geschenke erkaufte Küsse. Ein Hirschfell deckte die Liebenden zu und beschützte sie; das hohe Gras bildete ein natürliches Bett; die Fichte über ihnen spendete ringsum ihren langsam wandernden Schatten, und es war keine Sünde, Göttinnen nackt zu sehen.

Das gehörnte Leittier, der Widder, führte von sich aus die satten Schafe in den leeren Stall des arkadischen Hirten zurück. Ihr Götter und Göttinnen alle, die ihr das Land beschützt! eure Altäre boten gütige Worte an: «Fremder, wer du auch bist, wenn du in meinem Revier auf die Jagd gehst, wirst du einen Hasen erlegen und einen Vogel dazu. Ruf mich, den Pan vom Felsen, als deinen Gefährten herab, ob du dein Wild mit der Rute oder mit deinem Hund fangen willst.»

At nunc desertis cessant sacraria lucis:
　　aurum omnes victa iam pietate colunt,
auro pulsa fides, auro venalia iura,
　　aurum lex sequitur, mox sine lege pudor. 50

Torrida sacrilegum testantur limina Brennum,
　　dum petit intonsi Pythia regna dei;
at mox laurigero concussus vertice diras
　　Gallica Parnasus sparsit in arma nives.
te scelus accepto Thracis Polymestoris auro 55
　　nutrit in hospitio non, Polydore, pio.
tu quoque ut auratos gereres, Eriphyla, lacertos,
　　delapsis nusquam est Amphiaraus equis.

Proloquar – atque utinam patriae sim verus haruspex! –
　　frangitur ipsa suis Roma superba bonis. 60
certa loquor, sed nulla fides; neque enim Ilia quondam
　　verax Pergameis Maenas habenda mali.
sola Parim Phrygiae fatum componere, sola
　　fallacem patriae serpere dixit equum.
ille furor patriae fuit utilis, ille parenti: 65
　　experta est veros irrita lingua deos.

14

Multa tuae, Sparte, miramur iura palaestrae,
　　sed mage virginei tot bona gymnasii,
quod non infamis exercet corpore ludos
　　inter luctantis nuda puella viros,
cum pila velocis fallit per bracchia iactus, 5
　　increpat et versi clavis adunca trochi,
pulverulentaque ad extremas stat femina metas,
　　et patitur duro vulnera pancratio.

Jetzt aber vernachlässigt man die Schreine in den verödeten Hainen; alle beten das Gold an; Frömmigkeit gilt nichts; das Gold hat den Glauben vertrieben; durch das Gold ist die Rechtsprechung käuflich; nach dem Gold richtet sich das Gesetz und bald auch die Moral, die kein Gesetz braucht.

Ein Brandmal an der Tempelschwelle bezeugt, daß Brennus einen Frevel beging, als er das pythische Reich des langhaarigen Gottes angriff, doch sogleich erbebte der lorbeerbewachsene Gipfel des Parnasses und schüttete tödliche Schneemassen auf die gallischen Krieger herab. Der Thraker Polymestor, dieses Scheusal, bewirtete dich in heuchlerischer Gastfreundschaft, Polydoros, weil er durch Gold bestochen worden war. Damit du an den Armen Goldschmuck tragen durftest, Eriphyla, versank Amphiaraos samt seinem Gespann und ward nicht mehr gesehen.

Ich sage es voraus – und möge das Vaterland meine Prophezeiung ernst nehmen! –: Das stolze Rom zerbricht an seinem eigenen Glück! Ich sage, was feststeht, aber man glaubt mir nicht; denn auch die troianische Seherin fand bei den Bürgern von Pergamon keinen Glauben, als sie Unheil prophezeite. Sie allein verkündete «Paris ist Phrygiens Untergang!» sie allein «Ein listenreiches Pferd naht sich Troja!» Ihre Ekstase hätte das Vaterland, hätte den Vater retten können, doch sie sprach umsonst, und die Götter behielten recht.

14

Wir bewundern die vielen Regeln deiner Ringerschulen, Sparta, aber mehr noch die vielen Vorteile deiner Sportplätze für junge Frauen: daß ein nacktes Mädchen, ohne in Verruf zu kommen, zwischen Ringkämpfern Leibesübungen treibt, wenn der schnell geschleuderte Ball trügerisch von Hand zu Hand fliegt, das krumme Treibholz des rollenden Reifens erklingt, eine Frau staubbedeckt an der letzten Zielsäule steht und im harten Allkampf verwundet wird. Bald bindet sie sich

nunc ligat ad caestum gaudentia bracchia loris,
    missile nunc disci pondus in orbe rotat;   10
gyrum pulsat equis, niveum latus ense revincit,
    virgineumque cavo protegit aere caput,   12
et modo Taygeti, crinis aspersa pruina,   15
    sectatur patrios per iuga longa canis,   16
qualis Amazonidum nudatis bellica mammis   13
    Thermodontiacis turma lavatur aquis;   14
qualis et Eurotae Pollux et Castor harenis,   17
    hic victor pugnis, ille futurus equis,
inter quos Helene nudis capere arma papillis
    fertur nec fratres erubuisse deos.   20

Lex igitur Spartana vetat secedere amantis,
    et licet in triviis ad latus esse suae,
nec timor aut ulla est clausae tutela puellae,
    nec gravis austeri poena cavenda viri.
nullo praemisso de rebus tute loquaris   25
    ipse tuis: longae nulla repulsa morae.
nec Tyriae vestes errantia lumina fallunt,
    est neque odoratae cura molesta comae.

At nostra ingenti vadit circumdata turba,
    nec digitum angusta est inseruisse via.   30
nec quae sit facies nec quae det verba roganti,
    invenias: caecum versat amator iter.
quod si iura fores pugnasque imitata Laconum,
    carior hoc esses tu mihi, Roma, bono.

15

Sic ego non ullos iam norim in amore tumultus,
    nec veniat sine te nox vigilanda mihi,   2
fabula nulla tuas de nobis concitet auris: 45
    te solam et lignis funeris ustus amem.   46

fröhlich die Riemen, die einen Kampfhandschuh bilden, um die Arme; bald wirbelt sie den schweren Diskus im Kreis; in der Reitbahn tummelt sie Rosse, gürtet ein Schwert um die weißen Hüften und schützt ihr jungfräuliches Haupt mit einem gewölbten Helm; manchmal galoppiert sie, das Haar vom Frühreif gefärbt, hinter den Hunden ihres Vaters über die langen Höhenzüge des Taygetos, wie die kriegerische Schwadron der Amazonen, die mit nackten Brüsten im Thermodon baden, und wie Kastor und Pollux am Ufer des Eurotas: zwischen ihnen, heißt es, habe Helena mit nackten Brüsten Waffen ergriffen, ohne sich vor ihren göttlichen Brüdern zu schämen.

Deshalb ist es in Sparta gesetzlich verboten, daß Liebende sich heimlich treffen, und man darf dort in aller Öffentlichkeit Seite an Seite mit der Geliebten sein. Die Frauen brauchen nicht Angst zu haben, werden nicht eingeschlossen, müssen nicht befürchten, daß ein gestrenger Gatte sie bestraft. Ohne einen Boten vorauszuschicken, kannst du selber von allem, was dich beschäftigt, sprechen, und keiner wird nach langem Warten abgewiesen. Keine tyrischen Gewänder täuschen schweifende Blicke, und die lästige Prozedur, das Haar zu frisieren, zu parfümieren gibt es nicht.

Doch wenn eine Römerin ausgeht, ist sie von einer ungeheuren Menge umringt, und man findet nicht den engsten Durchgang, ihr den Finger zu reichen. Du hast keine Ahnung, was für ein Gesicht sie macht und was sie sagt, wenn du um etwas bittest: der Liebende tappt völlig im Dunkel. Wenn du die Bräuche, die Wettkämpfe von Sparta übernehmen würdest, Rom, dann wäre das gut, und ich liebte dich um so mehr.

15

So wahr ich in der Liebe nie mehr einen Sturm erleben, nie mehr eine Nacht ohne dich durchwachen möchte, soll nie mehr ein Gerücht über mich an deine Ohren dringen: dich allein will ich lieben, wenn ich schon verkohlt auf dem Schei-

ut mihi praetexti pudor est relevatus amictus 3
  et data libertas noscere amoris iter,
illa rudis animos per noctes conscia primas 5
  imbuit, heu nullis capta Lycinna datis!
tertius (haud multo minus est) cum ducitur annus,
  vix memini nobis verba coisse decem.
cuncta tuus sepelivit amor, nec femina post te
  ulla dedit collo dulcia vincla meo. 10
at tu non meritam parcas vexare Lycinnam: 43
  nescit vestra ruens ira referre pedem. 44

Testis erit Dirce tam vano crimine saeva, 11
  Nycteos Antiopen accubuisse Lyco.
a quotiens pulchros vulsit regina capillos,
  molliaque immitis fixit in ora manus!
a quotiens famulam pensis oneravit iniquis, 15
  et caput in dura ponere iussit humo!
saepe illam immundis passa est habitare tenebris,
  vilem ieiunae saepe negavit aquam.

Iuppiter, Antiopae nusquam succurris habenti
  tot mala? corrumpit dura catena manus. 20
si deus es, tibi turpe tuam servire puellam:
  invocet Antiope quem nisi vincta Iovem?

Sola tamen, quaecumque aderant in corpore vires,
  regalis manicas rupit utraque manu.
inde Cithaeronis timido pede currit in arces. 25
  nox erat, et sparso triste cubile gelu.
saepe vago Asopi sonitu permota fluentis
  credebat dominae pone venire pedes.
et durum Zethum et lacrimis Amphiona mollem
  experta est stabulis mater abacta suis. 30

terhaufen liege! Als mir die Zurückhaltung, die die Knabentoga mit sich bringt, gelockert wurde und mir erlaubt war, die Liebe kennen zu lernen, war sie es, die Wissende, die mich in den ersten Nächten, ungestüm und unerfahren, wie ich war, einweihte, Lykinna, ach, von keinen Geschenken gekauft! Drei Jahre – oder fast so lange – ist es her, seit ich mit ihr, soweit ich mich erinnern kann, knapp zehn Worte gewechselt habe. Alles hat meine Liebe zu dir begraben, und nach dir hat keine einzige Frau süße Fesseln um meinen Hals gelegt. Aber hör jetzt auf, Lykinna, die das wirklich nicht verdient hat, zu quälen: wenn ihr Frauen eurem Jähzorn freien Lauf laßt, gibt es kein Zurück.

Das kann Dirke bezeugen, die wegen eines grundlosen Verdachtes – sie glaubte, Antiope, die Tochter des Nykteus, habe mit Lykos geschlafen – in Wut geriet. Ach, wie oft raufte sie, die Königin, Antiopes schönes Haar und zerkratzte ihr grausam das zarte Antlitz! Ach, wie oft belastete sie ihre Sklavin mit zusätzlicher Arbeit und hieß sie, ihr Haupt auf dem harten Boden zur Ruhe zu legen. Es war ihr gleichgültig, daß Antiope oft im Schmutz, im Dunkel hausen mußte, und wenn sie dürstete, versagte sie ihr oft einen Schluck Wasser.

Zeus! kommst du Antiope in ihrer großen Not nicht zu Hilfe? Harte Ketten reiben ihr die Arme wund. Bist du ein Gott, ist es eine Schande für dich, daß deine Geliebte als Sklavin dient! Wen soll Antiope in Banden anrufen, wenn nicht Zeus?

Doch ganz allein raffte sie alle ihre Kräfte zusammen und zerbrach an beiden Händen die Fesseln der Königin. Dann rannte sie zitternd zum Gipfel des Kithairon. Es war Nacht und ihr vom Frost überzogenes Lager trostlos. Oft glaubte sie, vom unbestimmten Rauschen des Asopos erschreckt, die Schritte der Herrin zu hören, die sie verfolgte. Als man sie, die Mutter, von ihrem eigenen Landgut jagte, erlebte sie, daß Zethos ihren Tränen gegenüber hart blieb, während Amphion Mitleid empfand.

Ac veluti magnos cum ponunt aequora motus,
  Eurus et adverso desinit ire Noto,
litore sub tacito sonitus rarescit harenae,
  sic cadit inflexo lapsa puella genu.

sera, tamen pietas natis et cognitus error. 35
  digne Iovis natos qui tueare senex,
tu reddis pueris matrem, puerique trahendam
  vinxerunt Dircen sub trucis ora bovis.
Antiope, cognosce Iovem: tibi gloria Dirce
  ducitur in multis mortem habitura locis. 40
prata cruentantur Zethi, victorque canebat
  paeana Amphion rupe, Aracynthe, tua.

16

Nox media, et dominae mihi venit epistula nostrae:
  Tibure me missa iussit adesse mora,
candida qua geminas ostendunt culmina turris
  et cadit in patulos nympha Aniena lacus.

Quid faciam? obductis committam mene tenebris, 5
  ut timeam audacis in mea membra manus?
at si distulero haec nostro mandata timore,
  nocturno fletus saevior hoste mihi.
peccaram semel, et totum sum pulsus in annum:
  in me mansuetas non habet illa manus. 10

Quod si certa meos sequerentur funera cursus, 21
  talis mors pretio vel sit emenda mihi.
afferet haec unguenta mihi sertisque sepulcrum
  ornabit custos ad mea busta sedens.
di faciant, mea ne terra locet ossa frequenti, 25
  qua facit assiduo tramite vulgus iter!
post mortem tumuli sic infamantur amantum.
  me tegat arborea devia terra coma,

Wie wenn das Meer sich nach einem gewaltigen Sturm beruhigt, der Ostwind nicht länger gegen den Südwind ankämpft und das Geräusch der Brandung am stillen Strand allmählich schwächer wird, so sank die Frau aufs Knie und fiel zu Boden.

Endlich, doch nicht zu spät, erkannten die Söhne ihren Irrtum und taten ihre Pflicht. Greis, würdig, die Zeussöhne zu schützen, du gibst den Jünglingen die Mutter zurück, und die Jünglinge binden Dirke unten am Kopf eines wilden Stieres fest, damit er sie schleift. Lerne Zeus kennen, Antiope! Dir zum Ruhm wird Dirke dahingeschleppt, um an vielen Stellen den Tod zu finden. Zethos' Wiesen röten sich von Blut, und Amphion läßt auf deinen Felsen ein Siegeslied ertönen, Arakynthos.

16

Mitternacht ist es, und ein Brief der Herrin hat mich erreicht: sie befiehlt mir, sofort nach Tibur zu kommen, wo auf den weißen Felsen die beiden Türme ragen und das Wasser des Anio in weite Becken fällt.

Was tun? Soll ich mich der dichten Finsternis anvertrauen, auf die Gefahr hin, daß Banditen mich überfallen? Aber wenn ich ihrem Befehl aus Angst nicht sogleich Folge leiste, werden Tränen fließen, die schrecklicher sind als ein Verbrecher in der Nacht. Einmal hatte ich gefehlt und wurde für ein ganzes Jahr verbannt: gegen mich führt sie keine sanfte Hand.

Doch selbst wenn mein Abenteuer zum sicheren Tod führen würde, wäre ein solches Ende mir sehr viel wert. Die Geliebte wird duftende Essenzen bringen, mein Grab mit Kränzen schmücken und als Wache an meiner Asche sitzen. Mögen die Götter verhüten, daß sie meine Gebeine in einer belebten Gegend beisetzt, wo eine Straße ständig von Reisenden begangen wird. So werden die Gräber von Liebenden nach ihrem Tod entehrt. Ich möchte, daß mich abseits unter dem Laub eines Baums die Erde bedeckt, oder man bestatte mich zwi-

aut humer ignotae cumulis vallatus harenae:
  non iuvat in media nomen habere via. 30

Nec tamen est quisquam, sacros qui laedat amantis: 11
  Scironis medias his licet ire vias.
quisquis amator erit, Scythicis licet ambulet oris,
  nemo adeo, ut feriat, barbarus esse volet. 14
sanguine tam parvo quis enim spargatur amantis 19
  improbus et cuius sit comes ipsa Venus? 20
Luna ministrat iter, demonstrant astra salebras, 15
  ipse Amor accensas praecutit ante faces,
saeva canum rabies morsus avertit hiantis:
  huic generi quovis tempore tuta via est.

17

Nunc, o Bacche, tuis humiles advolvimur aris:
  da mihi pacatus vela secunda, pater!
tu potes insanae Veneris compescere flatus,
  curarumque tuo fit medicina mero.
per te iunguntur, per te solvuntur amantes: 5
  tu vitium ex animo dilue, Bacche, meo!
te quoque enim non esse rudem testatur in astris
  lyncibus ad caelum vecta Ariadna tuis.
hoc mihi, quod veteres custodit in ossibus ignis,
  funera sanabunt aut tua vina malum. 10
semper enim vacuos nox sobria torquet amantis,
  spesque timorque animos versat utroque toro.

Quod si, Bacche, tuis per fervida tempora donis
  accersitus erit somnus in ossa mea,
ipse seram vitis pangamque ex ordine caules, 15
  quos carpent nullae me vigilante ferae.
dum modo purpureo spument mihi dolia musto
  et nova pressantis inquinet uva pedes,

schen den Dünen eines unbekannten Strandes; es wäre mir peinlich, wenn man mitten auf der Straße meinen Namen lesen könnte.

Und doch gibt es keinen, der sich an heiligen Liebenden vergreift: sie dürfen mitten über Skirons Straße wandern. Wer liebt, darf an der skythischen Küste spazieren: niemand wird so barbarisch sein, ihn zu verwunden. Denn welcher Unhold würde sich mit dem bißchen Blut beflecken, das ein Liebender hat, den Venus selbst begleitet? Der Mond beleuchtet den Weg, die Sterne zeigen holprige Stellen, und Amor selbst schwenkt kräftig vor ihm die brennenden Fackeln, böse Hunde wenden ihre gähnenden, bissigen Rachen ab: für solche Menschen ist das Reisen jederzeit gefahrlos.

17

Bakchos! jetzt nähere ich mich demütig auf den Knien deinem Altar. Vater! sei mir gnädig und mach, daß meine Seereise gut verläuft. Du kannst das Schnauben der rasenden Venus zähmen; durch deinen ungemischten Wein werden Sorgen geheilt. Durch dich werden Liebende vereint, durch dich getrennt, Bakchos! wasch du diese Krankheit aus meinem Sinn. Daß du Erfahrung in der Liebe hast, bezeugt unter den Gestirnen Ariadne, die mit deinem Luchsgespann zum Himmel fuhr. Dieses Übel, das mir in meinen Gebeinen die alten Gluten bewahrt, wird nur der Tod heilen oder dein Wein. Denn eine nüchtern durchwachte Nacht quält einsame Liebende immer, und Hoffnung und Furcht werfen sie auf dem Bett hin und her.

Doch wenn dank deiner Gabe, Bakchos, durch meine glühenden Schläfen Schlummer in meine Glieder sinkt, dann will ich selber Reben pflanzen, reihenweise die Schößlinge setzen und selber Wache halten, daß keine wilden Tiere sie fressen. Solange meine Fässer vom dunkelroten Traubenmost schäumen und die frisch gelesenen Trauben die Füße, die sie

quod superest vitae, per te et tua cornua vivam,
   virtutisque tuae, Bacche, poeta ferar.   20

Dicam ego maternos Aetnaeo fulmine partus,
   Indica Nysaeis arma fugata choris,
vesanumque nova nequiquam in vite Lycurgum,
   Pentheos in triplices funera rapta greges,
curvaque Tyrrhenos delphinum corpora nautas   25
   in vada pampinea desiluisse rate,
et tibi per mediam bene olentia flumina, Diam,
   unde tuum potant Naxia turba merum.

Candida laxatis onerato colla corymbis
   cinget Bassaricas Lydia mitra comas,   30
levis odorato cervix manabit olivo,
   et feries nudos veste fluente pedes.
mollia Dircaeae pulsabunt tympana Thebae,
   capripedes calamo Panes hiante canent,
vertice turrigero iuxta dea magna Cybebe   35
   tundet ad Idaeos cymbala rauca choros.
ante fores templi cratere antistes et auro
   libatum fundens in tua sacra merum
haec ego non humili referam memoranda cothurno,
   qualis Pindarico spiritus ore tonat.   40
tu modo servitio vacuum me siste superbo,
   atque hoc sollicitum vince sopore caput.

18

Clausus ab umbroso qua tundit pontus Averno
   fumida Baiarum stagna tepentis aquae,
qua iacet et Troiae tubicen Misenus harena,
   et sonat Herculeo structa labore via,

stampfen, färben, will ich den Rest meines Lebens dir und deinen Hörnern widmen und als Dichter deiner göttlichen Macht berühmt sein.

Ich werde davon künden, wie deine Mutter dich gebar, als der im Atna geschmiedete Blitz sie traf, wie indische Krieger vor nysäischen Tänzern die Flucht ergriffen, wie Lykurgos vergeblich gegen die neu eingeführte Rebe tobte, wie Pentheus' Leiche von den drei Rotten in Stücke gerissen wurde, wie die etruskischen Seeleute, in biegsame Delphine verwandelt, von ihrem weinlaubumrankten Schiff ins Meer sprangen, wie dir zu Ehren mitten durch Dia ein duftender Strom fließt, aus dem die Menschen von Naxos deinen Wein trinken.

Auf deinen weißen Schultern wirst du das Gewicht der lockeren Efeublütenkränze spüren, und ein lydischer Turban wird dein Haar umspannen, Bassareus! Dein glatter Nacken wird von duftendem Öl triefen, und der Faltenfluß des Gewandes wird deine nackten Füße berühren. Theben an der Dirke wird auf weiche Tamburine schlagen, und bocksfüßige Pane werden auf ihren Rohrflöten spielen. An deiner Seite wird Kybele, die Große Mutter, mit der Mauerkrone auf dem Haupt zu phrygischen Tänzen die rauhen Zimbeln schlagen. Vor den Toren deines Tempels werde ich als Priester aus einem goldenen Mischgefäß zu deinem Opfer eine Spende reinen Weines gießen und das alles, was man nur im hohen Stil des Kothurns vortragen kann, verkünden, so wie aus Pindars Mund Begeisterung schallt. Befreie mich nur aus der erniedrigenden Knechtschaft und überwältige mit Schlaf mein kummervolles Haupt!

18

Hier, wo das Meer, vom schattigen Avernersee getrennt, an die dampfenden Warmwassertümpel von Baiae schlägt, an dem Strand, wo Misenus, der Trompeter von Troja, ruht und wo, von Herakles mühsam erbaut, eine lärmige Straße ver-

hic ubi, mortalis dexter cum quaereret urbes, 5
　cymbala Thebano concrepuere deo,
(at nunc invisae magno cum crimine Baiae,
　quis deus in vestra constitit hostis aqua?)
Marcellus Stygias vultum demersit in undas,
　errat et inferno spiritus ille lacu. 10

Quid genus aut virtus aut optima profuit illi
　mater, et amplexum Caesaris esse focos?
aut modo tam pleno fluitantia vela theatro
　et per maternas omnia gesta manus?
occidit, et misero steterat vicesimus annus: 15
　tot bona tam parvo clausit in orbe dies.

I nunc, tolle animos et tecum finge triumphos,
　stantiaque in plausum tota theatra iuvent,
Attalicas supera vestis, atque omnia Magnis
　gemmea sint Ludis: ignibus ista dabis. 20

Sed manet hoc omnes, huc primus et ultimus ordo:
　est mala, sed cunctis ista terenda via est.
exoranda canis tria sunt latrantia colla,
　scandenda est torvi publica cumba senis.
ille licet ferro cautus se condat et aere, 25
　mors tamen inclusum protrahit inde caput.
Nirea non facies, non vis exemit Achillem
　Croesum aut, Pactoli quas parit umor, opes.
sic olim ignaros luctus populavit Achivos,
　Atridae magno cum stetit alter amor. 30

At tibi, nauta, pias hominum qui traicis umbras,
　hoc animae portent corpus inane suae:
qua Siculae victor telluris Claudius et qua
　Caesar, ab humano cessit in astra via.

läuft, wo zum Preis des Gottes aus Theben Zimbeln erschallten, als er segensreich die Städte der Menschen besuchte – doch jetzt hat Baiae sich durch ein schweres Verbrechen verhaßt gemacht; welcher feindselige Gott hat sich hier niedergelassen? –, hier tauchte Marcellus sein Antlitz in die Wellen des Styx, und sein edler Geist irrt am See der Unterwelt.

Was half ihm sein Geschlecht, seine Tapferkeit, seine liebe Mutter? was half es ihm, daß er Caesars Hausaltar geküßt hatte? daß noch vor kurzem im überfüllten Theater die Sonnensegel flatterten und alles, was seine Mutter für ihn getan hat? Er ist tot. Das zwanzigste Lebensjahr war für den Ärmsten das letzte. So viel Gutes umschließt ein kurzer Tag.

Geh nur, sei zuversichtlich, träume von Triumphen, freue dich, daß ganze Theater dir stehend Beifall klatschen, laß Stoffe kommen, die noch kostbarer sind als die der Attaliden, und befiehl, daß an den Großen Spielen alles aus Juwelen sei: du wirst es den Flammen übergeben.

Und dennoch wartet das auf alle, dorthin muß der erste und der letzte Stand; es ist ein schlechter Weg, aber alle müssen ihn beschreiten. Die drei bellenden Rachen des Hundes müssen besänftigt und der Nachen des mürrischen Greises, der auf uns wartet, muß bestiegen werden. Ob einer sich auch vorsichtig hinter Eisen und Bronze verschanzt, der Tod zieht ihn trotzdem aus seinem Versteck heraus. Seine Schönheit konnte Nireus, seine Kraft Achilles nicht retten, noch Kroisos der Reichtum, den das Wasser des Paktolos bringt. So mähte das Verderben einst die ahnungslosen Achiver dahin, als der Atride seine zweite Liebe schwer bezahlen mußte.

Dir aber, Fährmann, der du die Schatten der Guten übersetzest, bringe man diesen Körper, der seiner Seele ledig ist. Sie ist auf demselben Weg wie Claudius, der Eroberer Siziliens, auf demselben wie Caesar aus dem menschlichen Bereich zu den Sternen entschwunden.

19

Obicitur totiens a te mihi nostra libido:
　crede mihi, vobis imperat ista magis.
vos, ubi contempti rupistis frena pudoris,
　nescitis captae mentis habere modum.
flamma per incensas citius sedetur aristas,　　　　　　5
　fluminaque ad fontis sint reditura caput
et placidum Syrtes portum et bona litora nautis
　praebeat hospitio saeva Malea suo,
quam possit vestros quisquam reprehendere cursus,
　et rabidae stimulos frangere nequitiae.　　　　　　10

Testis, Cretaei fastus quae passa iuvenci
　induit abiegnae cornua falsa bovis;
testis Thessalico flagrans Salmonis Enipeo,
　quae voluit liquido tota subire deo.
crimen et illa fuit, patria succensa senecta　　　　　　15
　arboris in frondis condita Myrrha novae.
nam quid Medeae referam quo tempore matris
　iram natorum caede piavit amor?
quidve Clytaemestrae, propter quam tota Mycenis
　infamis stupro stat Pelopea domus,　　　　　　20
tuque, o Minoa pessumdata Scylla figura,
　tondes purpuream, regna paterna, comam.
hanc igitur dotem virgo desponderat hosti!
　Nise, tuas portas fraude reclusit Amor.
at vos, innuptae, felicius urite taedas:　　　　　　25
　pendet Cretaea tracta puella rate.
non tamen immerito Minos sedet arbiter Orci:
　victor erat quamvis, aequus in hoste fuit.

19

So oft muß ich von dir den Vorwurf hören, wir Männer seien zu sinnlich. Glaub mir, die Sinnlichkeit beherrscht euch Frauen noch mehr. Wenn ihr einmal eure Scheu abgelegt und eure Hemmungen durchbrochen habt, seid ihr wie besessen und könnt euch nicht länger bezähmen. Eher beruhigen sich die Flammen in einem brennenden Kornfeld, eher werden Flüsse zu ihren Quellen, ihrem Ursprung zurückkehren, eher bieten die Syrten einen friedlichen Hafen und das grausame Kap Malea Schiffern einen freundlichen Empfang an einer günstigen Küste, als daß man euch bremsen und den Stachel eurer tollen Sinneslust brechen könnte, seid ihr einmal in vollem Lauf.

Beweis dafür die Dame, die in eine hölzerne Kuh mit falschen Hörnern stieg, nachdem der kretische Stier sie verschmäht hatte; Beweis dafür die Tochter des Salmoneus, die in Liebe zu dem thessalischen Fluß Enipeus entbrannt war und sich ganz dem Wassergott hingeben wollte. Skandalös war auch Myrrha, die leidenschaftlich ihren greisen Vater liebte und in einem neuartigen Laubbaum steckt. Denn wozu berichten, was geschah, als Medeas Liebe den Zorn einer Mutter durch den Mord ihrer Kinder rächte? Wozu von Klytaimnestra, deren Schuld es ist, daß das Haus des Pelops in Mykene durch einen Ehebruch entehrt ist? Und du, Skylla, der Minos' Schönheit zum Verderben wurde, schneidest die Purpurlocke deines Vaters ab, an der seine Herrschaft hängt! Das also war die Mitgift, die die Jungfrau dem Feind versprochen hatte! Verräterisch hat Amor deine Tore geöffnet, Nisos! Doch ihr unvermählten Mädchen, laßt eure Fackeln glückverheißender brennen: an einem kretischen Schiff hängt die durchs Meer geschleifte junge Frau. Und dennoch sitzt Minos nicht unverdient als Richter in der Unterwelt: Auch als Sieger war er dem Feind gegenüber gerecht.

20

Credis eum iam posse tuae meminisse figurae,
   vidisti a lecto quem dare vela tuo?
durus, qui lucro potuit mutare puellam!
   tantine, ut lacrimes, Africa tota fuit?
at tu stulta adeo es: tu fingis inania verba: 5
   forsitan ille alio pectus amore terat.

Est tibi forma potens, sunt castae Palladis artes,
   splendidaque a docto fama refulget avo,
fortunata nimis, modo sit tibi fidus amicus.
   fidus ero: in nostros curre, puella, toros!   10

Nox mihi prima venit, primae da tempora nocti: 13
   longius in primo, Luna, morare toro.   14
tu quoque, qui aestivos spatiosius exigis ignis,   11
   Phoebe, moraturae contrahe lucis iter.   12
foedera sunt ponenda prius signandaque iura   15
   et scribenda mihi lex in amore novo.   16
haec Amor ipse suo constringet pignora signo: 17
   contineant nobis omina prima fidem.   24
namque ubi non certo vincitur foedere lectus,   21
   non habet ultores nox vigilanda deos,   22
et quibus imposuit, solvit mox vincla libido: 23
   testis sidereae torta corona deae.   18
ergo qui tactis haec foedera ruperit aris   25
   pollueritque novo sacra marita toro,
illi sint quicumque solent in amore dolores
   et caput argutae praebeat historiae,
nec flenti dominae patefiant nocte fenestrae:
   semper amet, fructu semper amoris egens.   30

20

Du hast gesehen, wie er aus deinem Bett davonsegelte, und du glaubst, er könne sich noch an deine Schönheit erinnern? Grausam, wer um des Gewinns willen auf die Geliebte verzichten konnte! War denn ganz Afrika deine Tränen wert? Du aber bist so dumm; du machst dir etwas aus leeren Worten. Vielleicht drückt er schon eine andere Liebe an seine Brust.

Deine Schönheit ist beachtlich: du hast dir die Künste der keuschen Pallas zu eigen gemacht, und von deinem gelehrten Vorfahr strahlt Ruhm auf dich. Du wärst mehr als glücklich, wenn du nur einen treuen Freund hättest! Ich werde treu sein: eile in mein Bett, mein Kind!

Meine erste Nacht kommt: gib mir Zeit für die erste Nacht! Verweile länger über dem ersten Liebeslager, Mond! Auch du, Phoibos, der du im Sommer dein Leuchten in die Länge ziehst, verkürze die Bahn des Lichts, das noch verweilen möchte. Erst müssen wir ein Bündnis schließen, Bedingungen unterzeichnen und über unsere neue Liebe einen Vertrag aufsetzen. Amor wird selber mit seinem Siegel diese Garantien bekräftigen. Mögen die ersten Vorzeichen ewige Treue bedeuten. Denn wenn ein Liebesbund nicht durch eine feste Abmachung gesichert ist, haben einsam durchwachte Nächte keine göttlichen Rächer, und Sinneslust wird die Fesseln, die sie Liebenden anlegt, schon bald wieder lösen; davon zeugt das gewundene Diadem der in ein Gestirn verwandelten Göttin. Wer also den Vertrag bricht, bei dessen Abschluß der Altar berührt wurde, und durch eine neue Liebschaft den heiligen Ehebund befleckt, der soll alle Schmerzen erdulden, die die Liebe mit sich bringt, und das Opfer von Geschwätz und Gerücht sein. Das Fenster der Herrin soll sich nachts für ihn nicht öffnen, auch wenn er weint; stets soll er lieben, stets der Liebe Frucht entbehren.

21

Magnum iter ad doctas proficisci cogor Athenas,
　ut me longa gravi solvat amore via.
crescit enim assidue spectando cura puellae:
　ipse alimenta sibi maxima praebet amor.
omnia sunt temptata mihi, quacumque fugari　　　　　5
　posset, at exsomnem me premit ipse deus.
vix tamen, aut semel, admittit, cum saepe negarit;
　seu venit, extremo dormit amicta toro.
unum erit auxilium: mutatis Cynthia terris
　quantum oculis, animo tam procul ibit amor.　　　10

Nunc agite, o socii, propellite in aequora navem,
　remorumque pares ducite sorte vices,
iungiteque extremo felicia lintea malo:
　iam liquidum nautis aura secundat iter.
Romanae turres et vos valeatis, amici,　　　　　　15
　qualiscumque mihi tuque, puella, vale!

Ergo ego nunc rudis Hadriaci vehar aequoris hospes,
　cogar et undisonos nunc prece adire deos.
deinde per Ionium vectus cum fessa Lechaei
　sedarit placida vela phaselus aqua,　　　　　　20
quod superest, sufferre, pedes, properate laborem,
　Isthmos qua terris arcet utrumque mare.
inde ubi Piraei capient me litora portus,
　scandam ego Theseae bracchia longa viae.

Illic vel stadiis animum emendare Platonis　　　　25
　incipiam aut hortis, docte Epicure, tuis;
persequar aut studium linguae, Demosthenis arma,
　libaboque tuos, culte Menandre, sales;
aut certe tabulae capient mea lumina pictae,
　sive ebore exactae seu magis aere manus.　　　　30

21

Ich muß die lange Reise nach Athen, der Stadt der Bildung, unternehmen, damit die Entfernung mich von meiner bedrückenden Liebe befreit. Solange ich die Geliebte stets vor Augen habe, wächst nämlich mein Schmerz; die Liebe liefert sich selber reichlich neue Nahrung. Alles habe ich versucht, um auf irgendeine Weise den Gott zu vertreiben, er selber aber bedrängt mich und raubt mir den Schlaf. Sie jedoch läßt mich kaum je zu sich, höchstens einmal, und erst nach vielem Weigern, oder wenn sie zu mir kommt, schläft sie angekleidet am äußersten Bettrand. Es gibt nur ein Heilmittel: ins Ausland zu reisen; dann ist Cynthia aus den Augen, die Liebe aus dem Sinn.

Auf, Kameraden! rudert das Schiff hinaus aufs Meer; bestimmt durchs Los die paarweisen Ablösungen an den Rudern und hißt oben am Mast glückverheißende Segel. Schon verspricht eine Brise den Schiffern eine glatte Fahrt. Ihr Türme Roms und ihr, meine Freunde, lebt wohl, und auch du, mein Kind, wie immer du zu mir warst, leb wohl!

So werde ich denn zum erstenmal als Gast des Adriatischen Meeres segeln und muß betend mich den Göttern nähern, die in den Wellen rauschen. Hat dann mein Schiff das Ionische Meer durchkreuzt und in den ruhigen Wassern des Lechaion seine müden Segel entspannt, dann beeilt euch, ihr Füße, und unternehmt den mühsamen Rest des Weges über den Isthmos, der als Festland zwei Meere trennt. Wenn mich dann die Küste empfängt, wo der Piräus-Hafen liegt, werde ich auf der Theseus-Straße an den Langen Mauern hinaufgehen.

Dort will ich bei Platons Sportplatz oder in deinen Gärten, weiser Epikur, beginnen, meine Seele zu läutern, oder ich werde mich dem Studium der Sprache, den Waffen des Demosthenes, widmen und von deinem Witz, kunstreicher Menander, kosten. Bestimmt werden Gemälde mein Auge fesseln oder vollendete Kunstwerke in Elfenbein oder lieber

et spatia annorum et longa intervalla profundi
  lenibunt tacito vulnera nostra sinu;
seu moriar, fato, non turpi fractus amore;
  aeque erit illa mihi mortis honesta dies.

22

Frigida tam multos placuit tibi Cyzicus annos,
  Tulle, Propontiaca quae fluit isthmos aqua,
Dindymis et sacra fabricata e vite Cybebe,
  raptorisque tulit quae via Ditis equos.
si te forte iuvant Helles Athamantidos urbes, 5
  nec desiderio, Tulle, movere meo, 6
si tibi olorigeri visenda est ora Caystri, 15
  et quae septenas temperat unda vias: 16
tu licet aspicias caelum omne Atlanta gerentem, 7
  sectaque Persea Phorcidos ora manu,
Geryonis stabula et luctantum in pulvere signa
  Herculis Antaeique Hesperidumque choros; 10
arboreasque cruces Sinis et non hospita Grais 37
  saxa et curtatas in fera fata trabes. 38
tuque tuo Colchum propellas remige Phasim, 11
  Peliacaeque trabis totum iter ipse legas,
qua rudis Argoa natat inter saxa columba
  in faciem prorae pinus adacta novae, 14
omnia Romanae cedent miracula terrae: 17
  natura hic posuit, quidquid ubique fuit.

Armis apta magis tellus quam commoda noxae: 19
  famam, Roma, tuae non pudet historiae.
nam quantum ferro, tantum pietate potentes
  stamus: victricis temperat ira manus.
hic Anio Tiburne fluis, Clitumnus ab Umbro
  tramite, et aeternum Marcius umor opus,

noch in Bronze. Die langen Jahre und das weite Meer, das uns trennt, werden in meiner stillen Brust die Wunden lindern, und wenn ich sterbe, so ist das schicksalhaft, nicht weil ich an einer großen Liebe zerbrach: so oder so ist mein Todestag ehrenvoll.

22

So manches Jahr gefiel dir, Tullus, das kalte Kyzikos, wo ein Isthmos von der Propontis umwogt wird, und dir gefiel es bei der aus einem heiligen Rebstock geschnitzten Kybele von Dindymos, an der Straße, auf der das Gespann von Dis fuhr, als er Proserpina entführte. Wenn du dich in den Städten der Helle, Athamas' Tochter, wohl fühlst und keine Sehnsucht nach mir dich bewegt, wenn du die Mündung des Schwäne tragenden Kaystros besuchst oder die Stelle, wo das Meer die sieben Arme eines Stroms vermischt, ob du Atlas schaust, der den ganzen Himmel trägt, das Haupt der Phorkis, das von Perseus' Hand abgehauen wurde, die Ställe des Geryon, die Abdrücke vom Ringkampf von Herakles und Antaios im Staub und die Reigen der Hesperiden, die Marterbäume des Sinis, die Felsen, an denen man die Griechen ungastlich empfing, und die Bretter, die einer verkürzte, um Menschen grausam umzubringen. Ob du mit deinen Ruderern in Kolchis auf dem Phasis fährst oder den ganzen Weg des Schiffes, das vom Pelion kam, selber zurücklegst, wo das Fichtenholz, noch ungewohnt, zu einem nie gesehenen Schiff geformt, dank der Argo-Taube zwischen Felsen schwimmt – alle diese Wunder müssen vor dem Land der Römer weichen: hier schuf die Natur alles, was es jemals irgendwo gab.

Es ist ein Land, das sich besser auf Krieg als auf Betrug versteht: dein Ruhm braucht sich deiner Geschichte nicht zu schämen, Rom. Denn wir sind stark durch unsere Milde wie durch unser Schwert; nach dem Sieg beherrscht unser Zorn seine Hand. Hier strömst du, Anio von Tibur, hier fließt der Clitumnus von seinem Lauf in Umbrien her, und hier die Wasserleitung des Marcius, ein Werk für die Ewigkeit, der Albanersee und der Nemisee mit seinen vielen Laubbäumen,

Albanus lacus et foliis Nemorensis abundans, 25
 potaque Pollucis nympha salubris equo.

At non squamoso labuntur ventre cerastae,
 Itala portentis nec furit unda novis,
non hic Andromedae resonant pro matre catenae,
 nec tremis Ausonias, Phoebe fugate, dapes, 30
nec cuiquam absentes arserunt in caput ignes
 exitium nato matre movente suo,
Penthea non saevae venantur in arbore Bacchae,
 nec solvit Danaas subdita cerva ratis,
cornua nec valuit curvare in paelice Iuno 35
 aut faciem turpi dedecorare bove. 36

Haec tibi, Tulle, parens, haec est pulcherrima sedes, 39
 hic tibi pro digna gente petendus honos, 40
hic tibi ad eloquium cives, hic ampla nepotum
 spes et venturae coniugis aptus amor.

23

Ergo tam doctae nobis periere tabellae,
 scripta quibus pariter tot periere bona!
has quondam nostris manibus detriverat usus,
 qui non signatas iussit habere fidem.
illae iam sine me norant placare puellas, 5
 et quaedam sine me verba diserta loqui.
non illas fixum caras effecerat aurum:
 vulgari buxo sordida cera fuit.
qualescumque mihi semper mansere fideles,
 semper et effectus promeruere bonos. 10

und hier ist die heilkräftige Quelle, aus der einst das Pferd des Pollux trank.

Doch hier kriechen keine gehörnten Drachen auf schuppigen Bäuchen, Italiens Gewässer wimmeln nicht von seltsamen Ungeheuern, hier klirren nicht die Ketten einer Andromeda, die für die Mutter geopfert wurde, und Italien kennt keine Mahlzeiten, vor denen du schaudernd die Flucht ergreifen müßtest, Phoibos, hier wurde kein Feuer entzündet, um einen Menschen in der Ferne umzubringen, weil eine Mutter den Tod ihres Sohnes wollte; keine wilden Bakchantinnen machen Jagd auf Pentheus, der auf einem Baum sitzt, keine untergeschobene Hirschkuh befreit die griechischen Schiffe, Iuno war nicht fähig, einer Rivalin geschweifte Hörner aufzusetzen oder ihre Schönheit zu entstellen, indem sie ihr das Aussehen einer häßlichen Kuh gab.

Dies, Tullus, ist dein Vaterland, hier ist der schönste Aufenthalt; hier mußt du die Ehren suchen, die du dem Ansehen deiner Familie schuldig bist. Hier sind Mitbürger, die deine Redekunst bewundern, hier darfst du auf viele Nachkommen hoffen und auf eine liebende Gattin, die zu dir paßt.

23

Also sind meine kunstreichen Täfelchen verloren, und mit ihnen so viele gute Texte. Früher hielt ich sie so oft in Händen, daß sie ganz abgenutzt waren und man sie für echt hielt, auch wenn ich sie nicht versiegelt hatte. Sie verstanden es schon, auch ohne mich Frauen zu besänftigen und ohne mich gewisse Worte zu sagen, die überzeugten. Keine goldene Umrandung machte sie kostbar: in gewöhnlichem Buchsbaumholz lag schmutziges Wachs. Aber so wie sie waren, blieben sie mir immer treu und erzielten immer einen guten Erfolg.

Forsitan haec illis fuerint mandata tabellis:
  'irascor, quoniam es, lente, moratus heri.
an tibi nescio quae visa est formosior? an tu
  non bene de nobis crimina ficta iacis?'
aut dixit: 'venias hodie, cessabimus una: 15
  hospitium tota nocte parabit Amor',
et quaecumque volens reperit non stulta puella
  garrula, cum blandis ducitur hora dolis.

Me miserum, his aliquis rationes scribit avarus
  et ponit duras inter ephemeridas! 20
quas si quis mihi rettulerit, donabitur auro:
  quis pro divitiis ligna retenta velit?
i, puer, et citus haec aliqua propone columna,
  et dominum Esquiliis scribe habitare tuum!

24 + 25

Falsa est ista tuae, mulier, fiducia formae,
  olim oculis nimium facta superba meis.
noster amor talis tribuit tibi, Cynthia, laudes:
  versibus insignem te pudet esse meis.
fictam te varia laudavi saepe figura, 5
  ut, quod non esses, esse putaret amor;
et color est totiens roseo collatus Eoo,
  cum tibi quaesitus candor in ore foret.

Quod mihi non patrii poterant avertere amici,
  eluere aut vasto Thessala saga mari, 10
haec ego non ferro, non igne coactus, at ipse
  naufragus Aegaea vera fatebor aqua.
correptus saevo Veneris torrebar aëno,
  vinctus eram versas in mea terga manus.
ecce coronatae portum tetigere carinae, 15
  traiectae Syrtes, ancora iacta mihi est.

Vielleicht waren den Täfelchen Botschaften wie diese anvertraut: «Ich bin wütend, weil du gestern so lange nicht gekommen bist, gleichgültiger Mensch! Hat eine andere dir besser gefallen? Verbreitest du schlecht erfundene Gerüchte über mich?» Oder es hieß vielleicht: «Komm doch heute: wir wollen zusammen feiern; Amor lädt dich ein, die ganze Nacht mein Gast zu sein.» Oder was sonst eine gesprächige Frau, die willig ist, an witzigen Einfällen hat, um ein Rendezvous für zärtliche Spiele vorzuschlagen.

Weh mir! Irgendein geldgieriger Mensch schreibt Rechnungen auf diese Täfelchen und legt sie in seine erbarmungslose Buchhaltung. Wenn mir jemand sie zurückbringt, will ich ihn mit Gold belohnen. Wer möchte schon ein hölzernes Ding behalten, wenn Reichtum winkt? Geh, Bursche, und hefte das schnell an irgendeine Säule an, und schreib dazu, daß dein Herr auf dem Esquilin wohnt.

24 + 25

Auf deine sogenannte Schönheit brauchst du dir nichts einzubilden, Weib; was dich viel zu stolz gemacht hat, sind meine Augen; meine Liebe, Cynthia, hat dich so hoch gelobt. Ich schäme mich, daß du durch meine Verse so berühmt geworden bist. Oft habe ich dir die verschiedensten Reize angedichtet, so daß meine Liebe glaubte, du seist, was du gar nicht warst, und so manches Mal verglich ich deine Farbe mit der rosigen Morgenröte, obwohl du bloß glänzende Schminke im Gesicht trugst!

Was die väterlichen Freunde nicht von mir abwenden und die thessalischen Hexen durch Meeresfluten nicht von mir abspülen konnten, das will ich offen zugeben, nicht durch Eisen, nicht durch Feuer gezwungen, ich, ein Schiffbrüchiger auf dem Ägäischen Meer. Ich war hingerissen, wurde im ehernen Kessel von Venus geröstet; meine Hände waren auf dem Rücken gebunden. Doch siehe da! mein bekränztes Schiff hat den Hafen erreicht, die Syrten sind überwunden; ich habe

nunc demum vasto fessi resipiscimus aestu,
 vulneraque ad sanum nunc coiere mea.
mens Bona, si qua dea es, tua me in sacraria dono:
 exciderant surdo tot mea vota Iovi. 20

Risus eram positis inter convivia mensis, 25 (1)
 et de me poterat quilibet esse loquax.
quinque tibi potui servire fideliter annos:
 ungue meam morso saepe querere fidem.
nil moveor lacrimis: ista sum captus ab arte; 25
 semper ab insidiis, Cynthia, flere soles.
flebo ego discedens, sed fletum iniuria vincet:
 tu bene conveniens non sinis ire iugum.
limina iam nostris valeant lacrimantia verbis,
 nec tamen irata ianua fracta manu. 30

At te celatis aetas gravis urgeat annis,
 et veniat formae ruga sinistra tuae.
vellere tum cupies albos a stirpe capillos
 iam speculo rugas increpitante tibi!
exclusa inque vicem fastus patiere superbos, 35
 et quae fecisti facta quereris anus.
has tibi fatalis cecinit mea pagina diras.
 eventum formae disce timere tuae!

Anker geworfen. Von der ungeheuren Brandung noch ganz erschöpft, komme ich endlich zur Besinnung; meine Wunden schließen sich und heilen. Wenn du eine Göttin bist, Vernunft, weihe ich mich zu deinem Dienst; so oft war Iuppiter taub für mein Bitten und schenkte ihm keine Beachtung.

Man lachte über mich beim geselligen Beisammensein, wenn das Essen aufgetragen wurde, und jeder konnte auf meine Kosten zum Gespräch etwas beitragen. Fünf Jahre lang konnte ich dir getreulich dienen. Oft noch wirst du, an den Nägeln kauend, den Verlust eines treuen Geliebten beklagen. Aber deine Tränen rühren mich nicht; durch solche Künste hast du mich gefangen; Cynthia; du weinst ja immer nur aus Hinterlist. Weinend werde ich von dir scheiden, aber erlittenes Unrecht ist stärker als Tränen. Unser Gespann war ganz bequem, aber du gibst ihm keine Zukunft. Der Schwelle, die über meine Worte weinte, der Türe, die ich trotz meiner Wut nie einschlug, sage ich «Lebt wohl!»

Du sagst zwar nicht, wie alt du bist, aber ich möchte, daß die Jahre dich belasten und die Runzeln kommen, die deiner Schönheit schaden. Dann möchtest du so gern die grauen Haare mitsamt der Wurzel rupfen, weil dir der Spiegel schon die Altersfalten vorhält; dann wirst du deinerseits erleben, wie es ist, wenn man kalt und hochmütig ausgeschlossen wird, und als alte Frau wirst du über alles klagen, was du andern angetan hast. Was ich schreibe, hat dir den Fluch deines Schicksals verkündet; laß dir gesagt sein: deiner Schönheit steht Böses bevor.

LIBER QUARTUS

I

Hoc quodcumque vides, hospes, qua maxima Roma est,
  ante Phrygem Aenean collis et herba fuit;
atque ubi Navali stant sacra Palatia Phoebo,
  Euandri profugae procubuere boves.
fictilibus crevere deis haec aurea templa, 5
  nec fuit opprobrio facta sine arte casa,
Tarpeiusque pater nuda de rupe tonabat,
  et Tiberis nostras advena Tuscus erat.
qua gradibus domus ista, Remi se sustulit olim:
  unus erat fratrum maxima regna focus. 10
Curia, praetexto quae nunc nitet alta senatu,
  pellitos habuit, rustica corda, patres.
bucina cogebat priscos ad verba Quiritis:
  centum illi in prati saepe senatus erat.
nec sinuosa cavo pendebant vela theatro, 15
  pulpita sollemnis non oluere crocos.

Nulli cura fuit externos quaerere divos,
  cum tremeret patrio credula turba sacro,
annuaque accenso celebrata Parilia faeno,
  qualia nunc curto lustra novantur equo. 20
Vesta coronatis pauper gaudebat asellis,
  ducebant macrae vilia sacra boves.
pauca saginati lustrabant compita porci,
  pastor et ad calamos exta litabat ovis.
verbera pellitus saetosa movebat arator, 25
  unde licens Fabius sacra Lupercus habet.

Nec rudis infestis miles radiabat in armis:
  miscebant usta proelia nuda sude.

VIERTES BUCH

I

Alles, was du da siehst, Fremder, so weit sich das riesige Rom erstreckt, war vor der Ankunft des Phrygers Aineias Hügel- und Weideland. Wo auf dem Palatin das Heiligtum steht, das Phoibos, dem Herrn der Schiffe, geweiht ist, lagerten sich einst die aus der Heimat verbannten Rinder des Euander. Für tönerne Götterbilder wuchsen diese goldenen Tempel empor, und sie schämten sich ihrer kunstlos gebauten Hütten nicht. Der tarpeische Iuppiter donnerte von einem kahlen Felsen herab, und unser heimischer Tiber war ein etruskischer Fremdling. Dort, wo sich über den Treppen ein Haus erhebt, war einst das des Remus: *ein* Herd war das ganze große Reich der beiden Brüder. Die hohe Curie, die jetzt von Senatoren in der purpurverbrämten Toga schimmert, versammelte die mit Fellen bekleideten Väter, schlichte Gemüter. Das Hirtenhorn rief die Bürger von damals zu Debatten, und die hundert Männer auf der umzäunten Wiese, das war der Senat. Keine bauschigen Sonnensegel hingen über dem Theaterrund, und die Bühne roch nicht festlich nach Safranöl.

Niemand bemühte sich, ausländische Gottheiten einzuführen, als die gläubige Menge noch voller Scheu an den heimischen Opfern teilnahm, jährlich die Parilia mit brennenden Heuhaufen begangen wurden, so wie jetzt die Reinigungsriten erneuert werden, indem man einem Pferd den Schwanz stutzt. Vesta war arm und freute sich schon, wenn man ihr zu Ehren Esel bekränzte, und magere Rinder zogen schlichtes Opfergerät. Mastschweine entsühnten die wenigen Larenkapellen an den Straßenecken, und zum Klang der Rohrflöte opferte der Hirt die Eingeweide eines Schafs. Der Pflüger im Fell ließ seine borstige Peitsche knallen: daraus leitet der freche Fabius Lupercus seine Riten ab.

Die Rekruten glänzten nicht in kriegerischen Waffen: sie fochten ungepanzert mit im Feuer gehärteten Pfählen. Lucu-

prima galeritus posuit praetoria Lycmon,
 magnaque pars Tatio rerum erat inter ovis. 30
hinc Tities Ramnesque viri Luceresque Soloni,
 quattuor hinc albos Romulus egit equos.
quippe suburbanae parva minus urbe Bovillae,
 et, qui nunc nulli, maxima turba Gabi.
et stetit Alba potens, albae suis omine nata, 35
 tunc ubi Fidenas longa erat isse via;
nil patrium nisi nomen habet Romanus alumnus:
 sanguinis altricem nunc pudet esse lupam.

Huc melius profugos misisti, Troia, Penatis.
 heu quali vecta est Dardana puppis ave 40
arma resurgentis portans victricia Troiae. 47
 felix terra tuos cepit, Iule, deos. 48
iam bene spondebant tunc omina, quod nihil illos 41
 laeserat abiegni venter apertus equi,
cum pater in nati trepidus cervice pependit,
 et verita est umeros urere flamma pios.
hinc animi venere Deci Brutique secures, 45
 auxit et ipsa sui Caesaris arma Venus, 46
si modo Avernalis tremulae cortina Sibyllae 49
 dixit Aventino rura pianda Remo, 50
aut si Pergameae sero rata carmina vatis
 longaevum ad Priami vera fuere caput: 52
'dicam: Troia, cades et Troica Roma resurges, 87
 et maris et terrae regna superba canam: 88
vertite equum, Danai! male vincitis: Ilia tellus 53
 vivet, et huic cineri Iuppiter arma dabit.
optima nutricum nostris lupa Martia rebus, 55
 qualia creverunt moenia lacte tuo!'

Moenia iamque pio conor disponere versu:
 ei mihi, quod nostro est parvus in ore sonus!
sed tamen exiguo quodcumque e pectore rivi
 fluxerit, hoc patriae serviet omne meae. 60

mo trug einen Helm aus Wolfsfell, als er sein erstes Hauptquartier einrichtete, und mitten unter Schafen erledigte Tatius einen großen Teil seiner Geschäfte. Von hier kamen die wackeren Titier und Ramner und die Lucerer aus Solonium; von hier aus lenkte Romulus sein weißes Viergespann. Denn Bovillae, jetzt ein Vorort, war fast eine kleine Stadt und Gabii, heute bedeutungslos, dicht bevölkert. Alba Longa, durch das Vorzeichen einer weißen Sau gegründet, war ein wichtiger Ort, als es nach Fidenae noch eine lange Reise war. Von ihren Vorfahren haben die Römer von heute nur den Namen; sie schämen sich jetzt, daß eine Wölfin ihren Stammvater säugte.

Gut, daß du deine flüchtigen Penaten hierher geschickt hast, Troja! Unter welchem Vorzeichen segelte das Schiff der Dardaner, das die Waffen des neu erstehenden Troias trug! Ein glückliches Land nahm deine Götter auf, Iulus! Schon das war ein gutes Vorzeichen, daß der geöffnete Bauch des hölzernen Pferds ihnen nichts antat, als der Vater zitternd am Hals des Sohnes hing und die Flammen sich scheuten, die Schultern des Getreuen zu versengen. Von hier kamen der Heldenmut von Decius, die Beile des Brutus, und Venus selber vermehrte die Streitmacht ihres Schützlings Caesar, wenn der Dreifuß der zittrigen Sibylle vom Avernersee wirklich verkündet hat, daß Remus auf dem Aventin ein Stück Land entsühnen müsse oder das spät sich erfüllende Orakel der Prophetin von Ilion, als sie vor dem greisen Priamos stand, die Wahrheit enthielt: «Ich werde sagen: Troja, du wirst fallen und du, troisches Rom, wirst auferstehen, und ich werde eine stolze Herrschaft über Länder und Meere besingen. Danaer dreht das Pferd herum! Euer Sieg ist umsonst: Ilions Land wird leben und Iuppiter wird diese Asche bewaffnen. Wölfin des Mars, beste der Ammen für unsere Geschichte: welche Mauern wuchsen aus deiner Milch!»

Die Mauern sind es, die ich jetzt in partiotischen Versen darzustellen versuche. Ach Gott, daß aus meinem Mund nur ein schwacher Ton erklingt! Aber dennoch wird der ganze Strom, der meiner schmalen Brust entspringt, dem Vaterland

Ennius hirsuta cingat sua dicta corona:
  mi folia ex hedera porrige, Bacche, tua,
ut nostris tumefacta superbiat Umbria libris,
  Umbria, Romani patria Callimachi!
scandentis quisquis cernit de vallibus arces, 65
  ingenio muros aestimet ille meo!
Roma, fave, tibi surgit opus: date candida, cives,
  omina, et inceptis dextera cantet avis.
sacra deosque canam et cognomina prisca locorum:
  has meus ad metas sudet oportet equus. 70

HOROS

Quo ruis imprudens? cave discere fata, Properti:
  non sunt a dextro condita fila colo;
accersis lacrimas quantas! aversus Apollo,
  poscis ab invita verba pigenda lyra.
certa feram certis auctoribus, aut ego vates 75
  nescius aerata signa movere pila.

Me creat Archytae suboles Babylonius Horops
  Horon, et a proavo ducta Conone domus.
di mihi sunt testes non degenerasse propinquos,
  inque meis libris nil prius esse fide. 80
nunc pretium fecere deos et fallimus auro
  (Iuppiter!) obliquae signa iterata rotae,
felicisque Iovis stellas Martisque rapaces,
  et grave Saturni sidus in omne caput,
quid moneant Pisces animosaque signa Leonis, 85
  lotus et Hesperia quid Capricornus aqua. 86

dienen. Mag Ennius seine Dichtung mit einem stacheligen Kranz umflechten, so reiche du mir, Bakchos, Blätter von deinem Efeu, damit Umbrien, geschwellt von Stolz sich meiner Bücher rühme, Umbrien, die Heimat des römischen Kallimachos. Wer die Befestigungen sieht, die talaufwärts steigen, mag die Mauern an meiner dichterischen Begabung messen. Rom, sei mir huldvoll gesinnt! Für dich entsteht mein Werk. Mitbürger, gebt mit günstige Vorzeichen, und ein Vogelruf von rechts möge meinem Beginnen Gutes verheißen. Die heiligen Bräuche, die Götter und die alten Ortsnamen will ich besingen; das ist das Ziel zu dem mein Pferd, in Schweiß gebadet, rennen muß.

HOROS

Wohin eilst du so kopflos? Hüte dich, dein Schicksal zu erfahren: seine Fäden sind nicht am glücksverheißenden Rocken gesponnen. Wieviel Tränen schaffst du dir! Apollon ist dir abgeneigt, und du forderst von einer widerstrebenden Leier Worte, die dich reuen werden. Sicheres künde ich, auf sichere Gewährsleute gestützt, oder ich bin kein Seher, der es versteht, an der bronzenen Himmelsphäre die Tierkreiszeichen zu verschieben.

Ich bin Horos, mein Vater ist Horops von Babylon, Sohn des Archytas und mein Haus stammt von Konon als Vorfahr ab. Die Götter sind meine Zeugen, daß ich meiner Familie keine Schande bringe und daß in meinen Büchern die Wahrheit den Vorrang hat. Jetzt hat man Geld aus den Göttern gemacht, und (beim Iuppiter!) wir betrügen um Gold die sich drehenden Zeichen der schiefen Sonnenbahn, das glückbringende Gestirn Iuppiters, das räuberische des Mars, und das alles bedrohende des Saturn, was die Fische anzeigen, das mutige Zeichen des Löwen und der Steinbock, der im Meer des Westens badet.

dixi ego, cum geminos produceret Arria natos, 89
 – illa dabat natis arma vetante deo – 90
non posse ad patrios sua pila referre Penatis:
 nempe meam firmant nunc duo busta fidem.
quippe Lupercus, equi dum saucia protegit ora,
 heu sibi prolapso non bene cavit equo:
Gallus at, in castris dum credita signa tuetur, 95
 concidit ante aquilae rostra cruenta suae.
fatales pueri, duo funera matris avarae:
 vera, sed invito, contigit ista fides.

Idem ego, cum Cinarae traheret Lucina dolores,
 et facerent uteri pondera lenta moram, 100
'Iunoni facito: votum impetrabile dixi'
 illa parit: libris est data palma meis.

Hoc neque harenosum Libyci Iovis explicat antrum,
 aut sibi commissos fibra locuta deos,
aut si quis motas cornicis senserit alas, 105
 umbrave quae magicis mortua prodit aquis:
aspicienda via est caeli versusque per astra
 trames, et ab zonis quinque petenda fides.

Exemplum grave erit Calchas: namque Aulide solvit
 ille bene haerentis ad pia saxa ratis, 110
idem Agamemnoniae ferrum cervice puellae
 tinxit, et Atridis vela cruenta dedit.
nec rediere tamen Danai: tu, diruta, fletum
 supprime et Euboicos respice, Troia, sinus!
Nauplius ultores sub noctem porrigit ignis, 115
 et natat exuviis Graecia pressa suis.
victor Oiliade, rape nunc et delige vatem,
 quam vetat avelli veste Minerva sua!

Als Arria ihre beiden Zwillinge vors Tor begleitete – obwohl der Gott es verboten hatte, gab sie ihnen Waffen –, da sagte ich voraus, daß die beiden ihre Speere nicht zu den heimischen Penaten zurück bringen würden: tatsächlich bestätigen jetzt zwei Gräber, daß man mir glauben muß. Denn während Lupercus den verwundeten Kopf seines Pferdes zu schützen suchte, nahm er sich selber nicht in acht, als das Pferd vornüber stürzte. Gallus aber fiel vor dem blutigen Schnabel seines Adlers, als er im Lager das ihm anvertraute Feldzeichen verteidigte. Jünglinge, vom Schicksal gezeichnet! Zwei Opfer der Habgier einer Mutter! Und so erfüllte sich mein Wort, ganz gegen meinen Willen.

Als Lucina Cinaras Wehen in die Länge zog und die schwere Last des Mutterleibs auf sich warten ließ, da war wiederum ich es, der sagte: «Du mußt Iuno opfern; dein Gebet wird erhört.» Sie gebar. Meine Bücher trugen den Sieg davon.

Das bringt weder das Wüstenorakel des libyschen Zeus zustande noch die Eingeweide, die den ihnen anvertrauten Willen der Götter ausdrücken, noch der Seher, der den Flügelschlag einer Krähe deutet, noch der Schatten eines Toten, der aus magischen Wassern aufsteigt: Man muß die Himmelsbahn beobachten und den Weg, der sich durch die Gestirne dreht; in den fünf Zonen muß man die Wahrheit suchen.

Als schlagendes Beispiel sei Kalchas genannt. Er löste nämlich in Aulis Schiffe, die fest an Felsen hingen, die den Göttern gehorchten. Er war es, der das Messer in den Nacken von Agamemnons Tochter stieß, daß es sich färbte, und den Atriden blutige Segel gab. Und dennoch kehrten die Danaer nie nach Hause zurück. Troja, du bist zwar zerstört, aber trockne deine Tränen und denke an die Bucht von Euböa: In der Nacht legte Nauplios die rächenden Feuer aus, und Griechenland, von seinem Raubgut beschwert, schwimmt davon. Siegreicher Sohn des Oileus, such dir nun die Seherin aus und schleppe sie davon, obwohl Athena dir verbot, sie von ihrem Gewand hinwegzureißen!

Hactenus historiae: nunc ad tua devehar astra:
　incipe tu lacrimis aequus adesse novis.　　　　　　　　　　120
Umbria te notis antiqua Penatibus edit –
　mentior? an patriae tangitur ora tuae? –
qua nebulosa cavo rorat Mevania campo,
　et lacus aestivis intepet Umber aquis,
scandentisque Asisi consurgit vertice murus,　　　　　　　　125
　murus ab ingenio notior ille tuo.
ossaque legisti non illa aetate legenda
　patris et in tenuis cogeris ipse lares:
nam tua cum multi versarent rura iuvenci,
　abstulit excultas pertica tristis opes.　　　　　　　　　　　130

Mox ubi bulla rudi dimissa est aurea collo,
　matris et ante deos libera sumpta toga,
tum tibi pauca suo de carmine dictat Apollo,
　et vetat insano verba tonare Foro:
'at tu finge elegos, pellax opus (haec tua castra)　　　　　　135
　scribat ut exemplo cetera turba tuo.
militiam Veneris blandis patiere sub armis,
　et Veneris pueris utilis hostis eris.
nam tibi victrices, quascumque labore parasti,
　eludet palmas una puella tuas;　　　　　　　　　　　　　140
et bene cum fixum mento decusseris uncum,
　nil erit hoc: rostro te premet ansa tuo.
illius arbitrio noctem lucemque videbis,
　gutta quoque ex oculis non nisi iussa cadet.
nec mille excubiae nec te signata iuvabunt　　　　　　　　　145
　limina: persuasae fallere rima sat est.'

Nunc tua vel mediis puppis luctetur in undis,
　vel licet armatis hostis inermis eas,
vel tremefacta cavum tellus diducat hiatum:
　octipedis Cancri terga sinistra time!　　　　　　　　　　　150

Soweit die Mythen. Jetzt will ich mich mit deinem Horoskop befassen, Properz. Mach dich bereit, neue Tränen standhaft zu ertragen. Dich brachte das alte Umbrien in einem bekannten Haus zur Welt – lüge ich? oder betrifft das die Region deiner Heimat? –, wo die dunstige Mevania durch die Tiefebene rinnt, wo der umbrische See sich von sommerlichen Regengüssen erwärmt und wo eine Mauer sich bis zum Gipfel des an einem Hügel gebauten Assisi hinaufzieht, eine Mauer, die durch deine dichterische Begabung recht bekannt ist. Du mußtest deines Vaters Gebeine sammeln, als du noch zu jung dazu warst, und dich mit einem bescheidenen Haushalt begnügen, denn obwohl früher viele Stiere deine Ländereien pflügten, entriß die böse Meßrute dir den reichen Besitz.

Als dem Jüngling dann die goldene Kapsel vom Hals genommen wurde und er vor den Hausgöttern der Mutter die Toga des freien Mannes empfing, lehrte Apollon dich ein wenig seine Dichtkunst und verbot dir, auf dem tollen Forum donnernde Reden zu halten: «Nein, Elegien mußt du dichten, das Werk der Verführung! das ist dein Feld, so daß die Schar der anderen nach deinem Vorbild schreibt. Unter Venus' zärtlichen Waffen wirst du Kriegsdienst leisten und für Venus' Knaben ein brauchbarer Gegner sein. Denn um alle Siegespreise, die du durch deine Mühe errungen hast, wird eine einzige Frau dich betrügen. Und wenn du auch den Haken, der dir tief im Kiefer steckt, herausgeschüttelt hast, nützt es dir nichts: die Angel hält dich an der Schnauze fest. Nach ihrem Belieben mußt du Nacht und Tag erleben; auch die Träne fällt aus deinen Augen nur auf Befehl. Tausend Nachtwachen nützen dir nichts, und es wäre sinnlos, ihre Schwelle zu versiegeln: wenn sie entschlossen ist, dich zu betrügen, genügt ihr ein winziger Spalt.»

Jetzt paß auf: Ob dein Schiff auf hoher See mit den Wellen ringt, ob du unbewaffnet als Gegner gegen Bewaffnete vorrückst, ob die Erde bebt und zu einem tiefen Riß auseinanderklafft, hüte dich vor dem unheilvollen Rücken des achtfüßigen Krebses!

2

Qui mirare meas tot in uno corpore formas,
  accipe Vertumni signa fatente deo.
Tuscus ego Tuscis orior, nec paenitet inter
  proelia Volsinios deseruisse focos.   4
tempore quo sociis venit Lycomedius armis   51
  quoque Sabina feri contudit arma Tati.
vidi ego labentis acies et tela caduca,
  atque hostis turpi terga dedisse fugae.   54
et tu, Roma, meis tribuisti praemia Tuscis   49
  (unde hodie Vicus nomina Tuscus habet)   50
et facias, divum Sator, ut Romana per aevum   55
  transeat ante meos turba togata pedes.   56
haec me turba iuvat, nec templo laetor eburno: 5
  Romanum satis est posse videre Forum.
hac quondam Tiberinus iter faciebat, et aiunt
  remorum auditos per vada pulsa sonos;
at postquam ille suis tantum concessit alumnis,
  Vertamnus verso dicor ab amne deus.   10
Seu, quia vertentis fructum praecerpimus anni,
  Vertanni vulgus credit id esse sacrum.
prima mihi variat liventibus uva racemis,
  et coma lactenti spicea fruge tumet.
hic dulcis cerasos, hic autumnalia pruna   15
  cernis et aestivo mora rubere die.
insitor hic solvit pomosa vota corona,
  cum pirus invito stipite mala tulit.

Mendax fama, noces: alius mihi nominis index:
  de se narranti tu modo crede deo!   20
opportuna mea est cunctis natura figuris:
  in quamcumque voles verte, decorus ero.
indue me Cois, fiam non dura puella,
  meque virum sumpta quis neget esse toga?

2

Du staunst, daß mein Körper so viele verschiedene Figuren in sich vereint? Laß dir aus dem Mund des Gottes selbst die Symbole erklären. Ich bin ein Etrusker, stamme von Etruskern ab und bereue nicht, mitten im Krieg meinen Herd in Volsinii verlassen zu haben, damals, als die Leute des Lucumo mit ihren Verbündeten kamen und das Sabinerheer unter dem wilden Tatius zermalmten. Ich sah die wankenden Schlachtreihen, die Waffen, die zu Boden fielen, den Feind, der in schmachvoller Flucht den Rücken wandte. Rom, du hast meine Etrusker belohnt (von daher hat bis heute das «Etruskerquartier» seinen Namen). Gib, Göttervater, daß für alle Zeiten das Römervolk in der Toga vor meinen Füßen vorübergehe. Das ist ein Volk, an dem ich Freude habe, und ein Tempel aus Elfenbein beglückt mich nicht; mir genügt es, daß ich das Römische Forum sehen kann. Hier floß einst der Tiber, und es heißt, man habe über die Wasserfläche hin das Geräusch von Ruderschlägen gehört. Doch nachdem der Fluß seinen Zöglingen so viel Land überließ, nennt man mich «Vertamnus», weil der «Fluß» abgeleitet wurde. Oder glaubt das Volk, es sei das Opfer für «Vertannus», wenn ich die Erstlingsfrüchte der «Jahreswende» pflücke? Für mich färbt sich die erste Traube, wenn ihre Beeren noch grünlich sind, und für mich schwillt an der Ähre mit den Grannen die milchige Frucht. Hier siehst du süße Kirschen, hier herbstliche Pflaumen, und an einem Sommertag schimmern hier Maulbeeren rötlich. Der Baumzüchter löst hier sein Gelübde mit einem Obstkranz ein, wenn der Birnbaum anders, als der Stamm es wollte, Äpfel trug.

Du schadest mir, falsche Kunde. Es gibt für meinen Namen einen anderen Hinweis: glaub nur dem Gott, der von sich selbst erzählt. Mein Wesen paßt sich allen Gestalten an: verwandle mich nach Wunsch in irgendeine; sie kleidet mich gut. Hülle mich in Seide von Kos, und ich bin ein leichtes Mädchen; wer wollte leugnen, daß ich ein Mann bin, sobald

da falcem et torto frontem mihi comprime faeno: 25
  iurabis nostra gramina secta manu.
arma tuli quondam et, memini, laudabar in illis:
  corbis at imposito pondere messor ero.
sobrius ad lites; at cum est imposta corona,
  clamabis capiti vina subisse meo. 30
cinge caput mitra, speciem furabor Iacchi;
  furabor Phoebi, si modo plectra dabis.
cassibus impositis venor; sed harundine sumpta
  fautor plumoso sum deus aucupio.
est etiam aurigae species Vertomnis et eius 35
  traicit alterno qui leve corpus equo.
sub petaso piscis calamo praedabor, et ibo
  mundus demissis institor in tunicis.
pastor me ad baculum possum curvare vel idem
  sirpiculis medio pulvere ferra rosam. 40

Nam quid ego adiciam, de quo mihi maxima fama est,
  hortorum in manibus dona probata meis?
caeruleus cucumis tumidoque cucurbita ventre
  me notat et iunco brassica vincta levi:
nec flos ullus hiat pratis, quin ille decenter 45
  impositus fronti langueat ante meae.

At mihi, quod formas unus vertebar in omnis,
  nomen ab eventu patria lingua dedit. 48

Sex superant versus – te, qui ad vadimonia curris, 57
  non moror –: haec spatiis ultima creta meis.
stipes acernus eram properanti falce dolatus,
  ante Numam ingrata pauper in urbe deus. 60
at tibi, Mamurri, formae caelator aenae,
  tellus artificis ne terat Osca manus,

ich die Toga anlege? Gib mir eine Sichel, drück mir einen Kranz von geflochtenem Heu auf die Stirn, und die wirst schwören, daß ich mit eigener Hand Wiesen gemäht habe. Einst trug ich Waffen und erntete Lob, ich erinnere mich gut; doch wenn man mir einen schweren Korb aufsetzt, werde ich ein Schnitter sein. Nüchtern bin ich, wenn ich vor Gericht erscheine, doch wenn mir ein Kranz aufgesetzt wurde, wirst du ausrufen, der Wein sei mir in den Kopf gestiegen. Winde mir einen Turban ums Haupt, und ich eigne mir Bakchos' Aussehen an, eigne mir dasjenige von Phoibos an, wenn du mir nur eine Leier gibst. Häng mir ein Jagdnetz um, und ich bin Jäger; doch wenn ich die Leimrute halte, bin ich der Schutzpatron der Vogelfänger. Was aussieht wie ein Wagenlenker und ein Zirkusakrobat, der seinen leichten Körper von einem Pferd aufs andere schwingt, ist auch «Vertomnis». Unter einem Sonnenhut werde ich mit der Angelrute Fische fangen: fällt die Tunica lang herab, trete ich als schmucker Handelsreisender auf. Als Hirt kann ich mich über meinen Stecken beugen, ich kann aber auch mitten im Staub in Binsenkörbchen Rosen tragen.

Muß ich noch erwähnen – das ist ja mein größter Ruhm! –, daß in meinen Händen die auserlesenen Gaben der Gärten sind? Die blaugrüne Gurke, der Kürbis mit seinem rundlichen Bauch und der mit leichten Binsen geschnürte Kohl zeichnen mich aus. Auch öffnet sich auf den Wiesen keine Blume, die nicht meine Stirn schmückt, bevor sie welkt.

Weil ich mich als «*ein* Wesen» in *alle* Gestalten zu «verwandeln» pflegte, hat mir die Muttersprache, den Tatsachen entsprechend, diesen Namen verliehen.

Es bleiben noch sechs Verse – du eilst zu einer Vorverhandlung? ich will dich nicht aufhalten –, das ist die Ziellinie meiner Bahn. Ich war ein Ahornklotz, wurde von einem flinken Messer geschnitzt und war vor Numas Zeiten ein dürftiger Gott in einer undankbaren Stadt. Doch dir, Mamurrius, Schöpfer meines Bronzebilds, soll die oskische Erde die

qui me tot docilem potuisti fundere in usus.
　unum opus est, operi non datur unus honos.

3

Haec Arethusa suo mittit mandata Lycotae,
　cum totiens absis, si potes esse meus.
si qua tamen tibi lecturo pars oblita derit,
　haec erit e lacrimis facta litura meis;
aut si qua incerto fallet te littera tractu, 5
　signa meae dextrae iam morientis erunt.

Te modo viderunt intentos Bactra per arcus,
　te modo munito Persicus hostis equo,
hibernique Getae pictoque Britannia curru
　tunsus et Eoa decolor Indus aqua. 10
haecne marita fides et pactae tum mihi noctes,
　cum rudis urgenti bracchia victa dedi?
quae mihi deductae fax omen praetulit, illa
　traxit ab everso lumina nigra rogo,
e Stygio sum sparsa lacu, nec recta capillis 15
　vitta data est: nupsi non comitante deo.
omnibus heu portis pendent mea noxia vota:
　texitur haec castris quarta lacerna tuis.

Occidat, immerita qui carpsit ab arbore vallum,
　et struxit querulas rauca per aera tubas, 20
dignior obliquo funem qui torqueat Ocno,
　aeternusque tuam pascat, aselle, famem!

Dic mihi, num teneros urit lorica lacertos,
　num gravis imbellis atterit hasta manus?
haec noceant potius, quam dentibus ulla puella 25
　det mihi plorandas per tua colla notas!

Künstlerhände nicht zerdrücken; du hast es verstanden, mich so zu gießen, daß ich geschickt so viele Rollen spielen kann. Das Werk ist eins, doch mehr als eine Ehrung wird dem Werk zuteil.

3

Arethusa schickt ihrem Lykotas diesen Brief, wenn du noch der Meine sein kannst, wo du so oft weit weg bist. Doch wenn du beim Lesen eine verwischte Stelle nicht entziffern kannst, so sind es meine Tränen, die den Klecks verursacht haben, oder wenn ein zittrig gezeichneter Buchstabe dich trügt, so ist das ein Zeichen, daß meine Rechte schon versagt.

Bald sah dich Baktra zwischen gespannten Bogen, bald der persische Feind auf seinem gepanzerten Pferd, die Geten, die im Winter leben, die Britannier auf ihren bemalten Wagen und der dunkle Inder, an dessen Küsten das Meer im Osten schlägt. Ist das die eheliche Treue, sind das die Nächte, die mir versprochen wurden, als ich unerfahrenes Mädchen deinem Drängen unterlag? Die Fackel, die ein Vorzeichen gab, als man sie meinem Brautzug vorantrug, empfing ihr rußiges Licht von einem eingestürzten Scheiterhaufen; mit Wasser vom Styx hat man mich besprengt, und den Schleier hat man mir falsch aufs Haar gesetzt; keine Gottheit wohnte meiner Hochzeit bei. An allen Toren hängen Weihgaben, die mir, ach! nur schaden, und schon webt man den vierten Mantel für deinen Kriegsdienst.

Verflucht sei, wer einen schuldlosen Baum fällte, um Palisaden zu zimmern, und wer aus rauh klingener Bronze schrille Trompeten schuf. Er verdiente, an Stelle des schrägen Oknos das Seil zu drehen und ewig den Hunger des Eselchens zu stillen.

Sag mir, ob der Panzer deine zarten Schultern scheuert und die schwere Lanze deine Hände, die nicht für den Krieg bestimmt sind, wund reibt. Doch mir ist es lieber, wenn so etwas dir weh tut, als daß eine andere Frau mit ihren Zähnen dei-

diceris et macie vultum tenuasse: sed opto,
  e desiderio sit color iste meo.

At mihi cum noctes induxit vesper amaras,
  si qua relicta iacent, osculor arma tua. 30
tum queror in toto non sidere pallia lecto,
  lucis et auctores non dare carmen avis. 32
Craugidos et catulae vox est mihi grata querentis: 55
  illa tui partem vindicat una toro. 56
noctibus hibernis castrensia pensa laboro 33
  et Tyria in chlamydas vellera secta suo.
et disco, qua parte fluat vincendus Araxes, 35
  quot sine aqua Parthus milia currat equus,
conor et e tabula pictos ediscere mundos,
  qualis et Arctoi sit positura dei,
quae tellus sit lenta gelu, quae putris ab aestu,
  ventus in Italiam qui bene vela ferat. 40
assidet una soror, curis et pallida nutrix
  deierat hiberni temporis esse moras.

Felix Hippolyte! nuda tulit arma papilla,
  et texit galea barbara molle caput.
Romanis utinam patuissent castra puellis: 45
  essem militiae sarcina fida tuae,
nec me tardarent Scythiae iuga, cum Pater altas
  astrictam in glaciem frigore vertit aquas.

Omnis amor magnus, sed in apta coniuge maior:
  hanc Venus, ut vivat, ventilat ipsa facem. 50
nunc mihi quo Poenis ter purpura fulgeat ostris,
  crystallusque meas ornet aquosa manus?

Omnia surda tacent, rarisque assueta kalendis
  vix aperit clausos una puella Lares. 54

nem Hals Spuren eindrückt, über die ich weinen müßte. Man sagt auch, dein Gesicht sei ganz schmal und abgezehrt, aber ich hoffe, diese Blässe kommt von deiner Sehnsucht nach mir.

Wenn mir der Abendstern bittere Nächte bringt, küsse ich deine Waffen, die noch zu Hause liegen. Dann klage ich, daß die Decken nicht glatt das ganze Bett bedecken und daß die Vögel, die das Tageslicht bringen, nicht ihr Lied anstimmen. Gern höre ich die klagende Stimme meines Hündchens Kraugis; es nimmt allein deine Seite des Betts in Anspruch. In Winternächten webe ich Uniformen und nähe purpurroten Wollstoff für deine Militärmäntel. Ich lasse mir sagen, in welcher Gegend der Araxes fließt, den du bezwingen mußt, wie viele Meilen ein parthisches Pferd laufen kann, ohne zu trinken; ich versuche, aus der Karte die bemalten Erdteile gründlich zu studieren, wo der nordische Gott seinen Sitz hat, welches Land von Frost starrt, welches unter der Hitze zerbröckelt, welcher Wind eure Segel sicher nach Italien zurückbringt. Neben mir sitzt meine Schwester, und die Amme, von Sorgen bleich, schwört, es seien nur die Winterstürme, die dich aufhalten.

Glückliche Hippolyte! Mit nackten Brüsten trug sie Waffen und verbarg – die Barbarin – ihr weiches Haar unter einem Helm. Wenn doch die Kasernen für römische Frauen offen stünden! Ich wäre für dich auf deinem Feldzug eine treue Last. Selbst wenn Vater Iuppiter tiefes Wasser in hartes Eis verwandelt, würden die Gebirge Skythiens meinen Schritt nicht hemmen.

Jede Liebe ist groß, doch größer noch, wenn die Gattin zum Gatten paßt; dann fächelt Venus selbst die Fackel, daß sie heller brennt. Was nützt es mit jetzt, daß meine dreimal in phönizischem Purpur gefärbte Binde leuchtet und das wasserklarer Kristall meine Hände schmückt?

Schweigen und Stille überall. Kaum, daß eine Dienerin, an seltene Kalenden gewöhnt, ganz allein den Larenschrein öff-

flore sacella tego, verbenis compita velo, 57
 et crepat ad veteres herba Sabina focos.

Sive in finitimo gemuit stans noctua tigno,
 seu voluit tangi parva lucerna mero, 60
illa dies hornis caedem denuntiat agnis,
 succinctique calent ad nova lucra popae.

Ne, precor, ascensis tanti sit gloria Bactris
 raptave odorato carbasa lina duci,
plumbea cum tortae sparguntur pondera fundae, 65
 subdolus et versis increpat arcus equis.
sed (tua sic domitis Parthae telluris alumnis
 pura triumphantis hasta sequatur equos)
incorrupta mei conserva foedera lecti:
 hac ego te sola lege redisse velim; 70
armaque cum tulero portae votiva Capenae,
 subscribam: SALVO GRATA PUELLA VIRO.

4

Tarpeium scelus et Tarpeiae turpe sepulcrum
 fabor et antiqui limina capta Iovis. 2

Quid tum Roma fuit, tubicen vicina Curetis 9
 cum quateret lento murmure saxa Iovis? 10
Murus erant montes; ubi nunc est Curia, saepta, 13
 bellicus ex illo fonte bibebat equus; 14
atque ubi nunc terris dicuntur iura subactis, 11
 stabant Romano pila Sabina Foro. 12

net. Mit Blumen bedecke ich Straßenaltäre, mit Eisenkraut die Larenkapellen, und neben dem alten Herd knistert Wacholder.

Wenn eine Eule, die auf dem Dach des Nachbars sitzt, geheult hat, oder das sparsame Lämpchen danach verlangte, mit Wein benetzt zu werden, dann ist das der Tag, der neugeborenen Lämmern den Tod verkündet, und geschürzte Opferdiener ereifern sich, weil es wieder etwas zu verdienen gibt.

Ich bitte dich, was bedeutet schon der Ruhm, die Mauern von Baktra erklommen zu haben, oder das Leinenhemd, das du einem parfümierten Offizier ausgezogen hast, wenn man euch mit schweren bleiernen Geschossen aus Wurfschleudern bombardiert und die heimtückischen Bogensehnen erklingen, sobald die Pferde fliehen? Ich wünsche mir so sehr, daß ihr die Söhne Parthiens unterwerft und daß du mit der Ehrenlanze hinter dem Wagen des Triumphators schreiten darfst – aber: bleib mir treu und bewahre unseren Ehebund! Nur unter dieser Bedingung wünsche ich mir deine Heimkehr. Wenn ich dann deine Waffen als Weihgeschenk zur Porta Capena trage, schreibe ich darunter: «Aus Dankbarkeit, daß ihr Mann gut nach Hause kam. Seine Frau.»

4

Von Tarpeias Verbrechen, von Tarpeias schmachvollem Grab will ich reden, und wie der alte Iuppitertempel erobert wurde.

Was war damals Rom, als der Trompeter von Cures Iuppiters benachbarte Felsen mit langgezogenem Dröhnen erschütterte? Die Berge bildeten eine Mauer; wo jetzt die Curia ist, war ein Zaun, und aus der Quelle dort tranken die Pferde der Feinde. Auf dem Forum Romanum, wo wir jetzt unterworfenen Völkern Gesetze auferlegen, standen die Speere der Sabiner.

Lucus erat felix hederoso conditus antro,
   multaque nativis obstrepit arbor aquis,   4
Silvani ramosa domus, quo dulcis ab aestu   5
   fistula poturas ire iubebat ovis.
hunc Tatius fontem vallo praecingit acerno
   fidaque suggesta castra coronat humo.   8

hinc Tarpeia deae fontem libavit, et illi   15
   urgebat medium fictilis urna caput.   16
vidit harenosis Tatium proludere campis,   19
   pictaque per flavas arma levare iubas;   20
obstupuit regis facie et regalibus armis,
   interque oblitas excidit urna manus.

Saepe illa immeritae causata est omina Lunae,
   aut sibi tinguendas dixit in amne comas;
saepe tulit blandis argentea lilia Nymphis,   25
   Romula ne faciem laederet hasta Tati.

Dumque subit primo Capitolia nubila fumo,
   rettulit hirsutis bracchia secta rubis,
et sua Tarpeia residens ita flevit ab arce
   vulnera vicino non patienda Iovi: 30

'Ignes castrorum et Tatiae praetoria turmae
   et formosa oculis arma Sabina meis,
o utinam ad vestros sedeam captiva Penatis,
   dum captiva mei conspicer ora Tati!
Romani montes et montibus addita Roma   35
   et valeat probro Vesta pudenda meo.
ille equus, ille meos in castra reportet amores,
   cui Tatius dextras collocat ipse iubas!

Ein üppiger Hain, in ein efeubewachsenes Tal gebettet, war da, und viele Bäume rauschten zum Murmeln der Quellen, die dort entspringen. Es war das schattige Heim von Silvanus, und die süße Schalmei lockte die Schafe aus der Sommerhitze hierhin zum Trinken. Gegenüber diesem Hain errichtet Tatius Palisaden aus Ahornholz um sein Lager, und zur Sicherheit umgibt er es noch mit einem Erdwall.

Aus dieser Quelle schöpfte Tarpeia Weihwasser für ihre Göttin, und ein irdener Krug beschwerte ihr Haupt. Da erblickte sie Tatius, der auf der sandigen Ebene exerzierte und seine verzierten Waffen über die blonde Mähne seines Pferdes hob. Sie war überwältigt von der Schönheit des Königs und seiner königlichen Rüstung; der Krug entglitt ihren unachtsamen Händen und fiel zu Boden.

Oft diente ihr ein Vorzeichen des Mondes, der nichts dafür konnte, als Vorwand, oder sie sagte, sie müsse im Fluß ihr Haar waschen; oft brachte sie den gütigen Nymphen silberweiße Lilien, um zu verhüten, daß Romulus' Lanze Tatius' Gesicht verletze.

Während sie zum Capitol hinaufstieg, das schon vom Rauch der ersten Herdfeuer umwölkt war, holte sie sich vom stachligen Brombeergestrüpp zerkratzte Arme. Sie setzte sich auf den tarpeischen Gipfel und weinte über die Wunden, die für Iuppiter ganz in der Nähe unausstehlich waren:

«Lagerfeuer! Hauptquartier von Tatius' Schwadron! Sabinische Waffen, die ihr in meinen Augen so schön seid! Dürfte ich doch als Gefangene vor euren Penaten sitzen, wenn ich als Gefangene das Antlitz meines geliebten Tatius schauen könnte. Ihr Berge Roms, und du, auf Bergen gebautes Rom, lebt wohl, und Vesta, die meine Sünde beschämt, leb wohl! Das Pferd dort, dessen Mähne Tatius persönlich nach rechts kämmt, das soll mich und meine Liebe ins Lager tragen.

Quid mirum patrios Scyllam secuisse capillos
    candidaque in saevos inguina versa canis?   40
prodita quid mirum fraterni cornua monstri,
    cum patuit lecto stamine torta via?

Quantum ego sum Ausoniis crimen factura puellis,
    improba virgineo lecta ministra foco!
Pallados exstinctos si quis mirabitur ignis,   45
    ignoscat: lacrimis spargitur ara meis.

Cras, ut rumor ait, tota potabitur urbe:
    tum cape spinosi rorida terga iugi!
lubrica tota via est et perfida: quippe latentis
    fallaci celat limite caespes aquas.   50
o utinam magicae nossem cantamina Musae!
    hac quoque formoso lingua tulisset opem.
te toga picta decet, non quem sine matris honore
    nutrit inhumanae dura papilla lupae.

† Sic hospes pariamne tua regina sub aula†,   55
    dos tibi non humilis prodita Roma venit,
si minus, at raptae ne sint impune Sabinae:
    me rape et alterna lege repende vices!
commissas acies ego possum solver nupta:
    vos medium palla foedus inite mea!   60
adde, Hymenaee, modos! tubicen, fera murmura conde!
    credite, vestra meus molliet arma torus.

Et iam quarta canit venturam bucina lucem,
    ipsaque in Oceanum sidera lassa cadunt.
experiar somnum, de te mihi somnia quaeram: 65
    fac venias oculis umbra benigna meis!'

Kein Wunder, daß Skylla die Locke ihres Vaters abschnitt und ihre weißen Hüften in wilde Hunde verwandelt wurden. Kein Wunder, daß ein gehörntes Ungeheuer von der Schwester verraten wurde, als der aufgelesene Faden den Weg durchs Labyrinth verriet.

Welche Schande werde ich über die Frauen Italiens bringen, ich schlechte Dienerin, für den Altar der jungfräulichen Göttin erwählt! Wenn jemand staunt, daß das Feuer der Pallas erlosch, möge er mir verzeihen: der Altar wird von meinen Tränen naß.

Morgen, so heißt es, wird in der ganzen Stadt getrunken werden. Dann klettere über den vom Tau feuchten Sattel des mit Dorngestrüpp bedeckten Hügels. Der ganze Weg ist schlüpfrig und verräterisch, denn ein trügerisches Grasband verdeckt verborgene Wasserläufe. Oh, daß ich die Sprüche einer zauberkräftigen Muse wüßte! Dann hätte meine Zunge auch auf diese Weise dem schönen Mann geholfen. *Dir* steht die goldbestickte Toga gut, nicht *dem*, den die harten Zitzen einer unmenschlichen Wölfin, in der er keine Mutter ehren konnte, säugten.

So werde ich, die Fremde, als Königin am Hof .... (?), so fällt dir durch meinen Verrat Rom als stattliche Mitgift zu. Wenn nicht, so sei wenigstens der Raub der Sabinerinnen gerächt: raube mich, und zahle Gleiches mit Gleichem zurück. Als Braut kann ich die kampfbereiten Schlachtreihen voneinander lösen: mein Hochzeitskleid sei euer Versöhnungsbund. Spiel dazu dein Lied, Hymenaios; Trompeter, laß dein drohendes Schmettern schweigen. Glaubt mir, meine Ehe wird eure Kriegslust bezähmen.

Schon verkündet das vierte Hornsignal die Nähe der Morgendämmerung, und selbst die Sterne fallen müde in den Ozean. Ich will versuchen, zu schlafen und hoffe auf Träume von dir. Bitte tritt als gütiges Traumbild vor meine Augen.»

Dixit, et incerto permisit bracchia somno
　nescia, vae, furiis succubuisse novis.
nam Venus, Iliacae felix tutela favillae,
　culpam alit et plures condit in ossa faces.　　　　　　70
illa furit qualis celerem prope Thermodonta
　Strymonis abscisso pectus aperta sinu.

Urbi festus erat (dixere Parilia patres):
　hic primus coepit moenibus esse dies,
annua pastorum convivia, lusus in urbe,　　　　　　　　75
　cum pagana madent fercula divitiis,
cumque super raros faeni flammantis acervos
　traicit immundos ebria turba pedes.

Romulus excubias decrevit in otia solvi
　atque intermissa castra silere tuba.　　　　　　　　　80

Hoc Tarpeia suum tempus rata convenit hostem:
　pacta ligat pactis ipsa futura comes.
mons erat ascensu dubio custosque remissus
　nec mora, vocalis occupat ense canis.
omnia praebebant somnos; sed Iuppiter unus　　　　　　85
　decrevit poenis invigilare tuis.
prodiderat portaeque fidem patriamque iacentem,
　nubendique petit, quem velit ipse diem.

At Tatius – neque enim sceleri dedit hostis honorem –
　'nube', ait 'et regni scande cubile mei!'　　　　　　　90
dixit, et ingestis comitum super obruit armis.
　haec, virgo, officiis dos erat apta tuis.　　　　　　　　92
et satis una malae potuit mors esse puellae,　　　　　　17
　quae voluit flammas fallere, Vesta, tuas?　　　　　　18
a duce Tarpeius mons est cognomen adeptus:　　　　　93
　non, Vigil, iniustae praemia mortis habes!

So sprach sie und gab sich einem unruhigen Schlummer hin.
Wehe! sie wußte nicht, daß sie unerhörten Furien unterlag.
Denn Venus, die segensreiche Beschützerin der Herdglut von
Ilion, nährt ihre Schuld und stößt noch mehr Fackeln in ihr
Gebein. Sie rast wie eine thrakische Bakchantin am reißenden
Thermodon, mit zerrissenem Kleid und entblößter Brust.

Für die Stadt war das ein Fest (Parilia nannte es die Väter); es
war ursprünglich der Tag, an dem mit dem Mauerbau begonnen wurde. Die Hirten hatten ihren jährlichen Schmaus; in
der Stadt hielt man die Spiele ab, bei denen nach ländlicher
Art die Tische reichlich mit Speisen beladen sind und die
trunkene Schar mit schmutzigen Füßen über brennende, in
Abständen angeordnete Heuhaufen springt.

Romulus befahl, die Wachen einzuziehen und ihnen frei zu
geben: der Dienst im Lager sollte ruhen, die Tubasignale sollten aussetzen.

Tarpeia dachte, ihre Stunde sei gekommen, traf sich mit dem
Feind und schloß ein Bündnis, wobei sie selbst ein Teil des
Bündnisses sein sollte. Die Besteigung des Bergs war schwierig, die Wache sorglos, und bevor die Hunde bellen konnten,
brachte ein Schwert sie zum Schweigen. Alles bot ein Bild des
Schlafs, doch Iuppiter allein beschloß, zu wachen, um dich zu
strafen. Sie hat das Tor, auf das man sich verließ, und ihr
wehrloses Vaterland verraten und bittet ihn, den Hochzeitstag zu bestimmen, den er sich selber wünscht.

Doch Tatius (denn auch der Feind ehrte ihr Verbrechen nicht)
sprach: «Sei meine Frau, und besteige das Bett meines Königreichs.» So sprach er und ließ sie unter den aufgetürmten
Waffen seiner Garde begraben. Jungfrau, das war die angemessene Mitgift für geleistete Dienste! Und konnte ein einziger Tod Strafe genug für eine verbrecherische Frau sein, die
deine Flamme, Vesta, verraten wollte? Weil sie den Weg wies,
erhielt der tarpeische Berg ihren Namen. Wachsamer, du hast
den Lohn für einen wohlverdienten Tod.

5

Terra tuum spinis obducat, lena, sepulcrum,
  et tua, quod non vis, sentiat umbra sitim,
nec sedeant cineri Manes, sed Cerberus ultor
  turpia ieiuno terreat ossa sono.

Docta vel Hippolytum Veneri mollire negantem, 5
  concordique toro pessima semper avis,
Penelopen quoque neglecto rumore mariti
  nubere lascivo cogeret Antinoo.
illa velit, poterit magnes non ducere ferrum,
  et volucris nidis esse noverca suis. 10
quippe et, Collinas ad fossam moverit herbas,
  stantia currenti diluerentur aqua.
audax cantatae leges imponere Lunae
  et sua nocturno fallere terga lupo;
possit ut intentos astu caecare maritos, 15
  cornicum immeritas eruit ungue genas;
consuluitque striges nostro de sanguine, et in me
  hippomanes fetae semina legit equae.

Exercebat opus verbis, ceu blatta papyron
  suffossamque forat sedula talpa viam: 20

'Si te Eoa Domozanum iuvat aurea ripa
  et quae sub Tyria concha superbit aqua,
Eurypylisve placet Coae textura Minervae
  sectaque ab Attalicis putria signa toris,
seu quae palmiferae mittunt venalia Thebae, 25
  murreaque in Parthis pocula octa focis,

Sperne fidem, provolve deos, mendacia vincant,
  frange et damnosae iura pudicitiae!

5

Möge die Erde dein Grab mit Dornen überwachsen, Kupplerin! Möge dein Schatten (was dir nicht lieb ist) dürsten, mögen deine Manen nicht bei deiner Asche ruhen, sondern Kerberos soll dein häßliches Gebein mit hungrigem Bellen erschrecken.

Sie brächte es zustande, sogar den spröden Hippolytos zur Liebe geneigt zu machen, ist ein berüchtigter Unglücksvogel für jeden harmonischen Liebesbund und brächte selbst Penelope dazu, ohne auf Nachricht von ihrem Mann zu warten, den lüsternen Antinoos zu heiraten. Wenn sie will, kann ein Magnet das Eisen nicht anziehen, und ein Vogel ist eine Stiefmutter zu seiner Brut. Denn wenn sie Kräuter von der Porta Collina zu ihrer Grube gebracht hat, wird das Getreide auf dem Halm vom Wasser aufgeweicht. Sie erkühnt sich, den Mond zu behexen und ihn unter ihr Gesetz zu zwingen und sich nachts zur Täuschung in einen Wolf zu verwandeln; um durch ihre Kunst wachsame Ehemänner zu blenden, kratzt sie mit den Fingernägeln die Augen von unschuldigen Krähen aus. Sie holte sich Rat von Eulen, um meine Potenz zu schwächen, und sammelte, um mir zu schaden, Tropfen vom Brunstschleim einer Mutterstute.

Sie tat ihr Werk mit Worten, so wie ein Bücherwurm Löcher in den Papyrus frißt und der fleißige Maulwurf unter der Erde einen Weg gräbt.

«Wenn dich im Osten die Goldküste der Domozanen erfreut oder die stolze Perle auf dem Meeresgrund bei Tyros oder die kunstvoll im Stil von Eurypylos auf Kos gewobene Seide und brüchige, aus Stoffen der Attaliden geschnittene Muster oder Exportartikel aus dem an Palmen reichen Theben oder Porzellantassen, in parthischen Öfen gebrannt –

dann achte die Treue gering, wirf die Götterstatuen um, laß Lügen siegen und brich die Gesetze des Anstands, der nur

et simulare virum pretium facit: utere causis!
   maior dilata nocte recurret amor.   30
si tibi forte comas vexaverit, utilis ira:
   post modo mercata pace premendus erit.
denique ubi amplexu Venerem promiseris empto,
   fac simules puros Isidis esse dies.
ingerat Aprilis Hyale tibi, tundat Omichle   35
   natalem Maiis Idibus esse tuum.
supplex ille sedet: posita tu scribe cathedra
   quidlibet: has artis si pavet ille, tenes!
semper habe morsus circum tua colla recentis,
   dentibus alterius quos putet esse datos.   40

Nec te Medeae delectent probra sequacis
   (nempe tulit fastus ausa rogare prior),
sed potius mundi Thais speciosa Menandri,
   cum ferit astutos comica moecha Getas.
in mores te verte viri: si cantica iactat,   45
   i comes et voces ebria iunge tuas.
ianitor ad dantis vigilet: si pulsat inanis,
   surdus in adductam somniet usque seram.
nec tibi displiceat miles non factus amori,
   nauta nec attrita si ferat aera manu,   50
aut quorum titulus per barbara colla pependit,
   cretati medio cum saluere foro.

Aurum spectato, non quae manus afferat aurum!
   versibus auditis quid nisi verba feres?
"quid iuvat ornato procedere, vita, capillo   55
   et tenuis Coa veste movere sinus?"
qui versus, Coae dederit nec munera vestis,
   istius tibi sit surda sine arte lyra.
dum vernat sanguis, dum rugis integer annus,
   utere, ne quid cras libet ab ore dies.   60

Verlust bringt. Auch wenn du nur so tust, als hättest du einen andern, steigert das den Preis. Mach dir Vorwände zunutze. Wenn du die vereinbarte Nacht verschiebst, wird die Liebe noch größer und eilt zurück. Rauft er dir etwa das Haar, so ist seine Wut von Vorteil. Wenn er dann Frieden aushandeln will, mußt du ihn ausquetschen, und wenn du ihm schließlich eine Nacht versprichst und er seine Lust erkauft, sollst du so tun, als müßte man die Tage der Isis rein halten. Hyale soll dich an den April erinnern und Omichle dir einhämmern, am fünfzehnten Mai sei dein Geburtstag. Demütig sitzt er da; laß dir den Armsessel hinstellen und schreib irgend etwas. Wenn er diese Listen fürchtet, hast du ihn. Trag immer frische Bißmale rund um den Hals, und laß ihn glauben, sie seien das Werk eines Rivalen.

Das Gezänk Medeas, die einem Mann nachlief, ist nichts für dich (sie hatte sich ihm ja angeboten und bekam seine Verachtung zu spüren), sondern halte dich lieber an die hübsche Thais des feinen Menander, wenn sie, die Hetäre des Lustspiels, listige Sklaven übers Ohr haut. Paß dich der Stimmung des Mannes an; wenn er ein Lied singt, sing mit ihm und vereinige deine trunkenen Worte mit den seinen. Dein Türhüter soll nur wach sein für die, die etwas geben: klopft einer mit leeren Händen an, soll er mit tauben Ohren hinter vorgeschobenem Riegel weiter schlafen. Ein Soldat, für die Liebe nicht geschaffen, darf dir nicht mißfallen, auch der Matrose nicht, wenn er in seiner schwieligen Hand ein paar Münzen bringt, oder irgendein Barbar, an dessen Hals ein Zettel hing, als er mit geweißten Füßen auf dem Marktplatz sprang.

Schau nur auf das Gold, nicht auf die Hand, die es bringt. Was hast du davon, wenn du Verse hörst? Nur Worte! ‹Was nützt es denn, mein Leben, mit deiner eleganten Frisur einherzugehen und deinen durchsichtigen Ausschnitt aus koischem Stoff zu lüften?› Wer dir nur Verse schenkt und keinen koischen Stoff, dessen Leier sei für deine Ohren stumm und kunstlos. Solang es Frühling ist im Blut, solange deine jugendliche Schönheit ohne Runzeln ist, genieße das Leben,

vidi ego odoratum victura rosaria Paestum
  sub matutino cocta iacere Noto.'

Sed (cape torquatae, Venus o regina, columbae
  ob meritum ante tuos guttura secta focos)
his animum nostrae dum versat Acanthis amicae,   65
  per tenuem ossa a me sunt numerata cutem.
vidi ego rugoso tussim concrescere collo,
  sputaque per dentis ire cruenta cavos,
atque animam in tegetes putrem expirare patentes;
  horruit algenti pergula curva foco.   70

Exuviae fuerint rari furtiva capilli
  vincula et immundo pallida mitra situ,
et canis in nostros nimis experrecta dolores,
  cum fallenda meo pollice clatra forent.
sit tumulus lenae curto vetus amphora collo;   75
  urgeat hanc supra vis, caprifice, tua.
quisquis amat, scabris hoc bustum caedite saxis,
  mixtaque cum saxis addite verba mala!

6

Sacra facit vates: sint ora faventia sacris
  et cadat ante meos icta iuvenca focos.
serta Philiteis certent Romana corymbis,
  et Cyrenaeas urna ministret aquas.
costum molle date et blandi mihi turis honores,   5
  terque focum circa laneus orbis eat!
spargite me lymphis, carmenque recentibus aris
  tibia Mygdoniis libet eburna modis.

damit nicht schon der morgige Tag ein bißchen an deinem Gesicht knabbert. Ich habe Rosengärten gesehen, die das duftende Paestum übertreffen sollten und schon am Morgen lagen sie da, vom Scirocco verdorrt.»

Doch (empfange, Königin Venus, für deine Gunst vor deinem Altar eine Taube, der man die Kehle durchgeschnitten hat) während Akanthis mit solchen Worten meiner Freundin den Kopf verdrehte, konnte ich durch ihre dünne Haut die Knochen zählen, sah ich an ihrem runzligen Hals, wie ein Hustenanfall sich zusammenzog, wie durch die Zahnlücken blutiger Schleim kam und wie sie ihren stinkenden Atem auf einem offenen Lumpenlager aushauchte; der krumme Verschlag zitterte, als das Feuer ausging.

Die Überbleibsel dürften bestehen aus: gestohlenen Bändern für ihr schütteres Haar, einer verblichenen Haube, die von einer Schmutzschicht starrt, dem Hund, der zu meinem Leidwesen viel zu wachsam war, wenn ich gern heimlich mit dem Daumen das Gitter geöffnet hätte. Ein alter Weinkrug mit abgeschlagenem Hals soll der Kupplerin als Grabstein dienen; von oben soll deine Kraft sie bedrängen, Feigenbaum! Ihr Liebenden alle, schleudert kantige Steine auf ihr Grab, und gebt den Steinen alle möglichen Flüche mit!

6

Eine heilige Handlung vollzieht der Dichter. Zur heiligen Handlung soll Schweigen herrschen, und vor meinem Altar opfere man ein Kalb. Römische Girlanden sollen sich mit Philitas' Efeukränzen messen, und Kallimachos' Krug soll Wasser dazu spenden. Gebt mir weichen Lavendel und besänftigenden Weihrauch zum Opfer, und schlingt den Wollfaden dreimal rings um den Altar. Besprengt mich mit Wasser, und laßt am frischgebauten Altar die elfenbeinerne Flöte eine Melodie in phrygischer Tonart spielen. Hebe dich hinweg von hier, Betrug! Schuld, sei unter einem anderen Him-

ite procul fraudes, alio sint aëre noxae:
   pura novum vati laurea mollit iter.   10

Musa, Palatini referemus Apollinis aedem:
   res est, Calliope, digna favore tuo.
Caesaris in nomen ducuntur carmina: Caesar
   dum canitur, quaeso, Iuppiter ipse vaces.

Est Phoebi fugiens Athamana ad litora portus,   15
   qua sinus Ioniae murmura condit aquae,
Actia Iuleae Leucas monumenta carinae,
   nautarum votis non operosa via.
huc mundi coiere manus: stetit aequore moles
   pinea, nec remis aequa favebat avis.   20
altera classis erat Teucro damnata Quirino,
   pilaque femineae turpiter apta manu;
hinc Augusta ratis plenis Iovis omine velis
   signaque iam patriae vincere docta suae.

Tandem aciem geminos Nereus lunarat in arcus,   25
   armorum et radiis icta tremebat aqua,
com Phoebus linquens stantem se vindice Delon
   (nam tulit iratos mobilis ante Notos)
astitit Augusti puppim super, et nova flamma
   luxit in obliquam ter sinuata facem.   30
non ille attulerat crinis in colla solutos
   aut testudineae carmen inerme lyrae,
sed quali aspexit Pelopeum Agamemnona vultu
   egessitque avidis Dorica castra rogis,
aut quali flexos solvit Pythona per orbis   35
   serpentem, imbelles quem timuere deae.

mel! Der reinigende Lorbeer ebnet dem Dichter einen neuen Weg.

Muse, wir wollen vom Apollontempel auf dem Palatin erzählen: das ist eine Aufgabe, die deine Gunst verdient, Kalliope. Zu Caesars Ruhm wird ein Lied geschaffen; wenn man von Caesar singt, sollst auch du Gehör schenken, Iuppiter, ich bitte dich.

Da ist ein Hafen von Phoibos, der weit in die Küste der Athamanen zurückweicht, wo eine Bucht das Rauschen des Ionischen Meeres beruhigt. Leukas bei Actium ist ein Denkmal für den Sieg von Augustus' Flotte: für Schiffer, die zu den Göttern beten, ist der Zugang nicht schwer. Hier standen sich zwei Weltmächte im Kampf gegenüber: hölzerne Massen ragten auf der Meeresfläche, aber das Schicksal war den Rudern nicht im gleichem Maß gewogen. Die eine Flotte war vom troianischen Quirinus dem Untergang geweiht; hier waren römische Lanzen – o Schande – in der Hand einer Frau; auf der anderen Seite Augustus' Admiralsschiff mit den von Iuppiters Vorzeichen geschwellten Segeln und den Feldzeichen, die schon gelernt hatten, fürs Vaterland zu siegen.

Endlich hatte Nereus die Kampflinie in zwei Mondsicheln gebogen, und das vom Glanz der Waffen getroffene Wasser zitterte; da verließ Phoibos die Insel Delos, die unter seinem Schutz fest verankert ist (denn früher hielt sie der Wut der Winde nicht stand), und stellte sich über Augustus' Schiff: eine noch nie gesehene Flamme in Gestalt eines Zickzackblitzes leuchtete dreimal auf. Apollon erschien nicht mit gelösten, im Nacken wallenden Locken, noch spielte er auf seiner Schildpattleier ein friedliches Lied. Sein Anblick war wie damals, als er Agamemnon, den Enkel des Pelops, anschaute und die Leichen aus dem Lager der Griechen auf die gierigen Scheiterhaufen schaffte, oder wie damals, als er die Windungen der Pythonschlange, vor der die friedlichen Göttinnen sich fürchteten, löste.

Mox ait: 'o Longa mundi servator ab Alba,
  Auguste, Hectoreis cognite maior avis,
vince mari, iam terra tua est: tibi militat arcus,
  et favet ex umeris hoc onus omne meis.   40
solve metu patriam, quae nunc te vindice freta
  imposuit prorae publica vota tuae.
quam nisi defendes, murorum Romulus augur
  ire Palatinas non bene vidit avis.

En nimium remis audent: proh, turpe Latinos   45
  principe te fluctus regia vela pati!
nec te, quod classis centenis remigat alis,
  terreat: invito labitur illa mari,
quotque vehunt prorae Centauros saxa minantis:
  tigna cava et pictos experiere metus.   50
frangit et attollit vires in milite causa;
  quae nisi iusta subest, excutit arma pudor.
tempus adest, committe ratis: ego temporis auctor
  ducam laurigera Iulia rostra manu.'

Dixerat, et pharetrae pondus consumit in arcus;   55
  proxima post arcus Caesaris hasta fuit.
vincit Roma fide Phoebi, dat femina poenas,
  sceptra per Ionias fracta vehuntur aquas.
at pater Idalio miratur Caesar ab astro:
  'sum deus; en nostri sanguinis ista fides.'   60
prosequitur cantu Triton omnesque marinae
  plauserunt circa libera signa deae.

Illa petit Nilum cumba male nacta fugaci
  occultum, iusso non moritura die.

Dann sprach er: «Augustus, Retter der Welt aus Alba Longa, größer als deine troianischen Ahnen, wie sich erwiesen hat! siege zur See; das Festland ist schon dein. Mein Bogen kämpft für dich, und die ganze Last der Pfeile, die an meinen Schultern hängt, steht dir zur Verfügung. Befreie das Vaterland, das jetzt im Vertrauen auf deinen Schutz dein Schiff mit den Gebeten des Volkes beladen hat, von seiner Angst. Wenn du es nicht verteidigen kannst, dann waren die Vogelzeichen, die Romulus vor dem Mauerbau auf dem Palatin erspähte, unheilvoll.

Sieh! ihre Ruderer sind tollkühn! Ha! eine Schande, daß römische Meere unter deiner Herrschaft die Flotte der Königin tragen müssen! Laß dich nicht erschüttern, auch wenn sie mit Hunderten von Ruderschlägen angreift: sie fährt gegen den Willen des Meeres. Und alle die Kentauren am Bug, die drohen, Felsen zu werfen, sind, wie du herausfinden wirst, nur hohle Holzfiguren, bemalte Schreckgestalten! Im Soldaten bricht oder steigert die Sache, für die er kämpft, die Kraft; wenn es nicht die gerechte Sache ist, fällt ihm vor Scham die Waffe aus der Hand. Die Stunde ist da: gib den Befehl zum Angriff. Ich habe die Stunde bestimmt und lenke mit der Hand, die den Siegeslorbeer hält, die Schnäbel der iulischen Flotte!»

So sprach er, und sein Bogen verschoß den ganzen Inhalt seines Köchers. Unmittelbar nach seinen Schüssen flog Caesars Lanze durch die Luft. Phoibos hält sein Wort; Rom siegt. Das Weib muß büßen; in Stücke gebrochen treibt ihr Szepter auf dem Ionischen Meer. Doch staunend spricht Vater Caesar vom Planeten Venus herab: «Ich bin ein Gott: da, mein Sohn ist der Beweis dafür!» Triton begleitet dies mit seiner Musik, und alle Nereiden ringsum begrüßen mit Beifall das Panier der Freiheit.

Sie verschafft sich mit knapper Not ein Rettungsboot und findet einen Schlupfwinkel am Nil, nur damit sie nicht am befohlenen Tag sterben muß. Gott behüte! Welch ein Triumph

di melius! quantus mulier foret una triumphus, 65
  ductus erat per quas ante Iugurtha vias!
Actius hinc traxit Phoebus monumenta, quod eius
  una decem vicit missa sagitta ratis.

Bella satis cecini: citharam iam poscit Apollo
  victor et ad placidos exuit arma choros. 70
candida nunc molli subeant convivia luco,
  blanditiaeque fluant per mea colla rosae,
vinaque fundantur prelis elisa Falernis,
  perluat et nostras spica Cilissa comas.

Ingenium potis irritat Musa poetis: 75
  Bacche, soles Phoebo fertilis esse tuo.
ille paludosos memoret servire Sygambros,
  Cepheam hic Meroen fuscaque regna canat,
hic referat sero confessum foedere Parthum:
  'reddit signa Remi: mox dabit ipse sua; 80
sive aliquid pharetris Augustus parcet Eois,
  differet in pueros ista tropaea suos.
gaude, Crasse, nigras si quid sapis inter harenas:
  ire per Euphraten ad tua busta licet!'

Sic noctem patera, sic ducam carmine, donec 85
  iniciat radios in mea vina dies.

7

Sunt aliquid Manes: letum non omnia finit,
  luridaque exstinctos effugit umbra rogos.
Cynthia namque meo visa est incumbere fulcro,
  murmur ad extremae nuper humata viae,
cum mihi somnus ab exsequiis penderet amarus 5
  et quererer lecti frigida regna mei.

wäre eine Frau auf den Straßen, durch die man einst Iugurtha führte! Von diesem Ereignis erhielt «Phoibos von Actium» sein Denkmal, denn jeder Pfeil, den er verschoß, vernichtete zehn Schiffe.

Genug vom Krieg gesungen. Ein siegreicher Apollon verlangt jetzt seine Kithara und legt die Waffen ab, um an friedlichen Tänzen teilzunehmen. Jetzt dürfen sich die Gäste weißgekleidet im sanften Hain versammeln, und Rosen sollen als angenehmer Schmuck um meinen Nacken fließen; man schenke Weine ein, die in falernischen Keltern gepreßt wurden, und Safranöl aus Kilikien soll mein Haar durchtränken.

Wenn Dichter trinken, belebt die Muse ihr Genie: du pflegst ja deinen Bruder Phoibos zu inspirieren, Bakchos. Einer soll von unserem Sieg über die an Sümpfen wohnenden Sugambrer singen, ein anderer von Meroë, der Stadt des Kepheus: ein dritter möge berichten, wie die Parther erst spät durch einen Vertrag sich geschlagen erklärten: «Sie geben die römischen Feldzeichen zurück; bald liefern sie ihre eigenen aus; und wenn Augustus die orientalischen Bogenschützen noch eine Weile verschont, so wird er diese Siege seinen Enkeln vorbehalten. Freue dich, Crassus, wenn du am schwarzen Strand noch etwas empfindest: jetzt gibt es einen Weg über den Euphrat zu deinem Grab!»

So will ich die Nacht beim Trinken, so beim Dichten verbringen, bis der Tag seine Strahlen in meinen Wein taucht.

7

Es gibt wirklich Geister! Der Tod ist nicht das Ende aller Dinge, und aus dem erloschenen Scheiterhaufen entweicht ein fahler Schatten. Denn Cynthia, vor kurzem erst am Rand einer lärmigen Straße bestattet, erschien mir, wie sie sich über mein Kissen beugte, als nach ihrem Leichenbegängnis bitter der Schlaf über mir hing und ich über das frostige Reich mei-

eosdem habuit secum, quibus est elata capillos,
　　eosdem oculos; lateri vestis adusta fuit,
et solitum digito beryllon adederat ignis,
　　summaque Lethaeus triverat ora liquor.　　　　　　　　10
spirantisque animos et vocem misit, at illi
　　pollicibus fragiles increpuere manus:

'Perfide nec cuiquam melior sperande puellae,
　　in te iam vires somnus habere potest?
iamne tibi exciderunt vigilacis furta Suburae　　　　　　15
　　et mea nocturnis trita fenestra dolis,
per quam demisso quotiens tibi fune pependi
　　alterna veniens in tua colla manu?
saepe Venus trivio commissa et pectore mixto
　　fecerunt tepidas proelia nostra vias.　　　　　　　　20
foederis heu pacti! cuius fallacia verba
　　non audituri diripuere Noti.

At mihi non oculos quisquam inclamavit eunti:
　　unum impetrassem te revocante diem.
nec crepuit fissa me propter harundine custos,　　　　　25
　　laesit et obiectum tegula curta caput.
denique quis nostro curvum te funere vidit,
　　atram quis lacrimis incaluisse togam?
si piguit portas ultra procedere, at illuc
　　iussisses lectum lentius ire meum.　　　　　　　　　30
cur ventos non ipse rogis, ingrate, petisti?
　　cur nardo flammae non oluere meae?
hoc etiam grave erat, nulla mercede hyacinthos
　　inicere et fracto busta piare cado?

Lygdamus uratur, candescat lamina vernae:　　　　　　35
　　sensi ego, cum insidiis pallida vina bibi;

nes Bettes klagte. Ihr Haar war so wie an dem Tag, als man sie zu Grabe trug, ihre Augen auch; seitlich war ihr Gewand angebrannt, den Beryll, den sie, wie gewohnt, am Finger trug, hatte das Feuer angefressen, und der Rand ihrer Lippen war welk vom Wasser der Lethe. Atem und Stimme waren die einer Lebenden; ihre zerbrechlichen Hände aber schnippten mit den Daumen:

«Verräter! Keine Frau darf von dir etwas Besseres erwarten! Läßt du dich schon so bald vom Schlaf übermannen? Hast du unsere heimlichen Abenteuer in der Subura, wo niemand schläft, schon vergessen, mein Fenster auch, das sich im Dienst unserer nächtlichen Listen abgenützt hat? Wie manches Mal ließ ich ein Seil daraus hinab, klammerte mich daran und kletterte Hand über Hand in deine Umarmung! Wie oft haben wir uns an den Straßenecken geliebt und, Brust an Brust gedrängt, mit unseren Kämpfen die Straßen erwärmt! Ach, die Treue, die du mir schwörst! Deine trügerischen Worte haben die Winde, die sie nicht hören wollten, hinweggefegt.

Doch niemand rief meine Augen an, als ich verschied. Wenn du mich zurückgerufen hättest, wäre mir noch *ein* Tag vergönnt gewesen. Kein Wächter ließ neben mir sein gespaltenes Rohr zischen; eine Ziegelscherbe verwundete mein Haupt, das auf ihr lag. Hat übrigens jemand gesehen, wie du gebeugt in meinem Leichenzug gingst, wie heiße Tränen deine schwarze Toga benetzten? Wenn es dir lästig fiel, mich bis vor die Tore hinaus zu begleiten, hättest du wenigstens verlangen können, daß meine Bahre bis dorthin langsamer getragen würde. Warum hast du nicht selbst, du undankbarer Mensch, die Winde zum Scheiterhaufen gerufen? Warum dufteten meine Flammen nicht nach Nardenöl? Selbst *das* war dir zuviel, billige Hyazinthen hinzuwerfen und mein Grab zu weihen, indem du einen Krug zerbrachst?

Lygdamus soll man brennen! macht die Klinge für den Sklaven bis zur Weißglut heiß! Ich spürte es, als ich den Wein

ut Nomas arcanas tollat versuta salivas,
  dicet damnatas ignea testa manus.
quae modo per vilis inspecta est publica noctes,
  haec nunc aurata cyclade signat humum;   40
te patiente meae conflavit imaginis aurum   47
  ardente e nostro dotem habitura rogo.   48
at graviora rependit iniquis pensa quasillis,   41
  garrula de facie si qua locuta mea est;
nostraque quod Petale tulit ad monumenta coronas,
  codicis immundi vincula sentit anus;
caeditur et Lalage tortis suspensa capillis,   45
  per nomen quoniam est ausa rogare meum.   46

Non tamen insector, quamvis mereare, Properti: 49
  longa mea in libris regna fuere tuis.   50
iuro ego Fatorum nulli revolubile carmen,
  tergeminusque canis sic mihi molle sonet,
me servasse fidem. si fallo, vipera nostris
  sibilet in tumulis et super ossa cubet.

Nam geminas sedes turpem est sortita per amnem   55
  turbaque diversa remigat omnis aqua.
unda Clytaemestrae stuprum vehit altera, Cressam
  portans mentitam lignea monstra bovem.
ecce coronato pars altera rapta phaselo,
  mulcet ubi Elysias aura beata rosas,   60
qua numerosa fides quaque aera rotunda Cybebes
  mitratisque sonant Lydia plectra choris.
Andromedeque et Hypermestre sine fraude marita
  narrant historiae tempora nota suae:
haec sua maternis queritur livere catenis   65
  bracchia nec meritas frigida saxa manus;
narrat Hypermestre magnum ausas esse sorores,
  in scelus hoc animum non valuisse suum.

trank, den sein türkisches Gift verfärbte. Mag auch Nomas, diese Hexe, ihre Zaubertränke beseitigen, so wird doch ein glühender Backstein ihre Schuld offenbaren. Sie, die sich bis vor kurzem auf den Straßen für billige Liebesnächte anbot, schleift jetzt eine goldbordierte Robe am Boden. Mit deiner Erlaubnis hat sie mein goldenes Porträt eingeschmolzen, um aus meinem brennenden Scheiterhaufen eine Mitgift herauszuholen! Doch wenn eine Sklavin von meiner Schönheit geplaudert hat, wird ihr der Wollkorb zu hoch gefüllt, und sie muß größere Mengen liefern. Weil die alte Petale Kränze zu meinem Grabmal trug, liegt sie qualvoll im schmutzigen Block gefesselt. Lalage wird an ihren Zöpfen aufgehängt und ausgepeitscht, weil sie sich erkühnte, in meinem Namen um etwas zu bitten!

Doch ich mache dir keinen Vorwurf, Properz, obwohl du es wirklich verdientest. Lang dauerte meine Herrschaft in deiner Dichtung. Ich schwöre beim Gesang der Parzen, den niemand widerrufen kann, so wahr der dreiköpfige Hund mich sanft anbellen möge, daß ich dir treu blieb. Wenn ich lüge, soll eine Viper auf meinem Grabhügel zischen und über meinen Gebeinen nisten.

Denn die ganze Schar wird am Ufer des schauerlichen Flusses auf zwei verschiedene Plätze verteilt und rudert auf getrennten Wegen übers Wasser. Die eine Welle führt die Ehebrecherin Klytaimnestra, trägt die Kreterin, die sich als groteske hölzerne Kuh ausgab. Doch siehe! Da wird eine andere Gruppe auf einem bekränzten Schiff dorthin entrückt, wo selige Lüfte die Rosen von Elysium fächeln, wo melodische Saiteninstrumente und Kybeles runde Zimbeln erklingen, wo lydische Leiern die Tänze von Turbanträgern begleiten. Andromeda und Hypermestra, die treue Braut, erzählen von sich selbst die Geschichten, die man kennt: die eine klagt, daß ihre Arme sich verfärbten, weil die Mutter ihre unschuldigen Hände an kalte Felsen ketten ließ; Hypermestra erzählt, daß ihre Schwestern eine Untat begingen, während sie selber nicht den Mut zu diesem Verbrechen fand. So bestätigen wir

sic mortis lacrimis vitae sancimus amores:
 celo ego perfidiae crimina multa tuae. 70

Sed tibi nunc mandata damus, si forte moveris,
 si te non totum Chloridos herba tenet:
nutrix in tremulis ne quid desideret annis
 Parthenie: potuit, nec tibi avara fuit.
deliciaeque meae Latris, cui nomen ab usu est, 75
 ne speculum dominae porrigat illa novae.
et quoscumque meo fecisti nomine versus,
 ure mihi: laudes me sine habere meas.
pone hederam tumulo, mihi quae praegnante corymbo
 mollis contortis alliget ossa comis. 80
pomosis Anio qua spumifer incubat arvis
 et numquam Herculeo numine pallet ebur,
hic carmen media dignum me scribe columna,
 sed breve, quod currens vector ab urbe legat:
HIC TIBURTINA IACET AUREA CYNTHIA TERRA: 85
 ACCESSIT RIPAE LAUS, ANIENE, TUAE.

Nec tu sperne piis venientia somnia portis:
 cum pia venerunt somnia, pondus habent.
nocte vagae ferimur, nox clausas liberat umbras,
 errat et abiecta Cerberus ipse sera. 90
luce iubent leges Lethaea ad stagna reverti:
 nos vehimur, vectum nauta recenset onus.

Nunc te possideant aliae; mox sola tenebo:
 mecum eris, et mixtis ossibus ossa teram.'

Haec postquam querula mecum sub voce peregit, 95
 inter complexus excidit umbra meos.

mit den Tränen des Todes die Leidenschaften des Lebens. Vieles, was ich dir vorwerfen könnte, Verräter, verschweige ich.

Jetzt aber habe ich noch Aufträge für dich, wenn du dich rühren läßt, wenn Chloris' magisches Kraut dich nicht ganz gefangen hält. Meine Amme Parthenië soll, alt und zittrig wie sie ist, nichts entbehren; sie hätte dir gegenüber habgierig sein können, war es aber nie. Mein Liebling Latris, die nach ihren Diensten so benannt ist, soll für keine neue Herrin den Spiegel halten. Verbrenne für mich alle Verse, die du in meinem Namen gemacht hast: laß mir meinen eigenen Ruhm. Auf mein Grab pflanz Efeu, der sich mit seinen trächtigen Blütentrauben an den gewundenen Ranken weich um meine Gebeine schlingen möge. Wo der schäumende Anio Obstgärten bewässert und durch Herakles' göttliche Gnade Elfenbein nie seinen Glanz verliert, dort setze mitten auf eine Säule ein Gedicht, das meiner würdig ist, aber ein kurzes, damit der Reisende, der eilig von der Stadt her kommt, es lesen kann: ‹Hier ruht in Tiburs Erde die goldene Cynthia. Neuer Ruhm kam zu deinem Ufer, Anio.›

Verschmähe nicht die Träume, die aus dem Tor der Guten kommen; wenn gute Träume kommen, so haben sie Gewicht. Nachts schwärmen wir herum: die Nacht befreit die Schatten, die sonst eingeschlossen sind, und selbst Kerberos rennt umher, wenn der Riegel fällt. Das Gesetz zwingt uns, im Morgenlicht zum Gewässer der Unterwelt zurückzukehren: wir setzen über; der Fährmann zählt die Ladung nach, die er an Bord hat.

Mögen andere Frauen dich jetzt besitzen, so werde ich bald allein dich behalten: bei mir wirst du sein, und mein Skelett wird dein Skelett eng umschlungen reiben.»

Nachdem ihr Schatten dies leise klagend vorgetragen hatte, entglitt er meinen Armen.

8

Disce, quid Esquilias hac nocte fugarit aquosas,   1
  cum vicina Novis turba cucurrit Agris,   2
turpis in arcana sonuit cum rixa taberna;   19
  si sine me, famae non sine labe meae.   20

Lanuvium annosi vetus est tutela draconis;   3
  huc, ubi tam rarae non perit hora morae,
(qua sacer abripitur caeco descensus hiatu,   5
  qua penetrat – virgo, tale iter omme cave! –
ieiuni serpentis honos, cum pabula poscit
  annua et ex ima sibila torquet humo.
talia demissae pallent ad sacra puellae,
  cum tenera anguino raditur ore manus.   10
ille sibi admotas a virgine corripit escas:
  virginis in palmis ipsa canistra tremunt.
si fuerint castae, redeunt in colla parentum,
  clamantque agricolae: 'fertilis annus erit')

Huc mea detonsis advecta est Cynthia mannis: 15
  causa fuit Iuno, sed mage causa Venus.
Appia, dic quaeso, quantum te teste triumphum
  egerit effusis per tua saxa rotis!   18
spectaclum ipsa sedens primo temone pependit   21
  ausa per impuros frena movere iocos.
serica nam taceo vulsi carpenta nepotis
  atque armillatos colla Molossa canis,
qui dabit immundae venalia farta saginae,   25
  vincet ubi erasas barba pudenda genas.

Cum fieret nostro totiens iniuria lecto,
  mutato volui castra movere toro.

8

Vernimm, was letzte Nacht das brunnenreiche Esquilinquartier in die Flucht trieb, als die Leute, die in der Nähe der «Neuen Äcker» wohnen, davon rannten, als in einer versteckten Kneipe ein häßlicher Streit lärmte, wenn auch ohne mich, so doch nicht ohne Schaden für meinen Ruf.

Lanuvium steht seit Urzeiten unter dem Schutz eines alten Drachens. Hierhin, wo es sich lohnt, eine Stunde zu verbringen; man kommt ja nur selten dorthin (wo der heilige Weg plötzlich in einem dunklen Loch verschwindet, in dem – Mädchen, sei vorsichtig auf allen solchen Wegen – die Opfergabe für das hungrige Gewürm hineingetragen wird, wenn es alljährlich sein Futter verlangt und aus dem Erdinnern sein langgedehntes Pfeifen ertönen läßt; die Mädchen, die man für solche Riten hinabschickt, sind schreckensbleich, wenn ihre zarte Hand vom Maul der Schlange gestreift wird; diese schnappt nach dem Fressen, das ihr die Jungfrau hinhält; in den Händen der Jungfrau zittert selbst das Körbchen; waren sie keusch, so kehren sie in die Arme der Eltern zurück, und die Bauern rufen: «Es wird ein fruchtbares Jahr!»).

dorthin also fuhr meine Cynthia mit ihren gestutzten Ponys: Iuno war der Vorwand, der wahre Grund – Venus! Künde mir, Appische Straße, ich bitte dich, denn du warst Zeuge, welch einen Triumph sie feierte, als sie mit rasenden Rädern über dein Pflaster fuhr! Sie selbst bot ein Schauspiel, vorn über die Deichsel gebeugt, unbeeindruckt ihre Zügel zwischen schmutzigen Witzen hindurch lenkend. Ich sage nichts von dem mit Seide tapezierten Wägelchen des Playboys mit ausgezupftem Körperhaar und von seinen Molosserhunden mit Armspangen um den Hals; eines Tages, wenn zu seiner Beschämung ein Bart seine glatten Wangen besiegt, wird er sich um abstoßende Gladiatorenkost verdingen.

Da mein Bett so oft gekränkt worden war, beschloß ich, mein Lager zu dislozieren und meine Zelte anderswo aufzuschla-

Phyllis Aventinae quaedam est vicina Dianae,
   sobria grata parum: cum bibit, omne decet.   30
altera Tarpeios est inter Teia lucos,
   candida, sed potae non satis unus erit.
his ego constitui noctem lenire vocatis,
   et Venere ignota furta novare mea.
unus erat tribus in secreta lectulus umbra.   35
   quaeris concubitus? inter utramque fui.
Lygdamus ad cyathos, vitrique aestiva supellex,
   et Methymnaei grata saliva meri.

Miletus tibicen erat, crotalistria Byblis,
   (haec facilis spargi munda sine arte rosa)   40
Magnus et ipse suos breviter concretus in artus
   iactabat truncas ad cava buxa manus.

Sed neque suppletis constabat flamma lucernis,
   reccidit inque suos mensa supina pedes.
me quoque per talos Venerem quaerente secundam   45
   semper damnosi subsiluere canes.
cantabant surdo, nudabant pectora caeco:
   Lanuvii ad portas, ei mihi, totus eram,

Cum subito rauci sonuerunt cardine postes
   nec levia ad primos murmura facta Lares.   50
nec mora cum totas resupinat Cynthia valvas
   non operosa comis, sed furibunda decens.
pocula mi digitos inter cecidere remissos,
   pallueruntque ipso labra soluta mero.
fulminat illa oculis et quantum femina saevit,   55
   spectaclum capta nec minus urbe fuit.
Phyllidos iratos in vultum conicit unguis,
   territa 'vicini' Teia clamat 'aquam!'

gen. Da gibt es eine namens Phyllis, die beim Dianatempel auf dem Aventin wohnt; nüchtern hat sie wenig Charme, doch wenn sie getrunken hat, ist sie ganz reizend. Eine andere heißt Teia und wohnt zwischen den tarpejischen Hainen: ein heiteres Kind, aber wenn sie betrunken ist, dürfte einer allein ihr nicht genügen. Ich beschloß, die beiden einzuladen, um mir eine angenehme Nacht zu leisten und meine Liebesspiele durch neue Erfahrungen zu bereichern. Ein Sofa, im Schatten versteckt, diente für alle drei. Möchtest du wissen, wie wir lagen? Ich zwischen den beiden Frauen. Lygdamos diente als Kellner; die sommerliche Gläsergarnitur stand da, sowie ein voller, würziger Wein von Methymna.

Miletus war der Flötist, Byblis klapperte mit den Kastagnetten (sie ist nett und kunstlos und läßt sich gern mit Rosenblättern bewerfen), und Magnus, dessen Glieder verwachsen und zu kurz geraten sind, schlenkerte seine Stummelarme zum Klang der hohlen Hölzer.

Obwohl die Lampe frisch gefüllt war, brannte die Flamme unruhig; der Tisch stürzte um und fiel auf seine eigenen Beine. Ich versuchte, beim Würfeln die glückbringende «Venus» herauszuholen, aber immer hüpften die fatalen «Hunde» auf. Ich war taub für ihr Singen, blind für ihre entblößten Brüste: alle meine Gedanken waren, ach! bei den Toren von Lanuvium.

Da kreischten plötzlich schrill die Angeln an der Haustür, und am Eingang erhob sich lauter Lärm. Gleich darauf warf Cynthia die Türflügel auf, und zwar nicht kunstvoll frisiert, doch schön in ihrer Wut. Meine Finger erlahmten, der Becher fiel zu Boden, meine vom Wein erschlafften Lippen wurden blaß. Ihre Augen schleudern Blitze, sie tobt, wie nur eine Frau toben kann: ein Schauspiel nicht minder furchtbar als die Eroberung einer Stadt! Wütend fährt sie mit den Fingernägeln Phyllis ins Gesicht, und Teia schreit voller Entsetzen: «Nachbarn! Wasser!» Fackeln, die herausgetragen wer-

lumina sopitos turbant elata Quiritis,
    omnis et insana semita voce sonat.   60
illas direptisque comis tunicisque solutis
    excipit obscurae prima taberna viae.

Cynthia gaudet in exuviis victrixque recurrit
    et mea praeversa sauciat ora manu,
imponitque notam collo morsuque cruentat,   65
    praecipueque oculos, qui meruere, ferit.
atque ubi iam nostris lassavit bracchia plagis,
    Lygdamus ad plutei fulcra sinistra latens
eruitur, geniumque meum prostratus adorat.
    (Lygdame, nil potui: tecum ego captus eram.)   70

Supplicibus palmis tum demum ad foedera veni,
    cui vix tangendos praebuit illa pedes,
atque ait: 'admissae si vis me ignoscere culpae,
    accipe, quae nostrae formula legis erit.
tu neque Pompeia spatiabere cultus in umbra,   75
    nec cum lascivum sternet harena forum.
colla cave inflectas ad summum obliqua theatrum
    nec lectica tuae se det aperta morae.
Lygdamus in primis, omnis mihi causa querelae,
    veneat et pedibus vincula bina trahat.'   80

Indixit legem; respondi ego: 'legibus utar.'
    riserat imperio facta superba dato.
dein, quemcumque locum externae tetigere puellae,
    suffiit ac pura limina tergit aqua,
imperat et totas iterum mutare lacernas,   85
    terque meum tetigit sulpuris igne caput.
atque ita mutato per singula pallia lecto
    ascendi et toto solvimus arma toro.

den, wecken schlafende Bürger, und die ganze Straße lärmt von tollem Geschrei. Die Damen rennen mit zerrauftem Haar und zerrissenen Unterkleidern davon und finden in der ersten besten Kneipe einer dunklen Nebenstraße Zuflucht.

Cynthia freut sich an ihrer Beute, eilt als Siegerin zurück, schlägt mir mit dem Handrücken ins Gesicht, drückt mir blutige Bißmale in den Hals und fährt mir immer wieder in die schuldbewußten Augen. Wie endlich ihre Arme von den ausgeteilten Schlägen müde sind, wird Lygdamos aufgestöbert, der sich hinter der linken Sofalehne versteckt hat und sich vor mir zu Boden wirft und mich bei meinem Genius anfleht. (Lygdamos, ich war machtlos: man hat uns beide zusammen erwischt!)

Mit flehend erhobenen Händen unterwarf ich mich schließlich einem Waffenstillstand, wobei sie mir kaum erlaubte, ihre Füße zu berühren. Sie sprach: «Wenn du willst, daß ich dir die Schuld verzeihen soll, die du auf dich geladen hast, so vernimm, welche Bedingungen ich stellen muß. Du darfst nicht mehr elegant im Schatten der Pompeiushalle noch auf dem lüsternen Forum, wenn es mit Sand bestreut ist, spazieren gehen. Hüte dich, im Theater den Hals nach den obersten Reihen zu verrenken oder zu verweilen, wenn eine offene Sänfte dich dazu einlädt. Lygdamos vor allem, der mir allen Grund zum Klagen gibt, soll verkauft werden und an den Füßen doppelte Ketten schleppen.»

Sie nannte ihre Bedingungen; ich antwortete: «Deine Bedingungen nehme ich an.» Sie lachte vor Stolz auf die Macht, die ihr verliehen wurde. Dann räucherte sie alle Stellen aus, die von den weiblichen Gästen berührt worden waren, aber die Schwelle säuberte sie mit reinem Wasser; sie befahl mir auch, sämtliche Decken auszuwechseln, und dreimal betupfte sie mit brennendem Schwefel mein Haupt. Nachdem wir so das ganze Bettzeug erneuert hatten, gelobte ich Gehorsam, und übers ganze Bett hin begruben wir unseren Krieg.

9

Amphitryoniades qua tempestate iuvencos
  egerat a stabulis huc, Erythea, tuis,
venit ad invictos pecorosa Palatia montis,
  et statuit fessos fessus et ipse boves,
qua Velabra suo stagnabant flumine, quaque   5
  nauta per urbanas velificabat aquas.

Sed non infido manserunt hospite Caco
  incolumes: furto polluit ille Iovem.
incola Cacus erat, metuendo raptor ab antro
  per tria partitos qui dabat ora sonos.   10
hic, ne certa forent manifestae signa rapinae,
  aversos cauda traxit in antra boves;
nec sine teste deo: furtum sonuere iuvenci,
  furis et implacidas diruit ira fores.
Maenalio iacuit pulsus tria tempora ramo   15
  Cacus, et Alcides sic ait: 'ite boves,
Herculis ite boves, nostrae labor ultime clavae.
  bis mihi quaesiti, bis mea praeda, boves,
arvaque mugitu sancite Bovaria longo:
  nobile erit Romae pascua vestra Forum.'   20

Dixerat, at sicco torret sitis ora palato,
  terraque non ullas usta ministrat aquas.
sed procul inclusas audit ridere puellas,
  lotos ubi umbroso fecerat ore nemus,
femineae loca clausa deae fontisque piandos   25
  impune et nullis sacra retecta viris.
devia puniceae velabant limina vittae,
  turis odorato luxerat igne casa,
populus et longis ornabat frondibus aedem,
  multaque cantantis umbra tegebat avis.   30

Huc ruit in siccam congesta pulvere barbam,
  et iacit ante fores verba minora deo:

9

Damals, als der Sohn Amphitryons von deinen Weideplätzen, Erythea, die jungen Stiere hierher trieb, kam er zum Palatin, dem unbesiegten Berg, auf dem viele Schafe grasten, und ließ, selber müde, die müden Rinder dort lagern, wo das Velabrum seine Strömung aufstaute und wo (damals) Schiffer mitten in der (heutigen) Stadt übers Wasser segelten.

Weil Cacus aber ein falscher Gastfreund war, blieben die Rinder nicht unbehelligt; er beleidigte Iuppiter durch seinen Raub. Cacus wohnte dort, ein Räuber, der von seiner gefürchteten Höhle aus drei Mäulern ein dreistimmiges Gebrüll ausstieß. Damit die Spuren seines eindeutigen Diebstahls nicht offenkundig seien, zog er die Rinder rückwärts an den Schwänzen in seine Höhle. Der Gott aber war Zeuge: durch ihr Brüllen verrieten die Stiere den Raub, und (göttlicher) Zorn zerschlug das grausame Tor des Räubers. Von der mainalischen Keule an seinen drei Schläfen getroffen lag Cacus tot, und der Alkide sprach: «Geht jetzt, Rinder, Herakles' Rinder, geht! das ist meines Knüttels letztes Werk. Zweimal, Rinder, habe ich euch gesucht und zweimal erbeutet: Weiht jetzt mit langem Brüllen die ‹Rindertriften› ein. Eure Weide wird einst Roms berühmter Marktplatz sein.»

So sprach er, doch Durst quälte seinen trockenen Gaumen, und die ausgedörrte Erde bot ihm kein Wasser dar. Da hört er in der Ferne in einem umhegten Bezirk Mädchen lachen, wo Dattelpflaumenbäume mit ihrem schattigen Rund ein Wäldchen bildeten, den abgeschlossenen Ort einer Frauen-Göttin, eine heilige Quelle und einen Kult, der noch nie ungestraft einem Mann enthüllt worden war. Den abgelegenen Zugang verdeckten Purpurschleier, und aus einer Hütte leuchtete Feuer, das von Weihrauch duftete. Eine Pappel schmückte mit ihren länglichen Blättern den Tempel, und dichter Schatten verbarg singende Vögel.

Hierhin stürzt er mit ausgetrocknetem, staubverkrustetem Bart und stößt am Eingang Worte aus, eines Gottes nicht

'vos precor, o luci sacro quae luditis antro,
   pandite defessis hospita fana viris.
fontis egens erro circum antra sonantia lymphis,   35
   et cava succepto flumine palma sat est.
audistisne aliquem, tergo qui sustulit orbem?
   ille ego sum: Alciden terra recepta vocat.
quis facta Herculeae non audit fortia clavae
   et numquam ad vastas irrita tela feras,   40
atque uni Stygias homini luxisse tenebras?
   [accipite: haec fesso vix mihi terra patet.]   42
angulus hic mundi nunc me mea fata trahentem   65
   accipit: haec fesso vix mihi tecta patent.   66
quod si Iunoni sacrum faceretis amarae,   43
   non clausisset aquas ipsa noverca suas.
sin aliquam vultusque meus saetaeque leonis   45
   terrent et Libyco sole perusta coma,
idem ego Sidonia feci servilia palla
   officia et Lydo pensa diurna colo,
mollis et hirsutum cepit mihi fascia pectus,
   et manibus duris apta puella fui.'   50

Talibus Alcides; at talibus alma sacerdos
   puniceo canas stamine vincta comas:
'parce oculis, hospes, lucoque abscede verendo:
   cede agedum, et tuta limina linque fuga.
interdicta viris metuenda lege piatur   55
   quae se summota vindicat ara casa.
magno Tiresias aspexit Pallada vates,
   fortia dum posita Gorgone membra lavat.
di tibi dent alios fontis: haec lympha puellis
   avia secreti limitis una fluit.'   60

Sic anus: ille umeris postis concussit opacos,
   nec tulit iratam ianua clausa sitim.

würdig: «Ich bitte euch, die ihr im schattigen Gewölbe des geweihten Hains spielt, öffnet gastlich euer Heiligtum einem erschöpften Mann! Ich dürste nach einer Quelle und irre in einem Tal umher, das von Gewässern rauscht; mir genügt das Rinnsal, das ich mit der hohlen Hand schöpfen kann. Habt ihr von einem gehört, der die Welt auf dem Rücken trug? Der bin ich. ‹Alcides› nennt mich die Welt, die ich erlöst habe. Wer hat nicht von den gewaltigen Taten gehört, die Herakles' Keule vollbrachte, von seinen Pfeilen, die nie erfolglos auf riesige Bestien abgeschossen wurden, und daß für mich allein die Finsternis des Styx sich erhellte? [Nehmt mich auf: ich bin müde, und diese Erde ist mir kaum zugänglich.] Diese Ecke der Welt nimmt mich jetzt auf, während ich mein Leben dahinschleppe: ich bin müde, und diese Häuser öffnen sich mir kaum. Auch wenn ihr der grausamen Iuno dientet, würde selbst sie, die Stiefmutter, ihre Quellen nicht vor mir verschließen. Wenn eine Frau vor meinem Antlitz, vor der Mähne des Löwen, vor meinem Haar erschrickt, das in Libyens Sonne verbrannt wurde: ich war es auch, der in purpurnen Gewändern Sklavendienste leistete und in Lydien täglich am Rocken spann; ein weiches Busenband umfing meine behaarte Brust, und trotz meiner schwieligen Hände war ich als Sklavin ganz brauchbar.»

So sprach der Alkide. Ihm antwortete die gütige Priesterin, deren weißes Haar ein purpurroter Schleier umwand: «Schau nicht hin, Fremder, und weiche aus dem heiligen Hain! Ich sage dir: weiche! Geh! nur die Flucht kann dich retten. Dieser Altar, der sich in einer abgelegenen Hütte vor Entheiligung schützt, ist Männern unzugänglich; denn so fordert es ein furchtbares Gesetz. Der Seher Teiresias mußte es teuer bezahlen, als er Pallas erblickte, wie sie ihren kraftvollen Körper badete, nachdem sie die Gorgo abgelegt hatte. Mögen die Götter dir andere Quellen geben! Dieses Wasser fließt abseits der Straße in seinem verborgenen Rinnsal nur für Frauen.»

So sprach die Greisin. Er aber warf mit den Schultern die umschatteten Pfosten um, und das verriegelte Tor widerstand

at postquam exhausto iam flumine vicerat aestum,
   ponit vix siccis tristia iura labris: 64
'Maxima quae gregibus devota est Ara repertis, 67
   ara per has' inquit 'maxima facta manus,
haec nullis umquam pateat veneranda puellis,
   Herculis aeternum ne sit inulta sitis.' 70

hunc, quoniam manibus purgatum sanxerat orbem, 73
   sic Sancum Tatiae composuere manus. 74
Sance pater, salve, cui iam favet aspera Iuno: 71
   Sance, velis libro dexter inesse meo. 72

10

Nunc Iovis incipiam causas aperire Feretri
   armaque de ducibus trina recepta tribus.
magnum iter ascendo, sed dat mihi gloria vires:
   non iuvat e facili lecta corona iugo.

Imbuis exemplum primae tu, Romule, palmae 5
   huius, et exuvio plenus ab hoste redis,
tempore quo portas Caeninum Acrona petentem
   victor in eversum cuspide fundis equum.
Acron Herculeus Caenina ductor ab arce,
   Roma, tuis quondam finibus horror erat! 10
hic spolia ex umeris ausus sperare Quirini
   ipse dedit, sed non sanguine sicca suo.
hunc videt ante cavas librantem spicula turris
   Romulus et votis occupat ante ratis:
'Iuppiter, hic hodie tibi victima corruat Acron.' 15
   voverat, et spolium corruit ille Iovi.
urbis virtumque parens sic vincere suevit,
   qui tulit a parco frigida castra lare.

nicht seinem Durst, seinem Zorn. Doch nachdem er seinen Brand gelöscht und das Rinnsal leer getrunken hatte, erließ er, noch bevor seine Lippen ganz trocken waren, ein strenges Gebot: «Der ‹Größte Altar›, den ich gelobt hatte, um meine Herden wiederzufinden», sprach er, «der Altar, der durch meiner Hände Werk der ‹Größte› wurde, soll Frauen niemals zur Verehrung offen stehen, damit die Strafe für Herakles' Durst ewig währe!»

Weil er mit seinen Händen den Erdkreis gereinigt und geheiligt hatte, schufen sabinische Hände ihn in dieser Gestalt, als «Heiligenden». Heiligender Vater, dem schon die grimmige Iuno gewogen ist, sei mir gegrüßt! Heiligender, sei gnädig gegenwärtig in meinem Buch!

10

Jetzt gehe ich dazu über, die Ursprünge von Iuppiter Feretrius und die drei Beutestücke, die er von drei Anführern empfing, darzulegen. Der Weg, auf dem ich wandere, ist steil, doch der Ruhm gibt mir Kraft: der Kranz, den man auf einer sanften Höhe pflückt, bedeutet mir nichts.

Romulus, du gibst das erste Beispiel für diesen Siegespreis und kehrst beladen mit Beute vom Feind zurück, da Acron von Caenina vor die Tore (Roms) zieht und du ihn siegreich mit deinem Speer auf sein gestürztes Pferd wirfst. Acron, ein Nachkomme von Herakles, der Häuptling aus der Burg von Caenina, war damals für dein Gebiet ein Schrecken, Rom! Er hatte gewagt, auf die Rüstung, die Quirinus trug, zu hoffen, und gab die seine hin, aber von seinem Blut bespritzt! Romulus sieht, wie er vor den gewölbten Türmen seinen Wurfspieß schwingt, und kommt dem anderen mit einem Gelübde zuvor, das erhört wurde: «Iuppiter, heute soll dir Acron hier zum Opfer fallen!» Er gelobte es, und jener fiel Iuppiter zur Beute. So pflegte er zu siegen, der Vater Roms und seiner Tugenden, der von seiner bescheidenen Behausung her die Kälte

idem eques effrenis, idem fuit aptus aratris,
   et galea hirsuta compta lupina iuba.   20
picta neque inducto fulgebat parma pyropo:
   praebebant caesi baltea lenta boves.
necdum ultra Tiberim belli sonus, ultima praeda   25
   Nomentum et captae iugera terna Corae.   26

Cossus at insequitur Veientis caede Tolumni,   23
   vincere cum Veios posse laboris erat.   24
heu Veii veteres! et vos tum regna fuistis,
   et vestro posita est aurea sella foro:
nunc intra muros pastoris bucina lenti
   cantat, et in vestris ossibus arva metunt.   30
forte super portae dux Veiens astitit arcem,
   colloquiumque astu fretus ab urbe dedit.
dumque aries murum cornu pulsabat aeno,
   vinea qua ductum longa tegebat opus,
Cossus ait: 'fortis melius concurrere campo'   35
   nec mora fit, plano sistit uterque gradum.
di Latias iuvere manus: desecta Tolumni
   cervix Romanos sanguine lavit equos.

Claudius at Rheno traiectos arcuit hostis,
   Belgica cui vasti parma relata ducis   40
Virdomari: genus hic Brenno iactabat ab ipso,
   mobilis e Raetis fundere gaesa rotis.
illi virgatas maculanti sanguine bracis
   torquis ab incisa decidit unca gula.

Nunc spolia in templo tria condita: causa Feretri,   45
   omine quod certo dux ferit ense ducem;

im Kriegsdienst leicht ertrug. Als Reiter war er geschickt mit
wilden Pferden, doch auch am Pflug geschickt; sein Helm aus
Wolfsfell war mit einem struppigen Busch geschmückt. Sein
Rundschild funkelte nicht von buntem, goldbronziertem
Lack; geschlachtete Rinder lieferten das zähe Wehrgehenk.
Noch hörte man am anderen Ufer des Tibers keinen Kriegslärm, und die letzte Beute waren Nomentum und das eroberte Cora, drei Morgen Land.

Jetzt kommt Cossus, der Tolumnius von Veii fällte, als es
noch eine Leistung war, Veii zu besiegen! Ach, altes Veii, damals warst auch du ein Königreich, und auf deinem Marktplatz stand der goldene Thron. Jetzt ertönt in deinen Mauern
das Horn eines trägen Hirten, und über deinen Gräbern
erntet man die Felder ab. Es ergab sich, daß der Herrscher
von Veii sich oben auf den Torturm hin stellte und im
Vertrauen auf seine List verhandelte. Während der Sturmbock mit seinem ehernen Sporn immer wieder dort an die
Mauer stieß, wo ein langes Schutzdach das herangeführte
Material überdeckte, sprach Cossus: «Tapfere sollten auf
offenem Feld kämpfen!» Sogleich stellten beide sich auf der
Ebene hin. Die Götter halfen den Männern von Latium: Tolumnius' durchhauener Nacken bespritzte die römischen
Pferde mit Blut.

Claudius aber wehrte den Feind ab, der den Rhein überquert
hatte, und brachte den belgischen Rundschild des riesigen
Häuptlings Viridomarus zurück. Dieser rühmte sich, von
Brennus selber abzustammen und verstand es, in voller Fahrt
von seinem rätischen Wagen aus Speere zu verschießen. Als
er seine gestreiften Hosen mit seinem eigenen Blut befleckte,
fiel ihm von seinem durchschnittenen Nacken die gekrümmte Kette zu Boden.

Jetzt werden im Tempel drei Beutestücke aufbewahrt. Der
Name «Feretrius» kommt daher, daß unter günstigen Vorzeichen ein Anführer den Anführer «traf», oder der stolze
Altar des Iuppiter «Feretrius» hat seinen Namen daher, daß

seu, quia victa suis umeris haec arma ferebant,
  hinc Feretri dicta est ara superba Iovis.

11

Desine, Paulle, meum lacrimis urgere sepulcrum:
  panditur ad nullas ianua nigra preces;
cum semel infernas intrarunt funera sedes,
  non exorando stant adamante viae.
te licet orantem fuscae deus audiat aulae: 5
  nempe tuas lacrimas litora surda bibent.
vota movent superos: ubi portitor aera recepit,
  obserat herbosos lurida porta locos.
sat maestae cecinere tubae, cum subdita nostrum
  detraheret lecto fax inimica caput.   10

Quid mihi coniugium Paulli, quid currus avorum
  profuit aut famae pignora tanta meae?
num minus immitis habuit Cornelia Parcas?
  en sum, quod digitis quinque legatur, onus.
damnatae noctes et vos, vada lenta, paludes,   15
  et quaecumque meos implicat ulva pedes,
immatura licet, tamen huc non noxia veni:
  nec precor huic umbrae mollia iura meae.

At si quis posita iudex sedet Aeacus urna,
  is mea sortita vindicet ossa pila;   20
assideant fratres iuxta et Minoida sellam
  Eumenidum intento turba severa foro.

Sisyphe, mole vaces, taceant Ixionis orbes,
  fallax Tantaleo corripere ore liquor,
Cerberus et nullas hodie petat improbus umbras,   25
  et iaceat tacita laxa catena sera.
ipsa loquor pro me, si fallo, poena sororum
  infelix umeros urgeat urna meos.

der Sieger die Waffen des Besiegten auf seinen Schultern «trug».

11

Hör auf, Paullus, mit deinen Tränen mein Grab zu bestürmen; die schwarze Pforte öffnet sich keinem Flehen. Wenn die Toten einmal die Unterwelt betreten haben, ist der Zugang mit unerbittlichem Stahl versperrt. Mag auch der Gott des dunklen Palastes dich hören, so werden doch taube Ufer deine Tränen trinken. Gebete rühren nur die oberen Götter: sobald der Fährmann seine Münze empfangen hat, schließt eine düstere Pforte die grasbewachsenen Orte ab. Die Trauertrompeten tönten lange genug, als die grausame Fackel, unter die Bahre gehalten, das, was ich war, entriß.

Was hat die Ehe mit Paullus, was haben die Triumphwagen meiner Ahnen, was die gewichtigen Bürgen meines guten Rufes mir genützt? Fand Cornelia die Parzen etwa weniger grausam? Siehe, ich bin eine Last, die man mit fünf Fingern auflesen kann. Ihr Nächte der Verdammten, ihr Sümpfe, träge Gewässer, Sumpfgras, das sich um meine Füße schlingt: vor meiner Zeit kam ich hierher, doch schuldlos, und für meinen Schatten brauche ich nicht um ein mildes Urteil zu bitten.

Doch wenn dort ein Aiakos zu Gericht sitzt und die Urne vor ihm steht, soll er, wenn das Los gezogen wurde, über meinen Schatten das Urteil fällen; seine Brüder sollen die Beisitzer sein, und neben Minos' Sessel soll die strenge Schar der Eumeniden stehen, während der Gerichtssaal voller Spannung zuhört.

Sisyphos, ruh dich aus von deiner Last; Ixions Rad soll schweigen; laß dich von Tantalos' Mund erhaschen, trügerisches Wasser; heute soll der böse Kerberos keine Schatten jagen, und seine Kette möge schlaff am stummen Riegel hängen. Ich spreche für mich selbst. Wenn ich lüge, soll der quälende Krug, die Strafe der Schwestern, auf meinen Schultern lasten.

Si cui fama fuit per avita tropaea decori,
  nostra Numantinos signa loquuntur avos;   30
altera maternos exaequat turba Libones,
  et domus est titulis utraque fulta suis.

Mox, ubi iam facibus cessit praetexta maritis,
  vinxit et acceptas altera vitta comas,
iungor, Paulle, tuo sic descessura cubili,   35
  ut lapide hoc uni nupta fuisse legar.
testor maiorum cineres tibi, Roma, colendos,
  sub quorum titulis, Africa, tunsa iaces,
te, Perseu, proavi simulantem pectus Achilli
  quique tuas proavo fregit Achille domos,   40
me neque censurae legem mollisse, neque ulla
  labe mea vestros erubuisse focos.
non fuit exuviis tantis Cornelia damnum,
  quin et erat magnae pars imitanda domus.

Nec mea mutata est aetas, sine crimine tota est: 45
  viximus insignes inter utramque facem.
mi natura dedit leges a sanguine ductas,
  nec possis melior iudicis esse metu.
quamlibet austeras de me ferat urna tabellas:
  turpior assessu non erit ulla meo.   50
vel tu, quae tardam movisti fune Cybelen,
  Claudia, turritae rara ministra deae,
vel cuius castos cum Vesta reposceret ignis,
  exhibuit vivos carbasus alba focos.

Nec te, dulce caput, mater Scribonia, laesi: 55
  in me mutatum quid nisi fata velis?
maternis laudor lacrimis Urbisque querelis,
  defensa et gemitu Caesaris ossa mea.

Wenn jemand sich mit dem Ruhm schmücken darf, der durch die Siegesbeute von Ahnen gewonnen wurde, so sprechen unsere Statuen von Vorfahren, die Numantia eroberten. Die andere Reihe ist den Libonen auf der Mutterseite ebenbürtig, und beide Häuser stützen sich auf Ehrentitel.

Als dann das Mädchenkleid den Hochzeitsfackeln wich und ein zweiter Schleier mein Haar umfaßte und es band, vermählte ich mich, Paullus, mit dir, und zwar durfte ich so dein Bett verlassen, daß man auf diesem Stein lesen kann, ich sei nur mit *einem* Mann verheiratet gewesen. Bei der Asche meiner Ahnen, denen du Verehrung schuldest, Rom, unter deren ruhmvollen Taten du in Trümmern liegst, Afrika, und bei dem Mann, der Perses, obwohl er den Heldenmut seines Ahnherrn Achilles vortäuschte, schlug, ihn und sein Haus, trotz des Ahnhern Achilles, schwöre ich, daß ich nie den Anlaß gab, die Sittengesetze zu lockern, und daß euer Hausaltar nie zu erröten brauchte, weil ich ihn befleckte. Diesen gewichtigen Trophäen tat Cornelia keine Schande an; im Gegenteil: in einem großen Haus war sie selbst ein Vorbild.

Im Lauf meines Lebens habe ich mich nicht verändert: völlig makellos steht es da: zwischen Hochzeits- und Sterbefackel war mein Leben bemerkenswert. Die Natur verlieh mir Lebensregeln, die aus meinem Blut stammen: aus Furcht vor einem Richter könnte man nicht besser sein. Mag über mich das Urteil aus der Urne noch so streng sein, so braucht sich keine Frau zu schämen, neben mir zu sitzen, du zum Beispiel, Claudia, einzigartige Priesterin der Göttin mit der Mauerkrone, die du Kybele, als ihre Fahrt stockte, am Seil zogst, oder du, deren Schleier aus weißem Leinen, als Vesta Rechenschaft über ihr keusches Feuer verlangte, bewies, daß der Altar noch lebte.

Auch dich, Scribonia, meine liebe Mutter, habe ich nie gekränkt. Was möchtest du anders an mir sehen als meinen (frühen) Tod? Die Tränen meiner Mutter und die Klagen der Stadt verkünden mein Lob, und Caesars Seufzen verteidigt

ille sua nata dignam vixisse sororem
    increpat, et lacrimas vidimus ire deo. 60
vidimus et fratrem sellam geminasse curulem, 65
    consul quo factus tempore, rapta soror. 66

Et tamen emerui generosae vestis honores, 61
    nec mea de sterili facta rapina domo.
tu Lepide, et tu, Paulle, meum post fata levamen,
    condita sunt vestro lumina nostra sinu. 64
filia, tu specimen censurae nata paternae, 67
    fac teneas unum nos imitata virum, 68
haec est feminei merces extrema triumphi, 71
    laudat ubi emeritum libera fama torum. 72
et serie fulcite genus: mihi cumba volenti 69
    solvitur aucturis tot mea facta meis. 70
et bene habet: numquam matri lugubria sumpta: 97
    venit in exequias tota caterva meas. 98

Nunc tibi commendo communia pignora natos: 73
    haec cura et cineri spirat inusta meo.
fungere maternis vicibus, pater: illa meorum 75
    omnis erit collo turba ferenda tuo.
oscula cum dederis tua flentibus, adice matris:
    tota domus coepit nunc onus esse tuum.
et si quid doliturus eris, sine testibus illis!
    cum venient, siccis oscula fige genis! 80
sat tibi sint noctes, quas de me, Paulle, fatiges,
    somniaque in faciem credita saepe meam:
atque ubi secreto nostra ad simulacra loqueris,
    ut responsurae singula verba iace.

Seu tamen adversum mutarit ianua lectum, 85
    sederit et nostro cauta noverca toro,
coniugium, pueri, laudate et ferte paternum:
    capta dabit vestris moribus illa manus.

meinen Schatten. Schmerzlich ruft er aus, ich sei würdig gewesen, die Tochter seiner Schwester zu sein, und da sahen wir einen Gott weinen! Wir erlebten es auch, daß mein Bruder zweimal den curulischen Sessel einnahm; als man ihn zum Konsul wählte, wurde ihm die Schwester entrissen.

Und dennoch habe ich die Ehrung des Mutterkleids verdient, und das Haus, dem ich genommen wurde, war nicht kinderlos. Du, Lepidus, und du, Paullus, mein Trost nach meinem Tod: in euren Armen schloß ich meine Augen. Tochter, als Beispiel der Zensorwürde deines Vaters geboren, folge meinem Vorbild und bleib einem einzigen Mann treu; das ist der höchste Lohn, der Triumph einer Frau, wenn die Stimme des Volkes freimütig die Ehe preist, die hinter ihr liegt. Stützt unser Geschlecht durch eine Reihe von Nachkommen; gern löse ich den Nachen vom Ufer, wenn so viele meine Taten vermehren. Und so ist es gut: nie mußte die Mutter Trauerkleider tragen: die ganze Schar gab mir das letzte Geleit.

Jetzt befehle ich dir unsere Kinder an, die Bürgschaft der Liebe, die uns verband; die Sorge um sie ist noch in mein Gebein gebrannt und atmet weiter. Vater, übernimm die Pflichten einer Mutter: jetzt wird die ganze Schar der Meinen an deinem Hals hängen. Wenn sie weinen und du sie küßt, gib ihnen noch einen Kuß für die Mutter. Von jetzt an wird das Haus ganz deine Bürde sein. Und wenn Schmerz droht, dich zu übermannen, laß sie nicht Zeugen sein; wenn sie dann zu dir kommen, küsse sie erst, wenn deine Wangen trocken sind. Es soll dir genügen, meinetwegen nächtelang zu leiden und immer wieder Traumerscheinungen zu sehen, in denen du mein Gesicht zu erkennen glaubst. Und wenn du insgeheim zu meinem Bild sprichst, richte die einzelnen Worte so an mich, als könnte ich dir antworten.

Wenn nun doch ein anderes Bett zur Haustür schaut und eine mißtrauische Stiefmutter auf dem Lager sitzt, das unser war, so billigt die neue Frau des Vaters und nehmt sie hin: sie wird sich, durch euer gutes Verhalten gewonnen, euch ergeben.

nec matrem laudate nimis: conlata priori
  vertet in offensas libera verba suas.   90
seu memor ille mea contentus manserit umbra
  et tanti cineres duxerit esse meos,
discite venturam iam nunc lenire senectam,
  caelibis ad curas nec vacet ulla via.

Quod mihi detractum est, vestros accedat ad annos: 95
  prole mea Paullum sic iuvet esse senem.   96

Causa perorata est; flentes me surgite, testes,   99
  dum pretium vitae grata rependat humus.   100
moribus et caelum patuit: sim digna merendo,
  cuius honoratis ossa vehantur avis.

Rühmt die Mutter nicht zu sehr; sonst faßt sie, mit ihrer Vorgängerin verglichen, ein offenes Wort als Beleidigung auf. Doch wenn er, meiner eingedenk, sich mit meinem Schatten begnügt und ihm meine Asche so kostbar ist, dann lernt schon jetzt, das sich nahende Alter zu lindern und erlaubt den Sorgen eines Witwers keinen Zutritt.

Die Jahre, die mir genommen wurden, seien den eurigen zugezählt: so möge Paullus dank meiner Kinder auch im Alter glücklich sein.

Ich bin am Ende meiner Rede. Steht auf Zeugen, die ihr mich beweint, während die dankbare Erde den Lohn vergilt, den mein Leben erwarb. Untadligen Sitten öffnet sich selbst der Himmel: möge ich durch meine Verdienste würdig sein, daß meine sterblichen Reste von erlauchten Ahnen getragen werden.

TIBULLI CARMINA
TIBULL · LIEBESELEGIEN

LIBER PRIMUS

I

Divitias alius fulvo sibi congerat auro
  et teneat culti iugera multa soli,
quem labor assiduus vicino terreat hoste,
  Martia cui somnos classica pulsa fugent:
me mea paupertas vitae traducat inerti, 5
  dum meus assiduo luceat igne focus.

Ipse seram teneras maturo tempore vites
  rusticus et facili grandia poma manu,
nec Spes destituat, sed frugum semper acervos
  praebeat et pleno pinguia musta lacu. 10
nam veneror, seu stipes habet desertus in agris
  seu vetus in trivio florida serta lapis;
et quodcumque mihi pomum novus educat annus,
  libatum agricolae ponitur ante deo:
flava Ceres, tibi sit nostro de rure corona 15
  spicea, quae templi pendeat ante fores,
pomosisque ruber custos ponatur in hortis,
  terreat ut saeva falce Priapus aves.
vos quoque, felicis quondam, nunc pauperis agri
  custodes, fertis munera vestra, Lares. 20
tunc vitula innumeros lustrabat caesa iuvencos,
  nunc agna exigui est hostia magna soli.
agna cadet vobis quam circum rustica pubes
  clamet 'io messes et bona vina date'.

Iam mihi, iam possim contentus vivere parvo 25
  nec semper longae deditus esse viae,
sed Canis aestivos ortus vitare sub umbra
  arboris ad rivos praetereuntis aquae.

ERSTES BUCH

I

Reichtum von gelbem Gold mag ein anderer sich anhäufen und viele Morgen bestellten Ackerlands besitzen. Wenn der Feind sich nähert, soll ihn die ständige Mühsal des Krieges schrecken, und die Trompetenklänge militärischer Signale sollen ihm den Schlaf vertreiben. Mich aber mag meine Armut durch ein bequemes Leben geleiten, solange nur auf meinem Herd ein Feuer leuchtet, das nicht verlischt.

Als Landmann will ich rechtzeitig die zarten Reben und geschickt große Apfelbäume pflanzen. Möge die Hoffnung mich nicht enttäuschen, sondern mir immer haufenweise Getreide und fetten Traubenmost in vollen Kufen spenden. Denn ich bete vor jedem einsamen Baumstrunk in den Feldern, an jedem altem Felsblock an den Kreuzwegen, der mit Blumengewinden geschmückt ist. Von jeder Obsternte, die ein neues Jahr mir schenkt, wird vorweg ein Opfer vor die Gottheit des Landmanns gelegt. Blonde Ceres, dir sei von meinem Land ein Ährenkranz geweiht, der am Tor deines Tempels hängen soll, und ein rotbemalter Priap sei als Wächter in die Gärten gestellt, damit er mit seiner scharfen Sichel die Vögel verscheuche. Laren, Hüter eines früher reichen, jetzt verarmten Landguts, auch ihr bekommt eure Gaben. Damals entsühnte ein geopfertes Kalb zahllose Stiere: Jetzt ist ein Lamm, wenn es hoch kommt, das Opfer für ein winziges Stück Land. Das Lamm wird für euch geopfert werden, und die jungen Bauern im Kreis darum sollen rufen: «Heißa, gebt uns Ernten und einen guten Wein!»

Könnte ich doch endlich, endlich für mich selber leben, mit wenigem zufrieden, und nicht immer verpflichtet sein, in die Ferne zu ziehen, sondern im Schatten eines Baums, am Wasser eines vorüberfließenden Bachs, den Sommeraufstieg des

nec tamen interdum pudeat tenuisse bidentem
   aut stimulo tardos increpuisse boves,   30
non agnamve sinu pigeat fetumve capellae
   desertum oblita matre referre domum.
at vos exiguo pecori, furesque lupique,
   parcite: de magno est praeda petenda grege.
hinc ego pastorumque deum lustrare quotannis   35
   et placidam soleo spargere lacte Palem.

Adsitis, divi, neu vos e paupere mensa
   dona nec e puris spernite fictilibus.
fictilia antiquus primum sibi fecit agrestis
   pocula, de facili composuitque luto.   40
non ego divitias patrum fructusque requiro,
   quos tulit antiquo condita messis avo:
parva seges satis est, satis est requiescere lecto,
   si licet, et solito membra levare toro.
quam iuvat immites ventos audire cubantem   45
   et dominam tenero continuisse sinu
aut, gelidas hibernus aquas cum fuderit Auster,
   securum somnos imbre iuvante sequi.
hoc mihi contingat: sit dives iure, furorem
   qui maris et tristes ferre potest pluvias.   50

O quantum est auri pereat potiusque smaragdi,
   quam fleat ob nostras ulla puella vias!
te bellare decet terra, Messalla, marique,
   ut domus hostiles praeferat exuvias:
me retinent captum formosae vincla puellae,   55
   et sedeo duras ianitor ante fores.
non ego laudari curo, mea Delia; tecum
   dum modo sim, quaeso segnis inersque vocer.

Te spectem, suprema mihi cum venerit hora,
   te teneam moriens deficiente manu.   60

Hundssterns meiden. Ich würde mich nicht scheuen, zuweilen den zweizinkigen Pflug zu handhaben oder mit dem Stachel träge Ochsen anzutreiben, und es wäre mit nicht zuviel, ein verlorenes Lamm oder Zicklein, von der Mutter vergessen, nach Hause zu tragen. Ihr aber, Diebe und Wölfe, verschont mein geringes Vieh: Aus den großen Herden muß man sich Beute holen. Hier pflege ich alljährlich dem Hirtengott ein Sühneopfer zu bringen und die sanfte Pales mit Milch zu bespritzen.

Seid hilfreich, Götter, und verschmäht nicht die Gaben von einem armen Tisch, aus sauberem Tongeschirr. In alter Zeit machte sich zuerst ein Bauer irdene Becher und formte sie aus bildsamem Ton. Ich vermisse nicht den Reichtum meiner Väter und den Gewinn, den die eingebrachte Ernte einem Vorfahr eintrug. Ein kleiner Ertrag genügt mir, und es genügt mir, im Bett zu schlafen, wenn ich kann, und den Körper auf dem gewohnten Polster zu entspannen. Wie wohlig ist es, die rauhen Winde zu hören, und, wenn ich da liege, die Geliebte zärtlich in den Armen zu halten, oder, wenn der Wintersturm kalte Wassermassen ausgießt, sorglos einzuschlafen und das Feuer zu genießen. Das wünsche ich mir; wer die Wut des Meeres und die trüben Regenzeiten ertragen kann, dem gönne ich seinen Reichtum.

Oh, mir wäre es lieber, wenn alles Gold und alle Smaragde in der Welt vernichtet würden, als daß eine Frau weint, weil ich in die Ferne ziehe. Dir ziemt es, Messalla, zu Lande und zu Wasser Krieg zu führen, damit dein Haus die Beutestücke der Feinde zur Schau tragen kann. Mich aber halten die Bande einer schönen Frau gefangen, und als Wächter sitze ich vor ihrer harten Tür. Mir liegt nichts am Ruhm, liebe Delia; wenn ich nur bei dir sein darf, mag man mich meinetwegen faul und träge nennen.

Dich möchte ich anschauen, wenn meine letzte Stunde gekommen ist, dich möchte ich sterbend halten, wenn meine Hand schon schwach ist. Du wirst um mich weinen, Delia,

flebis et arsuro positum me, Delia, lecto,
 tristibus et lacrimis oscula mixta dabis.
flebis: non tua sunt duro praecordia ferro
 vincta, neque in tenero stat tibi corde silex.
illo non iuvenis poterit de funere quisquam 65
 lumina, non virgo sicca referre domum.
tu Manes ne laede meos, sed parce solutis
 crinibus et teneris, Delia, parce genis.

Interea, dum fata sinunt, iungamus amores:
 iam veniet tenebris Mors adoperta caput; 70
iam subrepet iners aetas nec amare decebit,
 dicere nec cano blanditias capite.
nunc levis est tractanda Venus, dum frangere postes
 non pudet et rixas inseruisse iuvat.
hic ego dux milesque bonus: vos, signa tubaeque, 75
 ite procul, cupidis vulnera ferte viris,
ferte et opes: ego composito securus acervo
 dites despiciam despiciamque famem.

2

Adde merum vinoque novos compesce dolores,
 occupet ut fessi lumina victa sopor,
neu quisquam multo percussum tempora baccho
 excitet, infelix dum requiescit amor.
nam posita est nostrae custodia saeva puellae, 5
 clauditur et dura ianua firma sera.
ianua difficilis dominae, te verberet imber,
 te Iovis imperio fulmina missa petant.
ianua, iam pateas uni mihi, victa querelis,
 neu furtim verso cardine aperta sones. 10
et mala siqua tibi dixit dementia nostra,
 ignoscas: capiti sint precor illa meo.

wenn ich auf der Bahre liege, die bald in Flammen aufgeht, und du wirst mir Küsse, vermischt mit schmerzlichen Tränen, geben. Du wirst weinen: Deine Seele ist nicht von hartem Eisen gepanzert, und in deinem zärtlichen Herzen ist kein Stein. Es wird ein Begräbnis sein, von dem kein junger Mann, keine junge Frau trockenen Auges nach Hause geht. Delia, verletze meine Manen nicht, sondern schone dein aufgelöstes Haar, schone deine zarten Wangen.

Indessen, solange das Schicksal es erlaubt, wollen wir uns in Liebe vereinen: Bald kommt der Tod, das Haupt von Finsternis umhüllt. Bald schleicht das träge Alter heran, und wenn das Haar ergraut ist, schickt es sich nicht mehr, verliebt zu sein und Koseworte zu sagen. Jetzt ist die Zeit für leichte Liebesabenteuer, weil man sich nicht zu schämen braucht, Türen einzuschlagen und Streit anzufangen. Auf diesem Gebiet bin ich ein guter Offizier, ein guter Soldat. Fort mit euch, Fahnen und Trompeten. Bringt beutegierigen Männern Wunden, und bringt ihnen Geld. Wenn meine Ernte in der Scheune ist, verachte ich die Reichen, verachte ich den Hunger.

2

Schenk lauteren Wein nach und lindere meinen neuen Schmerz, damit Schlaf meine müden Augen überkommt und besiegt. Keiner soll mich wecken, wenn meine Schläfen vom vielen Wein betäubt sind, solange meine unglückliche Liebe Ruhe findet. Denn meiner Geliebten sind strenge Wachen aufgestellt, und die feste Tür ist mit einem harten Riegel verschlossen. Weil du der Herrin lästig bist, Tür, soll dich der Regen peitschen, und Blitze, auf Iuppiters Befehl entsandt, sollen dich treffen. Laß dich doch endlich von meinen Klagen bewegen, Tür, und öffne dich mir allein, und mach kein Geräusch, wenn sich heimlich die Angeln drehen und du dich öffnest. Wenn ich dich in meinem Wahnsinn verflucht habe, verzeih mir: möge das über mein eigenes Haupt kommen. Aber du könntest dich an alle meine Bitten und Verspre-

te meminisse decet, quae plurima voce peregi
 supplice, cum posti florida serta darem.

Tu quoque ne timide custodes, Delia, falle: 15
 audendum est! fortes adiuvat ipsa Venus.
illa favet, seu quis iuvenis nova limina temptat,
 seu reserat fixo dente puella fores;
illa docet molli furtim descendere lecto,
 illa pedem nullo ponere posse sono, 20
illa viro coram nutus conferre loquaces
 blandaque compositis abdere verba notis.
nec docet hoc omnes, sed quos nec inertia tardat
 nec vetat obscura surgere nocte timor.
en ego cum tenebris tota vagor anxius urbe, 25
 ....
nec sinit occurrat quisquam, qui corpora ferro
 vulneret aut rapta praemia veste petat.
quisquis amore tenetur, eat tutusque sacerque
 qualibet: insidias non timuisse decet. 30
non mihi pigra nocent hibernae frigora noctis,
 non mihi, cum multa decidit imber aqua.
non labor hic laedit, reseret modo Delia postes
 et vocet ad digiti me taciturna sonum.
parcite luminibus, seu vir seu femina fias 35
 obvia: celari vult sua furta Venus.
ne crepitu terrete pedum, neu quaerite nomen,
 neu prope fulgenti lumina ferte face.
siquis et imprudens aspexerit, occulat ille
 perque deos omnes se meminisse neget: 40
nam fuerit quicumque loquax, is sanguine natam,
 is Venerem e rabido sentiet esse mari.

Nec tamen huic credet coniunx tuus, ut mihi verax
 pollicita est magico saga ministerio.

chungen erinnern, als ich Blumenkränze an deine Pfosten hing.

Auch du sollst furchtlos die Wächter täuschen, Delia. Man muß es wagen: Dem Mutigen hilft Venus selbst. Ob ein Mann sein Glück an einer neuen Schwelle versucht, oder eine Frau mit einem eingeführten Schlüssel die Tür entriegelt – Venus ist ihnen gnädig. Sie lehrt, wie man heimlich aus dem weichen Bett steigt, wie man lautlos den Fuß auf den Boden setzt, wie man in Gegenwart des Gatten vielsagende Gebärden austauscht und zärtliche Worte mit vereinbarten Zeichen maskiert. Das lehrt sie aber nicht alle, sondern nur jene, die keine Trägheit hindert und denen keine Furcht verbietet, in nächtlicher Finsternis aufzubrechen. Sieh nur, wenn ich angstvoll im Dunkel durch die ganze Stadt irre, ...
................., und läßt nicht zu, daß einer auf mich losgeht, mich mit seinem Dolch verwundet oder mir die Kleider vom Leib reißt und ein Lösegeld fordert. Wer von Liebe besessen ist, darf gefahrlos, unantastbar ziehen, wohin er will, und braucht keinen Überfall zu fürchten. Mir schadet die lähmende Kälte der Winternacht nicht, auch der Regen nicht, wenn er in Fluten herabstürzt; diese Strapazen tun mir nichts, wenn nur Delia die Türflügel entriegelt und mich stumm herbeiruft, indem sie mit den Fingern schnippt. Ob es ein Mann ist, der mir begegnet, oder eine Frau: Schaut nicht zu mir hin. Liebesabenteuer müssen geheim bleiben; Venus will es so. Erschreckt mich nicht durch den Lärm eurer Schritte, fragt mich nicht nach meinem Namen und bringt das Licht eurer brennenden Fackel nicht in meine Nähe. Hat einer mich unabsichtlich angeschaut, soll er darüber schweigen und bei allen Göttern beteuern, er könne sich an nichts erinnern. Denn wer geschwätzig ist, wird am eigenen Leib erfahren, daß Venus aus Blut entsprungen und aus dem wilden Meer geboren ist.

Selbst dann wird dein Mann ihm nicht glauben; das hat mir eine zuverlässige Hexe durch ihre magischen Handlungen verheißen. Ich habe gesehen, wie sie die Sterne vom Himmel

hanc ego de caelo ducentem sidera vidi, 45
  fluminis haec rapidi carmine vertit iter,
haec cantu finditque solum Manesque sepulcris
  elicit et tepido devocat ossa rogo:
iam tenet infernas magico stridore catervas,
  iam iubet aspersas lacte referre pedem. 50
cum libet, haec tristi depellit nubila caelo
  cum libet, aestivo convocat orbe nives.
sola tenere malas Medeae dicitur herbas,
  sola feros Hecatae perdomuisse canes.
haec mihi composuit cantus, quis fallere posses:
  ter cane, ter dictis despue carminibus. 55
ille nihil poterit de nobis credere cuiquam,
  non sibi, si in molli viderit ipse toro.
tu tamen abstineas aliis: nam cetera cernet
  omnia, de me uno sentiet ipse nihil.
quid? credam? nempe haec eadem se dixit amores 60
  cantibus aut herbis solvere posse meos,
et me lustravit taedis, et nocte serena
  concidit ad magicos hostia pulla deos.
non ego totus abesset amor, sed mutuus esset,
  orabam, nec te posse carere velim. 65

Ferreus ille fuit qui, te cum possit habere,
  maluerit praedas stultus et arma sequi.
ille licet Cilicum victas agat ante catervas,
  ponat et in capto Martia castra solo,
totus et argento contectus, totus et auro 70
  insideat celeri conspiciendus equo;
ipse boves, mea sim tecum modo Delia, possim
  iungere et in solito pascere monte pecus,
et te, dum liceat, teneris retinere lacertis,
  mollis et inculta sit mihi somnus humo. 75
quid Tyrio recubare toro sine amore secundo
  prodest, cum fletu nox vigilanda venit?

herabzog; mit Zaubersprüchen lenkt sie den Lauf eines reißenden Flußes um; mit ihrem Lied spaltet sie den Boden, lockt die Manen aus den Gräbern und ruft Gebeine von einem erkalteten Scheiterhaufen herab. Bald hält sie mit zauberkräftigem Zischen die Scharen der Unterwelt im Bann; bald besprengt sie sie mit Milch und zwingt sie zur Rückkehr. Wenn sie will, vertreibt sie Wolken von einem trüben Himmel; wenn sie will, beschwört sie am sommerlichen Horizont Schneestürme herauf. Sie allein, so heißt es, kenne Medeas schädliche Kräuter; sie allein soll Hekates wilde Hunde gezähmt haben. Sie hat Zaubersprüche für mich geschaffen, mit denen man andere täuschen kann: Sage sie dreimal her, und wenn du die Gesänge aufgesagt hast, spucke dreimal aus. Er wird nicht imstande sein, jemandem Glauben schenken, was uns betrifft, nicht einmal sich selbst, auch wenn er uns im weichen Bett zusammen gesehen hätte. Doch halte dich von andern fern; denn alles übrige wird er sehen; nur von mir wird er selbst nicht merken. Ich kann es kaum glauben, aber sie sagte auch, sie könne meine Liebesbanden mit Zaubersprüchen oder Kräutern lösen. Sie räucherte mich mit Fackeln, und in einer Mondnacht wurde ein schwarzes Opfertier am Altar der Zaubergötter geschlachtet. Ich bat nicht darum, daß meine Liebe mich ganz verlasse, sondern daß sie gegenseitig sei; ich möchte ja nicht ohne dich leben können.

Das war ein Mann von Eisen, der in seiner Torheit lieber nach Krieg und Beute auszog, obwohl er dich hätte haben können. Er soll die besiegten Heerscharen der Kilikier vor sich hertreiben und im eroberten Gebiet sein Lager aufschlagen; er soll ganz von Silber, ganz von Gold bekleidet sein und sich auf seinem schnellen Roß zur Schau stellen, solange ich selber die Ochsen anschirren und auf dem mir vertrauten Berg das Vieh weiden kann, wenn ich nur bei dir bin, liebe Delia, und mir vergönnt ist, dich zärtlich in meinen Armen zu halten; dann würde ich auch auf dem rauhen Erdboden bequem schlafen. Was nützt es, sich auf einem purpurnen Pfühl auszustrecken, wenn die beglückende Liebe fehlt, und eine Nacht kommt, die man weinend durchwachen muß? Dann

nam neque tunc plumae nec stragula picta soporem
　　nec sonitus placidae ducere possit aquae.

Num Veneris magnae violavi numina verbo, 80
　　et mea nunc poenas impia lingua luit?
num feror incestus sedes adiisse deorum
　　sertaque de sanctis deripuisse focis?
non ego, si merui, dubitem procumbere templis
　　et dare sacratis oscula liminibus, 85
non ego tellurem genibus perrepere supplex
　　et miserum sancto tundere poste caput.

At tu, qui lentus rides mala nostra, caveto
　　mox tibi: non uni saeviet usque deus.
vidi ego, qui iuvenis miseros lusisset amores, 90
　　post Veneris vinclis subdere colla senem
et sibi blanditias tremula componere voce
　　et manibus canas fingere velle comas,
stare nec ante fores puduit caraeve puellae
　　ancillam medio detinuisse foro. 95
hunc puer, hunc iuvenis turba circumterit arta,
　　despuit in molles et sibi quisque sinus.
at mihi parce, Venus: semper tibi dedita servit
　　mens mea: quid messes uris acerba tuas?

3

Ibitis Aegaeas sine me, Messalla, per undas,
　　o utinam memores ipse cohorsque mei!
me tenet ignotis aegrum Phaeacia terris,
　　abstineas avidas, Mors, precor, atra manus.
abstineas, Mors atra, precor: non hic mihi mater 5
　　quae legat in maestos ossa perusta sinus,
non soror, Assyrios cineri quae dedat odores
　　et fleat effusis ante sepulcra comis.

könnten keine Federkissen, keine buntbestickten Decken, kein sanft plätscherndes Wasser Schlummer bringen.

Habe ich vielleicht die Majestät der hehren Venus durch ein Wort beleidigt, und muß jetzt meine Lästerzunge dafür büßen? Behauptet man, ich habe mich unrein den Stätten der Götter genähert und Blumenkränze von heiligen Altären gerissen? Wenn ich wirklich gesündigt habe, würde ich mich sofort vor den Tempeln niederwerfen und die geheiligten Schwellen küssen, sofort bittflehend auf den Knien am Boden rutschen und mein unseliges Haupt an die geweihten Säulen schlagen.

Du aber, der ungerührt mein Leid verhöhnt, paß jetzt auf dich selber auf. Die Gottheit zürnt nicht immer mit einem Menschen allein. Ich sah, wie einer, der die unglückliche Liebe eines Jünglings verspottet hatte, später als Greis sein Haupt unters Joch der Venus beugte, mit zitternder Stimme zärtliche Worte sprach, mit den Fingern sein graues Haar in Ordnung brachte, und sich nicht schämte, vor ihrer Tür zu warten oder die Magd der Geliebten mitten auf dem Markt anzuhalten. Ihn umringen Knaben und Jünglinge in dichtgedrängter Schar, und jeder spuckt sich selbst in den weichen Bausch. Doch schone mich, Venus; stets dient dir ja treu ergeben mein Herz; warum verbrennst du, Grausame, deine eigene Saat?

3

Ihr werdet ohne mich, Messalla, durch die Wellen der Ägäis fahren, ach, hoffentlich meiner gedenkend, du selbst und deine Schar. Ich bin krank, und das unbekannte Land der Phäaken hält mich fest; ich bitte dich, schwarzer Tod, halte deine Hand von mir fern. Halte sie fern, schwarzer Tod: Da ist keine Mutter, die traurig meine verbrannten Gebeine in ihren Bausch sammeln, keine Schwester, die der Asche assyrische Wohlgerüche spenden und mit aufgelöstem Haar am Grabe weinen würde.

Delia non usquam; quae me quam mitteret urbe,
    dicitur ante omnes consuluisse deos.   10
illa sacras puero sortes ter sustulit, illi
    rettulit e trinis omina certa puer.
cuncta dabant reditus: tamen est deterrita numquam,
    quin fleret nostras despueretque vias.
ipse ego solator, cum iam mandata dedissem,   15
    quaerebam tardas anxius usque moras.
aut ego sum causatus aves aut omina dira,
    Saturni aut sacrum me tenuisse diem.
o quotiens ingressus iter mihi tristia dixi
    offensum in porta signa dedisse pedem!   20
audeat invito ne quis descedere Amore,
    aut sciet egressum se prohibente deo.

Quid tua nunc Isis mihi, Delia, quid mihi prosunt
    illa tua totiens aera repulsa manu,
quidve, pie dum sacra colis, pureque lavaris   25
    te – memini – puro secubuisse toro?
nunc, dea, nunc succurre mihi – nam posse mederi
    picta docet templis multa tabella tuis–,
ut mea votivas persolvens Delia noctes
    ante sacras lino tecta fores sedeat   30
bisque die resoluta comas tibi dicere laudes
    insignis turba debeat in Pharia.
at mihi contingat patrios celebrare Penates
    reddereque antiquo menstrua tura Lari.

Quam bene Saturno vivebant rege, priusquam
    tellus in longas est patefacta vias!   35
nondum caeruleas pinus contempserat undas,
    effusum ventis praebueratque sinum,
nec vagus ignotis repetens compendia terris
    presserat externa navita merce ratem.
illo non validus subiit iuga tempore taurus,   40
    non domito frenos ore momordit equus,

Delia ist nirgends. Es heißt, sie habe, bevor sie mich aus der Stadt geleitete, alle Götter um Rat gefragt. Dreimal hob sie das Losorakel des Knaben auf; aus den drei Würfen verkündete ihr der Knabe sichere Vorzeichen. Alles versprach meine Rückkehr; dennoch ließ sie sich nie davon abbringen, über meine Reise zu weinen und auszuspucken. Ich selbst, nachdem ich schon meine Weisungen erteilt hatte, war der Tröster und suchte in meiner Angst immer wieder nach Vorwänden zu bleiben. Ich schützte Vogelzeichen oder schlimme Ahnungen vor oder behauptete, der heilige Tag Saturns halte mich fest. Ach, wie oft sagte ich beim Abschiednehmen, der Fuß, mit dem ich an die Türe stieß, habe Unglück verheißen. Niemand wage es, ohne Amors Erlaubnis abzureisen; sonst wird ihm klar sein, daß er gegen das Gebot eines Gottes fortging.

Was nützt mir jetzt deine Isis, Delia? Was nützen mir die Bronzeschellen, die so oft von deiner Hand geläutet wurden? Was nützt es, daß du – ich erinnere mich – im reinen Bett allein geschlafen hast, während du fromm die Riten einhieltst und dich rein gewaschen hattest? Jetzt hilf mir, Göttin, jetzt – denn daß du heilen kannst, beweisen die vielen bemalten Täfelchen in deinen Tempeln –, damit meine Delia, in Linnen gehüllt, vor deiner heiligen Pforte sitze, um das Gelübde einzulösen, das sie aussprach, und dir mit aufgelöstem Haar zweimal täglich dein Lob singe, hervorstechend in der Schar der ägyptischen Gläubigen. Mir aber sei es vergönnt, die heimischen Penaten zu ehren und dem alten Lar jeden Monat sein Weihrauchopfer darzubringen.

Wie gut lebte die Menschheit, als noch Saturn die Welt regierte, bevor die Erde für lange Reisen geöffnet wurde! Noch hatte kein Schiff den dunkelblauen Wellen zum Trotz seinen entfalteten Bausch den Winden dargeboten. Noch hatte der abenteuerlustige Schiffer, der in unerforschten Ländern Gewinn sucht, seine Schiffe nicht mit ausländischer Ware beladen. Damals unterwarf der starke Stier sich nicht dem Joch, und das gezähmte Pferd biß nicht mit dem Maul den Zaum.

non domus ulla fores habuit, non fixus in agris
  qui regeret certis finibus arva, lapis.
ipsae mella dabant quercus, ultroque ferebant
  obvia securis ubera lactis oves. 45
non acies, non ira fuit, non bella, nec ensem
  immiti saevus duxerat arte faber.
nunc Iove sub domino caedes et vulnera semper,
  nunc mare, nunc leti multa reperta via est.
parce, Pater! timidum non me periuria terrent, 50
  non dicta in sanctos impia verba deos.

Quod si fatales iam nunc explevimus annos,
  fac lapis his scriptus stet super ossa notis:
HIC IACET IMMITI CONSUMPTUS MORTE TIBULLUS,
  MESSALLAM TERRA DUM SEQUITURQUE MARI. 55

Sed me, quod facilis tenero sum semper Amori,
  ipsa Venus campos ducet in Elysios.
hic choreae cantusque vigent, passimque vagantes
  dulce sonant tenui gutture carmen aves,
fert casiam non culta seges, totosque per agros 60
  floret odoratis terra benigna rosis;
hic iuvenum series teneris immixta puellis
  ludit, et assidue proelia miscet Amor.
illic est, cuicumque rapax Mors venit amanti,
  et gerit insigni myrtea serta coma. 65

At scelerata iacet sedes in nocte profunda
  abdita, quam circum flumina nigra sonant:
Tisiphoneque implexa feros pro crinibus angues
  saevit, et huc illuc impia turba fugit:
tum niger in porta per centum Cerberus ora 70
  stridet et aeratas excubat ante fores.
illic Iunonem temptare Ixionis ausi
  versantur celeri noxia membra rota,

Kein Haus hatte Türen; auf den Feldern war kein Stein, der Grundbesitz bestimmte, indem er ihn genau begrenzte. Von selbst spendeten die Eichen Honig, freiwillig boten die Schafe ihre Euter voller Milch den Menschen an, die sich nicht zu sorgen brauchten. Da gab es keine scharfen Schwerter, keinen Zorn, keine Kriege, und kein Schmied schliff mitleidlos und kunstgerecht Klingen. Unter Iuppiters Herrschaft sind jetzt immer Schlachten und Wunden; jetzt gibt es das Meer, jetzt hat man viele Wege zum Tod entdeckt. Verschone mich, Vater. Ich bin furchtsam, doch mich beängstigen keine falschen Schwüre, keine Lästerungen der erhabenen Götter.

Wenn ich die mir vom Schicksal bestimmte Zahl der Jahre schon erreicht habe, so laß über meinen sterblichen Resten einen Stein setzen mit der Inschrift: «Hier ruht Tibull, vom mitleidlosen Tod verzehrt, als er zu Wasser und zu Land Messalla folgte.»

Doch weil ich für den zarten Liebesgott stets offen bin, wird Venus selbst mich in die elysischen Gefilde führen. Hier wogen Tänze und Gesänge, und die Vögel, die hierhin, dorthin fliegen, lassen aus feinen Kehlen süße Lieder erklingen. Der Boden bringt auch ohne Pflege Zimt hervor, und über alle Fluren hin erblüht das ergiebige Land von duftenden Rosen. Hier treibt der Reigen der Jünglinge, der sich unter die zarten Mädchen mischt, sein Spiel, und der Liebesgott verflicht sie ständig in Streit. Dort weilt jeder, den der Tod dahinraffte, als er jemanden liebte, und festlich trägt er den Myrtenkranz im Haar.

Aber der Ort der Sünder liegt in tiefer Nacht verborgen, wo ringsum schwarze Flüsse rauschen: Dort wütet Tisiphone, die böse Schlangen in ihr Haar geflochten hat, und die Schar der Missetäter flieht hierhin, dorthin. Da faucht am Tor aus hundert Rachen der schwarze Kerberos und hält Wache vor dem ehernen Tor. Dort dreht sich auf einem schnellen Rad der Sünder Ixion, der es gewagt hatte, sich an Iuno zu vergreifen, und Tityos, über neun Morgen Land hingestreckt,

porrectusque novem Tityos per iugera terrae
    assiduas atro viscere pascit aves.   75
Tantalus est illic, et circum stagna, sed acrem
    iam iam poturi deserit unda sitim,
et Danai proles, Veneris quod numina laesit,
    in cava Lethaeas dolia portat aquas.
illic sit, quicumque meos violavit amores,   80
    optavit lentas et mihi militias.

At tu casta, precor, maneas, sanctique pudoris
    assideat custos sedula semper anus.
haec tibi fabellas referat positaque lucerna
    deducat plena stamina longa colu,   85
at circa gravibus pensis affixa puella
    paulatim somno fessa remittat opus.
tunc veniam subito, nec quisquam nuntiet ante,
    sed videar caelo missus adesse tibi.
tunc mihi, qualis eris, longos turbata capillos,   90
    obvia nudato, Delia, curre pede.
hoc precor; hunc illum nobis Aurora nitentem
    Luciferum roseis candida portet equis.

4

'Sic umbrosa tibi contingant tecta, Priape,
    ne capiti soles, ne noceantque nives:
quae tua formosos cepit sollertia? certe
    non tibi barba nitet, non tibi culta coma est,
nudus et hibernae producis frigora brumae,   5
    nudus et aestivi temporsa sicca Canis.'
sic ego; tum Bacchi respondit rustica proles
    armatus curva sic mihi falce deus:

'O fuge te tenerae puerorum credere turbae,
    nam causam iusti semper amoris habent.   10
hic placet, angustis quod equum compescit habenis,
    hic placidam niveo pectore pellit aquam,

füttert mit seiner schwarzen Leber Vögel, die immer wiederkehren. Dort ist Tantalos und rings um ihn ein Teich, doch gerade wenn er trinken möchte, läßt das Wasser seinen qualvollen Durst im Stich. Danaos' Töchter schöpfen Wasser der Lethe in ein durchlöchertes Faß, weil sie Venus' Majestät verletzten. Dort soll jeder weilen, der meine Liebe entweiht und mir einen langen Kriegsdienst gewünscht hat.

Du aber bleib mir treu, ich bitte dich, und die fleißige Alte soll stets als Hüterin deiner Ehre, deiner Reinheit, bei dir sitzen. Wenn man die Lampen angezündet hat, soll sie dir Märchen erzählen und vom vollen Rocken lange Fäden spinnen, und daneben mag ein Mädchen, dem man eine drückende Last zugeteilt hat, vom Schlaf überwältigt, allmählich die Arbeit aus den Händen gleiten lassen. Dann komme ich plötzlich. Niemand soll mich zuerst melden; es soll aussehen, als sei ich vom Himmel herab zu dir gesandt. Dann mußt du mir entgegeneilen, Delia, so wie du bist, mit langem, ungeordnetem Haar und bloßen Füßen. Ich bete, daß die lichte Morgenröte mit ihrem rosenfarbenen Gespann uns diesen strahlenden Tag beschere!

4

«So wahr dir ein schattiges Dach beschieden sei, Priap, daß deinem Haupt weder Sonnengluten noch Schneegestöber schaden mögen – sag' mir, mit welchen Listen hast du schöne Knaben gefangen? Du hast ja keinen glänzenden Bart, keine gepflegte Frisur. Nackt erlebst du den kalten Winter und nackt im Sommer die trockenen Hundstage.» So sprach ich. Darauf antwortete mir Bakchos' bäuerlicher, mit der Krummsichel bewaffneter Sohn:

«O hüte dich, der zarten Knabenschar zu trauen. Stets liefern sie dir einen guten Grund, dich zu verlieben. Dieser gefällt dir, weil er am kurzgehaltenen Zügel ein Pferd dressiert, dieser verdrängt mit seiner weißen Brust ein ruhiges Gewässer,

hic, quia fortis adest audacia, cepit: at illi
   virgineus teneras stat pudor ante genas.

Sed ne te capiant, primo si forte negabit, 15
   taedia: paulatim sub iuga colla dabit.
longa dies homini docuit parere leones,
   longa dies molli saxa peredit aqua;
annus in apricis maturat collibus uvas,
   annus agit certa lucida signa vice. 20

Nec iurare time: Veneris periuria venti
   irrita per terras et freta summa ferunt.
gratia magna Iovi: vetuit Pater ipse valere,
   iurasset cupide quidquid ineptus amor,
perque suas impune sinit Dictynna sagittas 25
   adfirmes clipeos perque Minerva suos. 26
blanditiis volt esse locum Venus: illa querelis 71
   supplicibus, miseris fletibus illa favet. 72

At si tardueris, errabis: transilit aetas 27
   quam cito! non segnis stat remeatve dies.
quam cito purpureos deperdit terra colores,
   quam cito formosas populus alta comas! 30
quam iacet, infirmae venere ubi fata senectae,
   qui prior Eleo est carcere missus equus!
vidi iam iuveni, premeret cum serior aetas,
   maerentem stultos praeteriisse dies.
crudeles divi! serpens novus exuit annos, 35
   formae non ullam Fata dedere moram.
solis aeterna est Baccho Phoeboque iuventas,
   nam decet intonsus crinis utrumque deum.

Tu, puero quodcumque tuo temptare libebit,
   cedas: obsequio plurima vincet amor. 40
neu comes ire neges, quamvis via longa paretur
   et Canis arenti torreat arva siti,

dieser hat dich bezaubert, weil ihm Kraft und Kühnheit eigen sind, bei jenem aber breitet sich jungfräuliches Erröten über zarte Wangen aus.

Laß es dich nicht verdrießen, wenn er dich zuerst vielleicht abweist: Mit der Zeit wird er den Nacken unters Joch beugen. Die Zeit hat Löwen gelehrt, dem Menschen zu gehorchen; die Zeit hat durch weiches Wasser Felsen zerfressen; das Jahr läßt auf besonnten Hügeln Trauben reifen; das Jahr läßt leuchtende Sternbilder in bestimmter Ordnung kreisen.

Scheue dich nicht, einen Eid zu leisten: Meineide der Liebe tragen die Winde wirkungslos über Länder und Meere dahin. Iuppiter sei großer Dank. Er selbst, der Vater, gebot, nichts dürfe gelten, was törichte Liebe in ihrem Verlangen schwört. Diktynna erlaubt dir, ungestraft bei ihren Pfeilen, Minerva, bei ihrem Schild zu schwören. Venus will, daß zärtliche Worte am Platz sind: Sie begünstigt flehende Klagen, schmerzliches Weinen.

Doch wenn du zauderst, handelst du falsch. Wie schnell geht die Jugend vorbei. Der Tag bleibt nicht träge stehen, kommt nicht zurück. Wie schnell verliert die Erde ihre purpurnen Farben, wie schnell die hohe Pappel ihr schönes Laub. Wie müde liegt, wenn unvermeidlich die Altersschwäche gekommen ist, das Pferd, das man einst aus den Boxen von Elea ließ. Ich habe einen gesehen, der jammerte, als später das Alter ihn bedrückte, wie er in seiner Jugend die Tage sinnlos verstreichen ließ. Grausame Götter! Die Schlange streift ihre Jahre ab und verjüngt sich, aber der Schönheit gönnt das Schicksal kein Verweilen. Nur Bakchos und Phoibos besitzen ewige Jugend, denn beide Götter schmückt wallendes Haar.

Gewähre deinem Liebling alles, was zu unternehmen ihn gelüstet. Durch Nachgeben überwindet die Liebe sehr viel. Weigere dich nicht, ihn zu begleiten, auch wenn der Weg noch so lang ist und der Hundsstern die Gefilde vor brennendem Durst vertrocknen läßt, auch wenn der Regenbogen, der

quamvis praetexens picea ferrugine caelum
  venturam admittat nimbifer arcus aquam.
vel si caeruleas puppi volet ire per undas, 45
  ipse levem remo per freta pelle ratem.
nec te paeniteat duros subiisse labores
  aut operae insuetas atteruisse manus,
nec, velit insidiis altas si claudere valles,
  dum placeas, umeri retia ferre negent. 50
si volet arma, levi temptabis ludere dextra:
  saepe dabis nudum, vincat ut ille, latus.
tunc tibi mitis erit: rapias tum cara licebit
  oscula: pugnabit, sed tibi rapta dabit.
rapta dabit primo, mox auferet ipse roganti, 55
  post etiam collo se implicuisse volet.

Heu male nunc artes miseras haec saecula tractant!
  iam tener adsuevit munera velle puer.
at tua, qui Venerem docuisti vendere primus,
  quisquis es, infelix urgeat ossa lapis. 60
Pieridas, pueri, doctos et amate poetas,
  aurea nec superent munera Pieridas.
carmine purpurea est Nisi coma: carmina ni sint,
  ex umero Pelopis non nituisset ebur.
quem referunt Musae, vivet, dum robora tellus, 65
  dum caelum stellas, dum vehet amnis aquas.
at qui non audit Musas, qui vendit amorem,
  Idaeae currus ille sequatur Opis
et tercentenas erroribus expleat urbes
  et secet ad Phrygios vilia membra modos.' 70

Haec mihi, quae canerem Titio, deus edidit ore, 73
  sed Titium coniunx haec meminisse vetat.
pareat ille suae: vos me celebrate magistrum, 75
  quos male habet multa callidus arte puer.

einen düster gefärbten Himmel säumt, anzeigt, daß bald ein Wolkenbruch kommt (?). Wenn er zu Schiff die dunklen Wellen befahren will, treib selber den leichten Kahn mit den Rudern voran. Laß es dich nicht verdrießen, Schwerarbeit zu leisten und deine Hände, die Anstrengungen nicht gewohnt sind, wund zu scheuern. Wenn er eine tiefe Schlucht mit Fangnetzen sperren will, dürfen deine Schultern sich nicht weigern, das Garn zu tragen, wenn du dich beliebt machen willst. Möchte er sich in Waffen üben, so versuche, deine Rechte nur leicht spielen zu lassen und laß oft deine Flanke unbeschützt, damit er siegen kann. Dann wird er nett zu dir sein; dann darfst du ihm kostbare Küsse rauben; zwar wird er sich wehren, aber die geben, die du ihm raubst. Erst gibt er nur die, die du ihm raubst, dann holt er sie sich selbst, wenn du ihn bittest, und noch später wird er dir gern um den Hals fallen.

Ach, unser heutiges Zeitalter behandelt die armen Künste schlecht. Schon ein zarter Knabe ist gewohnt, Geschenke zu fordern. Doch demjenigen, der zuerst gelehrt hat, die Freuden der Liebe zu verkaufen, soll ein böser Stein auf den Gebeinen lasten. Knaben, liebt die Musen und die kenntnisreichen Dichter! Teure Geschenke dürfen nicht mehr gelten als die Musen. Dank einer Dichtung ist Nisos' Locke purpurfarben; gäbe es keine Dichtung, wäre Pelops' Schulter nicht aus leuchtendem Elfenbein. Einer, von dem die Musen künden, wird leben, solange die Erde Eichen, der Himmel Sterne, der Fluß Wasser tragen wird. Wer aber nicht auf die Musen hört und Liebe verkauft, der soll dem Wagen der Ops vom Ida folgen, auf seinen Irrwegen dreihundert Städte durchqueren und zu den Klängen phrygischer Musik sein feiles Glied abschneiden.»

Dies verkündete mir der Gott, damit ich es Titius vorsinge, doch die Gattin verbietet Titius, sich daran zu erinnern. Mag er seiner Frau gehorchen; ihr aber, denen ein listiger Knabe mit viel Geschick übel mitspielt, feiert mich als euren Lehrer. Jeder hat seinen Ruhm: Liebende, die verschmäht werden,

gloria cuique sua est: me, qui spernuntur, amantes
　consultent: cunctis ianua nostra patet.
tempus erit, cum me Veneris praecepta ferentem
　deducat iuvenum sedula turba senem.　　　　　　　　　　80

Eheu quam Marathus lento me torquet amore!
　deficiunt artes deficiuntque doli.
parce, puer, quaeso, ne turpis fabula fiam,
　cum mea ridebunt vana magisteria.

5

Asper eram et bene discidium me ferre loquebar:
　at mihi nunc longe gloria fortis abest.
namque agor ut per plana citus sola verbere turben,
　quem celer adsueta versat ab arte puer.
ure ferum et torque, libeat ne dicere quicquam　　　　　　5
　magnificum posthac: horrida verba doma!

Parce tamen, per te furtivi foedera lecti,
　per Venerem quaeso compositumque caput!
ille ego, cum tristi morbo defessa iaceres,
　te dicor votis eripuisse meis,　　　　　　　　　　　　　10
ipseque ter circum lustravi sulphure vivo
　carmine cum magico praecinuisset anus;
ipse procuravi, ne possent laeva nocere
　omina, ter salsa deveneranda mola;
ipse ego velatus filo tunicisque solutis　　　　　　　　　15
　vota novem Triviae nocte silente dedi.
omnia persolvi: fruitur nunc alter amore,
　et precibus felix utitur ille meis.

At mihi felicem vitam, si salva fuisses,
　fingebam demens, sed renuente deo:　　　　　　　　　　20

sollen mich um Rat fragen: Meine Tür steht allen offen. Die Zeit wird kommen, da eine eifrige Schar von jungen Männern mich, den Alten, nach Hause geleitet, während ich Ratschläge in der Liebe erteile.

Ach, auf welch langsamem Feuer quält mich Marathus. Meine Künste versagen, und es versagen meine Listen. Schone mich, mein Junge, ich bitte dich; sonst verlacht man mein nutzloses Lehramt, und ich werde zum Gespött.

5

Hart war ich und sagte, ich könne die Trennung gut ertragen. Jetzt aber liegt mir trotziges Selbstlob fern. Denn ich wirble dahin, wie ein in Schwung gesetzter Kreisel, den geschickt, geübt ein Knabe treibt, über die Ebene saust. Brenne den Wilden und quäle ihn, damit künftig niemand sich mehr darin gefällt, großartige Reden zu führen. Bezähme deine ruppigen Worte.

Aber schone mich dennoch. Ich bitte dich bei dem Bund, den wir heimlich im Bett geschlossen haben, im Namen unserer Liebe, bei deinem Haupt, das neben mit lag. Ich bin es doch, von dem man sagt, er habe dich durch seine Gebete gerettet, als du von einer bösen Krankheit geschwächt warst. Ich selbst habe dich dreimal mit brennendem Schwefel entsühnt, nachdem eine Alte zuvor ihre Zaubersprüche gesungen hatte; ich selber habe dafür gesorgt, daß keine bösen Vorzeichen dir schaden konnten; mit geweihtem Opfermehl mußten sie gebannt werden. Ich selber habe, in einen wollenen Schleier gehüllt, im ungegürteten Unterkleid in der Stille der Nacht neun Gelübde zu Hekate getan und sie alle eingelöst; und jetzt genießt der andere deine Liebe und nützt, vom Glück begünstigt, meine Gebete aus.

Dabei malte ich mir in meiner Torheit ein herrliches Leben aus, wenn du genesen würdest; aber ein Gott hat es mir ver-

'rura colam, frugumque aderit mea Delia custos,
   area dum messes sole calente teret;
aut mihi servabit plenis in lintribus uvas
   pressaque veloci candida musta pede;
consuescet numerare pecus, consuescet amantis   25
   garrulus in dominae ludere verna sinu.
illa deo sciet agricolae pro vitibus uvam,
   pro segete spicas, pro grege ferre dapem.
illa regat cunctos, illi sint omnia curae:
   at iuvet in tota me nihil esse domo.   30
huc veniet Messalla meus, cui dulcia poma
   Delia selectis detrahat arboribus;
et tantum venerata virum nunc sedula curet,
   nunc paret atque epulas ipsa ministra ferat.'

Haec mihi fingebam, quae nunc Eurusque Notusque   35
   iactat odoratos vota per Armenios.
saepe ego temptavi curas depellere vino:
   at dolor in lacrimas verterat omne merum,
saepe aliam tenui, sed iam cum gaudia adirem,
   admonuit dominae deseruitque Venus.   40
tunc me discedens devotum femina dixit,
   a pudet! et narrat scire nefanda meam.
non facit hoc verbis, facie tenerisque lacertis
   devovet et flavis nostra puella comis.
talis ad Haemonium Nereis Pelea quondam   45
   vecta est frenato caerula pisce Thetis.

at nocuere mihi quod adest nunc dives amator:
   venit in exitium callida lena meum.
sanguineas edat illa dapes atque ore cruento
   tristia cum multo pocula felle bibat;   50
hanc volitent animae circum sua fata querentes
   semper et e tectis strix violenta canat;

sagt. «Ich werde das Land bebauen, und meine Delia wird die Aufsicht über das Getreide führen, wenn in der glühenden Sonne auf der Tenne die Ernte gedroschen wird; oder sie wird für mich in den vollen Trögen die Trauben überwachen und den weißlichen Rebenmost, der von schnell stampfenden Füßen gepreßt worden ist. Sie wird lernen, Schafe zu zählen, und das plappernde Sklavenkind wird lernen, am Busen der liebevollen Herrin zu spielen. Sie wird wissen, wie man dem ländlichen Gott zum Dank für die Reben eine Traube, für die Getreideernte Ähren, für die Herde eine Mahlzeit darbringt. Über alle könnte sie herrschen, alles könnte ihre Verantwortung sein, und mich soll's freuen, wenn ich im ganzen Haus nichts zu sagen habe. Mein lieber Messalla wird uns besuchen, und Delia wird für ihn süße Früchte von erlesenen Bäumen pflücken. Und wenn sie diesen großen Mann ehrfürchtig begrüßt hat, wird sie sich bald eifrig um ihn kümmern, bald ihm ein Mahl bereiten und es selber auftragen.»

Das malte ich mir aus. Jetzt aber treiben die Winde von Süden und Osten meine Wünsche über das duftende Armenien hin. Oft versuchte ich, mit Wein meinen Kummer zu vertreiben, doch der Schmerz wandelte jeden Wein zu Tränen. Oft hielt ich eine andere im Arm, doch als ich mich schon der Lust näherte, erinnerte mich Venus an die Geliebte und ließ mich im Stich. Da sagte die Frau, als sie wegging, ich sei behext und – o Schande – erzählt, meine Liebste sei in frevelhaften Künsten bewandert. Aber das bringt sie nicht mit Zaubersprüchen zustande: mein Liebling bezaubert mich durch ihr Gesicht, ihre Arme, ihr blondes Haar. So schön war einst die blaue Thetis, die Tochter des Nereus, als sie auf einem aufgezäumten Fisch zum Thessalier Peleus ritt.

Was mir geschadet hat, ist dies: Weil ein reicher Liebhaber zur Stelle ist, tauchte zu meinem Verderben eine schlaue Kupplerin auf. Blutige Speisen soll sie essen und mit von Blut triefendem Mund giftige Becher, gefüllt mit Galle, trinken. Unablässig sollen Gespenster, die ihr Los beklagen, sie umflattern, und vom Dach herab soll die Eule Mord verkünden. Sie

ipsa fame stimulante furens herbasque sepulcris
  quaerat et a saevis ossa relicta lupis;
currat et inguinibus nudis ululetque per urbem, 55
  post agat e triviis aspera turba canum.
eveniet: dat signa deus; sunt numina amanti,
  saevit et iniusta lege relicta Venus.

At tu quam primum sagae praecepta rapacis
  desere: non donis vincitur omnis amor. 60
pauper erit praesto semper tibi, pauper adibit
  primus et in tenero fixus erit latere,
pauper in angusto fidus comes agmine turbae
  subicietque manus efficietque viam,
pauper ad occultos furtim deducet amicos 65
  vinclaque de niveo detrahet ipse pede.

Heu, canimus frustra, nec verbis victa patescit
  ianua, sed plena est percutienda manu.
at tu, qui potior nunc es, mea fata timeto:
  versatur celeri Fors levis orbe rotae. 70
non frusta quidam iam nunc in limine perstat
  sedulus, et crebro prospicit ac refugit,
et simulat transire domum, mox deinde recurrit
  solus et ante ipsas excreat usque fores.
nescio quid furtivus amor parat. utere quaeso, 75
  dum licet: in liquida nat tibi linter aqua.

6

Semper, ut inducas, blandos offers mihi vultus,
  post tamen es misero tristis et asper, Amor.
quid tibi, saeve, rei mecum est? an gloria magna est
  insidias homini composuisse deum?

selbst soll im Wahnsinn, vom Hunger getrieben, zwischen Gräbern Kräuter suchen und Knochen, die von wilden Wölfen übrig gelassen wurden. Mit nacktem Unterleib soll sie heulend durch die Städte rennen, und dann soll eine gehässige Rotte von Hunden sie von den Straßenecken verjagen. So wird es sein; der Gott gibt sein Zeichen. Dem Liebenden stehen Götter bei, und wenn Venus unrechtmäßig mißachtet wird, zürnt sie schwer.

Doch vergiß so schnell wie möglich die Ratschläge der gierigen Hexe. Nicht jede Liebe wird durch Geschenke besiegt. Ein Armer wird stets zur Hand sein; ein Armer wird dich zuerst grüßen und sich an deine zarte Hüfte heften; ein Armer wird dir im dichten Menschengedränge den Arm zur Stütze bieten und dir eine Gasse bahnen; ein Armer wird dich heimlich zu diskreten Freunden führen und persönlich die Fesseln von deinem weißen Fuß entfernen.

Ach, ich singe umsonst. Die Tür läßt sich von meinen Worten nicht besiegen und öffnet sich nicht. Man muß mit vollen Händen an sie schlagen. Du aber, der jetzt mehr Erfolg hat, sollst mein Schicksal befürchten. Mit einer raschen Drehung seines Rades wendet sich das launische Geschick. Nicht ohne Absicht steht einer schon beharrlich an der Schwelle, hält häufig Ausschau, zieht sich wieder zurück, tut so, als gehe er am Haus vorbei, stellt sich aber gleich wieder ein und räuspert sich ganz allein direkt vor dem Eingang. Eine verbotene Liebschaft führt irgend etwas im Schilde. Bitte genieß, solange du kannst; dein Kahn treibt im strömenden Wasser.

6

Nur um mich zu verleiten, zeigst du mir stets ein freundliches Gesicht, Amor, dann aber bist du zu mir Ärmsten böse und streng. Was hast du, Grausamer, mit mir zu tun? Ist es eine so ruhmreiche Tat, wenn ein Gott einem Menschen Fallen stellt?

Iam mihi tenduntur casses, iam Delia furtim 5
   nescio quem tacita callida nocte fovet.
illa quidem iurata negat, sed credere durum est:
   sic etiam de me pernegat usque viro.
ipse miser docui, quo posset ludere pacto
   custodes: eheu nunc premor arte mea! 10
fingere tunc didicit causas, ut sola cubaret,
   cardine tunc tacito vertere posse fores,
tunc sucos herbasque dedi, quis livor abiret,
   quem facit impresso mutua dente venus.

At tu, fallacis coniunx incaute puellae, 15
   me quoque servato, peccet ut illa minus.
neu iuvenes celebret multo sermone, caveto,
   neve cubet laxo pectus aperta sinu,
neu te decipiat nutu, digitoque liquorem
   ne trahat et mensae ducat in orbe notas. 20
exibit cum saepe time, etsi visere dicet
   sacra Bonae maribus non adeunda Deae.
at, mihi si credas, illam sequar unus ad aras:
   tunc mihi non oculis sit timuisse meis.

Saepe, velut gemmas eius signumque probarem, 25
   per causam memini me tetigisse manum;
saepe mero somnum peperi tibi, at ipse bibebam
   sobria supposita pocula victor aqua.
non ego te laesi prudens (ignosce fatenti):
   iussit Amor: contra quis ferat arma deos? 30
ille ego sum (nec me iam dicere vera pudebit)
   instabat tota cui tua nocte canis.
quid tenera tibi coniuge opus? tua si bona nescis
   servare, heu, frustra clavis inest foribus!

Schon hat man ein Fangnetz für mich ausgespannt; schon wärmt die schlaue Delia heimlich in stiller Nacht irgendeinen im Arm. Zwar schwört sie, das sei nicht wahr, aber es fällt schwer, ihr Glauben zu schenken, denn so streitet sie auch ihrem Mann gegenüber alles ab, was mich betrifft. Ich selbst, ich armer Kerl, habe sie gelehrt, wie sie die Wächter täuschen könnte. Wehe, jetzt bin ich das Opfer meiner eigenen Kunst. Damals hat sie gelernt, Ausflüchte zu finden, um allein zu schlafen; damals, wie man eine Tür geräuschlos in den Angeln drehen kann; damals gab ich ihr einen Kräutersaft, der die Verfärbung der Haut entfernt, die entsteht, wenn sich im gemeinsamen Liebesgenuß die Zähne eindrücken.

Du aber, unvorsichtiger Gatte einer treulosen Frau, sollst auch mich im Auge behalten, damit sie weniger sündigt. Paß auf, daß sie sich nicht öfters im Gespräch zu jungen Herren gesellt und man bei Tisch nicht ihren Busen sehen kann, wenn der Bausch sich öffnet. Sie darf dich nicht mit einem Kopfnicken betrügen, nicht mit dem Finger Flüssigkeit ausziehen und auf das Rund des Tisches Zeichen malen. Wenn sie oft ausgehen will, sei auf der Hut, selbst wenn sie sagt, sie besuche das Heiligtum der «Guten Göttin», das Männer nicht betreten dürfen. Doch wenn du sie mir anvertraust, werde ich ihr bis vor den Altar folgen; dann würde es mir nicht einfallen, für mein Augenlicht zu fürchten.

Oft habe ich unter dem Vorwand, den Edelstein an ihrem Siegelring zu prüfen – ich erinnere mich –, ihre Hand berührt. Oft habe ich dir mit unvermischtem Wein einen Schlaftrunk bereitet, während ich selber etwas trank, was mich nüchtern machte, und blieb siegreich, weil ich Wein durch Wasser ersetzte. Ich habe dich nicht mit Absicht verletzt; verzeih mir, ich gestehe ja alles: Amor gab mir den Befehl: Wer könnte gegen Götter Waffen tragen? Ich bin es – und schäme mich nicht, die Wahrheit zu sagen –, den nächtelang dein Hund bedrohte. Was brauchst du eine zarte Frau? Wenn du dein Gut nicht zu bewahren weißt, steckt, ach, umsonst der Schlüssel in der Tür. Dich hält sie im Arm, doch ihre Seufzer gelten

te tenet, absentes alios suspirat amores 35
  et simulat subito condoluisse caput.

At mihi servandam credas: non saeva recuso
  verbera, detrecto non ego vincla pedum.
tum procul absitis, quisquis colit arte capillos,
  et fluit effuso cui toga laxa sinu, 40
quisquis et occurret, ne possit crimen habere,
  stet procul aut alia transeat ille via.

Sic fieri iubet ipse deus, sic magna sacerdos
  est mihi divino vaticinata sono.

(Haec, ubi Bellonae motu est agitata, nec acrem 45
  flammam, non amens verbera torta timet;
ipsa bipenne suos caedit violenta lacertos
  sanguineque effuso spargit inulta deam,
statque latus praefixa veru, stat saucia pectus,
  et canit eventus, quos dea magna monet) 50

'Parcite, quam custodit Amor, violare puellam,
  ne pigeat magno post tetigisse malo.
attigeris, labentur opes, ut vulnere nostro
  sanguis, ut hic ventis diripiturque cinis.'
et tibi nescio quas dixit, mea Delia, poenas: 55
  si tamen admittas, sit, precor, illa levis.

Non ego te propter parco tibi, sed tua mater
  me movet atque iras aurea vincit anus.
haec tibi me adducit tenebris multoque timore
  coniungit nostras clam taciturna manus, 60
haec foribusque manet noctu me affixa proculque
  cognoscit strepitus me veniente pedum.

einem anderen, dem fernen Geliebten, und plötzlich täuscht sie Kopfweh vor.

Nein, du solltest sie mir zur Bewachung anvertrauen. Ich scheue mich nicht vor brutalen Peitschenhieben, sträube mich nicht gegen Fußfesseln. Dann aber sollt ihr mir nicht in die Nähe kommen, die ihr eure Locken elegant frisiert und in einer Toga mit bauschigem Faltenwurf einherschreitet. Wer uns begegnet, soll, um sich keinem Vorwurf auszusetzen, in sicherer Entfernung stehen bleiben oder auf einer anderen Straße vorübergehen.

So will es der Gott, und so hat es mir die große Priesterin mit göttlicher Stimme prophezeit.

(Wenn sie von Bellona getrieben und geschüttelt ist, scheut sie im Wahnsinn weder vor heißen Flammen noch vor geschwungenen Peitschen zurück; sie schneidet sich selbst hemmungslos mit ihrem Beil in die Arme und besprizt ungestraft das Götterbild mit dem Blut, das sie vergießt. Sie steht, die Seite vom Speer durchbohrt, sie steht mit einer Wunde in der Brust da und singt die kommenden Ereignisse, die die große Göttin ihr weist:)

«Hütet euch, einer Frau, die Amor behütet, Gewalt anzutun, sonst werdet ihr später zu eurem Leid bereuen, sie berührt zu haben. Rührt man sie an, so zerrinnt, was man besitzt, so wie aus meiner Wunde das Blut, so wie diese Asche von den Winden zerstreut wird.» Und dir, meine Delia, kündete sie gewisse Strafen an; doch wenn du mich zu dir läßt, bitte ich sie um Gnade für dich.

Ich schone dich nicht um deinetwillen, sondern deine Mutter rührt mich; die goldige Alte besiegt meinen Zorn. Sie bringt dich im Dunkeln zu mir und fügt in großer Angst heimlich und wortlos unsere Hände zusammen. Nachts wartet sie, an die Tür geschmiegt, auf mich und erkennt schon von weitem, wenn ich komme, das Geräusch meiner Schritte. Lebe lang,

vive diu mihi, dulcis anus: proprios ego tecum,
  sit modo fas, annos contribuisse velim.
te semper natamque tuam te propter amabo: 65
  quidquid agit, sanguis est tamen illa tuus.
sit modo casta, doce, quamvis non vitta ligatos
  impediat crines nec stola longa pedes.

Et mihi sint durae leges, laudare nec ullam
  possim ego, quin oculos appetat illa meos, 70
et siquid peccasse puter, ducarque capillis
  immerito pronus proripiarque foras.

Non ego te pulsare velim, sed, venerit iste
  si furor, optarim non habuisse manus:
nec saevo sis casta metu, sed mente fideli; 75
  mutuus absenti te mihi servet amor.
at, quae fida fuit nulli, post victa senecta
  ducit inops tremula stamina torta manu
firmaque conductis adnectit licia telis
  tractaque de niveo vellere ducta putat. 80
hanc animo gaudente vident iuvenumque catervae
  commemorant merito tot mala ferre senem,
hanc Venus ex alto flentem sublimis Olympo
  spectat et, infidis quam sit acerba, monet.
haec aliis maledicta cadant: nos, Delia, amoris 85
  exemplum cana simus uterque coma.

7

Hunc cecinere diem Parcae, fatalia nentes
  stamina non ulli dissoluenda deo;
hunc fore, Aquitanas posset qui fundere gentes,
  quem tremeret forti milite victus Atur.
evenere: novos pubes Romana triumphos 5
  vidit et evinctos bracchia capta duces:

du liebe Alte. Gern möchte ich, wenn ich es könnte, meine eigenen Lebensjahre zu den deinen fügen. Dich werde ich immer und deinetwegen deine Tochter lieben; was sie auch tut, ist sie doch dein Blut. Lehre sie nur, treu zu sein, auch wenn kein Schleier ihr gebundenes Haar, kein langes Kleid ihre Füße umfängt.

Auch mir seien harte Bedingungen auferlegt: Keine Frau kann ich preisen, sonst darf sie mir in die Augen fahren, und wenn sie meint, ich habe gefehlt, darf man mich, auch wenn ich schuldlos bin, an den Haaren reißen und Kopf voran hinauswerfen.

Ich möchte dich ja nicht schlagen, doch wenn diese Wut über mich kommt, dann wollte ich, ich hätte keine Hände. Du solltest mir auch nicht treu sein, weil du schreckliche Angst hast, sondern nur aus lauterer Gesinnung. Wenn ich nicht bei dir bin, soll unsere gegenseitige Liebe dich mir erhalten. Doch eine Frau, die niemandem treu war, spinnt einst im Elend, vom Alter geschwächt, die Fäden, die ihre zitternde Hand gedreht hat, knüpft auf ihrem gemieteten Webstuhl das feste Trumm und reinigt die von einem weißen Vlies gezupfte Wolle. Schadenfreudig schauen ihr Scharen von jungen Männern zu und bemerken, sie habe es verdient, im Alter so unglücklich zu sein. Die hehre Venus blickt vom hohen Olymp auf sie herab, wie sie weint, und erinnert uns daran, wie hart sie gegen treulose Menschen ist. Mag dieser Fluch auf andere fallen! Delia, wir wollen ein Vorbild der Liebe sein, auch dann, wenn unser beider Haar schon grau ist.

7

Von diesem Tag sangen die Parzen, die ihre schicksalhaften, von keiner Gottheit auflösbaren Fäden spinnen: Er sei es, der die Aquitanier niederwerfen könne, vor dem der Atur, besiegt von einer Kriegsmacht, erzittern würde. So ist es gekommen: Das römische Volk hat neue Triumphe, besiegte Häuptlinge mit gefesselten Armen, gesehen. Du aber wirst

at te victrices laurus, Messalla, gerentem
 portabit niveis currus eburnus equis.

Non sine me est tibi partus honos: Tarbella Pyrene
 testis et Oceani litora Santonici, 10
testis Arar Duranusque celer magnusque Garunna,
 Carnutis et flavi garrula lympha Liger.
an te, Cydne, canam, tacitis qui leniter undis
 caeruleus placidae per vada serpis aquae,
quantus et aetherias contingens vertice nubes 15
 frigidus intonsos Taurus alat Cilicas?
quid? referam, ut volitet crebras intacta per urbes
 alba Palaestino sancta columba Syro,
utque maris vastum prospectet turribus aequor
 prima ratem ventis credere docta Tyros, 20
qualis et, arentes cum findit Sirius agros,
 fertilis aestiva Nilus abundet aqua?

Nile pater, quanam possum te dicere causa
 aut quibus in terris occuluisse caput?
te propter nullos tellus tua postulat imbres, 25
 arida nec Pluvio supplicat herba Iovi.
te canit utque suum pubes miratur Osirim
 barbara, Memphiten plangere docta bovem.
primus aratra manu sollerti fecit Osiris
 et teneram ferro sollicitavit humum, 30
primus inexpertae commisit semina terrae
 pomaque non notis legit ab arboribus.
hic docuit teneram palis adiungere vitem,
 hic viridem dura caedere falce comam;
illi iucundos primum matura sapores 35
 expressa incultis uva dedit pedibus.
ille liquor docuit voces inflectere cantu,
 movit et ad certos nescia membra modos.
Bacchus et agricolae magno confecta labore
 pectora laetitiae dissoluenda dedit; 40

den Lorbeerkranz des Siegers tragen, Messalla, wenn dich der Wagen aus Elfenbein, von Schimmeln gezogen, fährt.

Nicht ohne mich hast du deinen Ruhm errungen: Davon zeugen das tarbellische Gebiet der Pyrenäen und die Meeresküste der Santoner; davon zeugen die Saône, die schnelle Rhone, die breite Garonne und die Loire, der plätschernde Fluß der blonden Carnuten. Oder soll ich von dir singen, Kydnos, der sanft und bläulich mit stillen Wellen friedlichen Wassers über Furten dahinzieht? Soll ich berichten, wie mächtig der kalte Taurus ist, der mit seinem Haupt an die luftigen Wolken rührt und die langhaarigen Kiliker nährt. Wie? Soll ich berichten, wie die weiße Taube, die den Syrern in Palästina heilig ist, ungefährdet durch die von Menschen wimmelnden Städte flattert? Wie Tyros mit seinen Türmen aufs weite Meer hinausschaut, Tyros, das zuerst gelernt hat, ein Schiff den Winden anzuvertrauen? Wie, wenn der Sirius die verdorrten Felder rissig macht, der sie befruchtende Nil auch im Sommer Wasser im Überfluß hat?

Vater Nil, kann ich sagen, aus welchem Grund du deinen Ursprung verbirgst und in welchem Gebiet er ist? Deinetwegen verlangt dein Land nie nach Regen, und vertrocknetes Gras braucht nicht zu Iuppiter Pluvius zu flehen. Dich besingt und verehrt als seinen Osiris das fremde Volk, das gelernt hat, den Stier von Memphis zu beklagen. Als erster schuf Osiris mit geschickter Hand den Pflug und lockerte mit dem Eisen den nachgiebigen Boden auf. Als erster übergab er der Erde den Samen, der ihr nicht vertraut war, und pflückte Früchte von Bäumen, die niemand kannte. Er lehrte, wie man die zarte Rebe an Pfähle bindet, wie man mit dem harten Winzermesser das grünliche Laub beschneidet. Ihm spendete die reife Traube, von ungepflegten Füßen gepreßt, ihren lieblichen Saft. Dieses Naß lehrte die Menschen, ihre Stimmen im Gesang zu modulieren und Glieder, die das noch nicht konnten, rhythmisch zu bewegen. Bakchos' Trank schenkte dem Gemüt des Bauern, das von schwerer Arbeit bedrückt war, Freude und machte es frei. Bakchos bringt mühebeladenen

Bacchus et afflictis requiem mortalibus affert,
 crura licet dura compede pulsa sonent.
non tibi sunt tristes curae nec luctus, Osiri,
 sed chorus et cantus et levis aptus amor,
sed varii flores et frons redimita corymbis, 45
 fusa sed ad teneros lutea palla pedes
et Tyriae vestes et dulci tibia cantu
 et levis occultis conscia cista sacris.

Huc ades et Genium ludo Geniumque choreis
 concelebra et multo tempora funde mero: 50
illius et nitido stillent unguenta capillo,
 et capite et collo mollia serta gerat.
sic venias hodierne: tibi dem turis honores,
 liba et Mopsopio dulcia melle feram.

At tibi succrescat proles, quae facta parentis 55
 augeat et circa stet venerata senem.
nec taceat monumenta viae, quem Tuscula tellus
 candidaque antiquo detinet Alba lare.
namque opibus congesta tuis hic glarea dura
 sternitur, hic apta iungitur arte silex. 60
te canet agricola, a magna cum venerit Urbe
 serus inoffensum rettuleritque pedem.

At tu, Natalis multos celebrande per annos,
 candidior semper candidiorque redi.

8

Non ego celari possum, quid nutus amantis
 quidve ferant miti lenia verba sono.
nec mihi sunt sortes nec conscia fibra deorum,
 praecinit eventus nec mihi cantus avis:
ipsa Venus magico religatum bracchia nodo 5
 perdocuit multis non sine verberibus.

Menschen Schlaf, wenn auch an den Beinen die harten Fesseln klirren, die aneinander schlagen. Nicht Trübsal, Leid und Kummer passen zu dir, Osiris, sondern Tanz, Gesang und sorglose Liebe, bunte Blumen und Efeublüten, um die Stirn geschlungen, und das safrangelbe Festkleid, das bis auf die zarten Füße fließt, Gewänder aus Tyros, die Flöte mit ihrem süßen Schall und der leichte Korb, der um seine Mysterien weiß.

Komm zu uns und hilf uns, den Genius mit Spielen, den Genius mit Tänzen zu feiern, und gieß ihm viel lauteren Wein über die Schläfen. Von seinen glänzenden Locken sollen Salben tropfen, und um Hals und Nacken soll er weiche Girlanden tragen. So komm doch heute. Zu deinen Ehren möchte ich ein Opfer von Weihrauch spenden und dir Kuchen, gesüßt mit attischem Honig, bringen.

Messalla, mögen Kinder dir heranwachsen, die die Taten des Vaters mehren und dich ehrfurchtsvoll umgeben, wenn du alt bist. Wer in der Gegend von Tusculum zu tun hat oder im hellen Alba, der uralten Stadt, soll nicht von der Straße schweigen, die dein Denkmal ist. Denn hier wird harter Kies, durch deine Mittel angehäuft, gewalzt; hier wird Pflaster technisch einwandfrei verbunden. Von dir wird der Bauer singen, wenn er am Abend spät von Rom zurückkehrt und seine Füße ihn nach Hause tragen, ohne daß er stolpert.

Doch du, Geburtstagsgott, komm strahlender und immer strahlender wieder, und laß dich noch viele Jahre feiern.

8

Mir kann man nicht verbergen, was das Kopfnicken eines Verliebten, was seine sanften, leise geflüsterten Worte bedeuten. Ich brauche kein Losorakel, keine Eingeweide, die den Willen der Götter kennen, und mir verkündet kein Vogelschrei die Zukunft. Venus selbst hat mich gründlich belehrt – nicht ohne viele Prügel –, als ein magischer Knoten meine

desine dissimulare: deus crudelius urit,
  quos videt invitos succubuisse sibi.

Quid tibi nunc molles prodest coluisse capillos
  saepe et mutatas disposuisse comas? 10
quid fuco splendente genas ornasse, quid ungues
  artificis docta subsecuisse manu?
frustra iam vestes, frustra mutantur amictus,
  ansaque compressos colligat arta pedes.
ille placet, quamvis inculto venerit ore 15
  nec nitidum tarda compserit arte caput.

Num te carminibus, num te pollentibus herbis
  devovit tacito tempore noctis anus?
cantus vicinis fruges traducit ab agris,
  cantus et iratae detinet anguis iter, 20
cantus et e curru Lunam deducere temptat
  et faceret, si non aera recurva sonent.
quid queror, heu, misero carmen nocuisse, quid herbas?
  forma nihil magicis utitur auxiliis:
sed corpus tetigisse nocet, sed longa dedisse 25
  oscula, sed femini conseruisse femur.

Nec tu difficilis puero tamen esse memento:
  (persequitur poenis tristia facta Venus),
munera nec poscas: det munera canus amator,
  ut foveas molli frigida membra sinu. 30
carior est auro iuvenis, cui levia fulgent
  ora nec amplexus aspera barba terit.
huic tu candentes umero suppone lacertos,
  et regum magnae despiciantur opes.

At Venus inveniet puero concumbere furtim, 35
  dum tumet, et teneros conserere usque sinus
et dare anhelanti pugnantibus umida linguis
  oscula et in collo figere dente notas.

Hände band. Verstell' dich nicht: Wenn eine Gottheit sieht, daß jemand sich nicht freiwillig unterwirft, brennt sie ihn besonders grausam.

Was nützt es dir jetzt, deine weichen Locken gepflegt und oft neue Frisuren versucht zu haben? Wozu deine Wangen mit gleißender Schminke zieren, deine Nägel von der geschickten Hand der Spezialistin stutzen zu lassen? Umsonst wird das Gewand geändert, umsonst der Faltenwurf, und umsonst drückt der straffe Riemen der Sandale den Fuß, den sie einschnürt. Jener gefällt, auch ohne daß sein Gesicht gepflegt, auch ohne daß sein glänzendes Haar langwierig kunstvoll zurechtgemacht wurde.

Hat dich mit Beschwörungen, hat dich mit zauberkräftigen Kräutern zu stiller Stunde der Nacht ein altes Weib verhext? Ein Gesang überführt die Frucht vom Feld des Nachbarn; ein Gesang versucht, Luna von ihrem Wagen herabzuholen, und er würde es vollbringen, wenn nicht eherne Becken dröhnten. Wozu klage ich, ach, daß ein Spruch, daß Kräuter mich behexten? Schönheit braucht keine Zaubermittel. Was dich behext, ist, einen Körper berührt, lange Küsse gegeben, Schenkel in Schenkel verflochten zu haben.

Denk daran: Sei trotzdem nicht hart zu dem Knaben – Venus bestraft Lieblosigkeit – und fordere keine Geschenke. Ein ergrauter Liebhaber soll Geschenke geben, damit du seine kalten Glieder an deinem weichen Busen wärmst. Köstlicher als Gold ist ein Jüngling, wenn sein Gesicht noch glatt ist und kein stachliger Bart bei der Umarmung stört. Leg ihm deinen weißen Arm um die Schultern, und du kannst den Reichtum von Königen verachten.

Doch Venus wird den Weg finden, daß du heimlich neben dem Knaben, wenn er erregt ist, liegen und deine zarte Brust eng an die seine schmiegen kannst, ihm feuchte Küsse gibst, während er keucht und die Zungen miteinander kämpfen, und Bißmale in seinen Hals drückst.

Non lapis hanc gemmaeque iuvent, quae frigore sola
  dormiat et nulli sit cupienda viro. 40
heu sero revocatur amor seroque iuventas,
  cum vetus infecit cana senecta caput!
tunc studium formae est, coma tunc mutatur, ut annos
  dissimulet viridi cortice tincta nucis,
tollere tunc cura est albos a stirpe capillos 45
  et faciem dempta pelle referre novam.

At tu, dum primi floret tibi temporis aetas,
  utere: non tardo labitur illa pede.
neu Marathum torque: puero quae gloria victo est?
  in veteres esto dura, puella, senes! 50
parce, precor, tenero! non illi sontica causa est,
  sed nimius luto corpora tingit amor.
heu miser absenti maestas quam saepe querelas
  conicit et lacrimis omnia plena madent.
'quid me spernis?' ait, 'poterat custodia vinci: 55
  ipse dedit cupidis fallere posse deus.
nota Venus furtiva mihi est, ut lenis agatur
  spiritus, ut nec dent oscula rapta sonum,
ut possim media quovis obrepere nocte
  et strepitu nullo clam reserare fores. 60
quid prosunt artes, miserum si spernit amantem
  et fugit ex ipso saeva puella toro,
vel cum promittit, subito sed perfida fallit,
  et mihi nox multis est vigilanda malis.
dum mihi venturam fingo, quodcumque movetur, 65
  illius credo tunc sonuisse pedes.'
desistas lacrimare, puer: non frangitur illa,
  et tua iam fletu lumina fessa tument.

Oderunt, Pholoe, moneo, fastidia divi,
  nec prodest sanctis tura dedisse focis. 70
hic Marathus quondam miseros ludebat amantes
  nescius ultorem post caput esse deum;

Weder Perlen noch Edelsteine sollen die Frau beglücken, die allein im kalten Bett schläft und keinem Mann begehrenswert erscheint. Ach, zu spät ruft man die Liebe, zu spät die Jugend zurück, wenn das Alter ein greises Haupt mit Weiß überzogen hat. Dann bemüht man sich, gut auszusehen, dann färbt man das Haar, damit es, gewaschen im Saft grüner Nußschalen, das Alter verberge; dann bemüht man sich, weiße Haare mit der Wurzel auszureißen, die Haut abzuschälen und so das Gesicht zu verjüngen.

Doch solange dir der Lenz des Lebens blüht, nütze die Zeit: Sie gleitet auf raschen Sohlen vorbei. Quäle Marathus nicht. Welche Ruhmestat ist es, einen Knaben zu besiegen? Gegen alte Männer sollst du hart sein, mein Kind. Schone bitte den zarten Knaben: Er hat keine gefährliche Krankheit; es ist nur das Übermaß von Liebe, das seinem Körper die Blässe gibt. Ach, wenn du nicht bei ihm bist, klagt er so oft und ist traurig, und alles verschwimmt in Tränen. «Warum verschmähst du mich?» fragte er. «Man hätte die Wächter überlisten können: Der Gott selbst verlieh dem Liebenden die Kunst, zu täuschen. Ich kenne den verstohlenen Liebesgenuß, weiß, wie man leise atmen kann, und wie auch heftige Küsse geräuschlos sind. Mitten in der Nacht kann ich irgendwohin schleichen und heimlich, lautlos eine Tür entriegeln. Aber was nützen mir meine Künste, wenn sie den armen Verliebten verschmäht und mir sogar aus dem Bett entflieht, die Grausame? Oder wenn sie mir eine Nacht verspricht und mich dann plötzlich treulos darum betrügt und ich kummervoll die ganze Nacht nicht schlafen kann? Während ich mir einbilde, sie komme gleich, glaube ich jedesmal, wenn etwas sich regt, das Geräusch ihrer Schritte gehört zu haben.» Junge, hör auf zu weinen. Sie läßt sich nicht erweichen, und deine Augen sind vom Weinen schon müde und geschwollen.

Die Götter hassen den Hochmut, Pholoe, ich warne dich, und es nützt nichts, ihren heiligen Altären Weihrauch zu spenden. Marathus da machte sich einmal über unglücklich Verliebte lustig und wußte nicht, daß hinter ihm schon ein

saepe etiam lacrimas fertur risisse dolentis
  et cupidum ficta detinuisse mora:
nunc omnes odit fastus, nunc displicet illi   75
  quaecumque opposita est ianua dura sera.
et te poena manet, ni desinis esse superba.
  quam cupies votis hunc revocare diem!

9

Quid mihi, si fueras miseros lusurus amores,
  foedera per divos, clam violanda, dabas?
a miser, etsi quis primo periuria celat,
  sera tamen tacitis Poena venit pedibus.

Parcite, caelestes: aequum est impune licere   5
  numina formosis laedere vestra semel.
lucra petens habili tauros adiungit aratro
  et durum terrae rusticus urget opus,
lucra petituras freta per parentia ventis
  ducunt instabiles sidera certa rates: 10
muneribus meus est captus puer: at deus illa
  in cinerem et liquidas munera vertat aquas.
iam mihi persolvet poenas, pulvisque decorem
  detrahet et ventis horrida facta coma;
uretur facies, urentur sole capilli,   15
  deteret invalidos et via longa pedes.

Admonui quotiens 'auro ne pollue formam:
  saepe solent auro multa subesse mala.
divitiis captus si quis violavit amorem,
  asperque est illi difficilisque Venus.   20
ure meum potius flamma caput et pete ferro
  corpus et intorto verbere terga seca.
nec tibi celandi spes sit peccare paranti:
  scit deus, occultos qui vetat esse dolos.

strafender Gott stand. Man sagt auch, er habe oft über schmerzliche Tränen gelacht und einen Liebenden durch Vorwände hingehalten. Jetzt haßt er jeden Übermut, jetzt erbost ihn eine Haustür, die für ihn verschlossen und verriegelt ist. Auch auf dich wartet die Strafe, wenn du deinen Hochmut nicht ablegst. Wie wirst du wünschen, durch deine Gebete diesen Tag zurückzurufen!

9

Warum hast du mir bei den Göttern Treue geschworen, wenn du sie doch heimlich brechen und meine unglückliche Liebe verhöhnen wolltest? Elender, mag einer seinen Meineid vorerst auch verbergen, kommt doch am Ende die Strafe auf leisem Fuß.

Erbarmen, ihr Himmlischen! Es ist recht und billig, daß schöne Menschen wenigstens einmal eure Majestät verletzen. Nach Gewinn strebend spannt der Bauer den Stier an den handlichen Pflug und betreibt unentwegt die harte Landwirtschaft. Nach Gewinn strebende Schiffe führen Gestirne zuverlässig über den Winden botmäßige Meere. Mein geliebter Knabe ist durch Geschenke gewonnen worden; doch möge ein Gott ihm jene Geschenke in Asche und fließendes Wasser verwandeln. Bald wird er mir büßen. Staub wird ihm seine Anmut nehmen, und sein Haar wird vom Wind zerzaust; sein Gesicht wird verbrannt, seine Locken werden in der Sonne verbrannt, und lange Märsche reiben seine untüchtigen Füße wund.

Wie oft habe ich ihn gewarnt: «Beflecke deine Schönheit nicht mit Gold. Oft versteckt sich unter Gold viel Unglück. Wenn einer sich von viel Geld bestechen ließ und der Liebe Gewalt antat, ist Venus streng und hart zu ihm. Lieber wäre es mir, man würde mein Haupt mit Feuer brennen, meinen Leib mit der Klinge schneiden, meinen Rücken mit geflochtenen Geißeln peitschen. Wenn du vorhast, zu sündigen, hoffe nicht, es verbergen zu können; der Gott, der nicht will, daß

ipse deus tacito permisit lingua ministro 25
  ederet ut multo libera verba mero;
ipse deus somno domitos emittere vocem
  iussit et invitos facta tegenda loqui.'

Haec ego dicebam: nunc me flevisse loquentem,
  nunc pudet ad teneros procubuisse pedes. 30
tunc mihi iurabas nullo te divitis auri
  pondere, non gemmis vendere velle fidem,
non tibi si pretium Campania terra daretur,
  non tibi si, Bacchi cura, Falernus ager.
illis eriperes verbis mihi sidera caelo 35
  lucere et pronas fluminis esse vias.
quin etiam flebas: at non ego fallere doctus
  tergebam umentes credulus usque genas.

Quid faciam, nisi et ipse fores in amore puellae?
  sit, precor, exemplo, sit levis illa tuo! 40
o quotiens, vobis ne quisquam conscius esset,
  ipse comes multa lumina nocte tuli!
saepe insperanti venit tibi munere nostro
  et latuit clausas post adoperta fores.
tum miser interii stulte confisus amari: 45
  nam poteram ad laqueos cautior esse tuos.
quin etiam attonita laudes tibi mente canebam,
  at me nunc nostri Pieridumque pudet.
illa velim rapida Vulcanus carmina flamma
  torreat et liquida deleat amnis aqua. 50

Tu procul hinc absis, cui formam vendere cura est
  et pretium plena grande referre manu.
at te, qui puerum donis corrumpere es ausus,
  rideat assiduis uxor inulta dolis,

Betrug geheim bleibt, weiß es. Der Gott selbst erlaubt es, wenn der Diener verschwiegen ist, daß die Zunge nach reichlichem Weingenuß frei herausrede. Der Gott selbst befahl Männern, die vom Schlaf überwältigt sind, zu sprechen und unfreiwillig Dinge auszuplaudern, die man geheim halten sollte.«

So pflegte ich zu reden. Jetzt muß ich mich schämen, daß ich beim Sprechen weinte und vor deinen zarten Füßen zu Boden fiel. Damals schworst du mir, deine Treue für keine Menge wertvollen Goldes, für keine Edelsteine verkaufen zu wollen, auch nicht, wenn dir Grundbesitz in Campanien, auch nicht, wenn dir ein falernisches Gut, Bakchos' Lieblingsort, zum Lohn gegeben würde. Mit solchen Worten hättest du mir ausgeredet, daß am Himmel Sterne leuchten und daß Flüsse ihren Lauf bergabwärts nehmen. Ja, du weintest sogar, und ich, unkundig jeder Arglist, wischte dir gutgläubig immer wieder die nassen Augen ab.

Was sollte ich tun, wenn du nicht selber verliebt wärst – in eine Frau? Sie soll bitte deinem Beispiel folgen und auch treulos sein. Wie oft habe ich selbst als euer Begleiter tief in der Nacht die Laterne getragen, damit ihr keinen Zeugen hattet. Oft kam sie unverhofft, als Geschenk von mir, zu dir und verbarg sich mit verhülltem Haupt hinter der verschlossenen Tür. Das war mein Unglück, mein Untergang, glaubte ich doch in meiner Einfalt, geliebt zu werden; denn ich hätte mich vor deinen Fallstricken hüten können. Ja, ich sang mit Begeisterung dein Loblied; jetzt aber schäme ich mich für mich und die Musen. Wenn doch Vulcan in züngelnden Flammen jene Gedichte verbrennen und ein Strom sie auf seinen glatten Wellen vernichten würde!

Scher dich weit weg von hier, der du bemüht bist, deine Schönheit zu verkaufen und in vollen Händen einen großen Preis davonzutragen. Dich aber, der es gewagt hat, einen Knaben mit Geschenken zu bestechen, soll deine Gattin ungestraft mit immer neuen Liebesabenteuern zum Gespött

et cum furtivo iuvenem lassaverit usu, 55
   tecum interposita languida veste cubet.
semper sint externa tuo vestigia lecto,
   et pateat cupidis semper aperta domus;
nec lasciva soror dicatur plura bibisse
   pocula vel plures emeruisse viros. 60
(illam saepe ferunt convivia ducere Baccho,
   dum rota Luciferi provocet orta diem;
illa nulla queat melius consumere noctem
   aut operis varias disposuisse vices.)

At tua perdidicit, nec tu, stultissime, sentis, 65
   cum tibi non solita corpus ab arte movet.
tune putas illam pro te componere corpus
   aut tenues denso pectere dente comas?
istane persuadet facies, auroque lacertos
   vinciat et Tyrio prodeat apta sinu? 70
non tibi, sed iuveni cuidam vult bella videri,
   devoveat pro quo teque domumque tuam.
nec facit hoc vitio, sed corpora foeda podagra
   et senis amplexus culta puella fugit.

Huic tamen accubuit noster puer: hunc ego credam 75
   cum trucibus Venerem iungere posse feris.
blanditiasne meas aliis tu vendere es ausus?
   tune aliis demens oscula ferre mea?
tum flebis, cum me vinctum puer alter habebit
   et geret in regno sceptra superba tuo. 80
at tua tum me poena iuvet, Venerique merenti
   fixa notet casus aurea palma meos:
HANC TIBI FALLACI RESOLUTUS AMORE TIBULLUS
DEDICAT ET GRATA SIS, DEA, MENTE ROGAT.

machen, und nachdem sie einen jungen Mann mit verbotenen Spielen ermüdet hat, soll sie erschöpft neben dir schlafen, durch eine Decke getrennt. Stets soll dein Bett durch Spuren zeigen, daß ein anderer da war, und dein Haus soll lüsternen Männern stets weit offen stehen. Man soll nicht sagen, deine geile Schwester habe mehr Becher ausgetrunken oder mehr Männer befriedigt. (Man erzählt, ihre bakchantischen Gelage dauerten oft so lange, bis das Gespann des Morgensterns durch seinen Aufgang den Tag herbeirufe. Keine könne besser als sie eine Nacht zur Neige bringen oder das Geschäft der Liebe mit mehr Varianten betreiben.)

Doch deine Frau hat's gründlich gelernt, und du merkst es nicht, du großer Dummkopf, wenn sie für dich ihren Körper mit ungeahnter Kunstfertigkeit bewegt. Glaubst du, sie macht ihren Körper für dich zurecht oder ordnet ihr zartes Haar mit dem dichten Kamm? Ist es etwa dein Gesicht, das sie dazu bewegt, ihre Arme mit Gold zu bereifen oder elegant mit einem Bausch aus tyrischer Seide auszugehen? Nein, nicht dir, sondern irgendeinem jungen Herrn möchte sie schön erscheinen; für ihn würde sie dich und dein Haus opfern. Und das tut sie nicht aus Verworfenheit, nein: Eine gepflegte Frau flieht einen von Podagra entstellten Körper und die Umarmungen eines Greises.

Dennoch hat mein junger Freund sich zu ihm gelegt. Ich möchte glauben, daß er sich sogar zu wilden Bestien in Liebe gesellen könnte. Du hat es gewagt, Liebkosungen, die mir gehören, anderen zu verkaufen, und in deiner Verblendung anderen die Küsse zu geben, die mein sind? Wenn ein anderer Knabe mich in Banden hält und in deinem Reich sein stolzes Szepter schwingt, wirst du weinen. Doch dann will ich mich an deiner Bestrafung freuen, und ein für Venus, die das verdient hat, aufgehängtes Palmblatt aus Gold soll mein Erlebnis festhalten: «Göttin, dies weiht dir Tibull, von einer trügerischen Liebe erlöst, und er bittet dich, du möchtest ihm dafür dankbar sein.»

10

Quis fuit, horrendos primus qui protulit enses?
  quam ferus et vere ferreus ille fuit!
tum caedes hominum generi, tum proelia nata,
  tum brevior dirae mortis aperta via est.
an nihil ille miser meruit, nos ad mala nostra   5
  vertimus, in saevas quod dedit ille feras?

Divitis hoc vitium est auri, nec bella fuerunt,
  faginus adstabat cum scyphus ante dapes.
non arces, non vallus erat, somnumque petebat
  securus varias dux gregis inter oves.   10
tunc mihi vita foret, Valgi, nec tristia nossem
  arma nec audissem corde micante tubam:
nunc ad bella trahor, et iam quis forsitan hostis
  haesura in nostro tela gerit latere.

Sed patrii servate Lares: aluistis et idem,   15
  cursarem vestros cum tener ante pedes.
neu pudeat prisco vos esse e stipite factos:
  sic veteris sedes incoluistis avi.
tunc melius tenuere fidem, cum paupere cultu
  stabat in exigua ligneus aede deus.   20
hic placatus erat, seu quis libaverat uvam,
  seu dederat sanctae spicea serta comae,
atque aliquis voti compos liba ipse ferebat
  postque comes purum filia parva favum.

At nobis aerata, Lares, depellite tela   25
  ....
....
  hostiaque e plena rustica porcus hara.
hanc pura cum veste sequar myrtoque canistra
  vincta geram, myrto vinctus et ipse caput.   30

10

Wer war es, der als erster die furchtbaren Schwerter schuf? Wie hart, wahrhaft eisenhart war der. Für die Menschheit war das der Anfang des Tötens, der Schlachten; da bot sich ein kürzerer Weg in einen schrecklichen Tod. Oder trug jener Ärmste keine Schuld, und haben wir zu unserem eigenen Verderben das umgewandelt, was er uns zum Schutz gegen wilde Bestien gab?

Das ist der Fluch des kostbaren Goldes. Als noch ein Becher aus Buchenholz beim Essen stand, gab es keine Kriege. Es gab auch keine Burgen, keine Palisaden, und sorglos legte der Hirt sich zwischen seinen gescheckten Schafen zum Schlaf hin. Hätte ich doch damals gelebt, Valgius, dann hätte ich keine tragischen Kriege erlebt und nicht mit flatterndem Herzen den Ton der Tuba gehört! Jetzt schleppt man mich in den Krieg, und vielleicht trägt schon ein Feind den Wurfspieß, der in meiner Seite stecken wird.

Rettet mich, väterliche Laren; ihr habt mich ja auch genährt, als ich mich, ein Kind noch, euch zu Füßen tummelte. Ihr dürft euch nicht schämen, daß ihr aus einem alten Stück Holz gefertigt seid. So habt ihr schon im Haus eines fernen Vorfahrs gewohnt. Damals, als in einem winzigen Schrein ein hölzernes Götterbild stand, dem man ärmliche Opfer brachte, hielt man die Treue höher. Der Gott war schon zufrieden, wenn man ihm eine Traube als Opfer bot oder seinem geheiligten Haar einen Ährenkranz aufsetzte. Irgendein Mann, dessen Gebet erhört worden war, brachte selbst die Opferkuchen dar, und hinter ihm trug sein Töchterchen, das mit ihm kam, eine reine Honigwabe.

Doch wendet die ehernen Pfeile von mir ab, Laren .... und aus dem vollen Koben als ländliche Opfergabe ein Schwein. Ich will im reinen Gewand hinterher schreiten und ein von Myrten umwundenes Körbchen tragen, mein Haupt auch von Myrten umwunden. So möchte ich euch gefallen. Soll doch ein an-

sic placeam vobis: alius sit fortis in armis,
  sternat et adversos Marte favente duces,
ut mihi potanti possit sua dicere facta
  miles et in mensa pingere castra mero.

Quis furor est atram bellis accersere Mortem? 35
  imminet et tacito clam venit illa pede.
non seges est infra, non vinea culta, sed audax
  Cerberus et Stygiae navita turpis aquae:
illic pertusisque genis ustoque capillo
  errat ad obscuros pallida turba lacus. 40
quam potius laudandus et hic, quem prole parata
  occupat in parva pigra senecta casa!
ipse suas sectatur oves, at filius agnos,
  et calidam fesso comparat uxor aquam.
sic ego sim, liceatque caput candescere canis, 45
  temporis et prisci facta referre senem.

Interea Pax arva colat. Pax candida primum
  duxit araturos sub iuga curva boves.
Pax aluit vites et sucos condidit uvae,
  funderet ut nato testa paterna merum. 50
Pace bidens vomerque nitent, at tristia duri
  militis in tenebris occupat arma situs.
....
  ....
rusticus e luco revehit, male sobrius ipse,
  uxorem plaustro progeniemque domum.

Sed Veneris tum bella calent, scissosque capillos
  femina perfractas conqueriturque fores.
flet teneras obtusa genas, sed victor et ipse 55
  flet sibi dementes tam valuisse manus.
at lascivus Amor rixae mala verba ministrat,
  inter et iratum lentus utrumque sedet.

derer tapfer sein im Krieg und, wenn Mars ihm gewogen ist, feindliche Anführer niederstrecken, damit er mir beim Gelage seine Taten als Soldat erzählen und auf dem Tisch mit Wein ein Feldlager einzeichnen kann.

Welch ein Wahnsinn, in Kriegen den düsteren Tod herbeizurufen! Er droht uns und nähert sich schweigend auf leisen Sohlen. Da unten sind keine Äcker, keine gepflegten Weinberge, sondern der böse Kerberos und der häßliche Fährmann des stygischen Flusses. Dort irrt die bleiche Schar mit eingeschlagenen Wangen und verbranntem Haar am Ufer des dunklen Gewässers. Ist nicht vielmehr auch jener glücklich zu preisen, den, nachdem er für Nachkommenschaft gesorgt hat, in einer kleinen Hütte das Alter überkommt? Er selber geht hinter den Schafen, der Sohn aber hinter den Lämmern drein, und dem Müden bereitet die Gattin warmes Wasser. So möchte ich sein, und mit sei vergönnt, daß mein Haupt weiß schimmern und ich als Greis von den Ereignissen vergangener Zeiten berichten kann.

Unterdessen soll der Frieden die Fluren bestellen. Der gütige Frieden führte zuerst die pflügenden Ochsen unter das krumme Joch. Der Frieden nährte die Reben und barg den Traubensaft, damit der Tonkrug des Vaters dem Sohne lauteren Wein spende. Im Frieden glänzen Pflug und Karst, doch Rost überzieht im Dunkel die drohenden Waffen des harten Kriegsmanns. ....
der Bauer, selbst nicht mehr ganz nüchtern, fährt auf dem Karren sein Weib und seine Sprößlinge aus dem Hain nach Hause.

Dann aber entbrennen die Kämpfe der Liebe, und eine Frau klagt über ihr zerzaustes Haar und ihre eingeschlagene Tür. Sie weint, weil ihre zarten Wangen mißhandelt wurden. Doch auch der Sieger weint, weil seine rasenden Hände so gewalttätig waren. Amor liefert mutwillig dem Streit böse Worte und sitzt gelassen zwischen dem zornigen Paar. Ach, ein Mann, der seine Geliebte schlägt, ist ein Stein, ein Stück Eisen

ah, lapis est ferrumque, suam quicumque puellam
  verberat: e caelo deripit ille deos. 60
sit satis e membris tenuem rescindere vestem,
  sit satis ornatus dissoluisse comae,
sit lacrimas movisse satis: quater ille beatus,
  quo tenera irato flere puella potest!
sed manibus qui saevus erit, scutumque sudemque 65
  is gerat et miti sit procul a Venere.

At nobis, Pax alma, veni spicamque teneto,
  profluat et pomis candidus ante sinus.

und reißt sogar die Götter vom Himmel herab! Es sollte genug sein, ihr das dünne Kleid zu zerreißen, genug, ihr die schöne Frisur zu zerstören, genug, sie zum Weinen zu bringen. Viermal glücklich ist der Mann, dessen zärtliche Liebste weinen kann, wenn er wütend ist. Doch wer im Zorn mit den Händen dreinfährt, soll Schild und Schanzpfahl tragen und fern von der milden Venus weilen.

Komm zu uns, holder Frieden, mit der Ähre in der Hand, und laß deinen weißen Bausch von Früchten überfließen.

LIBER SECUNDUS

I

Quisquis ades, faveas: fruges lustramus et agros,
　ritus ut a prisco traditus extat avo.
Bacche, veni, dulcisque tuis e cornibus uva
　pendeat, et spicis tempora cinge, Ceres.
luce sacra requiescat humus, requiescat arator, 5
　et grave suspenso vomere cesset opus.
solvite vincla iugis: nunc ad praesepia debent
　plena coronato stare boves capite.
omnia sint operata deo: non audeat ulla
　lanificam pensis imposuisse manum. 10
vos quoque abesse procul iubeo, discedat ab aris,
　cui tulit hesterna gaudia nocte Venus.
casta placent superis: pura cum veste venite
　et manibus puris sumite fontis aquam.
cernite, fulgentes ut eat sacer agnus ad aras 15
　vinctaque post olea candida turba comas.

Di patrii, purgamus agros, purgamus agrestes:
　vos mala de nostris pellite limitibus,
neu seges eludat messem fallacibus herbis,
　neu timeat celeres tardior agna lupos. 20
tum nitidus plenis confisus rusticus agris
　ingeret ardenti grandia ligna foco,
turbaque vernarum, saturi bona signa coloni,
　ludet et ex virgis exstruet ante casas.

Eventura precor: viden ut felicibus extis 25
　significet placidos nuntia fibra deos?

ZWEITES BUCH

1

Jeder Anwesende schweige. Wir reinigen die Früchte und die Felder, wie der Brauch es will, der von einem fernen Vorfahr überliefert worden ist. Bakchos, komm, und laß von deinen Hörnern süße Trauben hängen. Kränze dein Haupt mit Ähren, Ceres. Am Feiertag soll der Boden rasten, der Pflüger rasten. Man hänge den Pflug an den Pflock und ruhe von der schweren Arbeit aus. Löst die Riemen am Joch; jetzt dürfen die Ochsen mit bekränzten Häuptern an den vollen Krippen stehen. Jede Verrichtung sei heute der Gottheit geweiht. Keine Frau wage es, Wollstränge anzurühren, um zu spinnen. Auch euch befehle ich, fern zu bleiben: Wem letzte Nacht Venus ihre Freuden brachte, trete weg vom Altar. Das Keusche gefällt den Göttern. Kommt in einem reinen Gewand und schöpft mit reinen Händen Wasser aus einer Quelle. Seht, wie das geweihte Lamm zum glänzenden Altar geht und hinter ihm die weißgekleidete Schar, das Haar mit Ölzweigen umwunden.

Götter unserer Väter, wir entsühnen die Felder, wir entsühnen die Bauern. Haltet Unheil von unseren Grenzen fern, damit die Saat die Ernte nicht mit trügerischen Pflanzen täuscht und das zurückgebliebene Lamm keine reißenden Wölfe zu fürchten braucht. Dann legt der Bauer, fein herausgeputzt, auf reichen Ackersegen bauend, mächtige Scheiter auf den flammenden Altar, und die Schar der Sklavenkinder, ein gutes Anzeichen eines satten Landwirts, treibt ihr Spiel und baut Hütten aus Zweigen davor.

Erfüllen wird sich das, worum ich bete. Siehst du, wie die Eingeweide Glück verheißen und wie die bedeutungsvolle Leber gnädige Götter kündet?

Nunc mihi fumosos veteris proferte Falernos
   consulis et Chio solvite vincla cado.
vina diem celebrent: non festa luce madere
   est rubor, errantes et male ferre pedes.   30

Sed 'bene Messallam' sua quisque ad pocula dicat,
   nomen et absentis singula verba sonent.
gentis Aquitanae celeber Messalla triumphis
   et magna intonsis gloria victor avis,
huc ades adspiraque mihi, dum carmine nostro   35
   redditur agricolis gratia caelitibus.

Rura cano rurisque deos: his vita magistris
   desuevit querna pellere glande famem;
illi compositis primum docuere tigillis
   exiguam viridi fronde operire domum,   40
illi etiam tauros primi docuisse feruntur
   servitium et plaustro supposuisse rotam.
tunc victus abiere feri, tunc insita pomus,
   tunc bibit inriguas fertilis hortus aquas,
aurea tunc pressos pedibus dedit uva liquores   45
   mixtaque securo est sobria lympha mero.
rura ferunt messes, calidi cum sideris aestu
   deponit flavas annua terra comas.
rure levis vernos flores apis ingerit alveo,
   compleat ut dulci sedula melle favos.   50

Agricola assiduo primum satiatus aratro
   cantavit certo rustica verba pede
et satur arenti primum est modulatus avena
   carmen, ut ornatos diceret ante deos,
agricola et minio suffusus, Bacche, rubenti   55
   primus inexperta duxit ab arte choros.
huic datus a pleno, memorabile munus, ovili
   dux pecoris: curtas auxerat hircus opes.

Jetzt holt mir die rauchigen Falerner aus einem längst vergangenen Konsulat hervor und löst den Verschluß am Krug aus Chios. Wein soll dem Tag die Weihe geben. Es ist keine Schande, wenn man sich an einem Fest betrinkt und einen die unsicheren Füße kaum mehr tragen.

Doch jeder sage «Auf Messallas Wohl!» beim Trinken. Ist er auch nicht dabei, soll doch in jedem Gespräch sein Name erklingen. Messalla, dich hat man durch den Triumph über das Volk der Aquitanier gefeiert, und dein Sieg brachte deinen bärtigen Ahnen Ruhm. Sei gegenwärtig und begeistere mich, während ich in meinem Lied den Göttern des Ackerbaus Dank erstatte.

Ich singe vom Land und den Göttern des Landes. Dank ihrer Belehrung brauchte die Menschheit nicht länger den Hunger mit Eicheln zu stillen. Sie lehrten zuerst, schmale Balken zusammenzufügen und winzige Hütten mit grünem Laub zu überdachen. Man sagt auch, sie hätten zuerst die Stiere ihren Dienst gelehrt und unten am Karren das Rad angebracht. Da verschwand die barbarische Kost; da wurden Obstbäume gepfropft, da trank der fruchtbare Garten das ihn bewässernde Naß, da gab die goldene Traube die Säfte her, die man aus ihr preßt, und mit dem Sorgenverscheucher Wein mischte man nüchternes Wasser. Wenn alljährlich unter der Glut des heißen Gestirns die Erde ihr goldenes Haar ablegt, dann trägt das Land die Ernte. Auf dem Land bringt die leichte Biene Frühlingsblüten in den Stock, um eifrig die Waben mit süßem Honig zu füllen.

Ein Bauer war es, der, durch seine lange Arbeit am Pflug gesättigt, zuerst in genauem Versmaß ländliche Worte sang und, satt wie er war, zuerst auf einem trockenen Rohr eine Melodie spielte, um sie vor den geschmückten Göttern vorzutragen. Ein Bauer war es auch, der, mit rötlicher Farbe beschmiert, erstmals, Bakchos, für dich einen Reigen aufführte, eine noch unerprobte Kunst. Ihm gab man aus der vollen Hürde als denkwürdiges Geschenk das Leittier der Herde: Der Bock hatte den dürftigen Besitz vermehrt.

Rure puer verno primum de flore coronam
  fecit et antiquis imposuit Laribus.   60
rure etiam teneris curam exhibitura puellis
  molle gerit tergo lucida vellus ovis.
hinc et femineus labor est, hinc pensa colusque,
  fusus et apposito pollice versat opus:
atque aliqua assidue textrix operata Minervae   65
  cantat, et a pulso tela sonat latere.

Ipse quoque inter agros interque armenta Cupido
  natus et indomitas dicitur inter equas.
illic indocto primum se exercuit arcu:
  ei mihi, quam doctas nunc habet ille manus!   70
nec pecudes, velut ante, petit: fixisse puellas
  gestit et audaces perdomuisse viros.
hic iuveni detraxit opes, hic dicere iussit
  limen ad iratae verba pudenda senem;
hoc duce custodes furtim transgressa iacentes   75
  ad iuvenem tenebris sola puella venit
et pedibus praetemptat iter suspensa timore,
  explorat caecas cui manus ante vias.
a miseri, quos hic graviter deus urget, at ille
  felix, cui placidus leniter adflat Amor!   80

Sancte, veni dapibus festis, sed pone sagittas
  et procul ardentes hinc, precor, abde faces.
vos celebrem cantate deum pecorique vocate
  voce: palam pecori, clam sibi quisque vocet,
aut etiam sibi quisque palam: nam turba iocosa   85
  obstrepit et Phrygio tibia curva sono.
ludite: iam Nox iungit equos, currumque sequuntur
  matris lascivo sidera fulva choro,
postque venit tacitus furvis circumdatus alis
  Somnus et incerto Somnia nigra pede.   90

Auf dem Land schuf ein Knabe zum erstenmal aus Frühlingsblumen einen Kranz und setzte ihn den alten Larenbildern auf den Kopf. Auf dem Land trägt auch das schimmernde Schaf sein weiches Vlies, um zarten Mädchen Arbeit zu schaffen. Vom Land stammt ferner die Handarbeit der Frauen, vom Land stammen Wollstränge und Rocken, und unter dem Druck des Daumens dreht sich die Spindel und vollbringt ihr Werk. Eine Weberin, die fleißig der Minerva dient, singt dazu, und vom Schlag auf den Rahmen erklingt das Gewebe.

Es heißt auch, Cupido sei auf den Feldern, zwischen den Herden und unter wilden Stuten geboren worden. Dort übte er sich zuerst an dem Bogen, dessen Gebrauch ihn niemand lehrte; wehe, welch geschickte Hände hat er jetzt! Er zielt nicht mehr auf Tiere wie zuvor; ihn gelüstet es, Frauen zu treffen und mutige Männer zu bezwingen. Er nahm dem Jüngling sein Vermögen weg; er zwang den alten Herrn, an der Schwelle einer erbosten Frau erniedrigende Worte zu sagen. Er geht voran, wenn heimlich die Geliebte über die schlafenden Wächter steigt und allein im Finstern den Jüngling besucht; in Ängsten schwebend ertastet sie zuvor mit dem Fuß den Pfad, und mit der Hand greift sie den unsichtbaren Weg voraus. Arme Menschen, die dieser Gott so schwer bestürmt, doch glücklich jener, dem Amor gnädig eine sanfte Brise sendet!

Heiliger, komm zum festlichen Mahl, doch leg bitte deine Pfeile ab, und verbirg deine brennenden Fackeln weit weg von hier. Besingt den gefeierten Gott und ruft ihn laut zum Vieh; vernehmlich ruft ihn zum Vieh, heimlich rufe ihn jeder zu sich – oder auch vernehmlich jeder zu sich, denn die muntere Schar und die Krummflöte mit ihrem phrygischen Klang übertönen das. Seid vergnügt! Schon spannt die Nacht die Pferde an, und dem Wagen der Mutter folgen in liebestrunkenem Tanz die goldenen Sterne, und dann kommt schweigend, in schwarze Schwingen gehüllt, der Schlaf, und mit unsicheren Schritten nahen sich dunkle Träume.

2

Dicamus bona verba, venit Natalis, ad aras:
  quisquis ades, lingua, vir mulierque, fave!
urantur pia tura focis, urantur odores,
  quos tener e terra divite mittit Arabs.
ipse suos adsit Genius visurus honores, 5
  cui decorent sanctas mollia serta comas.
illius puro destillent tempora nardo,
  aque satur libo sit madeatque mero.

Adnuat et, Cornute, tibi quodcumque rogabis.
  en age, quid cessas? adnuet ille: roga. 10
auguror, uxoris fidos optabis amores:
  iam reor hoc ipsos edidicisse deos.
nec tibi malueris, totum quaecumque per orbem
  fortis arat valido rusticus arva bove,
nec tibi, gemmarum quidquid felicibus Indis 15
  nascitur, Eoi qua maris unda rubet.

Vota cadunt: Viden ut strepitantibus advolet alis
  flavaque coniugio vincula portet Amor,
vincula, quae maneant semper, dum tarda senectus
  inducat rugas inficiatque comas? 20
huc venias, Natalis, avis prolemque ministres,
  ludat ut ante tuos turba novella pedes.

3

Rura meam, Cornute, tenent villaeque puellam:
  ferreus est, eheu, quisquis in urbe manet!
ipsa Venus laetos iam nunc migravit in agros,
  verbaque aratoris rustica discit Amor.

2

Wir wollen am Altar Glück wünschen; der Geburtstagsgott kommt. Jeder Anwesende, ob Mann oder Frau, soll schweigen. Frommer Weihrauch soll auf dem Herd brennen, und brennen sollen duftende Essenzen, die der verweichlichte Araber aus seinem reichen Land uns schickt. Möge der Genius selbst zugegen sein, um sein eigenes Festopfer zu schauen. Weiche Girlanden sollen sein heiliges Haar schmücken, und von seinen Schläfen soll reines Nardenöl tropfen; er soll sich an Kuchen sättigen und von lauterem Wein triefen.

Und alles, worum du ihn bitten wirst, Cornutus, soll er dir gewähren. Nur zu! Was zauderst du? Er gewährt es dir; bitte ihn nur. Ich ahne es schon: Du wirst dir die treue Liebe einer Gattin wünschen. Die Götter wissen das, glaube ich, selbst schon ganz genau. Lieber als das möchtest du wohl nicht alles Ackerland, soweit es auf der ganzen Erde von wackeren Bauern mit kräftigen Stieren gepflügt wird, auch nicht alle Edelsteine, die im gesegneten Indien, wo die Welle des östlichen Meeres sich rötet, entstehen.

Deine Gebete sind erhört. Siehst du nicht, wie Amor mit rauschenden Flügeln herbeifliegt und goldene Fesseln für einen Ehebund bringt, Fesseln, die beständig bleiben mögen, bis das lähmende Alter seine Runzeln einprägt und das Haar weiß färbt? Komm zu uns, Geburtstagsgott, und schenke den Großvätern Enkel, damit eine neue Kinderschar sich zu deinen Füßen tummelt.

3

Meine Geliebte weilt auf dem Land, Cornutus, auf dem Gutshof. Ach, wer da in der Stadt bleiben kann, ist aus Eisen gemacht! Nun ist Venus selbst schon auf die heiteren Felder gezogen, und Amor erlernt die ländliche Sprechweise der Bau-

o ego, dum adspicerem dominam, quam fortiter illic 5
  versarem valido pingue bidente solum!
agricolaeque modo curvum sectarer aratrum,
  dum subigunt steriles arva serenda boves,
nec quererer, quod sol graciles exureret artus,
  laederet aut teneras pussula rupta manus. 10

Pavit et Admeti tauros formosus Apollo,
  nec cithara intonsae profueruntve comae,
nec potuit curas sanare salubribus herbis:
  quidquid erat medicae vicerat artis amor. 14
ipse deus solitus stabulis expellere vaccas 15
  16
et miscere novo docuisse coagula lacte, 17
  lacteus et mulctris obriguisse liquor. 18
tum fiscella levi detexta est vimine iunci, 19
  raraque per nexus est via facta sero. 20
o quotiens illo vitulum gestante per agros
  dicitur occurrens erubuisse soror!
o quotiens ausae, caneret dum valle sub alta,
  rumpere mugitu carmina docta boves!
saepe duces trepidis petiere oracula rebus, 25
  venit et a templis irrita turba domum;
saepe horrere sacros doluit Latona capillos,
  quos admirata est ipsa noverca prius.
quisquis inornatumque caput crinesque solutos
  aspiceret, Phoebi quaereret ille comam. 30
Delos ubi nunc, Phoebe, tua est, ubi Delphica Pytho?
  nempe Amor in parva te iubet esse casa.
felices olim, Veneri cum fertur aperte
  servire aeternos non puduisse deos.
fabula nunc ille est, sed cui sua cura puella est, 35
  fabula sit mavult quam sine amore deus.

ern. Ach, wenn ich nur meine Herrin sehen könnte, wie wacker würde ich dort mit dem massiven Karst den fetten Boden umgraben und nach Art der Bauern hinter dem krummen Pflug her gehen, während die kastrierten Ochsen in den Feldern, die man besäen wird, arbeiten. Ich würde nicht einmal klagen, daß die Sonne meine schmächtigen Glieder verbrennt oder daß die aufgeplatzten Blasen an meinen zarten Händen schmerzen.

Auch Apoll in all seiner Schönheit weidete die Rinder des Admet, und seine Kithara und sein langes Haar nützten ihm nichts; er konnte seinen Kummer nicht mit Arzneikräutern heilen; alles, was die ärztliche Kunst leisten konnte, hatte die Liebe besiegt. Er selbst, der Gott, pflegte die Kühe aus den Ställen zu treiben ....
.... und (soll) gelehrt haben, wie man das Lab in die frische Milch mischt und wie die milchige Flüssigkeit in den Eimern gerinnt. Dann wurde aus leichten Binsenruten ein Körbchen geflochten und der Molke durch das Geflecht hier und dort ein Abfluß geschaffen. Ach, wie oft soll seine Schwester vor Scham errötet sein, wenn sie ihm begegnete, wie er gerade ein Kälbchen über die Felder trug! Ach, wie oft erfrechten sich die Kühe, wenn er im Grund eines tiefen Tales sang, mit ihrem Muhen sein kunstvolles Lied zu unterbrechen! In einer Krise suchten Fürsten oftmals seinen Wahrspruch, aber die Menge mußte unverrichteter Dinge vom Heiligtum nach Hause gehen. Oft tat es Leto weh, wie struppig die heiligen Locken waren, die selbst die Stiefmutter früher bewundert hatte. Jeder, der das ungepflegte Haar, die wirren Locken gesehen hätte, hätte Phoibos' Frisur vermißt. Phoibos, wo ist jetzt dein Delos, wo deine delphische Pytho? Amor zwingt dich, in einer engen Hütte zu wohnen. Glücklich die Menschen von einst, als Götter sich nicht schämten, offen, wie man sagt, der Venus zu dienen. Jetzt kann man über ihn schwatzen, doch wer seine Freundin wirklich liebt, möchte lieber ein Geschwätz als ein Gott ohne Liebe sein.

At tu, quisquis is es, cui tristi fronte Cupido
 imperat, ut nostra sint tua castra domo
....
....

ferrea non Venerem, sed praedam saecula laudant,
 praeda tamen multis est operata malis.   40
praeda feras acies cinxit discordibus armis:
 hinc cruor, hinc caedes mors propiorque venit.
praeda vago iussit geminare pericula ponto,
 bellica cum dubiis rostra dedit ratibus.
praedator cupit immensos obsidere campos,   45
 ut multo innumeram iugere pascat ovem;
cui lapis externus curae est, urbisque tumultu
 portatur validis fulta columna iugis,
claudit et indomitum moles mare, lentus ut intra
 neglegat hibernas piscis adesse minas.   50

At tibi laeta trahant Samiae convivia testae
 fictaque Cumana lubrica terra rota.
eheu, divitibus video gaudere puellas:
 iam veniant praedae, si Venus optat opes,
ut mea luxuria Nemesis fluat utque per Urbem   55
 incedat donis conspicienda meis.
illa gerat vestes tenues, quas femina Coa
 texuit auratas disposuitque vices;
illi sint comites fusci, quos India torret
 Solis et admotis inficit ignis equis;   60
illi selectos certent praebere colores
 Africa puniceum purpureumque Tyros.
vana loquor: regnum ipse tenet, quem saepe coegit
 barbara gypsatos ferre catasta pedes.
At tibi dura Ceres, Nemesim qui abducis ab urbe,   65
 persolvat nulla semina serta fide.
et tu, Bacche tener, iucundae consitor uvae,
 tu quoque devotos, Bacche, relinque lacus.
haud impune licet formosas tristibus agris
 abdere: non tanti sunt tua musta, Pater.

Du aber, wer immer du seist, dem Cupido mit strenger Miene befiehlt, dein Lager in meinem Haus aufzuschlagen, ...
.... Das eiserne Zeitalter preist nicht die Liebe, sondern die Beute; die Beute aber hat schon viel Unheil verursacht. Beutegier hat wilde Scharen mit den Waffen des Bürgerkriegs gegürtet; es kam zu Blutvergießen, es kam zu Mord und vorzeitigem Tod. Beutegier zwang die Menschheit, auf dem weiten Meer Gefahren zu verdoppeln, als sie den schaukelnden Schiffen Schnäbel für Seeschlachten gab. Der Beutemacher will unübersehbaren Grundbesitz in Anspruch nehmen, damit auf vielen Morgen Land unzählige Schafe weiden. Er liebt ausländischen Marmor, für ihn wird im Lärm der Großstadt von tausend starken Jochen eine Säule transportiert, und ein steinerner Damm schließt das ungestüme Meer ab, damit die Fische drinnen sich nicht zu sorgen brauchen, wenn die Winterstürme kommen.

Dir aber mögen Krüge aus Samos und der schlüpfrige Ton, den eine Töpferscheibe in Cumae formte, lange, frohe Trinkgelage bescheren. Ach, ich sehe, daß Frauen an reichen Männern Freude haben. Wenn die Liebe Schätze wünscht, soll die Beute nur kommen, damit meine Nemesis im Luxus schwimmen und, mit meinen Gaben geschmückt, aufsehenerregend durch die Stadt schreiten kann. Soll sie dünne Gewänder tragen, die eine Frau auf Kos gewoben und mit goldenen Fäden kunstvoll durchwirkt hat! Soll sie dunkelhäutige Begleiter haben, die Indien braun brennt und das Feuer des Sonnengottes färbt, dessen Gespann in Erdennähe fährt. Sollen Afrika und Tyros im Wettbewerb ihr erlesene Farben reichen, jenes Punischrot, dieses Purpurrot. Aber ich rede umsonst. Derjenige ist jetzt König, den man auf dem Markt für Barbarensklaven öfter zwang, die Füße weiß anzustreichen. Doch zu dir, der du Nemesis aus der Stadt entführst, möge Ceres hart sein und dir treulos den gesäten Samen nicht vergelten. Und du, zarter Bakchos, Pflanzer der erquickenden Traube, auch du verlasse Kufen, die ich verwünsche. Man darf nicht ungestraft schöne Frauen auf dem freudlosen Land ver-

o valeant fruges, ne sint modo rure puellae: 70
  glans alat, et prisco more bibantur aquae.
glans aluit veteres, et passim semper amarunt:
  quid nocuit sulcos non habuisse satos?
tum, quibus adspirabat Amor, praebebat aperte
  mitis in umbrosa gaudia valle Venus. 75
nullus erat custos, nulla exclusura volentes
  ianua: si fas est, mos precor ille redi!
. . . .
  horrida villosa corpora veste tegant.
nunc si clausa mea est, si copia rara videndi, 80
  heu miserum, in laxa quid iuvat esse toga?
ducite: ad imperium dominae sulcabimus agros,
  non ego me vinclis verberibusque nego.

4

Hic mihi servitium video dominamque paratam:
  iam mihi libertas illa paterna vale.
servitium sed triste datur, teneorque catenis,
  et numquam misero vincla remittit Amor,
et seu quid merui seu nil peccavimus, urit. 5
  uror, io! remove, saeva puella, faces!
o ego ne possim tales sentire dolores,
  quam mallem in gelidis montibus esse lapis,
stare vel insanis cautes obnoxia ventis,
  naufraga quam vasti tunderet unda maris! 10

Nunc et amara dies et noctis amarior umbra est,
  omnia nunc tristi tempora felle madent.
nec prosunt elegi nec carminis auctor Apollo:
  illa cava pretium flagitat usque manu.
ite procul, Musae, si non prodestis amanti: 15
  non ego vos, ut sint bella canenda, colo,

stecken: So viel, Vater Bakchos, ist mir dein Most nicht wert. Fort mit den Früchten der Erde, wenn nur keine Frauen auf dem Land sind. Von Eicheln soll man leben und nach uralter Sitte Wasser trinken. Die Eichel nährte die Menschen der Vorzeit, und sie liebten sich überall. Was schadete es (ihnen), keine Furchen für die Aussaat zu haben? Sanft bot Venus damals allen Menschen, die Amors Hauch gnädig berührte, in einem schattigen Tal offen ihre Wonnen dar. Da gab es keine Wächter, keine Türen, dazu bestimmt, diejenigen auszuschließen, die zur Geliebten wollten. Kehre doch wieder, alter Brauch, wenn es den Göttern gefällt ....
.... daß rauhe Kleider schmutzige Körper bedecken. Jetzt, da die Geliebte eingesperrt ist, da sich nur selten Gelegenheit bietet, sie zu sehen, ach, was hilft es mir Ärmsten, daß eine weite Toga mich bekleidet? Führt mich hin: Auf Befehl der Herrin will ich Äcker pflügen, mich Fesseln und Peitschenhieben nicht verweigern.

4

Hier erwartet mich Knechtschaft, das sehe ich, und eine Herrin. Gepriesene Freiheit der Väter, leb denn wohl. Doch eine strenge Knechtschaft wird mir auferlegt, und Ketten halten mich fest, nie löst Amor mir Armem die Bande, und er brennt mich, ob ich etwas Böses getan oder nichts verbrochen habe. Ich brenne, oh! Grausame Geliebte, nimm die Fackeln weg. Ach, daß ich nicht solche Schmerzen leiden müßte, wäre ich viel lieber ein Fels in einem frostigen Gebirge oder stünde als Riff, an das die Schiffe brechende Woge des weiten Meeres schlägt, den Winden ausgeliefert.

Bitter ist jetzt der Tag und bitterer noch sind die Schatten der Nacht; jetzt ist jede Stunde von scheußlicher Galle getränkt. Da helfen keine Elegien, auch nicht Apollon, der Urheber des Liedes: Mit hohler Hand fordert sie unablässig ihren Preis. Fort mit euch, Musen, wenn ihr dem Liebenden nichts nützt; ich ehre euch nicht, um Kriege besingen zu können. Ich

nec refero Solisque vias nec qualis, ubi orbem
  complevit, versis Luna recurrit equis.
ad dominam faciles aditus per carmina quaero:
  ite procul, Musae, si nihil ista valent. 20

At mihi per caedem et facinus sunt dona paranda,
  ne iaceam clausam flebilis ante domum;
aut rapiam suspensa sacris insignia fanis,
  sed Venus ante alios est violanda mihi:
illa malum facinus suadet dominamque rapacem 25
  dat mihi: sacrilegas sentiat illa manus.

O pereat, quicumque legit viridesque smaragdos
  et niveam Tyrio murice tingit ovem.
addit avaritiae causas et Coa puellis
  vestis et e Rubro lucida concha Mari. 30
haec fecere malas: hinc clavim ianua sensit,
  et coepit custos liminis esse canis.
sed pretium si grande feras, custodia victa est,
  nec prohibent claves, et canis ipse tacet.
heu quicumque dedit formam caelestis avarae, 35
  quale bonum multis addidit ille malis!
hinc fletus rixaeque sonant, haec denique causa
  fecit ut infamis nunc deus esset Amor.

At tibi, quae pretio victos excludis amantes,
  diripiant partas ventus et ignis opes: 40
quin tua tunc iuvenes spectent incendia laeti,
  nec quisquam flammae sedulus addat aquam;
seu veniet tibi mors, neque sit qui lugeat ullus,
  nec qui det maestas munus in exsequias.

At bona quae nec avara fuit, centum licet annos 45
  vixerit, ardentem flebitur ante rogum,

künde auch nicht von der Bahn der Sonne und nicht vom Mond, wie er seine Pferde wendet und zurückläuft, wenn er sein Rund vollendet hat. Durch meine Lieder suche ich einen leichten Zugang zur Herrin. Fort mit euch, Musen, wenn das nichts taugt.

Doch ich muß mir durch Mord und Verbrechen Geschenke verschaffen, um nicht kläglich vor der verriegelten Haustür zu liegen, oder ich werde prächtige Weihgeschenke rauben, die an heiligen Stätten hängen; vor allem aber werde ich mich an Venus vergreifen: Sie stiftet mich zu schweren Missetaten an; sie gibt mir eine habgierige Herrin; sie soll meine frevelnde Hand spüren.

Zum Henker mit jedem, der grünliche Smaragde sammelt und weiße Wolle mit dem Saft der Purpurschnecken von Tyros färbt. Stoffe aus Kos und leuchtende Perlen vom Roten Meer geben den Frauen noch mehr Anreiz zur Habgier. Das hat sie verdorben; deshalb bekam die Tür den Riegel zu fühlen, und der Hund wurde Wächter der Schwelle. Wenn du aber einen tüchtigen Preis bietest, ist die Wache beseitigt, der Riegel hält dich nicht mehr fern, und selbst der Hund ist still. Ach, welch ein Gut fügte ein himmlischer Gott, wer immer er sei, zu viel Übeln, als er einer habgierigen Frau Schönheit verlieh! Seither hört man Weinen und Streit; mit einem Wort, deshalb ist Amor jetzt ein anrüchiger Gott.

Dir aber, die du Verliebte aussperrst, weil sie sich den Preis nicht leisten können, mögen Wind und Feuer die Schätze entreißen, die du angehäuft hast. Ja, und fröhlich sollen junge Männer deiner Feuersbrunst zusehen, und niemand soll eifrig Wasser in die Flammen spritzen. Wenn der Tod zu dir kommt, soll keiner sein, der dich betrauert und eine Gabe für die Leichenfeier spendet.

Wenn eine Frau aber gütig und nicht gierig war, dann soll sie hundert Jahre leben; man wird sie vor ihrem flammenden Holzstoß beweinen, und irgendein älterer Mann wird in eh-

atque aliquis senior veteres veneratus amores
   annua constructo serta dabit tumulo
et 'bene' discedens dicet 'placideque quiescas,
   terraque securae sit super ossa levis'.   50

Vera quidem moneo, sed prosunt quid mihi vera?
   illius est nobis lege colendus Amor.
quin etiam sedes iubeat si vendere avitas,
   ite sub imperium sub titulumque, Lares!
quidquid habet Circe, quidquid Medea veneni,   55
   quidquid et herbarum Thessala terra gerit,
et quod, ubi indomitis gregibus Venus adflat amores,
   hippomanes cupidae stillat ab inguine equae,
si modo me placido videat Nemesis mea vultu,
   mille alias herbas misceat illa, bibam!   60

5

Phoebe, fave: novus ingreditur tua templa sacerdos:
   huc age cum cithara carminibusque veni.
nunc te vocales impellere pollice chordas,
   nunc precor ad laudes flectere verba novas.
ipse triumphali devinctus tempora lauro,   5
   dum cumulant aras, ad tua sacra veni;
sed nitidus pulcherque veni: nunc indue vestem
   sepositam, longas nunc bene pecte comas,
qualem te memorant Saturno rege fugato
   victori laudes concinuisse Iovi.   10

Tu procul eventura vides, tibi deditus augur
   scit bene, quid fati provida cantet avis,
tuque regis sortes, per te praesentit haruspex,
   lubrica signavit cum deus exta notis;
te duce Romanos numquam frustrata Sibylla est   15
   abdita quae senis fata canit pedibus.

rendem Gedenken einer alten Liebe alljährlich an ihrem Grabmal Kränze niederlegen und beim Fortgehen sagen: «Ruhe sanft und in Frieden, und möge dir, aller Sorgen ledig, die Erde über den Gebeinen leicht sein.»

Was ich warnend sage, ist wahr, doch was hilft mir die Wahrheit? Nach dem Gesetz der Herrin muß ich Amor dienen. Ja, wenn sie mir befehlen würde, den vom Großvater ererbten Wohnsitz zu veräußern, so müßt ihr euch dem Zwangsverkauf, der Versteigerung unterwerfen, Laren. Alle Gifte, die Kirke und alle, die Medea zur Verfügung stehen, alle Kräuter, die Thessaliens Erde hervorbringt, und der Schleim, der aus den Organen einer geilen Stute träufelt, wenn Venus die wilden Herden in Brunst versetzt – wenn meine Nemesis mich freundlich anblickt, so mag sie tausend andere Kräuter mischen, ich werde das trinken!

5

Phoibos, sei gnädig: Ein neuer Priester betritt deinen Tempel. Bitte komm schnell mit deiner Kithara und deinen Liedern. Schlag jetzt mit dem Daumen an die klingenden Saiten, ich bitte dich, und füge Worte zu einem neuen Lobgesang. Du selbst, dein Haupt mit dem Siegeslorbeer bekränzt, komm zu dem dir heiligen Dienst, während man die Altäre belädt. Doch komm in deinem Glanz, deiner Schönheit; zieh jetzt das besondere Gewand an und kämme sorgfältig deine langen Locken, so wie du damals nach der Sage Iuppiter, dem Sieger, einen Preisgesang anstimmtest, als König Saturn vertrieben war.

Du siehst Ereignisse, die fern in der Zukunft liegen, voraus; der Augur, der dir dient, weiß genau, was der Ruf des Vogels, der das Schicksal kündet, bedeutet. Du lenkst die Losorakel; durch dich ahnt der Eingeweideschauer die Zukunft, wenn ein Gott die schlüpfrigen Eingeweide mit Merkmalen versah. Weil du sie leitest, hat die Sibylle, die in sechsfüßigen Versen

Phoebe, sacras Messallinum sine tangere chartas
   vatis, et ipse, precor, quid canat illa doce.

Haec dedit Aeneae sortes, postquam ille parentem
   dicitur et raptos sustinuisse Lares: 20
(nec fore credebat Romam, cum maestus ab alto
   Ilion ardentes respiceretque deos.
Romulus aeternae nondum firmaverat Urbis
   moenia, consorti non habitanda Remo,
sed tunc pascebant herbosa Palatia vaccas,   25
   et stabant humiles in Iovis arce casae.
lacte madens illic suberat Pan ilicis umbrae
   et facta agresti lignea falce Pales,
pendebatque vagi pastoris in arbore votum,
   garrula silvestri fistula sacra deo,   30
fistula, cui semper decrescit harundinis ordo,
   nam calamus cera iungitur usque minor.
at qua Velabri regio patet, ire solebat
   exiguus pulsa per vada linter aqua.
illa saepe gregis diti placitura magistro   35
   ad iuvenem festa est vecta puella die,
cum qua fecundi redierunt munera ruris,
   caseus et niveae candidus agnus ovis.)

'Impiger Aenea, volitantis frater Amoris,
   Troica qui profugis sacra vehis ratibus,   40
iam tibi Laurentes adsignat Iuppiter agros,
   iam vocat errantes hospita terra Lares.
illic sanctus eris, cum te veneranda Numici
   unda deum caelo miserit indigetem.
ecce super fessas volitat Victoria puppes,   45
   tandem ad Troianos diva superba venit.
ecce mihi lucent Rutulis incendia castris:
   iam tibi praedico, barbare Turne, necem.

verborgene Schicksale singt, noch nie uns Römer betrogen. Phoibos, laß Messallinus die heiligen Blätter der Seherin berühren und lehre ihn bitte selbst, was sie singt.

Sie verkündete Aineias sein Los, als er, wie es heißt, seinen Vater und seine Laren rettete und forttrug. (Als er traurig vom Meer auf Ilion und die brennenden Götterbilder blickte, konnte er nicht glauben, daß einst ein Rom entstehen würde. Noch hatte Romulus die Mauern der ewigen Stadt, in der zu wohnen seinem Bruder Remus nicht vergönnt war, nicht befestigt, sondern damals weideten noch Kühe auf dem mit Gras bewachsenen Palatin, und auf dem Felsen Iuppiters standen bescheidene Hütten. Von Milch triefend, stand dort ein Pan im Schatten einer Eiche und ein hölzernes Bild der Pales, vom Schnitzmesser eines Bauern angefertigt, und als Weihgabe eines Wanderhirten hing an einem Baum eine klangreiche, dem Waldgott heilige Schalmei, die Schalmei, die aus einer Reihe von Röhrchen von abnehmender Länge besteht, wird doch jeweils mit Wachs ein kürzeres an ein längeres gefügt. Doch wo sich (jetzt) der Stadtteil Velabrum ausdehnt, pflegte ein schmaler Kahn mit Ruderschlägen über seichtes Gewässer zu gleiten. Dort fuhr an Festtagen oft ein Mädchen zu ihrem jungen Geliebten, gefiel dann dem reichen Gutsbesitzer und, wenn sie zurückkehrte, begleiteten sie als Gaben des fruchtbaren Landes ein Käse und das schimmernde Lamm eines weißen Schafes:)

«Tatkräftiger Aineias, Bruder des geflügelten Amor, der du Troias Geheiligtes auf den Schiffen der Flüchtlinge mitführst, dir weist Iuppiter schon das Gebiet von Laurentum zu; schon lädt ein gastliches Land die heimatlosen Laren ein. Wenn die ehrwürdigen Wellen des Numicus dich als Nationalgott in den Himmel entrückt haben, wirst du dort heilig sein. Schon fliegt die Siegesgöttin über den matten Schiffen; endlich kommt diese stolze Gottheit zu den Troianern. Da: Ich sehe den Schein des brennenden Rutuler-Lagers. Schon jetzt künde ich dir den Tod an, grausamer Turnus. Vor meinem Auge stehen das Lager bei Laurentum, die Mauer von Lavi-

ante oculos Laurens castrum murusque Lavini est
 Albaque ab Ascanio condita Longa duce. 50
te quoque iam video, Marti placitura sacerdos
 Ilia, Vestales deseruisse focos,
concubitusque tuos furtim vittasque iacentes
 et cupidi ad ripas arma relicta dei.
carpite nunc, tauri, de septem montibus herbas, 55
 dum licet! hic magnae iam locus urbis erit.
Roma, tuum nomen terris fatale regendis,
 qua sua de caelo prospicit arva Ceres,
quaque patent ortus, et qua fluitantibus undis
 Solis anhelantes abluit amnis equos. 60
Troia quidem tunc se mirabitur et sibi dicet
 vos bene tam longa consuluisse via.
vera cano: sic usque sacras innoxia laurus
 vescar, et aeternum sit mihi virginitas.'

Haec cecinit vates et te sibi, Phoebe, vocavit, 65
 iactavit fusa sed caput ante coma.
quidquid Amalthee, quidquid Mermessia dixit,
 Herophile, Phyto Graiaque quod monuit,
quotque Aniena sacras Tiburs per flumina sortes
 portarat sicco pertuleratque sinu, 70
(hae fore dixerunt, belli mala signa, cometen,
 multus ut in terras deplueretque lapis,
atque tubas atque arma ferunt strepitantia caelo
 audita, et lucos praecinuisse fugam,
et simulacra deum lacrimas fudisse tepentes 77
 fataque vocales praemonuisse boves. 78
ipsum etiam Solem defectum lumine vidit 75
 iungere pallentes nubilus annus equos.) 76
haec fuerint olim; sed tu iam mitis, Apollo, 79
 prodigia indomitis merge sub aequoribus. 80

Et succensa sacris crepitet bene laurea flammis,
 omine quo felix et satur annus erit.

nium und die Stadt Alba Longa, von Ascanius, der nun Herrscher geworden ist, gegründet. Auch dich sehe ich bereits, Ilia, auserlesen, dem Mars zu gefallen, wie du den Altar der Vesta verlassen hast, dein heimliches Liebeslager, deinen priesterlichen Schleier, der am Boden liegt, die Waffen des begehrlichen Gottes, die er am Ufer ließ. Ihr Stiere, weidet jetzt das Gras auf den Sieben Hügeln, solange ihr das noch könnt: Bald wird hier eine Großstadt stehen. Rom, dein Name ist schicksalhaft für die Länder, über die du herrschen mußt, so weit vom Himmel herab Ceres auf ihre Gefilde blickt, so weit sich der Osten dehnt und so weit das Weltmeer in seinen wogenden Fluten die keuchenden Pferde des Sonnengottes wäscht. Dann wird Troja über sich selbst staunen und sagen, daß ihr ihm durch diese lange Fahrt gut gedient habt. Was ich singe, trifft ein, so wahr ich stets schuldlos den heiligen Lorbeer esse und ewig Jungfrau bleibe.»

So sang die Seherin, rief dich, Phoibos, als Helfer an und schüttelte das Haar, das ihr ins Gesicht fiel. Alles, was Amaltheia, was Herophile von Mermessos sagte und was die Griechin Phyto verkündete, und all die heiligen Losorakel, welche die Sibylle von Tibur in ihrem trockenen Bausch durch die Fluten des Anio getragen und ans andere Ufer gebracht hatte (sie sagten einen Kometen voraus, ein böses Zeichen, das Krieg bedeutet, und daß ein gewaltiger Steinregen auf die Erde niedergehen würde, daß man am Himmel Trompeten und Waffenlärm höre, daß die Haine eine Niederlage voraussagten, Götterbilder heiße Tränen vergossen und Ochsen mit menschlicher Stimme weissagten; ein von Wolken verdüstertes Jahr mußte erleben, daß selbst der Sonnengott sein Licht verlor und bleiche Rosse an seinen Wagen spannte). Das alles soll der Vergangenheit angehören; doch du sei uns jetzt gnädig, Apollo, und versenke die bösen Vorzeichen ins stürmische Meer.

Und möge der Lorbeer, der in den heiligen Flammen brennt, durch sein Knistern Gutes verheißen; unter diesem Zeichen wird das Jahr voll von Segen und Wohlstand sein. Wenn der

laurus ubi bona signa dedit (gaudete coloni),
  distendet spicis horrea plena Ceres,
oblitus et musto feriet pede rusticus uvas, 85
  dolia dum magni deficiantque lacus,
ac madidus Baccho sua festa Palilia pastor
  concinet: a stabulis tunc procul este lupi.
ille levis stipulae sollemnis potus acervos
  accendet flammas transilietque sacras, 90
et fetus matrona dabit, natusque parenti
  oscula comprensis auribus eripiet,
nec taedebit avum parvo advigilare nepoti
  balbaque cum puero dicere verba senem.
tunc operata deo pubes discumbet in herba, 95
  arboris antiquae qua levis umbra cadit,
aut e veste sua tendent umbracula sertis
  vincta, coronatus stabit et ipse calix,
et sibi quisque dapes et festas exstruet alte
  caespitibus mensas caespitibusque torum. 100

Ingeret hic potus iuvenis maledicta puellae,
  postmodo quae votis irrita facta velit:
nam ferus ille suae plorabit sobrius idem
  et se iurabit mente fuisse mala.
pace tua pereant arcus pereantque sagittae, 105
  Phoebe, modo in terris erret inermis Amor.
ars bona, sed postquam sumpsit sibi tela Cupido,
  eheu, quam multis ars dedit ista malum!

Et mihi praecipue, iaceo dum saucius annum
  et faveo morbo quem iuvat ipse dolor, 110
usque cano Nemesim, sine qua versus mihi nullus
  verba potest iustos aut reperire pedes.

At tu – nam divum servat tutela poetas –
  praemoneo, vati parce, puella, sacro,
ut Messallinum celebrem, cum praemia belli 115
  ante suos currus oppida victa feret,

Lorbeer ein günstiges Zeichen gab (freut euch, Bauern), wird Ceres die Scheunen bis obenhin mit Getreide füllen; vom Rebenmost beschmiert wird der Winzer mit den Füßen die Trauben stampfen, bis es ihm an Fässern und großen Kufen fehlt; vom Wein berauscht wird der Hirt an seinem Fest, den Palilia, singen. Wölfe, bleibt dann den Ställen fern. Sind die Hirten bezecht, werden sie die Ballen leichten Strohs anzünden, die zum Fest gehören, und durch die heiligen Flammen springen. Die Frauen werden Kinder gebären, und das Kind wird den Vater bei den Ohren packen und ihm Küsse entreißen. Der alte Großvater wird sich's nicht verdrießen lassen, auf den kleinen Enkel aufzupassen und Lallworte zu dem Kind zu sprechen. Wenn dann das Jungvolk dem Gott geopfert hat, lagert es sich dort im Gras, wo der leichte Schatten eines alten Baumes hinfällt, oder sie spannen ihre Decken als Sonnensegel auf und umwinden sie mit Girlanden, und bekränzt steht der Becher vor ihnen. Jeder türmt seinen Proviant vor sich auf und baut sich aus Rasenstücken einen hohen Tisch, aus Rasenstücken ein Sofa.

Hier wird ein Mann, wenn er betrunken ist, seine Frau mit Beschimpfungen überhäufen, die er sofort wieder flehentlich zurücknimmt, denn er – eben noch so wild – ist ernüchtert, weint und schwört seiner Frau, er sei nicht bei Sinnen gewesen. Phoibos, verzeih, aber Bogen und Pfeile sollten aus der Welt verschwinden, wenn dadurch Amor waffenlos umherirren würde. Die Kunst ist gut, doch, ach, seitdem Cupido zu den Waffen griff, brachte die Kunst so vielen Menschen Leid.

Vor allem mir, denn während ich schon ein Jahr lang liebeswund liege und eine Krankheit hege, die gerade der Schmerz begünstigt, besinge ich ständig Nemesis, ohne die keiner meiner Verse die rechten Worte und Maße finden kann.

Doch ich warne dich, mein Kind (denn der Schutz der Götter wacht über Dichtern): Schone den heiligen Sänger, damit ich Messallinus feiern kann, wenn er eroberte Städte als Kriegsbeute vor seinem Wagen führt, selbst den Lorbeer tra-

ipse gerens laurus: lauro devinctus agresti
  miles 'io' magna voce 'triumphe' canet.
tunc Messalla meus pia det spectacula turbae
  et plaudat curru praetereunte pater.   120
adnue: sic tibi sint intonsi, Phoebe, capilli,
  sic tua perpetuo sit tibi casta soror.

6

Castra Macer sequitur; tenero quid fiet Amori?
  sit comes et collo fortiter arma gerat?
et seu longa virum terrae via seu vaga ducent
  aequora, cum telis ad latus ire volet?
ure, puer, quaeso, tua qui ferus otia liquit,   5
  atque iterum erronem sub tua signa voca.
quod si militibus parces, erit hic quoque miles,
  ipse levem galea qui sibi portet aquam.
castra peto, valeatque Venus valeantque puellae:
  et mihi sunt vires, et mihi grata tuba est.   10

Magna loquor, sed magnifice mihi magna locuto
  excutiunt clausae fortia verba fores.
iuravi quotiens rediturum ad limina numquam!
  cum bene iuravi, pes tamen ipse redit.
acer Amor, fractas utinam, tua tela, sagittas,   15
  si licet, extinctas aspiciamque faces!
tu miserum torques, tu me mihi dira precari
  cogis et insana mente nefanda loqui.
iam mala finissem leto, sed credula vitam
  Spes fovet et fore cras semper ait melius.   20

Spes alit agricolas, Spes sulcis credit aratis
  semina quae magno faenore reddat ager;
haec laqueo volucres, haec captat arundine pisces,
  cum tenues hamos abdidit ante cibus;

gend; die Soldaten, mit ländlichem Lorbeer bekränzt, singen laut: «Heißa! Triumph!» Dann soll mein lieber Messalla der Menge ein Schauspiel geben und Beifall klatschen, wenn der Wagen vorbeifährt. Sag ja dazu, Phoibos, so wahr dein Haar stets lang, so wahr deine Schwester stets keusch sein möge.

6

Macer zieht in den Krieg; was wird aus dem zarten Amor werden? Soll er mit ihm ziehen und auf der Schulter tapfer Waffen tragen? Wird er ihm mit seinen Pfeilen zur Seite gehen, wenn ein langer Weg ihn übers Land oder übers weite Meer führt? Knabe, ich bitte dich, brenne den Rohling, der deine Muße aufgab, und rufe diesen Deserteur wieder unter deine Fahnen. Denn wenn du Soldaten verschonst, werde auch ich Soldat sein und selber im Helm meine kleine Ration Wasser tragen. Mich zieht es ins Feld; Venus, leb wohl, ihr Frauen, lebt wohl. Auch ich bin stark, auch ich höre die Tuba gern.
Da rede ich groß daher, und wenn ich großartig groß geredet habe, treibt mir eine verschlossene Tür die prahlerischen Worte aus. Wie oft habe ich geschworen, nie zu ihrer Schwelle zurückzukehren, doch jedesmal, wenn ich tüchtig geschworen habe, trägt mein Fuß mich von selbst zurück. Grausamer Amor, wenn ich doch deine Geschosse, die Pfeile, zerbrochen und deine Fackeln erloschen sehen könnte, wenn das möglich ist. Du quälst mich Armen, bringst mich dazu, mir selber Böses anzuwünschen und in meinem Wahnsinn Dinge zu sagen, die man nicht sagen darf. Schon lange hätte ich meinem Leiden im Tod ein Ende gesetzt, aber meine Hoffnung hält mich am Leben und verspricht mir, daß morgen alles besser ist.
Die Hoffnung nährt die Bauern; die Hoffnung vertraut den gepflügten Furchen die Aussaat an, damit der Acker sie mit großen Zinsen zurückerstattet; sie fängt Vögel mit der Schlinge; sie fängt Fische mit der Rute, weil man zuvor im Köder einen feinen Widerhaken versteckt hat; die Hoffnung

Spes etiam valida solatur compede vinctum: 25
   (crura sonant ferro, sed canit inter opus)
Spes facilem Nemesim spondet mihi, sed negat illa;
   ei mihi, ne vincas, dura puella, deam!

Parce, per immatura tuae precor ossa sororis:
   sic bene sub tenera parva quiescat humo. 30
illa mihi sancta est, illius dona sepulcro
   et madefacta meis serta feram lacrimis,
illius ad tumulum fugiam supplexque sedebo
   et mea cum muto fata querar cinere.
non feret usque suum te propter flere clientem: 35
   illius ut verbis, sis mihi lenta veto,
ne tibi neglecti mittant mala somnia Manes,
   maestaque sopitae stet soror ante torum,
qualis ab excelsa praeceps delapsa fenestra
   venit ad infernos sanguinolenta lacus. 40

Desino, ne dominae luctus renoventur acerbi:
   non ego sum tanti, ploret ut illa semel.
nec lacrimis oculos digna est foedare loquaces:
   lena nocet nobis, ipsa puella bona est.
lena necat miserum Phryne, furtimque tabellas 45
   occulto portans itque reditque sinu:
saepe, ego cum dominae dulces a limine duro
   agnosco voces, haec negat esse domi,
saepe, ubi nox mihi promissa est, languere puellam
   nuntiat aut aliquas extimuisse minas. 50
tunc morior curis, tunc mens mihi perdita fingit,
   quisve meam teneat, quot teneatve modis;
tunc tibi, lena, precor diras: satis anxia vives,
   moverit e votis pars quotacumque deos.
....
   ....

tröstet auch den Mann, der mit schweren Fußketten gefesselt ist (an seinem Bein klingt das Eisen, doch er singt bei der Arbeit); die Hoffnung verheißt mir, daß Nemesis lieb zu mir sein werde, sie aber sagt: Nein. Wehe, Grausame, stell dich nicht über eine Gottheit!

Schone mich; ich beschwöre dich bei den Gebeinen deiner früh verstorbenen Schwester, so wahr die Kleine unter einem weichen Boden ruhen möge. Sie ist mir heilig; zu ihrem Grab will ich Geschenke tragen und Kränze, die von meinen Tränen feucht sind. An ihren Grabhügel will ich fliehen, flehend dort sitzen und der stummen Asche mein Schicksal klagen. Sie wird nicht zulassen, daß ihr Schützling deinetwegen immer weinen muß; in ihrem Namen verbiete ich dir, kalt zu mir zu sein, damit ihre gekränkten Manen dir keine bösen Träume schicken und deine Schwester nicht traurig vor deinem Bett steht, wenn du schläfst, so wie sie war, als sie kopfvoran aus dem hochgelegenen Fenster fiel und blutüberströmt zu den Gewässern der Unterwelt kam.

Doch genug; ich will den bitteren Schmerz der Herrin nicht erneuern; ich bin es nicht wert, daß sie auch nur einmal weinen muß, und sie hat es nicht verdient, ihre ausdrucksvollen Augen durch Tränen zu entstellen. Die Kupplerin ist mein Verderben, die Geliebte selbst ist gut. Phryne, die Kupplerin, bringt mich Ärmsten um; in ihrem Bausch verborgen, trägt sie heimlich Botschaften, wenn sie kommt und geht. Oft, wenn ich schon von der harten Schwelle die liebliche Stimme der Herrin vernehme, behauptet jene, sei sei nicht zu Hause; oft, wenn mir eine Nacht versprochen wurde, richtet jene aus, die Geliebte sei krank oder von irgendwelchen Drohungen eingeschüchtert. Dann sterbe ich vor Kummer; dann stellt mein Geist sich voller Verzweiflung vor, wer die Geliebte in Armen hält und in wieviel Arten und Weisen. Dann verfluche ich dich, Kupplerin: Du wirst recht angstvoll leben, wenn nur ein kleiner Teil meiner Gebete die Götter rührt ....
....
....

ANHANG

ZUR TEXTGESTALT

PROPERZ

Abweichungen des lateinischen Textes von der kritischen Ausgabe von Paolo Fedeli (Editio correctior, Teubner, Stuttgart 1994).

Die wichtigsten Handschriften:

N = Neapolitanus, jetzt Guelferbytanus Gudianus 224, um 1200. Stammt wohl aus Nordfrankreich. Es fehlen die Verse 4, 11, 17–76; sie standen auf einem Blatt, das herausgeschnitten wurde. Dieses verlorene Textstück kann durch zwei andere Zeugen rekonstruiert werden:
M = Memmianus, Paris. Lat. 8233, von 1465.
U = Vatican. Urbin. Lat. 641, zwischen 1465 und 1470.

A = Leidensis Voss. Lat. O 38, geschrieben um 1240 in der Gegend von Orléans. Nur zwei Lagen von Blättern sind erhalten, so daß der Text mit 2, 1 63 endet. Das Fehlende kann durch die Handschriften F, L und P (s. u.) rekonstruiert werden, die aber keine direkten Abschriften von A sind; man nimmt vielmehr ein (verlorenes) Zwischenglied an, daß für Petrarcas Gebrauch, vielleicht von ihm selber, hergestellt wurde.

F = Laurentianus plut. 36, 49, um 1380. Eine Abschrift des oben genannten Exemplars in Petrarcas Besitz, für Colucio Salutati hergestellt. Weist Korrekturen von vier verschiedenen Händen auf; eine davon könnte diejenige Salutatis sein; andere Vorschläge gehen vielleicht auf Randbemerkungen von Petrarca in seinem Exemplar zurück.

L = Holkhamicus, jetzt Oxon. Bodl. Misc. 36, in Genua 1421 geschrieben. Enthält 2, 21, 3 bis Schluß.

P = Paris. Lat. 7989, aus dem Jahr 1423. Enthält u. a. Catull und Tibull sowie – als einziger Zeuge – das «Gastmahl des Trimalchio» aus Petronius' *Satyricon*.

D = Daventriensis I. 82 (früher 1792), 14. Jh. Beginnt mit 1, 2, 14 (Blattverlust). Früher im Besitz von P. Burman d. J. (1714-1778).

V = Vatican. Ottobon. Lat. 1514, 15. Jh. Enthält Korrekturen eines Humanisten.

Vo = Leidens. Voss. 117, 15. Jh.

O bezeichnet die Übereinstimmung der oben genannten Handschriften. Daneben gibt es noch rund 140 Textzeugen, die von den Herausgebern manchmal als ‹deteriores›, manchmal als ‹Itali› (die im vorliegenden Band gewählte Bezeichnung) bezeichnet werden. Eine neutrale Bezeichnung ist ‹recentiores›, obwohl viele Zeugen nicht wesentlich jünger sind als D oder V. Man darf diese Gruppe nicht vernachlässigen, denn sie bietet zahlreiche Lesarten, die besser sind als die von O gebotenen. Ob hier echte Überlieferung vorliegt oder ob mit Konjekturen von Humanisten zu rechnen ist, läßt sich im Einzelfall kaum entscheiden. Die vielen Fehler lassen auf einen nachlässig geschriebenen Archetyp schließen, in dem u. a. die Trennung zwischen den Gedichten nicht immer klar war; aus Versehen ausgelassene Verse wurden, wie es scheint, am Schluß eines Gedichts (vielleicht auch unten an einer Seite) nachgetragen.
Dieser neue Lesetext weicht an rund 700 Stellen von Fedelis Teubnerausgabe ab. Diese stellt einen Fortschritt dar, und manche Änderungen, die nicht nur mir notwendig erscheinen, erwägt Fedeli wenigstens im Apparat. Er ist nicht ganz so konservativ wie Pasoli oder Rothstein, neigt aber dazu, die Lesart der ‹besten› Handschriften wenn immer möglich, zu halten, wobei er sich häufig auf H. Tränkle, *Die Sprachkunst des Properz und die Tradition der lateinischen Dichtersprache* (Wiesbaden 1960) beruft. Das Buch enthält nützliche Beobachtungen, ist aber heute etwas veraltet, vor allem, weil es auf einer unzulänglichen Kenntnis der Nebenüberlieferung und der zahlreichen Vermutungen zum Text beruht. Diese unentbehrlichen Hilfsmittel wurden erst durch W. R. Smyth, *Thesaurus criticus ad Sexti Propertii textum* (Leiden 1970) erschlossen. Man darf die Nebenüberlieferung (‹recentiores, non deteriores›) und die Konjekturen bedeutender Textkritiker wie Heinsius, Markland und Housman nicht unterschätzen. Die Humanisten und Philologen, die Properz kritisch lasen, wußten sehr gut, was in der lateinischen ‹Dicterspra-

che› möglich war und was nicht. Das gilt auch für weniger bekannte Namen wie Cornelissen, Hetzel, Lütjohann, Palmer, die z.T. glänzende Einfälle hatten. Man darf sagen, daß der Fortschritt in der ‹recensio› des Properztextes in den letzten vierzig oder fünfzig Jahren fast meßbar ist. Das zeigt u. a. die von G. P. Goold besorgte Loeb-Ausgabe (1990), der ich sehr oft gefolgt bin. Sie enthält z.B. Vorschläge von S. Heyworth, dessen vor längerer Zeit angekündigte Oxford-Ausgabe noch nicht vorliegt. George Goold war so liebenswürdig, mir eine Reihe von ‹corrigenda› für den Neudruck des Bandes zu schicken; auch daraus habe ich viel gelernt.

In den Handschriften und in den meisten Ausgaben sind die Gedichte in vier Bücher gegliedert. Innerhalb der Bücher gibt es ziemlich klare Prologe (2, 1; 3, 1; 4, 1) und Epiloge (1, 21 und 22, sowie 2, 34, daneben 3, 24–25, vermutlich ein Gedicht, die Absage an Cynthia). Das 2. Buch ist mit über 300 Versen ungewöhnlich lang, und man hat innerhalb dieses Buches einen Epilog (2, 10) und einen Prolog (2, 13) gefunden. Ferner spricht Properz 2, 13, 25 von *tres libelli*, die er Persephone als Gabe darbieten möchte, wenn er gestorben ist. Es hat also den Anschein, als gehöre dieses Gedicht schon in ein drittes Buch. Dann müßte man insgesamt mit fünf Büchern rechnen. Doch dieses Argument täuscht. *Libellus* kann auch ein einzelnes Gedicht, nicht ein ganzes Buch, bezeichnen, und Properz sagt hier wahrscheinlich, daß er aus seinem Gesamtwerk drei vollkommene Elegien als Opfer an die Göttin der Unterwelt auswählen möchte. Es ist also nur die Länge von Buch 2 (nebst anderen Besonderheiten), die ins Gewicht fällt. Nach O. Skutsch und S. J. Heyworth hat sich auch G. P. Goold in seiner Loeb-Edition (16–18) mit dem Problem befaßt. Er meint, daß 2, 10 (Lücke am Anfang?) der Epilog zu dem ursprünglichen Buch 2 sei, während mit 2, 13 schon Buch 3 beginne. Die Gedichte 11 (Fragment?) und 12 hätten ihren ursprünglichen Platz verloren und seien gleichsam zwischen zwei Bücher geraten. Somit ergeben sich fünf Bücher.

ERSTES BUCH

1, 12 rursus in hirsutas ibat et ille feras *(Courtney)* – 13 pondere *(codd. Passeratii, Heinsius)* – 16 fides *(Fontein)* – 19 pellacia *(Fruter)* – 20 fata *(Fontein)* – 23 Manes *(Morgan)* // vobis *(Housman)* – 24 Cytinaeis *(Hertzberg)*

2, 8 formam *(Housman)* – 9 quot *(Itali)* // non fossa *(O. Skutsch)* – 13 praefulgent *(Baehrens)* – 23 cultu *(Nodell)* – 25 sis tibi *(Wehle)*

3, 8 consertis *(Guyet)* – 16 tarda *(Scaliger)* – 31 divisas *(Scaliger)* – 34 nixa *(Passerat, Heins. ex codd.)*

4, 8 sinet *(V², Dousa ex codd.)* – 13 motis *(Goold)* / / decor *(Itali, Bentley)* / / artubus *(Marcilius)* – 16 discere *(Heins.)* – 17 hoc *(Dousa)* / / insane *(ed. Gryph.)* – 19 me] se *(Housm.)* – 24 nec *(Hoeufft)* – 34 nixa *(Passerat, Heins. ex codd.)* – 45 lassam *(P V²)* – 46 creta *(Scaliger)*

5, 1–2 *priori carmini adnectit Enk* – 3 meae *(Hemsterhuys)* – 12 ferox *(Luck)*

6, 9 se iam *(Heins. ex codd.)* – 19 meritis *(Palmer)* – 24 ultima *(Lachmann ex codd.)* – 33 remige carpes *(O. Skutsch)*

7, 15 percusserit *(Lipsius)* – 16 quod nolim nostros, heu, voluisse deos *(Camps)*

8 A, 7 sulcare *(P²)* – 13–14 *post 18 transt. Carutti* – 13 non *(O)* – 15 et *(O)* – 19 post lecta *(L. Mueller). Cf. 1, 20, 7.* – 22 vera *(Passerat)* – 25 Autaricis *(Volscus)* – 36 apta *(Phillimore)* – 43 palmis *(Scaliger)* – 45 subducet *(F⁴)* – 46 iusta *(Postgate)*

9, 13 sepone *(Heins.)* – 26 ille *(Hetzel)* – 30 tu fuge *(Tappe)* – 33 ni *(Dousa fil.)*

10, 2 inlecebris *(Canter)* – 6 in longam . . . moram *(Itali)* – 13 recitare *(Heyworth)* calores *(Guyet)* – 15 divisos *(Itali)* – 19 quae cuique *(L. Mueller)*

11, 15–16 *post 6 transt. Housm.* – 29 fuerunt *(Scaliger)*

12, 7 ullo *(Heins. ex codd.)* – 16 aspersus *(Palmer)*

13, 13 non sum *(Rossberg)* / / vago *(Francius)* – 28 addictum *(O. Skutsch)* – 36 quotcumque *(Fruter)*

14, 1 ulva *(Markland)* – 19 *fort. leg.* aeratum *(Heins.)* – 24 *fort. leg.* nec *cum Italis*

15, 4 furore *(Vat. Pal. 910)* – 25 renovare *(Francius)* – 29 alta . . . retro *(Burm.)* – 39 quod *(D V Vo)* – 42 non ullis *(Wyngaarden)*

16, 2 Patriciae *(Phillimore)* / / vota *(A)* – 9 voces *(Housm.)* – 12 purior *(Fonteyn)* – 13 has *(O)* . . . gravius . . . querelas *(Scaliger)* – 23 noctis *(Housm.)* / / prona *(Itali)* – 25–26 *post 36 transpos. Richmond* – 26 responde *(Volscus ex codd.)* – 38 ingrato d. pota l. *(Camps)* – 42 innixus pressa *(Alton)* – 46 haec *(Livin. ex codd.)*

17, 3 solido *(Kraffert)* – 15 melius *(Beroaldus)*

18, 9 crimina *(Itali)* – 16 turgida *(Heins.)* – 21 vestras *(Koppiers)* – 22 teneris *(Guyet)* – 23 a tua quot *(Itali)* – 27 di! nudi *(Markland)*

19, 1 non ego non *(N ante corr.)* – 10 Thessalis *(D V Vo)* – 22 heu nostro *(Hertzberg)*

20, 2 quod *(Heyworth)* – 4 sic erat *(Baehrens)* – 5 impar specie *(Baehrens)* – 7 huic *(Auratus)* / / Umbrae rate *(Richmond)* – 9 Gigantei *(Itali)* – 13 nec *(Heins.)* – 26 nunc superat . . . nunc superat *(Rossberg)* – 27 plumis *(Livineius ex codd.)* – 29 sed . . . pendentes ludit in

(*Heins.*) – 35 nulli (*Beroaldus ex codd.*) – 47 et (*ins. Heins.*) – 49 ter ‹Hyla› respondet, at illi (*Fontein*) – 52 ni vis perdere rursus (*Palmer*)
21, qui (*Itali*) – 6 ut (*Passerat*) / / Acca (*Scaliger*)
22, 6 sed (*Palmer*) – 9 suppositos ... campos (*Postgate*)

ZWEITES BUCH

1, 5 vidi (*Itali*) – 6 totum de (*codd. Vossii*) – 9 percurrit (*Dousa fil.*) – 11 compescentes (*Leo*) – 20 caelo (*Broukhus.*) – 47 una (*Itali*) – 48 salvus (*Kraffert*) – 49 sed (*Burm. ex codd.*) – 71 me (*Vo.*)
2, 2 divina (*Dousa fil. ex codd.*) – 7 ceu (*Baehrens*) / / Munychias (*Heins.*)
3, 10 sunt (*D V Vo*) – 15 quando (*Puccius*) Arabo (*Garrod*) – 17 cum (*Lachm.*) – 22 Erinnae (*Butrica Beroald. vel. Volsc. sec.*) – 30/32 (*vers. commut. Sterke*) – 33 flagrat (*Fontein ex codd.*) – 45–54 (*sequenti elegiae, i. e. 2, 4, adnect. ed. Ald. a. 1502*) – 45 aut (*Tyrrell*) / / aut (*N aliique*) – 46 acrior (*Itali*) – 47 at (*F P*)
4, 20 limitis (*Palmer*)
5, 4 alio (*Burm.*) – 5 tandem (*Ruhnken*) – 12 verritur (*Passerat*)
6, 8 ne ... desint (*P F³*) – 9 munera (*Luck*) – 12 quando (*Alton*) – 20 durae (*Itali*) – 32 orgia (*Ruhnken*) – 35 nunc (*Heins.*) / / immeritum (*Luck*) – 36 male (*Heins.*) – 41–42 (*Cum sequ. elegiae, i. e. 2, 7, coni. Luck*) – 41 diducet (*Lachmann ex Italis*)
7, 5 sit (*Markland*) – 8 pandere in ore (*Giardina*) – 11 mihi (*Paris. Lat. 7990, Kraffert ex coni.*) – 13 Parthis (*Ruhnken*)
8, 8 a victis (*Barber*) – 13 ergo ego (*Francius*) tam (*Heins.*) – 30 Teucros (*Itali*) – 38 idem (*L. Mueller*) – 40 Tulle (*Wyttenbach*)
9, 7 visuram (*P man. rec.*) – 12 appositum (*D V Vo*) – 15 cui tum (*Housm.*) – 17 nuptis (*Baehrens*) – 18 caedes (*Giardina*) 29–30 (*post 20 transpos. Housm.*) – 44 erit (*Postgate*) – 49–52 (*hic alienos esse censuit Wakker, lac. stat. Lachm.*)
10, 2 Aonio (*Heins.*) – 22 his (*Scal.*) – 23 currum (*Markl.*) – 25 etenim (*Nodell*)
11, 1–6 (*fragmentum carminis esse stat. Goold aliique*)
13 A, 1 armantur Susa (*cod. Pici Mirandulani teste Beroaldo*) – 11 iuvat (*P*) – 16 (*post hunc v. lat. stut. et novam elegiam inc. Hemsterhuys*) – 46 usus (*Baehrens, Tovar*) – 48 Dardanus (*Heins.*) – 53 Adonin (*cf. 2, 34 B, 79*) – 55 formosum (*O*) / / lavisse (*vetus lectio a Palmerio laud.*)
14, 5 Electra ‹est› (*nescioquis*) – 8 cui (*Housm.*) – 13–14 (*post 10 transpos. Fontein*) – 26 munere (*Scaliger ex Cuiaciano*) – 27 tuam ... aedem (*Scaliger*) – 29 a te (*Itali*) est (*Luck*) / / veniatne (*Luck*) ad litora (*F*)

15, 1 nox o *(Puccius ex codd.)* – 16 nudus *(Rossberg)* – 26 vellet *(F)* uti *(Baehrens)* – 35 calores *(Giardina ex Italis)* – 48 proelia *(Fontein)*
16, 12 *(post hunc v. 17–18 transp. Housm.)* – 27 exutis *(Sandbach)* – 29–30 *(post 46 transp. Carutti)* – 29 amari *(Rossberg)* – 32 obesse *(Giardina ex Italis)* – 44 quasve *(Morgan)*
17, 2 *(post hunc v. transpos. 13–14 Housm.)* – 11 maerente *(Heins.)* – 13 iubet *(Lachm.)* – 15 nunc licet *(Itali)*
18, 1–4 *(priori carmini coni. Scaliger)* – 22 *(post hunc v. transt. 2, 18, 17–8 Scaliger)* – 4 *(post hunc v. 9–10 transt. Burm.)* – 5 descendens *(Markland)* – 24 laedis *(Kraffert)* – 25 desine: mi *(Baehrens)* – 27–28 *(post 22 transp. Scaliger)* – 35 vultus *(Goold)*
19, 5 ulla *(cod. Commel., Gebhard.)* – 21 aut *(cod. Ferrarii, Ayrmann)* – 31 metuam *(Jacob)* –
20, 7 Niobae ... superbae *(Itali)* – 8 lacrimae *(Heins.)* – 19 *(fort. init. novi carminis)* – 28 possum ego nunc curae *(Suringar)* – 35 haec ... laus *(Housm.)* / / perpetuum *(Lipsius)*
21, 3 augur? *(Heins.)* – 13 delusa *(D V Vo)*
22 A, 5 aliqua in *(Markl.)* – 10 *(post hunc v. lac. non statuend. cum Fontein quia vv. 11–2 transpositis 13–14 melius cohaerent cum praecedentibus)* – 11–12 *(post 18 transp. Camps)* – 18 aliquam *(Heimreich)* – 33 illi vel *(Baehrens)* – 39 ingrata ... cubili *(Camps)*
22 B, 43–50 *(separaverunt Itali, fragm. maioris carm. cens. Vahlen)* – 43 sive *(Heyworth)* – 44 pondere ... loqui *(Beroaldus)* – 45–46 *(aliter dist.)* – 48 – quasi *(Markl.)* / / noverit illa *(D V Vo)* – 50 promere *(Baehrens)* furta *(Palmer)*
23, 1 – 2, 24, 10 (Cui fuit indocti ... num tibi causa levis? unum carmen vv. 35–50 post 12 transpositis)
23, 3 quisnam *(Heins.)* – 4 commissa *(Beroaldus ex Italis, ut vid.)* – 9 avari *(Itali)* – 11 venditur *(Ayrmann)* – 22 capiant *(O exc. N)* – 35–40 (= 24 B, 11–16 transposui post 12) – 35 duram ... pilam *(Luck)*
24 A, 8 non bene *(Housm.)*
24 C, 22 *(post hunc v. inser. 47–48 Rossberg)* – 34 *(post hunc v. inserui 49–52)* – 49 consuesse *(Damsté)* – 35 tum *(Itali)* me *(Baehrens)* – 45 vecta est *(Heins.)*
25, 2 excludi *(Scaliger)* / / vehit *(Lachm.)* – 9 diducet *(Itali)* – 14 sic *(Luck)* – 17 crimine *(Langermann)* – 37 suam ... viam *(Broukhus.)* – 39 renovatis *(Barber)* – 40 tum *(Luck)*
26 B, 21–28 *(separ. Richmond Burmann. sec.)* – 23 iam Gygae *(Schrader)* / / munera *(Camps)* – 28 multum et *(Heins.)* – 29 *(nov. eleg. inc. N)* – 31 tectum *(Heins.)* – 39 rudis *(F² $^{Precc.}$)* – 49 quam *(Shackleton Bailey)* ... amplexus *(Passerat)* – 54 vacans *(Ayrmann)*
27, 1 et *(Camps ex Italis)* – 6 terrent *(Phillimore)* – 7 fles tu *(Housm.)* – 9 metuisque *(L. Mueller)*

28 A, 2 *(post hunc v. 33–35 transp. Passerat)* – 11 planta *(Alton)* – 15 post *(Pricaeus)* – 16 veniat *(Itali)* / / aura *(codd. Passeratii)* – 28 ipsa *(Itali)* ... sepultura ... tua *(Markl.)*
28 B, 40 in inferno ... lacu *(Palmer)*
28 C, 47 et *(Heyworth)* – 51 Antiope ‹est› *(suppl. vid.)* – 53 Creta *(Rossberg)*
29 A, 3 minuti *(Heins.)* – 8 nam *(F L P D V Vo)* – 14 quam *(Paley)* – 23 *(post hunc v. nov. eleg. incip. Itali)*
29 B, 31 quo *(Itali)* – 38 natus *(Dousa)* – 41 custode *(N L P)* eludor *(Palmer)* – 42 nox *(Itali)*
30 A, 11 sed *(Burm.)* – 12 *(post hunc v. novum carmen incip. Heimreich)*
30 B, 15 onerentur *(Vo P²)* – 19 libet *(Luck)* – 20 nuda *(Lachm.)* – 23 *(post hunc v. nov. carm. inc. Lachm.)* – 33 nec te virginei reverentia moverit oris *(Itali)* – 35 figurae *(Housm.)* – 2, 31 *et* 32 *unum carmen sunt in O, sep. Itali. Ante* 2, 32, 1, vv. 7–10 *transpos. Hetzel.* – tota *(Itali)* / / spatium *(Heins.)*
31, 5 Phoebus Phoebo *(Hoeufft)*
32, 15 sonitus *(Heyworth)* / / lymphis *(Itali)* – 22 mereris *(F L P D V Vo)* – 23 pervenit *(Itali)* – 25 credere *(O)* – 27 mea *(Weidgen)* – 30 num te *(Barber)* – 32 sine dedecore est *(Santen)* – 33 correpta *(Fontein, Valckenaer)* – 35 palam *(Haupt)* – 58 corripuit *(Luck)*
33 A, 6 suis *(Housm.)* – 33 B, 41–42 *post* 44 *transt. Barber; vv.* 43. 44. 41. 42 *fragm. maioris carm. esse putat Heyworth*
34, 1 amico *(Itali)* – 12 posses tum *(Heins.)* – 15 dominum *(Cornelissen)* – 16 socium *(Cornelissen)* – 18 possem *(cod. Salmant. 245)* – 19 meae ... umbrae *(Heins.)* – 20 stultus et in nullo *(Heins.)* – 22 membra *(Housm.)* – 25 meos insanit serus *(Broukh.)* – 26 serum *(Bergk)* – 29 Aratei *(Nairn)* ... plectri *(Palmer)* – 31 Musam leviorem ... Philitae *(Santen)* – 34 tactus *(Heins.)* – 39 Amphiaraeae non *(Itali)* prosunt *(F)* – 47–50 *(post* 54 *transpos. L. Mueller)* – 53 aliquid restabimus undas *(Wasserbergh)* – 59 me iuvat *(P)* – 69 puellam *(Itali)* – 77–80 *(post* 69 *transpos. Ribbeck)* – 93 quin vivet *(Barber)*

DRITTES BUCH

3, 1, 13 immissis *(Auratus)* / / mecum *(P)* – 2, 2 ut *(V Vo²)* – 3 delinisse *(Ayrmann)* – 5 Phoebeam *(Jortin)* – 17 es *(Itali)* – 24 tacito *(van Eldik)* – 3, 4 dicere *(Hemsterhuys)* – 7 cecini *(Itali)* – 11 ex aede *(Passerat)* – 17 hinc *(Volscus ex codd., ut vid.)* – 26 qua *(F L P D V Vo)* – 48 morae *(Heyworth)*

4, 2 *(post hunc inser. 19–20 Richmond)* – 3 viris *(Heins.)* – 4 nova *(Heins.)* – 5 Seres et ... venient *(Heins.)* – 22 mi *(Itali)*

5, 2 sat *(Livineius)* – 6 mixta *(Ruhnken)* – 15 victo *(Willis)* / / miscetur in *(Housm.)* – 18 carpta *(Baehrens)* / / ante *(Helm)* – 19 iuvat *(O)* – 21 iuvat *(P D V Vo)* – 40 *(cum 42 mut. Housm.)* – 47 superet *(Itali)*

6, 9 sicine eram *(Damsté)* – 27 sanie *(Heins.)* – 39 torrerier *(Paulmier)* – 28 exsertis unguibus *(Mitscherlich)*

7, 7 *(ordinem versuum his modis mutavi viros doctos secutus: 9–12 post 18 [Postgate]; 17–18 post 66 [Scaliger], 19–24 post 36 [Richardson]; 43–66 post 8 [Postgate]; 53–54 ante 51–52 [Smyth]; 67–70 post 16 [Scaliger])* – 7, 2 immaturae *(Lipsius)* – 43 patrios *(Heins.)* – 47 noluit *(O. Skutsch)* – 59 misero *(nescioquis)* – 60 comas *(Oudendorp)* – 68 tacta *(V² Vo)* – 22 Athamantiadae *(Hertzberg)*

8, 3–4 *(post 8 Heyworth)* – 13 grege seu *(Heins.)* – 24–25 tuas ... meas *(Sandström)* – 30 Tyndaridi *(O)* – 35–40 *(hic alienos esse censet Postgate; fort. fragm. maioris carminis)*

9, 8–9 ecfingere *(Housm.)* – 47–50 *(post 20 transpos. Hetzel)* – 26 ornare *(Dempster)* – 36 tuta *(Itali)*

10, 12 praesentis *(Itali)* – 13 at *(Itali)*

11, 5 ventorum *(Postgate)* ... motum *(Owen)* – 20 tam] *fort. leg.* huic – 31 coniugii *(Passerat)* – 49 cane *(Camps)* – 52 nec cepere tuas *(Markl.)* – 53 spectasti *(Markl.)* – 56 dixit et *(O)* – 57 toti *(F³)* – 58 femineas *(F L P D V Vo)* – 65–66 *(post 58 transpos. Lee)* – 65 condiderunt *(Livineius ex codd.)* – 62 Decius admisso *(Scaliger)* – 70 tanti operis bellum *(Housm.)* – 72 tuto *(Fruter)*

12, 12 armato *(Broukhus.)* – 25 manus *(Fontein)* / / capta *(Fontein)* – 26 nox *(Higt)* – 28 alternans *(Rossberg)* – 38 vincet *(Itali)*

13, 8 pistor *(Bury)* – 15 illa *(Heyworth)* – 27 erat *(P Vo in ras.)* – 35 hi[nnulei *(Scaliger)* / / tutos *(Sterke)* – 39 Arcadii *(Hertzberg)* – 53 mox *(F L P D V)* – 58 delapsis *(Itali)* – 62 Pergameis *(O)* ... mali *(Housm.)*

14, 12 *(post hunc v. transpos. 15–16 Scaliger, Canter)* – 14 turma *(Guilielm., Heins.)* – 31 sit *(P V²)* / / det verba roganti *(Burm.)*

15, 2 *(post hunc v. 45–46 transpos. Otto)* – 3 relevatus *(Fontein)* – 10 *(post hunc v. 43–44 transpos. Vulpius)* – 11 vano *(Franz)* – 27 vago *(D V Vo)* – 32 et *(Keil)* – 35 et *(Guyet ex codd.)*

16, 10 *(transposui post hunc v. vv. 21–30 quos Heimreich delevit)* – 12 medias his ... vias *(Heins.)* – 14 feriat *(CIL IV 1950)* / / *(post hunc v. transposuit 19–20 Struchtmeyer)* – 20 et cuius sit *(Palmer)* – 21 cursus *(Markl.)* – 11 praecutit *(Guyet)*

17, 3 flatus *(anon. ap. Camps)* – 12 toro *(Camps)* – 15 caules *(Burm.)* – 16 carpent *(Camps)* – 24 rapta *(Scaliger)* – 27 Diam *(Palmer)*

18, 1 tundit *(Baehrens)* – 9 Marcellus *(Phillimore)* / / demersit

(Broukhus. ex codd.) – 21 manet *(Keil)* hoc omnes *(Palmer)* – 29 sic *(Heins.)* – 34 ab humano *(Henry)*

19, 21 pessumdate *(Heimreich)* – purpuream . . . comam *(Markl.)*

20, 5 stulta adeo es *(Rossberg)* – 9 nimis *(Markl.)* – 11–12 *(post 14 transpos. Scaliger)* – 13 da . . . nocti *(Palmer)* – 17 constringet *(Beroaldus)* – 18 *(cum 24 mutavit Lipsius)* / / torta *(O)* – 25 tactis haec foedera ruperit aris *(Burm.)*

21, 6 exsomnem *(Heins.)* – 19 Lechaei *(Guyet)* – 28 libaboque *(Suringar)* / / culte *(Heins.)* – 31 et *(Itali)* . . . et *(Scaliger, Baehrens)* – 34 aeque *(Guyet)*

22, 2 quae *(N F L P)* – 4 quae *(Itali)* – 6 nec *(Itali)* / / *(post hunc v. transpos.* 15–16 *Housm.)* – 10 *(post hunc v. transpos.* 37–38 *Otto)* – 15 si tibi *(Palmer)* olorigeri *(Itali)* – 16 quae *(Palmer)* – 38 curtatas *(Pucci)* / / fera *(Baehrens)* – 25 foliis . . . abundans *(Housm.)* – 36 *(post hunc v. lac. stat. Livineius)*

23, 14 bene *(Itali)* – 15 venias *(Itali)* – 16 parabit *(Heins.)* – 18 ducitur *(O)* – 19 rationes *(Luck)*

24, 2 tuis *(Burm.)* – 5 fictam *(Heins.)* – 11 at *(cod. Casanat. 915)* / / ipse *(Baehrens)* – 27 vincet *(Itali)* – 33 cupies *(V Vo, Heins.)* – 34 iam *(Shackleton Bailey)* – 35 patiere *(D V)* – 36 quereris *(Heins. ex codd.)*

VIERTES BUCH

1, 4 procubuere *(V Vo)* – 8 nostras . . . Tuscus *(Havet, Barber)* – 9 *(sic dist. Watt)* – 19 celebrata *(Phillimore)* – 23 pauca *(Lachm.)* – 36 tunc ubi *(Ritschl)* – 38 nunc . . . pudet *(Volscus)* – 41 illos *(Schrader)* – 45 hinc *(Heins.)* – 46 auxit *(L. Mueller)* – 47–48 *(post 40 transpos. Housm.)* – 87–88 *(post 52 transpos. L. Mueller)* – 88 regna superba *(Housm.)* – 57 iamque *(Lee)* / / conor *(Itali)* – 69 deosque *(Sullivan)* – 71 cave *(Schippers)* discere *(Itali)* – 73 quantas *(Buecheler)* – 77 Horops *(Itali)* – 81–82 et fallimus auro (Iuppiter!) *(Housman)* – 85 moneant *(L D V)* – 101 Iunoni *(Itali)* facito *(Lachm.)* – 103 Libyci *(Itali)* –107 versusque *(Beroaldus)* – 112 Atridis *(Lee)* – 117 delige *(Shackleton Bailey)* – 125 Asisi *(Lachm.)* – 135 pellax *(Heins.)* – 140 eludet *(Itali)* – 141 decusseris *(Broukhus.)* – 149 cavum *(F⁴)*

2, 1 qui *(Itali)* – 2 fatente deo *(Shackleton Bailey)* – 3 ego e *(Heins. ex Italis)* – 4 *(post hunc v. transpos.* 51–54; 49–50; 55–56 *Housm.)* – 52 quoque *(Morel)* – 49 at *(F L P D V Vo)* – 55 et *(nescioquis)* – 5 me *(P)* – 10 Vertamnus *(Paley)* – 11 praecerpimus *(Fea)* – 12 Vertanni *(Paley)* / / vulgus *(Itali)* / / credit id *(Itali)* – 28 at *(Passerat)* / / ero *(Luck)* –

35 Vertomnis *(nescioquis)* − 36 corpus *(Schrader)* − 37 sub petaso *(Alton, Smyth)* − 60 ingrata *(anon. ap. Camps)* − 63 tot docilem *(Hertzberg, ut vid.)*

3, 7 intentos *(Morgan)* / / arcus *(Housm.)* − 8 Persicus *(Dousa iun.)* − 10 tunsus *(Heins.)* − 11 pactae tum mihi noctes *(Shilletoe)* − 15 e *(Guyet)* − 20 aera *(Itali)* − 32 *(post hunc v. transpos. 55−56 Housm.)* − 34 chlamydas *(Barber)* − 37 conor *(Broukhus.)* − 38 Arctoi *(Hetzel)* − 42 deierat *(Livineius)* − 48 astrictam *(Schippers)* . . . vertit *(Morgan)* − 49 in apta *(Schrader)* − 51 nunc *(Barber)* / / ter *(Palmer)*

4, 1 scelus *(Kraffert)* − 10 *(post hunc v. transpos. 13−14 Schippers)* − 14 *(post hunc v. transpos. 3−8 Shackleton Bailey)* − 15 et *(Fontein)* − 37 reportet *(Passerat ex codd.)* − 39 [in] . . . secuisse *(cod. Venet. 12, 141)* − 47 potabitur *(Rossberg, Palmer)* − 48 tum *(Rossberg)* − 49 latentis *(Rossberg)* − 50 caespes *(Palmer)* − 52 hac *(Markl.)* − 55 *(sic. N; versus nondum sanatus)* − 64 lassa *(V²)* − 68 succubuisse *(Heins.)* − 69 Venus *(Kraffert)* − 71 furit *(Baehrens)* − 83 dubio *(Itali)* / / custosque *(Shackleton Bailey)* − 93 Tarpeius *(Rossberg)* − 94 o] non *(Peerlkamp)* / / mortis *(Lütjohann)*

5, 3 sed *(Itali)* − possit *(Itali)* − 19 exercebat *(Housm.)* / / blatta *(Palmer)* / / papyrum *(Hosius)* − 20 suffossamque *(Goold)* / / talpa *(V²)* − 21 Domozanum *(Unger)* − 23 Eurypylisve *(O. Skutsch)* − 35 Hyale *(Palmer)* / / Omichle *(Palmer)* − 39 circum *(P, Burm. ex codd.)* − 40 dentibus *(Heins.)* / / alterius *(F L P D V)* − 43 speciosa *(Vo, Pocchus ex codd.)* − 48 adductam *(Heins.)* − 58 arte *(F L P D V Vo)* − 61 odoratum . . . Paestum *(Schippers)* − 64 a me *(Barber)* − 69 patentes *(Pocchus)* − 70 curva *(O)* − 71 exuviae *(Lee)* / / fuerint *(Graevius)* − 76 hanc *(Itali, Pocchus)* − 77 amat *(nescioquis)*

6, 3 serta . . . certent *(Scaliger)* − 8 modis *(Pocchus ex codd.)* − 17 Leucas *(Markl.)* − 22 femineae *(Markl.)* / / apta *(N F L P)* − 28 ante *(Lipsius)* − 35 quali *(Rossberg)* − 36 deae *(ed. Eton. a. 1701)* − 45 en *(Puccius)* / / proh *(Scaliger ex codd., ut vid.,)* . . . Latinos *(Markl.)* − 47 remigat *(Itali)* − 49 quotque *(Itali)* . . . Centauros *(Guyet)* − 60 sum *(O)* / / en *(Itali)* − 63 nacta *(Paley)* − 64 occultum *(Rossberg)* − 74 perluat et *(Morgan)* − 75 potis *(D V)* / / irritat *(Canter)* − 80 reddit *(Ayrmann ex codd.)* − 82 differet *(Francius)*

7, 2 exstinctos *(Passerat)* − 5 amarus *(Livineius)* − 15 exciderunt *(Itali)* − 19 et *(Guyet)* − 20 proelia *(anon. ap. Lütjohann)* − 21 pacti *(Palmer)* − 23 eunti *(Reland, Housm.)* − 34 cado? *(Camps)* − 36 bibi; *(Camps)* − 37 ut *(Itali)* − 40 *(post hunc v. transpos. 47−48 Schrader)* − 41 at *(Markl.)* − 55 geminas sedes *(Passerat)* / / turpem ‹est› *(Rossberg)* − 57 unda *(Rossberg)* . . . vehit altera *(O)* Cressam *(Haupt)* − 58 portans *(L. Mueller)* mentitam *(Haupt)* / / bovem *(Postgate)* − 61 Cybebes *(Itali)* − 63 marita *(Heins.)* − 69 sancimus *(Rossberg)* − 78 me sine *(Baehrens)*

– 80 mollis *(codd. Burmanni)* – 81 pomosis ... spumifer *(Broukhus.)*
– 95 sub voce *(Volscus, Beroaldus ex codd., ut vid.)*
8, 2 *(post hunc v. transpos.* 19–20 *Lütjohann)* – 4 huc *(Paley)* – 5–14 *(sic distinxi)* – 10 tenera *(Scaliger ex codd.)* / / raditur *(Cornelissen)* – 15 advecta *(P)* – 22 iocos *(Markl. ex coni., Tovar ex codd.)* – 25 farta *(Beroaldus ex codd.)* – 35 umbra *(Heins.)* – 38 grata *(D V)* – 39 Miletus ... Byblis *(Palmer)* – 40 haec *(Baehrens)* – 45 secundam *(Palmer)* – 50 nec *(Burm. ex codd.)* – 54 pallueruntque *(Livineius)* – 58 ‹vicini› ... ‹aquam› *(Palmer)* – 60 voce *(Fruter)* – 64 praeversa *(Guyet)* – 69 prostratus *(Itali)* – 72 cui *(L P D V Vo)* – 78 nec *(Lipsius)* – 84 ac *(Baehrens)* – 85 lucernas *(N)* – 88 ascendi *(Koch)*
9, 2, huc *(Smyth)* – 13 furtum *(Heyworth)* – 18 quaesiti *(Heyworth)* – 21 torret *(Itali)* – 21 at *(Housm.)* – 22 usta *(Palmer)* – 24 lotos *(Alton)* – 28 turis *(Heins.)* – 35 circum antra *(Burm.)* – 45 aliquam *(P)* – 66 tecta patent *(Weidgen)* – 73 Tatiae ... manus *(Pocchus ex codd.)* – 71–72 Sance ... Sanc *(Richmond)*
10, 15 hic *(P)* / / corruat *(Heins.)* – 17 virtutumque *(D V)* – 19 effrenis *(Richmond)* – 22 *(post hunc v. transpos.* 25–26 *Passerat)* – 32 astu *(Phillimore)* – 35 fortis *(Markl.)* – 41 Brenno *(Heins.)* – 43 Raetis *(Alton)* – 43 virgatas maculanti sanguine bracas *(Schrader, Waardenburgh)*
11, 3 sedes *(Heins.)* – 4 exorando *(Fruter)* – 8 locos *(Livineius)* – 9 sat *(Dousa)* – 13 num *(F L P)* – 14 en *(Itali)* – 16 ulva *(Scaliger)* – 18 nec precor *(Peerlkamp)* huic *(P)* – 19 at *(cod. Berol. Diez. B. 53)* – 20 is *(Heins.)* – 24 Tantaleo *(F L P D V Vo)* corripere ore *(Auratus)* – 30 nostra ... signa *(Baehrens)* – 36 ut *(Graevius)* – 39 te, Perseu *(Boot)* – 49 quamlibet *(Itali)* – 53 cuius castos *(Markl.)* – 60 *(post hunc v. transpos.* 65–66 *Koppiers, Lütjohann)* – 61 generosae *(Turnebus)* – 66 consul quo factus *(Lachm.)* – 68 *(post hunc v. transpos.* 71–72 *(Baehrens)* – 70 facta *(Itali, Kindscher ex coni.)* – 70 *(post hunc v. transpos.* 97–98 *nescioquis)* – 80 fige *(Fontein, Koppiers ex codd.)* – 72 torum *(Koppiers)* – 93 lenire *(Schrader)*

TIBULL

Abweichungen des lateinischen Textes von der kritischen Ausgabe von Georg Luck (Teubner, Stuttgart 1988).

Die wichtigsten Handschriften:

A = Ambrosianus R. sup. 26, 14. Jh. Im Besitz von Colucio Salutati, und vielleicht für ihn geschrieben, wie der Laurentianus (F) des Properz. Polizian scheint ihn benutzt zu haben, und später gehörte er Lorenzo («il Magnifico») de Medicis.

G = Guelferbytanus Aug. 82, 6, um 1425, wahrscheinlich von Pontanus geschrieben, und zwar in der früher so genannten «langobardischen» Schrift, die im 10. und 11. Jh. üblich gewesen war. Vielleicht stammte Pontanus' Vorlage aus dieser Zeit. Er hat zweifellos manches geändert. Francisco Puccio (1462–1515), ein Schüler Polizians, der sich mit dem Tibulltext beschäftigte, scheint diese Handschrift gekannt zu haben. Auch der Korrektor des Vaticanus 3279 (V^2) hat ihn offenbar benützt. Er ist seinerseits korrigiert worden (G^2). In manchen Einzelheiten berührt er sich mit dem sogenannten Florilegium Gallicum.

V = Vaticanus lat. 3270, aus dem späten 14. oder frühen 15. Jh. Gehörte früher Fulvio Orsini. Wurde von mehreren Händen durchkorrigiert.

f = Florilegium Gallicum, eine Anthologie aus verschiedenen lateinischen Autoren, die im zwölften Jh. wie es scheint, in der Gegend von Orléans zusammengestellt wurde. Sie hat sich in rund 15 Handschriften erhalten, von denen etwa 10 Zitate aus Tibull bewahren.

r = Excerpta Frisingensia, 11. Jh., im Cod. Monac. Clm. 6292.

Daneben gibt es rund weitere 150 Handschriften. Von besonderer

Bedeutung sind die alten Drucke, vor allem die vier ältesten Ausgaben, die offenbar alle 1472 erschienen, aber auch die zweite Aldina (Venedig 1515).

Auch hier gilt, was zum Properztext gesagt wurde: Man muß möglichst viele Textzeugen und Konjekturen von Gelehrten berücksichtigen.

ERSTES BUCH

1, 5 me ... vitae ... inerti *(A V)* – 22 magna *(Scaliger ex cod.)* – 35 magno est *(A G V)* – 35 hinc *(Postgate)* / / pastorumque deum *(Passerat)* – 41 fructusque *(A G V)* – 55 captum *(Postgate dub.)* – 78 dites despiciam *(A V)*

2, 7 dominae *(H)* – 19 descendere *(Voss. 3, Dousa et Markl. ex coni.)* – 37 ne *(A V)* / / crepitu *(Luck; cf. Prop. 2, 4, 4)* – 67 possit *(A V)* – 71 mea sim tecum modo Delia (›vetus liber Statii‹) – 89 lentus *(Broukhus.)* – 91 iuvenis seros *(Jortin)*

3, 14 despueretque *(Haupt)* – 18 sacrum *(Alex. Syncliticus)* – 71 in porta *(A G V)* / / per centum ... ora *(Palmer)*

4, 26 clipeos *(Santen)* / / *(post hunc v. transpos. 71–2 nescioquis)* – 44 admittat *(Scal. ex cod.)* nimbifer *(G², Heins. ex coni.)* – 54 tibi rapta *(Santen)* – 59 at tua *(Q)* – 81 eheu *(Ritschl ex B)*

5, 11 vivo *(Broukhus.)* – 13 laeva *(Heins.)* – 33 nunc ... curet *(cod. Guelferb. 3)* – 34 nunc paret *(cod. Guelferb. 3)* / / ferat *(Burm. sec.)* – 47 huic] nunc *(Lee)* – 57 evenient *(Heins. ex. codd.)* – 72 et crebro *(Haupt)*

6, 1 inducas *(Scaliger ex codd.)* – 10 eheu *(ed. Aldina a. 1505, Baehrens)* – 16 minus *(Broukhus. ex codd.)* – 21 seu] etsi *(nescioquis)* – 42 transeat ille *(Lee)* – 52 tetigisse *(Statius)* – 59 tibi me *(Pricaeus)* – 72 foras *(Postgate)* – 76 *(post hunc v. lac. statuit Muretus)*

7, 4 Atur *(Scaliger, Valesius)* – 12 garrula *(Gruppe)* – 14 placidae ... aquae *(Huschke dub.)* – 15 aetherias *(Baehrens dub.)* – 64 redi *(Statius ex codd.)*

8, 17 pollentibus *(G ex corr., Broukhus. ex codd.)* – 53 heu *(Baehrens)* – 59 ut possim *(Q)* / / quovis *(Kraffert)* – 77 at] et *(Burm. sec.)*

9, 3 miser etsi quis *(G² V²)* – 40 sic ... sit *(G, ut vid.)* – 66 a pulso *(Muretus)*

ZWEITES BUCH

3, 2 eheu *(H)* – 14 c et mulctris *(Rigler)* – 49 eheu *(Baehrens)* – 61 et *(Postgate)* / / qui *(A G V)* – 62 serta *(Luck)*

4, 38 esset *(A G V)*

5, 4 laudes ... novas *(Vahlen)* – 25 vaccas *(Wakefield)* – 68 Phyto
Graiaque quod *(Huschke)* – 71 hae *(Puccius, ed. pr. min. a. 1472)* – 73
strepitania *(AGV)* – 99 et *(H)* – 108 eheu *(Puccius)*
6, 10 grata *(Muretus)* – 54 *(post hunc v. lac. statuit Goold)*

ANMERKUNGEN ZU PROPERZ

ERSTES BUCH

Die Bezeichnung «Monobiblos» (Einzelbuch) hat sich eingebürgert; aber Properz nennt es seine «Cynthia» (2,24,1-2), und man hat im Altertum oft ein Gedichtbuch nach dem ersten Vers oder dem gleich am Anfang behandelten Motiv benannt. Hier beginnt der erste Vers mit dem Namen der Geliebten; Kallimachos' «Aitia» hießen auch «Der Traum» (2, 34, 32). Als Titel würde «Cynthia» sich in eine Tradition fügen, die bis auf Mimnermos' «Nanno» zurückreicht und über Antimachos' «Lyde» und Hermesianax' «Leontion» bis zu Lygdamus' «Neaera» führt. Vielleicht trug auch die erste, für uns verlorene Ausgabe von Ovids Amores den Namen der Geliebten, «Corinna». Das will nicht heißen, daß der Dichter immer selbst den Titel bestimmt; auch ein Leser konnte ihn wählen.
Properz hat dieses Buch spätestens 29 v. Chr. abgeschlossen, sonst wäre 2, 31 (entstanden im Jahre 28) noch aufgenommen worden. Als Ganzes ist es dem Freund Tullus gewidmet, denn er wird im ersten und letzten Gedicht (auch 1, 6. 14 und später noch in 3, 22) genannt.

1. Elegie

1 Die erste: 1, 12, 20. Lykinna (3, 15) zählt nicht. – Die Augen als Symbol der Liebessprache: 1, 5, 11; 2, 26, 13 u. ö.
4 Zum Bild: 2, 14, 11; 2, 30, 7-10.
5 Vgl. 2, 24, 9-10. Properz unterscheidet zwischen Frauen, mit denen man ein Verhältnis hat, die man aber eventuell heiraten könnte, und Frauen, mit denen «man» nur eine Nacht verbringt.
9 Meilanion liebte Atalante, die Tochter des Iasios, die als leidenschaftliche Jägerin an der Hatz auf den kalydonischen Eber teilnahm. Der Kentaur Hylaios (V. 13), Meilanions gefährlichster Rivale, der sie vergewaltigen wollte, wurden von Atalante selbst erschlagen, doch vorher muß er M. verwundet haben. – Tullus: wohl Neffe von L. Volcacius Tullus, der als Kollege Octavians 33 v. Chr. Konsul und später, 30/29, Prokonsul der Provinz Asia war. Vgl. 1, 6, 19; 1, 14, 1.
11 Parthenios: Gebirge im Nordosten von Arkadien, der Heimat Meilanions.
14 Vgl. 2, 30, 36.

17–18 Properz ist noch nie von solcher Leidenschaft erfaßt worden; früher wußte er sich zu helfen.
19–24 Zur Schilderung der Zauberkünste vgl. 2, 4, 7–8; 28, 35–38; 3, 6, 25–30; 4, 5, 9–18; Tibull 1, 2, 43–46. Kytaia (thessalisch) bezieht sich vermutlich auf Medea: 2, 1, 53–54; 2, 4, 7.
20 Es handelt sich um ein magisches Ritual, das einer religiösen Zeremonie vergleichbar ist.
22 bleich: 1, 5, 21–22; 9, 17.
24 Wahrscheinlich Anspielung auf Medea.
25–28 Vgl. 1, 5, 28.
27 Brennen und Schneiden sind medizinische Eingriffe; seine Liebe ist wie eine Krankheit.
29–32 Er könnte sich dem Gefolge eines Provinz-Statthalters anschließen (wie Catull) und für längere Zeit Rom und Cynthia verlassen. – 31 Vgl. Tibull 2, 1, 79–80.
33 Nächte ohne Liebe, vgl. 2, 17, 3–4; 4, 3, 29. Das Gegenteil: 1, 10, 1; 2, 15, 1.

2. Elegie

1–6 Vgl. Tibull 1, 8, 9–16.
1–2 Wörtlich zitiert 4, 5, 55–56 (dort vielleicht Randnotiz).
2 Die auf der Insel Kos aus orientalischer (2, 3, 15) Seide hergestellten hauchdünnen Stoffe waren in der eleganten Welt begehrt: 2, 1, 5–6; 4, 2, 23; Tibull 2, 3, 53–54.
3 Arabische Parfüms kamen durch syrische Händler nach Rom. Am Orontes liegt Antiochia, damals ein bedeutender Umschlagplatz für den Export. Vgl. 2, 29, 17; Tibull 1, 5, 36.
14 Der Vergleich ist nicht so gezwungen, wie er scheint. Man hielt in Rom Singvögel in Käfigen und richtete sie zum Singen ab, wie Papageien zum Sprechen.
15–18 Phoibe und Helaïra, die Töchter des Leukippos, waren mit Idas und Lynceus, den Söhnen des Aphareus, verlobt. Kastor und Pollux, die Dioskuren, verliebten sich in die Schwestern und entführten sie (Theokrit 22). In dem Kampf, der sich entspann, verlor Kastor sein Leben. Idas, sein Besieger, der «stärkste Mann, der damals lebte», kämpfte bei anderer Gelegenheit mit Apollon (Phoibos) um die schöne Marpessa, die Tochter des Flußgottes Euenos. Zeus sandte Hermes als Vermittler, und dieser überließ die Entscheidung dem Mädchen; sie wählte Idas.
19–20 König Oinomaos von Elis versprach seine Tochter Hippodameia (1, 6, 35) demjenigen Mann, der ihn im Wagenrennen besiegen würde. Pelops, der Sohn des Tantalos, aus Phrygien zugewandert, bestach den Wagenlenker des Königs und gewann. – Glanz: Gemeint ist wohl Schminke; vgl. 2, 29, 30.

22 Apelles: Maler des 4. Jh. v. Chr.; vgl. 3, 9, 11.

27–30 Zum Thema: 1, 7, 11. – 28 Nicht nur einmal, sondern jedesmal, wenn sie dichtet oder singt. – «Aonisch», d.h. böotisch. Der Musenberg Helikon liegt in Böotien: 3, 3, 42. Kalliope wäre eigentlich die Muse des Epos, doch siehe 2, 1, 3; 2, 3, 2, 16; 2, 3, 38.

30 Cynthia ist nicht nur schön; sie kann auch musizieren und versteht sich auf Handarbeiten: 1, 3, 41–2; 3, 20, 7. Vgl. Tibull 2, 1, 63–66.

3. Elegie

1–6 Die drei Vergleiche beziehen sich wohl auf berühmte hellenistische Gemälde: Ariadne (2, 3, 18; Catull 64); Andromeda (2, 28, 1–2; 3, 22, 29); die Bakchantin (3, 8, 14). Properz erweist sich als Kenner und Liebhaber griechischer Kunst: 3, 9, 9–16; 3, 21, 29–30. – Zum Vergleichstypus: 2, 6, 1–6. Der Apidanos ist eigentlich ein thessalischer Fluß.

13–14 Vgl. 3, 17, 5.

16 Der Vers ist umstritten; die Überlieferung würde bedeuten; «und mit der angelegten Hand Küsse und Waffen zu nehmen». Das hat zu vielen Konjekturen geführt.

20 Die Tochter des Inachos ist die von der eifersüchtigen Hera verwandelte Io, Argos ihr hundertäugiger Wächter (2, 28, 17–18).

24 Die Äpfel, ein Symbol der Liebe, hat er auf dem Weg zu ihr gestohlen.

26 Beim kunstgerechten Anlegen der Toga bildet sich an der Brust ein Bausch, der als Tasche dient. Hier trägt man sein Bargeld. Cynthia greift – nach Properz (2, 16, 12) – ihren Liebhabern gleich an den Bausch, um zu sehen, ob etwas für sie drin ist; jetzt aber fallen Münzen von selbst auf sie, und sie dankt nicht einmal dafür, weil sie schläft.

35–36 Properz – so vermutet Cynthia – ist von einer anderen Frau hinausgeworfen oder nicht eingelassen worden.

38 Hier blickt Cynthia durch das halboffene Fenster (31) und sieht an der veränderten Stellung der Gestirne, wie lange sie auf ihn warten mußte. – Seine Rücksichtnahme (11–30) wird ihm jetzt übel ausgelegt.

41–42 Vgl. 1, 2, 27–30; 1, 7, 11; 2, 1, 9.

4. Elegie

1 Bassus, auch mit Ovid befreundet (*Tristia* 4, 10, 47–48), war als Jambendichter bekannt, d. h., er schrieb in der Art der horazischen Epoden. Properz bezieht sich aber eher auf ein Gespräch als auf ein Gedicht.

5 Antiope, Tochter des Nykteus: 3, 15, 11–42. – Hermione, Toch-

ter des Menelaos und der Helena. Sparta war im Altertum für seine schönen Frauen berühmt; vgl. 3, 14. – Cynthia als mythologische Schönheit: 2, 3, 23–32.

11–12 Vgl. 2, 3, 9.

23 Also offenbar auch in Tempeln oder an Altären obskurer Gottheiten, um keine auszulassen.

24 Heilige Steine, Relikte halbvergessener Kulte: Tibull 1, 1, 11–12.

2 Uns: Cynthia und Properz. (Die Verse 1–2 von Elegie 5 gehören zu 4.)

5. Elegie

Der Adressat wird erst am Schluß genannt, ein Überraschungseffekt. Gallus, der Properz in einer Liebesnacht als Zuschauer einlädt (1, 10), ist ein großer Frauenheld (1, 13), hat aber auch einen Geliebten (1, 20). Nach V. 23–24 ist er vornehmer Abkunft; schon deswegen kann er unmöglich der Dichter Cornelius Gallus (2, 34, 91) sein. Ein Gallus, der im Bürgerkrieg umkam, wird 1, 21, 7 genannt; auch der 4, 1, 95 erwähnte Gallus hat im Krieg den Tod gefunden.

6 Thessalien, das Land der Zauberer und Hexen; vgl. Tibull 2, 4, 55–60; Apuleius, *Metamorphoses* 2, 1.

11 Er darf und mag keine anderen Frauen mehr anschauen: 1, 9, 27; 2, 30, 9. – Zum Bild der Augen: 1, 1, 1.

13–14 Tibull 2, 6, 11–12.

21–22 Vgl. 1, 1, 22; 1, 9, 17.

22 Die in Wachs gearbeiteten Büsten berühmter Ahnen standen im Atrium und wurden in Leichenzügen mitgeführt: 2, 13, 19; 4, 11, 101–102. Je länger die Reihe der Ahnen, desto vornehmer der Tote. – Der Anklang dieses Verses an 1, 14, 18 ist bemerkenswert; vergleichbar der Anklang von 1, 1, 14 und 2, 30, 36.

28 Vgl. 1, 1, 25–28; 2, 1, 58.

32 «Als wäre sie eine Göttin» (A. G. Lee).

6. Elegie

1–4 Die Reise in den Mittleren Osten führt durch die Adria und das Ägäische Meer; vgl. 3, 21, 17–24. Im Norden Skythiens (2, 30, 2) liegt das Gebirge der Rhipäer; tief im Süden, an den Quellen des Nils, vermutet man das Reich Memnons, des Sohnes von Tithonos und Eos.

2 Tullus: 1, 1, 9.

6 Wechselnde Farbe: 1, 15, 19; 1, 18, 17.

13 Athen: 3, 21, 1 ff.

19 Vgl. 3, 4, 5; 3, 9, 23. Ein Konsul hatte zwölf Liktoren, ein Prätor sechs. – Zur Anrede: Tibull 1, 1, 53.

20 Nach dem Bürgerkrieg zwischen Augustus und Antonius mußten die alten Verträge neu besiegelt werden; «Verbündete» ist ein be-

schönigender Ausdruck für «Untertanen».
23   Knabe Amor: 2, 9, 38.
29–30   Vgl. 2, 7, 15; Tibull 1, 1, 53–58. 75.
32   Paktolos: 1, 14, 11; 2, 26, 32; 3, 18, 28.

7. Elegie

1   Ponticus arbeitet an einer Thebais (vgl. 1, 9, 10; 2, 1, 21; 3, 9, 37–38). Griechische Vorbilder wirken auch bei Properz nach. Aus V. 3 darf man schließen, daß ihm Homer als Verfasser der kyklischen Thebais galt (vgl. 2, 34, 45). – Kadmos war der mythische Gründer (3, 2, 5–6; 3, 13, 7) von Theben; später entspann sich zwischen den Brüdern Eteokles und Polyneikes ein tödlicher Kampf um die Stadt (2, 8, 21–24); sieben Fürsten mit ihren Heerhaufen belagerten sie (V. 17).

3   Homer ist der größte griechische Epiker; Mimnermos (1, 9, 11), Kallimachos und Philitas (3, 1, 1) sind die Meister der Elegie.

7–8   D. h., wenn er ganz Dichter sein dürfte und nicht immer als Liebender schreiben müßte.

11   Die kunstverständige Geliebte: 1, 2, 27–30; 1, 3, 42; 2, 11, 6; 2, 13, 11.

14   Der Knabe Amor: 2, 9, 38.

19   Späte Liebe: 2, 34, 25 ff. – Weiches (d. h. elegisches) Versmaß: 2, 1, 2.

23   Das Grab des Dichters: Tibull 1, 1, 65–6.

8. Elegie A und B

Hier stellt sich die Frage – wie nicht selten bei Properz –, ob man *ein* Gedicht annehmen soll, wie die Überlieferung das will, oder *zwei* (oder mehr). Die Überlieferung ist nicht zuverlässig; d. h., man kann die vom Dichter gewollte Struktur manchmal nur erraten. Uns scheint ein so plötzlicher Stimmungswechsel innerhalb *eines* Gedichts kaum möglich, aber vielleicht hat man in der Antike die einzelnen Stücke einer Sammlung nicht so mechanisch numeriert, wie das die Herausgeber seit der Renaissance tun. Bei Properz gibt es vielleicht Zyklen, Diptychen, Triptychen (vgl. 2, 18 und 2, 28), die für ihn einen besonderen Reiz hatten. Man behilft sich, indem man Buchstaben an die herkömmlichen Nummern der Gedichte fügt, aber das ist natürlich keine endgültige Lösung. Der Leser muß jeweils entscheiden.

Bei dem Rivalen könnte es sich um den Prätor handeln, der (nach 2, 16) aus Illyrien zurückgekehrt ist. Jetzt ist er noch dort, aber Cynthia möchte ihn offenbar besuchen.

10   Der Aufgang der Plejaden im Frühjahr eröffnet die Schiffahrt.

11 Der Weg von einem Hafen der italischen Westküste über die Südspitze des Stiefels nach Illyrien ist ziemlich lang, aber im Frühling verhältnismäßig sicher; dann dann hat sich die stürmische Adria beruhigt. Vgl. 3, 21, 17–24.

16 Die Nymphe Galatea, eine Tochter des Nereus und der Doris (1, 17, 25; 3, 7, 67) sorgt für Meeresstille und ruhige Fahrt.

19 Die keraunischen Berge bilden die Grenzen zwischen Illyrien und Epirus. Ihre Ausläufer zur Küste hin, die nadelscharfen Akrokeraunia, waren von den Schiffern gefürchtet (2, 16, 3). Hier war kein Verlaß auf die Segel; es mußte gerudert werden. In der Nähe liegt die illyrische Hafenstadt Orikos (3, 7, 49).

25 autarisch: thessalisch; aber der Name ist Konjektur.

26 Hyläa: die Hyläer sind Nachbarn der Skythen, aber der Name ist nicht sicher hergestellt.

35 Hippodameia: 1, 2, 19–20.

36 Elis: 3, 9, 17. – Vgl. Tibull 1, 4, 32.

38 Vgl. 1, 3, 26.

39 Perlen aus dem Orient: 1, 14, 12; 3, 4, 2; Tibull 2, 2, 15.

9. Elegie

1–4 Der verspottete Spötter: Tibull 1, 8, 71–76. – Rechtsanspruch der Geliebten: 3, 11, 1–2. – Der Dichter als Experte in der Liebe: Tibull 1, 8, 1–6.

5 In Chaonien, einer Landschaft von Epirus, lag das uralte Orakel von Dodona; die dort im heiligen Hain des Zeus von den Priestern gefütterten Tauben dienten der Weissagung.

7–8 Erfahrung durch Leid: Tibull 1, 8, 1–6.

10 Amphion, ein Sohn der Antiope (3, 15) spielte so wunderbar auf der Leier, daß Steine sich von selbst zu Mauern fügten und Theben entstand (3, 2, 5–6). Die Schicksale dieser Stadt wollte Ponticus (1, 7) in einem Epos besingen (vgl. auch 3, 9, 37–38).

11 Mimnermos (7. Jh. v. Chr.) und Homer: 1, 7, 3. – Vgl. 2, 10, 25–26.

12 Eros/Amor als Gott des Friedens: 3, 5, 1–2.

17 Der kummerbleiche Verliebte: 1, 1, 22; 1, 5, 21 u. ö.

20 Das Folterrad Ixions in der Unterwelt (4, 11, 23). Er wurde bestraft, weil er Hera verführen wollte.

23–24 Die Deutung des Bildes hat nach I. A. Vulpius (1755) Daniel Wyttenbach (1746–1820) gegeben: Gott Amor ist wie ein Kind, das mit einem gefangenen Vogel spielt (vgl. 1, 2, 14); bald läßt er ihn etwas flattern, dann zieht er ihn an einem Faden wieder zu sich und preßt ihm mutwillig die Flügel zusammen. Der Verliebte ist wie dieser Vogel.

27 Vgl. 1, 5, 11.

10. Elegie

Die Liebesnacht von Gallus (1, 5), die der Dichter miterleben darf, wird 1, 13, 13–20 angedeutet. Zum Dank dafür, daß er zuschauen durfte, gibt Properz dem Freund einen guten Rat.

1 Vgl. 1, 1, 33.
5–6 Vgl. 1, 13, 15–16.
14–20 Vgl. 1, 7, 14; Tibull 1, 4, 75–78. – Zu 17–18 vgl. Tibull 2, 3, 13. – Zu 19–20 vgl. Tibull 1, 8, 5–6. – Was zu tun und was zu vermeiden sei, ist Inhalt der antiken Ethik.
27–8 Anders lautet der Rat 2, 14, 19–20.

11. Elegie

Cynthia weilt im mondänen Badeort Baiae bei Neapel gegenüber Puteoli. Dorthin schreibt ihr der Dichter (19–20).

1 Als Herakles die Rinder des Geryon (3, 22, 9) nach Italien trieb (4, 9, 1–20), baute er die Felsen von Posilippo, welche die Bucht von Baiae vom Golf von Neapel trennen, zu einer Straße aus (3, 18, 4).
3 Die Gegend von Puteoli war einst von Griechen aus dem Stamm der Thesprotoi besiedelt worden.
4 Das Vorgebirge von Misenum, zur Erinnerung an den dort bestatteten Tubabläser des Aineias so benannt (3, 18, 3), scheidet nach Westen hin die Bucht von Baiae vom Tyrrhenischen Meer.
16 Die Götter, die man anruft, wenn man sich gegenseitig Liebe beteuert; vgl. 3, 20 A, 15 ff.
10 Der Lukrinersee zwischen Baiae und Misenum lieferte delikate Austern und war beliebt für Bootpartien bei Tag oder Nacht. Augustus ließ ihn mit dem benachbarten Avernersee (3, 18, 1; 4, 1, 49) verbinden, wodurch ein Flottenhafen entstand.
11 Cumae (2, 2, 15–16), unweit Baiae, war eine Tochterstadt von Kyme in Mysien (1, 20, 20), wo einst Telephos' (2, 1, 63) Schwiegersohn Teuthras regierte. Nach ihm hieß dieses Flüßchen in der Nähe des Badeorts. Süditalien war griechisches Kulturgebiet.
14 Liegen am Strand: 1, 14, 1.
21–24 Derselbe Vergleichstypus: 2, 7, 19–20; 18, 33–34.

12. Elegie

2 «Ponticus» ist durch Konjektur (Kraffert) hergestellt (vgl. 1, 7, 1. 12; 1, 9, 26); die Überlieferung gibt keinen rechten Sinn, und ohne den Namen wäre das praktisch die einzige Elegie des ersten Buches, in der Properz keine Person anredet.
3–4 Hypanis: der Bug, die Ostgrenze Europas am Schwarzen Meer. – Eridanos: mythischer Fluß, schon früh mit dem Po identifiziert.
9 Durch sein vorübergehendes Glück in der Liebe hat Properz den

Neid der Götter (2, 28, 10) und der Menschen erregt. - Der Kaukasus, an den Prometheus (2, 1, 69) zur Strafe geschmiedet wurde, ist dem Land der Kolcher, Medeas Heimat, benachbart und lieferte griechischen und römischen Hexen (3, 6, 25; 4, 5, 11; 4, 7, 72) die Kräuter, die Liebe hervorrufen, aber auch töten können.
16 Wie das Opferblut, das einen Altar benetzt.
20 Vgl. 1, 1, 1; doch siehe auch 3, 15, 1-10.

13. Elegie

2 Gallus: Vgl. Erl. zu 1, 5.
13-20 Die Liebesnacht: 1, 10, 1-10. - Zu 15-16 vgl. besonders 1, 10, 5-6.
21 Tyro (2, 28, 51; 3, 19, 13), die Tochter des Salmoneus, liebte den thessalischen Flußgott Enipeus. Um die Schöne zu täuschen, nahm Poseidon, der auf Kap Tainaros (Matapan) ein berühmtes Heiligtum besaß, die Gestalt von Enipeus an.
23 Herakles suchte auf dem Berg Oite in Thessalien (3, 1, 31-32) den Flammentod, ging zu den Göttern ein und wurde der Gemahl der Hebe. Der überlieferte Text, der bedeuten würde, daß sie ihm ihre Liebe schenkte, als er noch auf dem Holzstoß lag, läßt sich nicht halten.
29-30 Leda, die Tochter des spartanischen Königs Tyndareus, gebar Zeus (der die Gestalt eines Schwans angenommen hatte) drei Töchter: Phoibe, Klytaimnestra und Helena.
31 Die Argiver betrachteten Inachos als ihren Stammvater.

14. Elegie

1 Tullus (s. 1, 1) ist ein reicher Herr. Er hat eine Villa mit Park direkt am Tiber (4, 1, 8) und trinkt seinen Lesbos-Wein (4, 8, 38) aus kostbaren griechischen Bechern; Mentor (3, 9, 13) schuf im 4. Jahrhundert silberne Trinkgefäße, die im römischen Kunsthandel hohe Preise erzielten. - Zur Situation: 1, 11, 14.
3-4 Je nachdem, ob tiberaufwärts oder -abwärts. Es herrscht reger Verkehr auf dem Fluß.
8 Vgl. 1, 5, 24!
11 Paktolos: Wegen der Menge Schwemmgoldes, das der Fluß mit sich führte, wurde er zu einem ständigen Topos in der antiken Literatur. Vgl. auch 1, 6, 32.
12 Vgl. 1, 8, 39; 2, 22, 10; 3, 13, 6.
17-22 Macht der Venus: Tibull 1, 2, 17-24. - Zu 20 vgl. Tibull 1, 2, 75-76.

21 Vgl. 2, 22, 47.
22 Tibull 1, 2, 75–78.
24 Der mit Glücksgütern gesegnete König der Phäaken: 3, 2, 13.

15. Elegie

Cynthia hat die Nacht in angenehmer Gesellschaft verlebt und noch keine Zeit gefunden, sich zu frisieren. Jetzt macht sie sich schon wieder zum Ausgehen bereit und läßt den Dichter reden, während sie vor dem Spiegel Schminke aufträgt und Schmuck anprobiert. Vgl. Tibull 1, 8, 9–16. – Feste, die bis zum frühen Morgen dauern: 2, 34, 59–60; 4, 6, 85–86.

5 Vgl. 3, 6, 14.

9–14 Sieben Jahre verbrachte Odysseus mit Kalypso (3, 12, 31) auf der Insel Ogygia; dann mußte sie ihn ziehen lassen (2, 21, 13–4). – Zu V. 11 vgl. Tibull 1, 1, 67–68.

17–20 Hypsipyle (2, 34, 37–38) empfing Iason, den Sohn des Aison, auf Lemnos und schenkte ihm ihre Liebe; dann zog er mit den Argonauten weiter und begegnete Medea. Vgl. noch 2, 24, 44.

21–22 Euadne, die Gattin des Kapaneus (2, 34, 40) stürzte sich auf den brennenden Scheiterhaufen ihres Mannes. Vgl. 1, 7, 1; 3, 13, 15–24.

15–16 Alphesiboia, die Tochter des Phegeus von Arkadien, war mit Alkmaion vermählt. Als er sie verließ, erschlugen ihn ihre Brüder. Sie liebte ihn aber noch immer und rächte seinen Tod, indem sie ihre Brüder tötete.

24 Historie im weiteren Sinn ist Geschichte *und* Mythologie. Die Übergänge sind fließend. Vgl. 3, 20, 28; 4, 1, 119.

25–28 Auch in der Liebe kann ein Meineid gefährlich sein: 2, 16, 47–56; 2, 28, 5–8; Tibull 1, 9, 1–6 (trotz 1, 4, 21–26). Cynthias ersten Meineid haben die Götter offenbar nicht gehört oder bereits vergessen.

29–30 Naturwunder: 2, 3, 5–6.

35–36 Cynthia hält die hohlen Hände vor sich hin, während sie schwört.

39 Vgl. 1, 6, 6.
42 Vgl. 1, 9, 30–2.

16. Elegie

Es spricht die Tür eines alten, vornehmen Hauses in Rom. Daß die Dame mit den vielen Verehrern, die darin wohnt, Cynthia sei, steht nicht da, aber in dem Gedicht (3, 24+25), in dem Properz sich von der Geliebten verabschiedet, spielt er auf diese frühe Elegie an, lüftet also das Geheimnis. Vgl. 2, 33, 2. 4.

1 Am Tag des Triumphs wurde das Haus geöffnet, um die Schar der Gratulanten einzulassen.
7 Kränze an der Haustür: 3, 3, 47; Tibull 1, 2, 14.
17-44 Die Klage des Abgewiesenen: Tibull 1, 2, 7-14.
23-24 Vgl. 2, 9, 41.
36 Geschenke: Tibull 1, 5, 67.
25-26 Das Distichon scheint seinen ursprünglichen Platz (nach 36) verloren zu haben (Richmond), aber auch so ist der Sinn nicht ganz klar. Bittet der Dichter die Tür, die sich in ihren Scharnieren nicht bewegt, um Antwort?
43-44 Der Liebende nähert sich der Tür (die im Brauchtum der Antike ohnehin religiöse Bedeutung hat), als wäre sie der Eingang zu einem Heiligtum. Er geht nicht einfach vorüber, sondern wendet sich der Tür zu und erweist ihr seine Reverenz. Die Tür wird halb geöffnet, und eine Hand erscheint, die sein Geschenk entgegennimmt.

17. Elegie

2 Vgl. 1, 18, 30. – Eisvögel: 3, 10, 9.
3 Kassiope: Hafen auf Korfu.
4 Gebet in Seenot: 2, 25, 23-24.
8 Der Tod durch Ertrinken war besonders schrecklich; vgl. 3, 7.
9 Cynthia hat durch ihre Klagen und Gebete den Sturm heraufbeschworen; vgl. V 5.
11 Tibull 1, 1, 65-66.
13-18 Verwünschung der Seefahrt: 3, 7, 29-32; Tibull 1, 3, 35-50.
18 In Seenot riefen Schiffer die «Tyndariden», d. h. Dioskuren (2, 26, 9) an, die als Sternbild der Zwillinge nachts die Orientierung erleichterten.
21-24 Die Geliebte am Begräbnis des Dichters: 2, 13, 27-30 (anders 2, 8, 17-20); Tibull 1, 1, 61-64. – Blumenspenden: 4, 7, 33-34. – Letzter Wunsch: Tibull 2, 4, 49-50.
25 Doris, Gattin des Nereus, Mutter der hundert Nereiden: 1, 8, 18; 2, 26, 15; 3, 7, 67.

18. Elegie

Die Zwiesprache des unglücklichen Verliebten mit der Natur ist ein Motiv der hellenistischen Dichtung: Kallimachos, Frg. 73 Pfeiffer; Theokrit 11, 17-79, danach Vergil, *Eclogae* 2, 1-5 und (nach Cornelius Gallus?) 10, 52-54.
2 Zephyr: der Westwind.
17 Bald erbleicht er, bald errötet er: 1, 6, 6; 1, 15, 39.
20 Pitys, eine Geliebte von Pan, wurde in die Fichte verwandelt. Sie

weiß, was lieben heißt, wie die Quellnymphen (V. 27; 1, 20, 32–52), wie die Musen (2, 30, 34).
30 Vgl. 1, 17, 2.

19. Elegie

5 Knabe Amor: 2, 9, 38.
7 Protesilaos, der Enkel der Phylakos, der erste Grieche, der vor Troja fiel, war erst kurze Zeit mit Laodameia verheiratet. Seine junge Frau erwirkte von den Göttern, ihn noch einmal als Geist zu sehen; dann folgte sie ihm freiwillig in den Tod. Vgl. Catull 68, 73–87.
13 Reigen im Elysium: Tibull 1, 3, 59. – Vgl. auch 2, 28, 29–30.
14 Dardanos, Stammvater der Troer: 2, 14, 1.
18 Vgl. 4, 5, 2.
25–56 Übergang von Todesahnungen zum Lebensgenuß: 2, 15, 23–24. 49–54; Tibull 1, 1, 69–70.

20. Elegie

Gallus (vgl. Anm. zu 1, 5) liebt einen schönen jungen Sklaven namens Hylas, dessen mythischer Namensvetter von den Nymphen geraubt wurde. Properz warnt Gallus, sich mit seinem Geliebten in mondänen Kurorten wie Baiae (1, 11) oder Tibur zu zeigen; auch dort gibt es Nymphen, die für männliche Schönheit empfänglich sind (so die evident richtige Erklärung des Gedichts von A. G. Lee). Der Dichter ließ sich von Theokrit 13 und Apollonius Rhodius 1, 1182–1272 inspirieren.
4 Die Argonauten heißen nach Minyas, dem Ahnherrn Iasons. – An der Quelle (Pege, 33) des bithynischen Flusses Askanios entführten die Nymphen Hylas.
6 In seinem unbändigen Hunger (der seinem wütenden Durst, 4, 9, 21 ff. nicht nachsteht) wollte Herakles den Stier, mit dem Theiodamas, der König der Dryoper, gerade pflügte, auffressen; dieser weigerte sich, das Tier auszuspannen, und Herakles erschlug ihn, bereute aber sofort die Tat und nahm sich zur Sühne des jungen Sohnes an.
8 Gallus hatte vermutlich auch in Tibur (2, 32, 5), wo der Anio in Gießbächen herabstürzt, eine Villa.
9 In der Nähe von Cumae (1, 11, 11) besiegten die olympischen Götter nach einer Version des Mythos die himmelstürmenden Giganten (2, 1, 19; 39).
12 Italische Nymphen: lebenslustige junge Römerinnen. – Hamadryaden: 2, 32, 37–38.
16 Askanios: s. Anm. 4.
17 Pagasa: thessalischer Hafen. – Argo: das erste seetüchtige Schiff der Alten Welt.

18 Phasis: Fluß in Kolchis, dem Ziel der Argonauten. Vgl. 3, 22, 11.
19 Helle, die Tochter des Athamas (2, 26, 10; 3, 22, 5), floh mit ihrem Bruder Phrixos vor den Ränken der Stiefmutter Ino auf einem goldenen Widder durch die Lüfte. Unterwegs stürzte sie in das Meer (2, 26, 5–6) das nach ihr Hellespont heißt.
20 Mysien: eine an Bithynien (Thynien, s. V. 34) angrenzende Landschaft Kleinasiens.
25–30 Properz scheint ein Gemälde oder ein Mosaik zu beschreiben, das Gallus kannte, vielleicht besaß. Die Episode fehlt bei Apollonios und Theokrit.
25 Boreas, der Nordwind, raubte Oreithyia (s. V. 31; 2, 26, 51; 3, 7, 13), die Tochter des attischen Königs Erechtheus. Sie gebar ihrem Entführer die Söhne Zetes und Kalais, die ihre Flügel dem Vater verdankten. Vgl. 3, 5, 41. Eine Grabschrift (CIL VI 7426) hält fest, daß «Zetes und Calais, ein Zwillingspaar, als Liebende starben».
33 Arganthos: Berg in Mysien.
45 Dryaden oder Hamadryaden (32) sind eigentlich keine Wasser-, sondern Baumnymphen.

21. Elegie

Im Bürgerkrieg (1, 22, 5) gelang es Augustus, L. Antonius, den Bruder des Triumvirn, in Perusia (heute Perugia; 1, 22, 3; 2, 1, 29) einzuschließen und zur Übergabe zu zwingen (41 oder 40 v. Chr.). Gallus, doch wohl ein Verwandter des Dichters (1, 22, 7) entrann den Soldaten des späteren Kaisers, wurde aber von Unbekannten getötet. Einem vorübereilenden Kameraden gibt er diese Botschaft an die Schwester mit.
9–10 1, 22, 8.

22. Elegie

Am Schluß seines ersten Buches stellt sich der Dichter den Lesern vor. Das ist gewissermaßen sein «Siegel». Dieser kurze Epilog wird ergänzt durch den wesentlich längeren Prolog des inzwischen berühmt gewordenen Dichters zu Buch 4. Zu Tullus: 1, 1, 9.
1 Penaten: s. V. 9; 4, 1, 121; 132.
3 Perusia: vgl. Anm. 34 1, 21; 2, 1, 29. Die Eroberung der Stadt beendete diesen Abschnitt des Bürgerkriegs (41–40).
5 Vgl. Anm. zu 1, 21.
7 Der Verwandte muß der Gallus von 1, 21 sein. War er mit der Schwester von Properz verheiratet? (A. G. Lee.)
9 Umbrien: 4, 1, 63–64; 121. Als seine Heimatstadt gilt Assisi (4, 1, 125; unsicher überliefert). Jenseits der Ebene, ebenfalls auf einem Hügel, steht die alte Etruskerstadt Perusia.

ZWEITES BUCH

1. Elegie

Die einzelnen Gedichte dieses Buches sind offenbar in den Jahren 28–24 entstanden (s. Anm. zu 2, 10 und 2, 31). Maecenas ist inzwischen auf den Dichter aufmerksam geworden und hat ihn für Augustus gewonnen. Man vergleiche 2, 1, 29 mit den beiden letzten Gedichten von Buch 1. Der Prolog richtet sich an Maecenas.

1 Zum Typus des Anfangs vgl. 2, 31; 3, 13.

2 «Harter» und «weicher» Vers: vgl. V. 41; 1, 7, 19; 2, 34, 42. – auf den Lippen: In der Antike war es üblich, laut zu lesen.

3 Kalliope: 1, 2, 28; 2, 30, 35–36; 3, 3, 38. – Properz will seine dichterische Inspiration nicht Apollon und den Musen, sondern einzig der Geliebten verdanken (vgl. 2, 30, 40). Darin unterscheidet er sich von den Alexandrinern. Im Prolog zum dritten Buch (3, 1, 1–2), also wiederum an betonter Stelle, tritt die Geliebte in den Hintergrund: da wendet er sich an die vergöttlichten Manen der großen Alexandriner. Im Prolog zum vierten Buch (4, 1, 133) kehrt er endgültig zu der hellenistischen Vorstellung zurück: nun hat die Geliebte eher einen störenden Einfluß auf sein Dichten.

5 Stoffe aus Kos: 1, 2, 2; 4, 2, 23; 4, 5, 23. 56–57.

7 Stirnlocken: 2, 22, 9.

9 Cynthia musiziert: 1, 2, 28; 1, 3, 42; 2, 3, 19.

14 vgl. V. 45; 3, 8, 32. Die *Ilias* umfaßt 24 Bücher mit über 16 000 Versen.

17–24 Ablehnung von traditionellen epischen Themen aus der griechischen (vgl. 3, 9, 37–42) und römischen (vgl. 3, 3, 7–12. 43–46) Sphäre. Vgl. auch Tibull 2, 4, 16. – Maecenas, Berater und Freund von Augustus, Förderer von Horaz, Vergil und Properz.

19 Die Titanen, riesenhafte Sprößlinge des Himmels und der Erde, empörten sich gegen ihren Vater (Uranos) und wurden von den Abkömmlingen des Kronos in den Tartaros gestürzt. (Hesiod, *Theogonie* 629 ff.). Ein neues Geschlecht von Söhnen der Erde, die Giganten, wuchs heran und türmte auf Geheiß der Mutter drei thessalische Gebirge – Olympos, Ossa, Pelion – aufeinander, um den Himmel zu stürmen. (Homer, *Odyssee* 2, 305 ff.). Die Entscheidungsschlacht, in der die Riesen von den Göttern des Himmels ins Innere der Erde verbannt wurden, hat die Mythologie in verschiedenen (immer vulkanischen) Gegenden des Mittelmeers lokalisiert, u. a. in der Ebene von Phlegrai (V. 39; 3, 9, 48), wobei Properz neben dem thessalischen (3, 11, 37) auch an das campanische (1, 20, 9) Phlegrai denken konnte. Seit der kyklischen Titanomachie waren das ergiebige Themen für spätere Epiker, und sie wurden oft miteinander vermengt. Die Rie-

sen symbolisieren die Gottheiten einer vorgriechischen Religion, die gegen die neue Himmelsreligion der eingedrungenen indoeuropäischen Völker zum letzten Kampf antreten und unterliegen, wobei es auch zu Kompromissen kommt. Vgl. Anm. zu 4, 6, 35–36.

21 *Thebais* (zu 1, 7, 1) und *Ilias* (3, 1, 31–4) werden nebeneinander genannt (auch 3, 9, 37–40), da Homer noch als Verfasser beider Epen gilt.

22 Auf seinem Feldzug nach Griechenland ließ Xerxes das Vorgebirge Athos durchstechen, um seiner Flotte den Weg abzukürzen, eine technische Leistung ersten Ranges.

23–34 Es folgen Themen aus der römischen Geschichte, vielleicht von Maecenas vorgeschlagen: die Frühzeit (3, 9, 50; 4, 1, 9. 50); die Punischen Kriege; der Sieg von Marius (3, 3, 43–44; 3, 5, 16; 3, 11, 46) über die Kimbern und Teutonen (102 und 101 v. Chr.); die Siege Octavians im Bürgerkrieg bei Mutina (43 v. Chr.), Philippi (41 v. Chr.), an der sizilischen Küste (36 v. Chr.), bei Perusia (40 v. Chr.; vgl. Anm. zu 1, 21); Octavians Landung in Ägypten nach dem Sieg bei Actium (2, 15, 44; 2, 16, 38; 2, 34, 61; 4, 6, 14–68) und der anschließende Triumphzug durch Rom, an dem eine allegorische Darstellung des Nils (vgl. 3, 11, 53–54) mit seinen sieben Armen sowie die bei Actium erbeuteten Schiffsschnäbel mitgeführt wurden. – Vgl. auch 2, 15, 45–46; 4, 6, 24.

26 Zum Beinamen: 2, 7, 5; 2, 31, 2.

28 Octavians Feldzug gegen Sextus Pompeius (besiegt 36 v. Chr.)

34 Vgl. 3, 4, 22.

36 Maecenas' Treue: 3, 9, 34.

37–38 Zwei berühmte Freundespaare: Theseus und Peirithoos, Achilles und Patroklos (dazu vgl. 2, 8, 33). Theseus und Peirithoos begaben sich in die Unterwelt, um Persephone zu entführen; das Unternehmen mißlang, aber die Freundschaft bewährte sich trotzdem.

39 Vgl. Anm. zu 19. Enkelados war einer der Giganten. – Kallimachos von Kyrene (um 305 bis um 240 v. Chr.), der gefeierte alexandrinische Dichter, der die Kleinform des gelehrten Epos pflegte und dessen Kunstwollen Properz, Tibull und Ovid als vorbildlich empfanden (2, 34, 32; 3, 1, 1; 3, 9, 43; 4, 1, 64).

41 Vgl. V. 2.

42 Die Familie der Iulier leitet sich von Iulus, dem Sohn des Phrygers (d. h. Trojaners) Aineias ab.

45 Zum Bild des Kampfes: vgl. V. 14; 2, 15, 4–5.

47 Anders 3, 21, 33–34.

51–52 Phaidra liebte ihren spröden (4, 5, 5) Stiefsohn Hippolytos und mischte ihm nach diesem Zeugnis offenbar erfolglos einen Liebestrank.

53-54 Kirke (3, 12, 27) (nach *Odyssee* Buch 2) und die Kolcherin (3, 11, 9) Medea (1, 1, 24; 2, 4, 7), die berühmten Zauberinnen der Antike. – Iolkos: Die Heimat Iasons, wo Medea Proben ihrer Magie ablegte.

57-58 Keine Arznei gegen die Liebe: 1, 5, 28; Tibull 2, 3, 13-14.

59 Machaon, griechischer Arzt vor Troja.

60 Cheiron, der kundige Sohn der Nymphe Phillyra, der «gerechteste der Kentauren», Erzieher von Achilles, Asklepios und Iason, heilte auf Wunsch von Peleus Phoinix, einen anderen Erzieher Achills, von seiner Blindheit.

61-62 Der Heilgott Asklepios konnte Tote zum Leben erwecken. Als Beispiel nennt Properz – und soviel wir wissen, nur er – Androgeon, einen Sohn von Minos.

63-64 Achilles verwundete Telephos (1, 11, 11) mit seiner Lanze, die aus Holz vom Gebirge Pelion in Thessalien (Haemonia) gefertigt war. Nach einem Orakelspruch konnte diese Wunde nur durch Bestreuen mit Rost von Achilles' Lanzenspitze heilen.

66 Tantalos' Qualen: 2, 17, 5-6; 3, 5, 42; 4, 11, 24; Tibull 1, 3, 77.

67 Die Töchter des Danaos (2, 31, 4; 4, 11, 28; Tibull 1, 3, 77) müssen in der Unterwelt in durchlöcherten Gefäßen Wasser schleppen, weil sie (mit einer rühmlichen Ausnahme, 4, 7, 63) in der Hochzeitsnacht ihre Gatten ermordeten.

69 Prometheus' Strafe (1, 12, 10; 2, 25, 14) ist der des Tityos (2, 20, 31; 3, 5, 44) ganz ähnlich.

71-78 Der Schluß des Gedichts ist mit besonderer Kunst gestaltet, ein wundervoll klingender Akkord.

72 Auf dem Grabstein soll nur stehen: D(IS) M(ANIBUS) SEXTI PROPERTI.

76 Der Typ des zweirädrigen britannischen Kriegswagens (4, 3, 9) diente in Luxusausführung Maecenas als Sportwagen. Offenbar liebte er den Rennsport (vgl. das Bild 3, 9, 57-58).

2. Elegie

1-2 Entschluß und Resignation: Tibull 1, 5, 1-2.

4 Iuppiters Liebesabenteuer mit galanten Damen, «oder wie eine von Göttern besuchte Dame heißen möchte, wenn es nicht gar eine Schäferin oder Jägerin war, zu der sie sich hinunterließen» (Goethe): 2, 30, 28.

6 Zeus' Gattin (und Schwester) Hera: 2, 28, 33. – Gang: 2, 12, 24.

7 Wenn man mit den Handschriften *Dulichias* liest, muß man annehmen, daß Athena, Odysseus' Beschützerin, auf der Insel Dulichion bei Ithaka, die bei römischen Autoren oft für Ithaka selbst steht (2, 14, 4; 2, 21, 13; 3, 5, 17), ein Heiligtum hatte: aber wahrscheinlich

muß man mit Heinsius *Munychias* lesen und das Adjektiv auf den attischen Hafen Munychia beziehen.

8 Von Athenas Brustpanzer starrt das Haupt der Gorgo Medusa: 2, 25, 13; 2, 30, 3; 4, 9, 58.

9–10 Zur Hochzeit der Ischomache und des Lapithenkönigs Peirithoos waren auch die Kentauren eingeladen. Vom Wein berauscht, nahten sie sich lüstern der schönen Braut, da griffen die anderen Gäste ein, und ein wilder Kampf entbrannte (2, 6, 17–19.)

11 Brimo (von Turnebus glänzend aus *primo* hergestellt), wörtlich «die Schnaubende», thessalische Lokalgottheit, offenbar nur hier als Geliebte des Hermes bezeugt. Boibeis: See in Thessalien.

13–14 Auf dem Berg Ida, wo er die Schafe hütete (2, 32, 29–40), sprach Paris sein Urteil, das zum trojanischen Krieg führte.

15–16 Das hohe Alter der Sibylle von Cumae (1, 11, 11) war sprichwörtlich (2, 24, 33). Apollon hatte ihr ewige Jugend versprochen, doch sie wies ihn ab.

3. Elegie

5–6 Naturwunder: 1, 15, 29–32.

7 Rechtswissenschaft und Rhetorik, die angemessene Ausbildung für einen jungen Römer aus gutem Haus.

9 Schönheit ist nicht alles: 1, 4, 11–12.

11 Der maiotische Sumpf (heute das Asowsche Meer) liegt an der Grenze des «winterlichen» Skythenlandes (4, 3, 47–48). – Mennige als «rotes Bleioxyd» war dem Altertum unbekannt; die antiken Zeugnisse beziehen sich auf Zinnober, der im Naturzustand am iberischen Fluß Minius (heute: Minho) gewonnen wurde.

12 Zum Bild: 2, 15, 51.

13 Wallende Locken: 2, 22, 9.

15 Orientalische Stoffe: 1, 2, 2.

17 Iacchos = Bakchos.

18 Ariadne, von Theseus auf Naxos verlassen (1, 3, 1–2), wurde die Geliebte von Dionysos (3, 17, 8).

19 Sapphos Heimat Lesbos gehört zum äolischen Sprachgebiet; «äolisch» steht für die monodische Lyrik überhaupt. – Vgl. 2, 1, 9.

20 Während die Epiker ihre Inspiration aus der Hippukrene schöpfen, trinken Lyriker und Elegiker offenbar aus der Aganippe (3, 3, 1–2. 32). Beide Quellen entsprangen am Helikon.

21 Korinna von Tanagra, lyrische Dichterin, die von einigen ins späte sechste Jahrhundert v. Chr., von anderen in den frühen Hellenismus datiert wird.

22 Erinna (wenn die alte Konjektur richtig ist): hochbegabte, jung verstorbene Dichterin der spätklassischen Zeit, deren «Spindel» bereits das Kunstwollen der Alexandriner vorausnahm.

23-32   Cynthia als Heroine: 1, 4, 5-10; 2, 28, 29-30.
24   Niesen galt als glückbringendes Vorzeichen; vgl. Catull 45.
28   Durch die inklusive Zählweise der Römer entsprechen zehn Monate unseren neun.
35-40   Eine Frau als Kriegsgrund: 3, 11, 12-72. - Paris: 2, 15, 13.
39-40   Die berühmte Stelle der *Ilias* (3, 154-158): Selbst die alten Männer von Troja geben zu, daß der Krieg um eine so schöne Frau sich lohnt.

4. Elegie
47-48   Tiervergleich: 2, 34, 47-48; Tibull 1, 4, 15-16.
51-54   Iphiklos raubte die Rinderherden des Neleus. Dieser versprach seine Tochter Pero dem Mann, der ihm sein Vieh zurückbringen würde. Melampus, der Sohn des Amythaon, unternahm seinem Bruder Bias zuliebe das Wagnis, wurde von Iphiklos überwältigt, konnte sich aber dank seiner Sehergabe befreien.
5-6   Toilettenkünste: Tibull 1, 8, 9-16. - Gang: 2, 12, 24.
7   Zauberei: 1, 1, 19-24. Medea stammt aus Kytaia, Perimede ist eine Zauberin bei Theokrit (2, 16). Vgl. noch 2, 1, 53-54.
17-22   Vgl. Anm. zu Tibull 1, 4, 81. - Dieselbe Beteuerungsformel wie V. 17: 3, 8, 20.
19-20   Vgl. 3, 24, 15-16.
21   Zum Gedanken: 2, 5, 13.

5. Elegie
8   Späte Reue: 2, 17, 18; Tibull 1, 9, 79-80.
11   Das Karpathische Meer (3, 7, 12-13. 71) befährt man zwischen Rhodos, Kreta und Ägypten. - Zum Typus des Vergleichs: 2, 9, 33-36.
13   Zum Gedanken: 2, 4, 21.
15   Kurzer Schmerz: 3, 25, 7.
17-18   Jede Römerin hat ihre «Iuno», so wie jeder Mann seinen «Genius» hat, und schwört bei ihr oder läßt sich in ihrem Namen beschwören. Unter dem Schutz Iunos steht der Ehebund, und Properz betrachtet Cynthia als seine Gattin: 2, 6, 41-42.
21-26   Der brutale Liebhaber: 2, 15, 17-20; Tibull 1, 6, 73-74; 1, 10, 53-66. Eine Kritik an Tibull?
26   Der Efeukranz des Liebesdichters: 2, 30, 39; 4, 1, 61-2; 4, 6, 3.

6. Elegie
1-6   Lais, Thais und Phryne waren drei berühmte Hetären in drei griechischen Städten: Korinth, Athen und Theben. Zum Typus des dreigliedrigen Vergleichs: Anm. zu 1, 3, 1-6. - Der Komödiendichter Menander war mit Thais befreundet und widmete ihr eines seiner Stücke; vgl. 4, 5, 43-44. - Nach Erichthonios, ihrem mythischen

König, sind die Athener hier benannt (2, 34, 29; vgl. 2, 20, 5–6). – Phryne bot an, das von Alexander dem Großen zerstörte Theben aus ihren Privatmitteln wieder aufzubauen.

17 Vgl. 2, 2, 9–10; 2, 33, 31.

19 Die Söhne der Wölfin: 3, 9, 51.

21 Der Raub der Sabinerinnen: 4, 4, 57.

23 Alkestis opferte sich für ihren Gatten Admetos, starb an seiner Stelle. – Penelope als Muster ehelicher Treue: 2, 9, 3–8; 3, 12, 38; 3, 13, 14; 4, 5, 7–8.

25 Am Kult der Pudicitia durften nur unbescholtene Frauen teilnehmen, und solche, meint Properz, gibt es ja kaum mehr.

27–34 Im *Eunuchen* des Terenz (584 ff.) betrachtet ein verliebter junger Mann ein Wandgemälde: «Auf dem war Iuppiter zu sehn, wie er / als goldner Regen in den Schoß der Danaë geflossen kam. / Auch ich besah die Malerei und freute mich, daß schon der Gott / in grauer Vorzeit einen Streich ganz ähnlich so wie ich gespielt, / sich durch Verwandlungskünste Eintritt in ein fremdes Haus verschafft / und dort ganz heimlich, still und leis ein holdes Mägdelein betört. / Und schließlich kein belieb'ger Gott! Im Gegenteil! Der Donnrer, der die Sterne lenkt am Himmelszelt.» (Übers. von A. Thierfelder.) – Vgl. 2, 20, 9–12.

35 Vgl. 3, 6, 33.

37–40 Vgl. Tibull 1, 6, 75–76.

7. Elegie

41–42 Vgl. 2, 5, 17–18. Die beiden Verse bilden den Eingang von Elegie 7. Die Trennung zwischen Gedichten ist oft problematisch.

1–2 Ein neues Gesetz, das Augustus offenbar kurz vor der Schlacht bei Actium (4, 6) einführte, besteuerte Junggesellen: Properz ist erleichtert, daß es (im Jahr 28?) abgeschafft wird. Es handelt sich noch nicht um die Ehegesetze der Jahre 18 und 9 v. Chr.

5 Vgl. 2, 1, 26.

11–22 Unter Flötenklängen schreiten Braut und Bräutigam zu ihrem neuen Haus und treten ein. Zum Klang der Tuba bewegt sich der Leichenzug: 2, 13, 20; 4, 11, 9. Die Flöte, die an *seiner* Hochzeit gespielt würde (aus einem Grund, der nicht genannt wird, kommt eine konventionelle Ehe mit Cynthia nicht in Frage), müßte in Cynthias Ohren wie Trauermusik tönen.

13 Parther: 2, 10, 13–14.

15 Minne- und Kriegsdienst: 1, 6, 30; 4, 1, 135 (und wohl auch 3, 3, 47–50).

16 Dieselbe scherzhafte Übertreibung: 2, 22, 34. – Kastor als Reiterheros: 3, 14, 17–8.

18 Der Borysthenes ist der Dnjepr. Vgl. noch 2, 30, 2. – Skythien bezeichnet den Rand der bewohnten Welt im Norden: 3, 16, 13; 4, 3, 47.

19–20 1, 11, 21–24. – Properz will lieber sein Geschlecht nicht fortsetzen, als auf Cynthia verzichten. Später hat er offenbar eine andere Frau geheiratet (3, 20), und das Geschlecht ist mit ihm nicht ausgestorben.

8. Elegie

7–8 Vgl. 2, 9, 1–2.

10 Troja «war einmal». Man denkt an Vergil, *Aeneis* 2, 325 und fragt sich, ob Properz Teile des Werks aus privaten Lesungen schon kannte; vgl. 2, 34, 63–66.

17–20 Vgl. Anm. zu 1, 17, 21–24.

21–24 Haimon, König Kreons Sohn, war mit Antigone verlobt. Als sein Vater sie lebendig begraben ließ, weil sie gegen seinen Befehl die Leiche des Polyneikes (1, 7, 1–2) rituell bestattete, gab Haimon sich selbst den Tod.

29–38 Achilles zürnte, weil er die schöne Sklavin Briseis (2, 9, 9; 2, 20, 1; 2, 22, 29) an Agamemnon abtreten mußte und hielt sich vom Kampf um Troja fern, bis sein Freund Patroklos (2, 1, 3) von Hektor erschlagen wurde. Da griff er ein, tötete Hektor und schleifte ihn hinter seinem Wagen dreimal um die Stadt (3, 1, 28). – «Dorisch» steht für «griechisch» (4, 6, 34). Der Inhalt der *Ilias* in nuce.

9. Elegie

1–2 Vgl. 2, 8, 7–8; 2, 25, 21–26; Tibull 1, 5, 69–70.

5 Minerva steht übertragen für die Webekunst (4, 5, 23; vgl. auch 1, 2, 30). Penelope (2, 6, 23) hielt die Freier durch ein Gewand hin, an dem sie tagsüber wob, um es nachts wieder aufzutrennen.

9–16 Achilles' Tod durch Paris' Pfeil (2, 3, 39; 3, 18, 27), erzählt in einem verlorenen griechischen Epos. Briseis (vgl. Anm. zu 2, 8, 29–38) klagte an Achills Leiche, doch seine Mutter Thetis (3, 7, 68), sein Vater Peleus und seine Gattin Deidameia auf Skyros waren fern. – Simoeis: Fluß in der Ebene vor Troja (3, 1, 27). – Zur Vorstellung in 13–14: 4, 11, 14.

29 Vgl. 4, 3, 10.

25–28 Vgl. 2, 28 A–C; Tibull 1, 5, 9–18.

33 Syrten: Sandbänke vor der Küste Nordafrikas, deshalb so gefährlich, weil ihre Grenzen ständig fluktuierten (3, 19, 7; 3, 24, 16). – Vgl. 2, 5, 11.

38 Die Liebesgötter: 2, 29, 23–42; 3, 1, 11; 4, 1, 138. Sonst ist Amor «der Knabe» (1, 6, 23; 1, 7, 15; 1, 19, 5) mit Pfeil und Bogen (2, 12!).

398 ANMERKUNGEN

41 Vgl. 1, 16, 23-24.
47 Wenn er fromm war, werden die Götter seine Bitte erfüllen.
50 Eteokles und Polyneikes; vgl. 1, 7, 1.

10. Elegie

Wegen der Verse 15-16 (s. d.) kann das Gedicht in die Jahre 25/24 v. Chr. datiert werden.

1 Auf dem Helikon (3, 3, 1; 3, 5, 19) tanzen die Musen unter der Leitung von Dionysos und laden Properz und Cynthia ein (2, 30, 37-40; 3, 1, 3-4). Mit der Art der Musik und der Dichtung wechselt auch die Art des Tanzes.

2 Dichtung als Pferde- und Wagenrennen: 3, 1, 13-14; 3, 9, 57-58; 4, 1, 70.

13-14 Der römische Feldherr Crassus (3, 4, 9; 4, 6, 83) fand mit seinem Sohn beim Versuch, mit einem Heer den Euphrat zu überqueren, bei Carrhae (53 v.Chr.) den Tod. Das Heer wurde geschlagen, die Crassi kamen um, die Feldzeichen fielen in die Hände der Feinde (3, 5, 48). Seither gelten die Parther (vgl. noch 3, 9, 25) als besonders gefährliche Gegner (2, 7, 13; 2, 14, 23; 2, 27, 5; 3, 12, 3), vor allem wegen ihrer verschlagenen Kampftaktik (3, 9, 54) und wegen der Ausdauer ihrer Pferde (4, 3, 36). Augustus zwang sie 20 v.Chr. zu einem Bündnis, das von Properz (4, 6, 81-84) als großer Erfolg gefeiert wird.

15 Indien steht hier (wie etwa 2, 18, 11 zeigt) für die Länder des fernen Ostens und Südostens überhaupt, die man sich in Rom märchenhaft reich vorstellte. Vgl. 3, 4, 1. - Octavian nahm am 16. Jan. 27 den Namen Augustus an.

16 Auch Arabia Felix lockte durch ihre Schätze (1, 14, 19; 2, 29, 17; 3, 13, 8), aber nach dem mißglückten Feldzug des Aelius Gallus (25 oder 24; vgl. auch Anm. zu 3, 12) faßten die Römer dort erst später Fuß.

20 Vgl. 3, 4, 12.

21 Vor einer Götterstatue fällt man auf die Knie und berührt, wenn sie nicht allzu groß ist, ihr Kinn, während man betet.

24 Der «billige Weihrauch» ist ein Gedicht wie dieses; zu einem Epos oder einer großen Ode im horazischen Stil reicht es nicht.

25-26 Aus dem Quell von Askra (seiner Heimat) hatte Hesiod getrunken. Bald erscheint er neben Homer (1, 9, 11; 2, 34, 45) als Ahnherr der epischen (wie hier) oder didaktischen (wie 2, 34, 77) Dichtung, bald - bedingt durch seine hohe Geltung bei den alexandrinischen Dichtern - als eine Art Urvater der Poesie überhaupt. Das Altertum besaß von ihm noch stoffreiche Katalogdichtungen. Vgl. 2, 13, 4. Auch der Permessos ist in Böotien und ebenfalls Apollon und den Musen heilig. Vgl. 2, 3, 20.

11. Elegie

Wohl weder der Schluß des vorhergehenden Gedichts noch das Bruchstück eines neuen, sondern vermutlich ein Kurzgedicht.

6 Die kunstreiche Geliebte: 1, 7, 11.

12. Elegie

10 Vgl. 4, 6, 40 (zum Köcher).

13 Gemeint ist: Was mich betrifft, stimmt das Motiv der Pfeile; denn ich werde tatsächlich durchbohrt; die Knabengestalt stimmt auch, denn ich benehme mich tatsächlich wie ein Kind (vgl. 3-4); aber die Flügel stimmen nicht, denn sonst würde die Liebe endlich einmal aus meinem Herzen davonfliegen. Diese allegorische Ausdeutung wird dadurch bemerkenswert, daß das Wort *imago* («Bild», V. 13) eindeutig im Sinne von «Symbol» verwendet wird.

24 Geschmeidig setzt sie die Füße auf, und dennoch wirkt ihr Gang majestätisch (2, 2, 6). Der Dichter achtet auch auf seinen eigenen Gang (2, 4, 6).

Elegie 13 A

1 Achaimenes, Gründer einer persischen Dynastie. - Susa: persische Hauptstadt.

4 Askra: 2, 10, 25-26. - Der Dichterhain: 3, 3, 42.

5-6 Der Berg Ismaros und die Eichen von Pierien (2, 10, 12) weisen auf Thrakien, die Heimat des Orpheus, der durch seine Musik die belebte und unbelebte Natur verzauberte (3, 2, 3-4).

8 Linos, wie Orpheus ein mythischer Sänger, Sohn der Muse Kalliope (2, 30, 35-36) und des Apollon, der ihn im Jähzorn tötete und dann seinen Tod bitterlich beklagte. Linos wurde am Fluß Inachos begraben.

9-10 Auch hier ist Cynthia gemeint.

11-14 Vgl. 1, 7, 11.

13-14 Dann kümmert es ihn wenig, was das Publikum von seinen Elegien hält.

Elegie 13 B

17-40 Tibull, 1, 1, 59-68.

19 Ahnenbilder: vgl. V. 25-6; 1, 5, 24.

20 Vgl. 2, 7, 11-12.

21 Vgl. V. 31; 4, 11, 10.

22 Unter den Attaliden entwickelte sich in Pergamon die Manufaktur schwerer, golddurchwirkter Stoffe (einer Art Brokat), die reichen Römern als Bettdecken oder Vorhänge dienten (2, 32, 12; 4, 5, 24).

23 Räucherwerk auf Schüsseln im Leichenzug: 4, 7, 32.
24 Diese stolze Bescheidenheit ist echter Properz. Man versteht ihn richtig, wenn man an den unerhörten Pomp denkt, mit dem in Rom angesehene Leute zu Grabe getragen wurden.
25–26 Die Göttin der Unterwelt, die ein Geschenk, ein Opfer erwartet. – Keine Ahnenbilder (V. 19) als Symbole des Familienruhms, sondern drei Papyrusrollen, und zwar sind das nicht ganze Gedichtbücher, wie man immer wieder lesen kann, sondern einzelne Gedichte (vgl. 1, 11, 19). Es genügt ihm, in seinem Leben drei vollendete Elegien geschaffen zu haben. Ganz ähnlich klingt es bei den Alexandrinern.
27–30 Vgl. 1, 17, 21–4; Tibull 1, 1, 61–64.
30 Syrisches Parfüm: Tibull 1, 3, 7. – Onyxschale: 3, 10, 22.
32 Die Manen haben nach dieser Vorstellung (57–58; 4, 5, 3 und wohl auch 2, 8, 19) ihren Sitz in den sterblichen Überresten, aber nach anderen Zeugnissen nicht nur dort.
38 Das Grab des Achilleus, an dem Polyxena geopfert wurde.
44 Parzen: 4, 11, 13.
45–50 Nestor, dessen hohes Alter sprichwörtlich war, überlebte seinen Sohn Antilochos (vgl. 2, 25, 10).
53–56 Aphrodites Geliebter Adonis wurde auf der Jagd auf dem Berg Idalion von einem Eber tödlich verwundet. – Idalion: 4, 6, 59–60. – Dadurch, daß Aphrodite ewig den toten Adonis beklagt, bezeugt sie, daß dies für die Gläubigen ein göttliches Gebot ist; die Klage wird alljährlich am Adonisfest erneuert.
57–58 Vgl. V. 32.

14. Elegie

1–2 Dardanos: 1, 19, 14. – Laomedon, Priamos' Vater (3, 1, 31–32), Erbauer der Mauern von Troja.
5–6 Bevor Orestes nach Hause zurückkehrte, um seinen Vater zu rächen, verbreitete er die Kunde von seinem Tod und ließ seine angebliche Asche vorzeigen. Properz denkt an die Wiedererkennungsszene in Sophokles' *Elektra*.
7–8 An Ariadnes Leitfaden (1, 3, 1–2) fand Theseus (2, 24, 43) seinen Weg durch das von Daidalos erbaute Labyrinth (d. h. den Königspalast von Knossos).
11 Zum Bild: 1, 1, 3.
12 Wasser aus dem Brunnentrog (statt aus der Quelle): 2, 32, 2.
15–20 Tibull 1, 8, 5–6. – 19–20: vgl. Anm. zu 1, 10, 27–28.
23 Triumph über die Parther: 2, 10, 13–14. – Fremde Könige als Gefangene im Triumphzug: 2, 1, 33.
25–28 Venus heißt nach der Insel Kythere, wo sie ein Heiligtum

besaß. – Votivgaben mit Inschriften (Tibull 1, 9, 83–84) in Tempeln: 2, 25, 8; 43–44.
29–30 Zum Bild: 3, 24, 15–16. – Einige Herausgeber betrachten 29–32 als Fragment eines selbständigen Gedichts.

15. Elegie

1 Die beglückende Nacht, im Gegensatz zu 1, 1, 33.
13 Paris und Helena: 2, 3, 37–38; 3, 8, 29–32. – Helenas Nacktheit aus heimischer Sitte abgeleitet: 3, 14, 19–20.
15–16 Die Mondgöttin Selene, mit Apollons Schwester Artemis identifiziert, liebte den Schäfer Endymion auf dem Gebirge Latmos in Karien.
17–20 Anders 2, 5, 21–26.
23–24 Vgl. V. 49–54; Anm. zu 1, 19, 25–26; Tibull 1, 1, 69–72.
44 Schlacht bei Actium: vgl. Anm. zu 2, 1, 31–34.
45–46 Die Bitterkeit des Dichters über die Jahre des Bürgerkriegs spürt man in 1, 21 und 22 (etwas anders 2, 1, 27–29). Marius, Sulla, Caesar, Pompeius, Brutus und Antonius hatten Siege fürs Vaterland errungen, bedrohten es aber dann von den Provinzen aus.
49–54 Vgl. 23–24. – Zum Bild von V. 51: 2, 3, 12.

16. Elegie

1 Der Prätor: vgl. Anm. zu 1, 8, 1–4. Nach einem Amtsjahr in Rom diente ein Prätor in der Regel als Statthalter einer Provinz.
3 Akrokeraunia: 1, 8, 2. 19.
11–56 Diatribe gegen die käufliche Liebe: Tibull 1, 4, 57–70.
12 Vgl. Anm. zu 1, 3, 26.
17 Perlen aus dem Meer: 3, 4, 2. Das Rote Meer ist gemeint, denn für die Römer schloß es den Persischen Golf und das Arabische Meer ein. Vgl. 1, 14, 12.
18 Tyros exportierte purpurfarbene Stoffe (3, 13, 7; 4, 3, 34) und Perlen (4, 5, 22); daneben wird Sidon (V. 55) genannt, die andere berühmte Handelsstadt Phöniziens (2, 29, 15).
27–28 Der begünstigte Rivale war bis vor kurzem ein Sklave, der auf dem Markt durch Laufschritt oder Hochsprung seine körperliche Tüchtigkeit unter Beweis stellen mußte; vgl. Tibull 2, 3, 63–64.
34 Das Marsfeld ist einer der Sport- und Erholungsplätze von Rom: 2, 23, 6.
37–40 Als Kleopatra nach der Niederlage von Actium (2, 1, 34), also 31 v. Chr., flüchten mußte (3, 11, 51), folgte ihr Antonius. – Vgl. 4, 6, 21.
41–42 Vgl. 3, 22, 21–22.
43–46 Zur Verfluchung: Tibull 1, 9, 11–2.

29 Als Seher wußte Amphiaraos, einer der Sieben gegen Theben (1, 7, 1), daß er im Kampf um die Stadt fallen würde, und versteckte sich, als man ihn aufbot, doch seine Frau Eriphyla, durch ein goldenes Halsband bestochen, verriet ihn (3, 13, 57–58). Seine Söhne brachten dann die Mutter um – ein klassisches Familiendrama.

30 Iason (2, 34, 8), der Anführer der Argonauten, verstieß Medea (2, 24, 45–6; 4, 5, 41–6) und wollte Kreusa, die Tochter des Königs von Korinth, heiraten (2, 21, 11–12), aber Medea schickte der Rivalin ein giftgetränktes Kleid, das sie samt dem Palast verbrannte.

47–56 Meineid in der Liebe: 1, 15, 25–8.

51 Pleiaden: 1, 8, 10. – Orion: 2, 26, 56.

52 Blitz: 2, 34, 54.

54 Der umgekehrte Fall – Zeus betrog eine Frau – kommt natürlich viel häufiger vor. Properz spielt an den entlegenen Mythos von der Amazone Sinope an.

55 Sidon war wie Tyros berühmt für seine Purpurmanufaktur.

17. Elegie

3–4 Bittere Nächte: 1, 1, 33.

5 Tantalos: 2, 1, 66.

7–8 Sisyphos wälzt in der Unterwelt einen schweren Felsblock einen steilen Hang hinan, aber kaum ist er oben angelangt, rollt der Block wieder hinab: 2, 20, 32; 4, 11, 23.

18 Vgl. 2, 5, 8.

18. Elegie

Die Trennung zwischen den Gedichten ist unsicher. Es liegt offenbar eine größere Störung in der Überlieferung vor, und man muß vielleicht auch Verse umstellen. Die hier gebotene Anordnung ist ein Versuch.

7–18 Tithonos, der Gemahl der Morgenröte, erhielt von Zeus, weil sie ihn darum bat, ewiges Leben (2, 25, 10), nicht aber ewige Jugend und schrumpfte mit der Zeit zusammen (wie die cumäische Sibylle); Eos blieb natürlich, wie alle Gottheiten, ewig jung und schön, liebte ihn aber dennoch. – Memnon, der Sohn des ungleichen Paares, fiel vor Troja im Kampf gegen Achilles. – Die Inder (V. 7): 2, 10, 15.

28 Vgl. 2, 6, 27–32.

23–24 Die Britannier tätowierten sich, indem sie einen schwärzlich-grünen Farbstoff in die Haut einrieben. Vielleicht denkt Properz aber an die Mixtur (*spuma Batava*), mit der die Belgier (V. 22) ihrem Haar eine hochrote Farbe verliehen.

33–34 Vgl. 1, 11, 21–24.

19. Elegie

10 Er argwöhnt, daß der Gang zum Tempel für sie nur ein Vorwand ist, um einen anderen Liebhaber zu treffen. Verwandte Motive: 2, 33 A; 2, 28, 61–62; 4, 5, 33–34; 4, 8, 15–6.

12 Tibull 1, 7, 33–34.

17 Diana: wie Artemis Göttin der Jagd.

22 Mit der Saufeder, an der sich der Eber durch die Wucht seines Anpralls selber aufspießt.

24 Die an der Spitze mit Leim bestrichene Rute des Vogelfängers ließ sich aus verschiedenen Segmenten zusammenstecken.

25 Der Clitumnus fließt durch die umbrische Heimat des Dichters (3, 22, 23; 4, 1, 124); vgl. Wilamowitz, *Reden und Vorträge* (¹1913), S. 370–390. In seinem Quellgebiet, unfern der Stadt Mevania (4, 1, 123) und ganz in der Nähe des heutigen Dorfs Campello, befand sich ein Tempel des Flußgottes Clitumnus. Der ihm geweihte Hain, der hier gemeint ist, war offenbar nur zum Teil heiliger Bezirk. Auf den angrenzenden Weiden wurden die berühmten weißen Rinder gezüchtet. In dieser Gegend möchte der Dichter Hasen und Vögel jagen.

20. Elegie

1 Briseis: 2, 8, 29–38.

2 Andromache, Hektors Gattin (2, 22, 31) wurde nach Troias Fall die Sklavin von Achilles' Sohn Neoptolemos; Odysseus tötete ihren Sohn Astyanax.

5–6 Tereus, mit Prokne, der Tochter des attischen Königs Pandion, verheiratet, verführte seine Schwägerin Philomela und schnitt ihr die Zunge heraus, damit sie nicht gegen ihn aussagen konnte. Sie wob aber den Hergang des Verbrechens in einen Teppich ein. Darauf schlachtete ihre Schwester ihren eigenen Sohn Itys und setzte ihn dem Vater als Speise vor. Die Götter verwandelten Tereus in den Wiedehopf, Prokne in die Nachtigall und Philomela in die Schwalbe. – Kekrops, ein Sohn der Erde, galt als Gründer von Athen (2, 33, 29); die Stadt heißt aber auch nach Pandion (1, 20, 31) und Erechtheus.

7–8 Niobe beleidigte Leto, die Mutter von Apollon und Artemis. Die göttlichen Geschwister töteten darauf Niobes zwölf Kinder mit Pfeilschüssen; die Mutter erstarrte vor Schmerz zu Stein und wurde zum Gebirge Sipylos in Kleinasien entrückt; aus einem Felsen in Menschengestalt entspringt dort in Augenhöhe eine Quelle (2, 31, 14; 3, 10, 8).

9–12 Akrisios schloß seine Tochter Danae in ein eisernes Gemach ein, doch Zeus besuchte sie als goldener Regen, der durchs Dach kam (2, 32, 59–60; vgl. auch Anm. zu 2, 6, 27–34).

21 D. h. es ist jetzt über sechs Monate her.

29 Die Rachegöttinnen: 4, 11, 22. Furien = Erinyen = Eumeniden.
30 Aiakos, Minos und Rhadamanthos: Totenrichter im Hades (3, 5, 39; 3, 19, 27).
31 Tityos wollte Leto (Latona) verführen und wurde im Hades (wie Prometheus: 2, 1, 69) von einem Vogel gequält, der seine sich stets erneuernde Leber fraß: 3, 5, 44; Tibull 1, 3, 75.
32 Sisyphos: 2, 17, 7–8; 3, 2, 5, 42.

21. Elegie

1 Panthus: wahrscheinlich ein Pseudonym. Zu Dodona: 1, 9, 5.
11–12 Iason und Medea: 2, 16, 30.
13–14 Odysseus und Kalypso: 1, 15, 9; 3, 12, 31.

22. Elegie

2 Demophoon: Vielleicht der von Ovid, *Ex Ponto* 4, 16, 20 genannte Dichter.
4 Vgl. 4, 8, 75–78.
5–6 Zur Vorführung eines Mimos gehören: Ein Schauspieler, der den Text rezitiert; ein Solist oder ein kleines Orchester zur musikalischen Begleitung; ein Tänzer oder kleines Ballett, das die Handlung und die verschiedenen Stimmungen durch Gebärden und Sprünge unterstreicht, also eine Oper en miniature.
9 Stirnlocken: 2, 1, 7. Langes Haar: 2, 3, 13.
10 Perlen aus dem Orient: 1, 14, 12; Tibull 2, 2, 15.
14 Vgl. Catull 85.
15–16 Die Priester der römischen Kriegsgöttin Bellona verwundeten sich in Ekstase mit Messern, und die Priester der phrygischen Göttermutter Kybele (3, 2, 3; 4, 11, 51) praktizierten in Ekstase die rituelle Selbstkastration zum frenetischen Hämmern von Pauken und Tamburinen (3, 17, 35–36; 4, 7, 61; Tibull 1, 4, 70).
19 Der thrakische Sänger Thamyras maß sich als Sänger mit den Musen und wurde mit Blindheit geschlagen.
25–26 Zeus hielt den Großen Bären (2, 28, 23–24) und damit den ganzen Sternenhimmel an, um zwei Nächte zu einer einzigen Liebesnacht mit Alkmene, der Gattin des Amphitryon, zusammenzuziehen; so wurde Herakles gezeugt.
29–30 Achilles und Briseis: 2, 8, 29–38.
31–32 Hektor und Andromache: 2, 20, 2.
34 Vgl. 2, 7, 16.
39 Text unsicher.
42 Die griechisch-römische Medizin war sehr fortgeschritten, aber

die Sterblichkeit war trotzdem so groß, daß von Zwillingen oft genug nur ein Kind heranwuchs.

22 B
Wahrscheinlich ein Kurzgedicht. Diese acht Verse passen nicht recht in den Zusammenhang.
47 Vgl. 1, 14, 21.
48–50 Text unsicher.

23. Elegie
2 Wasser aus dem Brunnentrog (2, 14, 12): Symbol für das Vulgäre, Banale. Bildlich auch 2, 14, 12.
3 Vgl. 3, 3, 47–50.
6 Neben dem Marsfeld (2, 16, 34) gab es auch ein «kleineres Feld» (Catull 55, 3), dessen Lage nicht genau bekannt ist.
10 Wahrscheinlich meint er den Verschlag des Türhüters im Vestibulum eines römischen Hauses oder ein Sklavenquartier. Hier konnte sich der Liebhaber einer verheirateten Dame im Überraschungsfall verstecken.
15–16 Die «Heilige Straße», an der mehrere Tempel liegen, tagsüber eine belebte Geschäftsstraße, nachts ein Vergnügungsviertel, zu besonderen Anlässen Schauplatz großer Triumphzüge (2, 1, 34; 2, 24, 14; 3, 4, 22).
19 Vgl. 2, 26, 24.
21–22 Die Sklavenmärkte des Mittleren Ostens belieferten Rom mit Frauen.
25–26 Vgl. 2, 3, 1–4.
29–30 Zum Bild: Tibull 2, 1, 80.
24, 3–4 Vgl. 1, 1, 5.
24, 7–8 Vgl. 2, 23, 15–16.

24. Elegie
25–26 Herakles erlegte die lernäische Schlange und holte sich die von einem Drachen behüteten Äpfel der Hesperiden (3, 22, 9–10).
33 Vgl. 2, 2, 16.
33 Die Sibylle: 2, 2, 16.
35 Der letzte Liebesdienst, wie oben 35–36; vgl. 4, 7, 27; Tibull 1, 3, 5–6; 2, 4, 43–4. – Es war Pflicht der nächsten Angehörigen, die Asche des Toten zu bergen: 4, 1, 127.
43 Theseus und Ariadne: 1, 3, 1–2; 2, 14, 7–8.
44 Demophoon, Sohn des Theseus, verliebte sich in Phyllis, die Tochter des Lykurgos, und verließ sie. – Ähnliches Motiv: 1, 15, 17–20.
45 Anspielung auf den Argonauten-Mythos. Siehe 2, 16, 30.

25. Elegie

4 Licinius Calvus und Valerius Catullus, Neoteriker, Vorläufer der augusteischen Liebesdichtung: 2, 32, 45; 34, 87–90. Calvus liebte Quintilia, Catullus «Lesbia».

9 Als Weihgabe im Tempel: 2, 14, 25–28.

10 Tithonos: 2, 18, 3-14. – Nestor: 2, 13, 43–50.

12 Perillos führte dem Tyrannen Phalaris ein neues Folterinstrument vor, einen Stier aus Bronze, der von unten erhitzt werden konnte; das Schreien der Gefangenen in seinem Inneren klang dann wie das Brüllen eines Stiers. Als erstes Opfer ließ Phalaris den Erfinder hineinwerfen.

13 Vgl. 2, 2, 8.

14 Prometheus und der Geier: 2, 1, 69–70.

19–20 «Eros» ist hier gar nicht so verschieden von der «Agape», wie Paulus sie im 1. Korintherbrief 13, 4–5 beschreibt.

23–24 Gebet in Seenot: 1, 17, 4.

25–26 Bei den sieben Runden im Wagenrennen kam es darauf an, die Zielsäulen knapp zu streifen, um Zeit zu gewinnen.

43–44 Hier wird das Schönheitsideal der archaischen griechischen Plastik dem römischen der augusteischen Zeit gegenübergestellt.

45 Die plebeische Farbe ist Grün, die Uniform von Soldaten und Schiffern.

26. Elegie

2 Das Ionische Meer erstreckt sich zwischen Italien und Griechenland (3, 11, 72; 3, 21, 19; 4, 6, 15. 58), südlich der Akrokeraunia (1, 8, 19).

5–6 Helle: siehe V. 10; 1, 20, 19. Properz denkt vielleicht an ein berühmtes Gemälde (W. A. Camps).

9 Kastor und Pollux: 1, 17, 18.

10 Leukothea, eine Meergöttin, die als Mensch Ino hieß und mit Athamas, dem König von Theben (1, 20, 19) vermählt war (2, 28, 19–20); Helle (5–6) war ihre Stieftochter.

13 Glaukos, Sohn Poseidons, ein Meergott.

15 Nereiden: 1, 17, 25–6; 4, 6, 61–2.

16 Nesaia und Kymothoë: zwei Nereiden; vgl. Homer, *Ilias* 18, 40–41.

17–18 Der halbmythische Sänger Arion von Lesbos (7. Jh. v. Chr.) wurde von Schiffern ins Meer geworfen, doch ein Delphin, den sein Gesang bezauberte, brachte ihn heil nach Tainaros. Vgl. Herodot 1, 23–24.

21–28 Wahrscheinlich mit Camps als einzelnes, unvollständiges Gedicht abzutrennen (26 B).

23 Der goldhaltige Fluß Lydiens ist der Paktolos (1, 6, 32; 1, 14, 11;

3, 18, 28). Auch in Persien gab es Ströme, die Gold und Edelsteine führten. – Kroisos: 3, 5, 17. Er war König von Lydien im 6. Jh. v. Chr. – Kambyses: König von Persien im 6. Jh. v. Chr.

24 Vgl. 2, 23, 19.

29-58 Neues Gedicht (26 C); vielleicht Lücke vor oder nach V. 29-30.

35-36 Eurus: Ostwind. – Auster: Südwind.

38 Am Kap Kaphereus zerschellte nachts auf der Rückfahrt von Troja der größte Teil der griechischen Flotte: 3, 7, 39-40.

39-40 Die Argonauten (1, 20) ließen eine Taube durch die Symplegaden (auf- und zuklappende Felsen) fliegen, um den richtigen Zeitpunkt für die Durchfahrt zu bestimmen; vgl. 3, 22, 11-12. Nach Apollonius Rhodios 2, 324 ff. 549 ff. (Camps).

47-50 Bei großer Dürre (vgl. 2, 34, 37-38) ging Amymone, eine Tochter des Danaos aus, um Wasser zu suchen. Unterwegs begegnete ihr Poseidon. Sie gab sich dem Gott hin, und er stieß zum Dank den Dreizack in den Boden, worauf im Wald von Lerna (2, 24, 25) eine Quelle entsprang.

51 Boreas und Oreithyia: 1, 20, 25-26.

53-4 Skylla und Charybdis: 1, 16, 29.

55-56 Wetterzeichen: 2, 16, 51.

27. Elegie

1-4 Als seefahrende Nation waren die Phönizier (neben den Babyloniern, 4, 1, 77-80) besonders sternkundig.

5 Römische Feldzüge gegen die Parther im Osten (2, 10, 13-14) und gegen die Britannier im Westen (4, 3, 9).

12 Boreas: 2, 26, 51.

13-16 Die Schatten, die Charon (4, 11, 7) über den Styx (2, 9, 26; 2, 28, 49-40; 2, 34, 53; 3, 18, 24; 4, 3, 15; 4, 9, 41) fährt, müssen offenbar beim Rudern helfen, wie Cornelia auch den Nachen vom Ufer löst (4, 11, 69-70).

28. Elegie

Es handelt sich wohl nicht um *ein* Gedicht, sondern um drei, die eine Art Zyklus bilden.

5-8 Meineid in der Liebe: 1, 15, 25-38.

11 Der alte Kult der Hera in Argos wurde bis in die Zeit der pelasgischen Urbevölkerung zurückgeführt.

14 «Eulenaugen» entsprachen in augusteischer Zeit nicht unbedingt einem Schönheitsideal, bewahren aber wohl einen sehr alten Tierkult.

17-18 Io (1, 3, 20) wurde in der Kunst manchmal mit einem Kuhkopf, manchmal nur mit Hörnern auf einem menschlichen Kopf dargestellt. Beide Versionen scheinen bei Properz nebeneinander zu existieren (2, 33, 9–10; 3, 22, 35–36). Später wird Io mit der ägyptischen Göttin Isis identifiziert.

19–20 Ino floh vor ihrem rasenden Gatten: 2, 26, 10.

21–22 Perseus und Andromeda: 1, 3, 3–4; 3, 22, 29.

23–24 Kallisto, die Tochter des arkadischen Königs Lykaon, wurde von Zeus verführt und von Hera (oder Artemis) in eine Bärin verwandelt, von Zeus aber zum Trost unter die Gestirne versetzt (2, 22, 25).

27–28 Semele bat den in sie verliebten Zeus, er möge ihr in seiner göttlichen Gestalt erscheinen. Er nahte sich mit seinen Blitzen, und sie verbrannte (2, 30, 29), bevor sie Dionysos gebären konnte (3, 17, 21); Zeus trug ihn im Schenkel aus.

29–30 Gemeint sind wohl nicht alle Schönheiten von Maionien (Lydien und Phrygien), sondern die von Homer (der vielleicht aus Maionien stammte) gepriesenen Frauen, darunter auch Troianerinnen (siehe V. 54; 1, 19, 3–4). Das Elysium (V. 49–58), wo die Begegnung stattfinden soll, stellte Properz sich offenbar am gestirnten Himmel vor (3, 18, 31–34); denn dorthin wurden ja Andromeda und Kallisto (V. 21–24) entrückt. Vgl. noch 2, 2, 23–32.

38–38 Zu den magischen Requisiten (1, 1, 19–24) gehört ein Schwirrholz, das an einer Schnur gewirbelt wird, während die Hexe Zaubersprüche murmelt oder zischt. Vgl. 3, 6, 26; Theokrit 2. Idyll. Daneben werden Lorbeerblätter verbrannt (ähnlich 4, 3, 58, aber im Kult; vgl. 3, 10, 20; Tibull 2, 5, 81–83). Der Mond wird besprochen (4, 5, 13); man achtet auf Vogelrufe (4, 3, 59).

39–40 Charons Nachen: 2, 27, 13–6; 3, 5, 13–14.

23–4 Votivgaben: 2, 14, 25–28.

46 Hier und 59 (vielleicht auch 15) ist *periculum* («Gefahr») fast medizinischer Begriff, entsprechend griechisch *krisis*.

47 Persephone: 2, 13, 26.

51–54 Die «maionischen» Heroinen von 29 (A. G. Lee).

51 Tyro: 1, 13, 21.

52 Zeus näherte sich Europa in Gestalt eines schönen Stiers. – Pasiphaë, die Gattin des kretischen Königs Minos, liebte einen Stier, von dem sie den Minotaurus gebar: 2, 32, 57–58; 3, 19, 11–12; 4, 7, 57–58.

53–4 Das «alte» Troja ist wohl das vorhomerische, im Gegensatz zum Reich des Priamos. Dieselbe Unterscheidung vielleicht 3, 1, 31–32, wo man gewöhnlich eine Trennung von Stadt und umgebender Landschaft annimmt.

61–62 Properz scheint keine sehr hohe Meinung von der Göttlichkeit der Io (Isis) zu haben, wenn er sagt «einst eine Kuh, jetzt eine Göttin» (vgl. V. 17-18). Außerdem reiht er sich selbst gewissermaßen unter die Götter ein, wenn er die der Isis gelobten Nächte der Enthaltsamkeit für sich als Liebesnächte beansprucht. – Vgl. noch 2, 19, 19; 2, 33, 2. 22.

29. Elegie

Zur Vorstellung der Eroten: 2, 9, 38. Erst im Hellenismus taucht, wie es scheint, eine Vielzahl kleiner puttenhafter Liebesgötter auf. Diese übernehmen hier die Rolle einer römischen Polizeipatrouille oder, wie F. Cairns vermutet hat, von Sklavenjägern (*fugitivarii*), die entlaufene Sklaven ihren Besitzern (in diesem Fall Cynthia) zurückbringen.

1-2 Nächtliche Heimkehr: 1, 3, 1-6.

15-16 Das Ding, das Cynthia löst, bevor sie den Dichter mit ihrer Liebe beglückt, wird meist als «Nachtmütze» übersetzt. Wenn *mitra* daneben noch ein intimeres weibliches Kleidungsstück bezeichnen kann (*Anthologia Palatina* 5, 199), dürfte die Entscheidung nicht schwer fallen.

17 Arabisches Parfüm: 1, 2, 3; 3, 13, 8. – Zum Bild: Tibull 2, 1, 80.

26 Vgl. 1, 14, 20.

27-28 Wenn man der Statue der Göttin böse Träume erzählt und ihr Sühnopfer verspricht, kann man Unheil abwenden.

30 Sie hat sich noch nicht geschminkt: 1, 2, 19.

35-36 Tibull 1, 9, 57

30. Elegie

2 Tanais: der Don, der hier (wie der Dnjepr 2, 7, 18) die Grenze der zivilisierten Welt bezeichnet (1, 6, 3; 3, 16, 13).

3 Das geflügelte Pferd Pegasos (1, 3, 3-4) entsprang aus dem Blut der von Perseus (3, 22, 8) getöteten Gorgo Medusa (2, 2, 8). Sein Reiter war Bellerophon (3, 3, 2). – Perseus hatte geflügelte Schuhe. – Vgl. 3, 1, 19; 3, 3, 32.

7-8 Zum Bild: 1, 1, 4.

9-10 Vgl. 1, 15, 11.

17-22 Die Erklärung der Verse (die man umstellen wollte, z.B. 19-22 vor 1) ist umstritten. Weil Laren und Penaten erwähnt werden, hat man einen Bezug zur römischen Geschichte gesucht; aber vermutlich folgt Properz einer griechischen Überlieferung, die uns nicht mehr zugänglich ist. Die Flöte ist seit ältester Zeit das Begleitinstrument der Elegie. Sie soll eine phrygische Erfindung sein (4, 6, 8; Tibull 2, 1, 86). Als eine hellenische Göttin, Pallas Athene, sich zum erstenmal darauf versuchte, fand sie, daß sie mit aufgeblasenen Backen häßlich aussehe und warf die Flöte in den Mäander (2, 34, 35). Die folgenden Verse dürften sich auf die weiteren Schicksale der Flöte beziehen; vielleicht war in einer griechischen *Thebais*, etwa derjenigen des Antimachos (2, 34, 45), eine Verbindung zwischen diesem Instrument und der thebanischen Dynastie geknüpft: Die Flöte trieb auf dem Mäander (2, 34, 35–36) in die Propontis, kam an die Küste Hyrkaniens am Kaspischen Meer und gelangte schließlich nach Theben, das bekanntlich zu den Klängen von Amphions Leier erbaut (3, 2, 5–6) und zu denen der Flöte von Alexander dem Großen niedergerissen wurde. Das sind nur Vermutungen, doch einige Epigramme der griechischen Anthologie deuten auf einen solchen Mythos hin. Vielleicht gab es auch ein Orakel, wonach die Flöte der Stadt Theben Unglück bringen würde; dann dürfte sie auch im Kampf der beiden feindlichen Brüder (1, 7, 1) eine Rolle gespielt haben.

27–40 Vgl. Anm. zu 2, 10, 1.

28 Vgl. 2, 2, 4.

29 Zeus und Semele: 2, 28, 27–28. – Io: 1, 3, 20; 2, 28, 17–18.

30 Zeus raubte als Adler Ganymedes, einen schönen trojanischen Knaben.

34 Vgl. Anm. zu 1, 18, 20.

35–36 Kalliope (2, 1, 3) gebar dem thrakischen König Oiagros nach einer Überlieferung die Sänger Linos (2, 13, 8) und Orpheus (3, 2, 3). – Zu V. 36, 1, 1, 14.

37–40 Dionysos ist – wie sonst Apollon – Dichtergott (3, 2, 9; 4, 1, 62; 4, 6, 76). Er berührt den Auserwählten mit seinem Thyrsosstab (3, 3, 35–36) und weiht ihn zum Künstler. Es genügt aber nicht, daß Properz allein am Ballett der Musen teilnimmt: Auch Cynthia, die seine Gedichte inspiriert, muß dabei sein. Man fragt sich, ob eine solche Weihe des Dichters im Beisein der Geliebten von Cornelius Gallus (2, 34, 91–92) geschildert wurde und ob Properz darauf anspielt. Gegenüber Kallimachos (3, 1, 1–6) wäre das etwas Neues. Vgl. zu 2, 1, 3. – Der Efeukranz des Elegikers: 2, 5, 26.

31. und 32. Elegie

Hier muß man wohl zwei Gedichte zusammenziehen und sich zu Versumstellungen entschließen. Es geht um die (z. T. ganz neuen) Sehenswürdigkeiten des augusteischen Roms, die auf Cynthia offenbar wenig Eindruck machen, denn sie verreist etwas zu viel (vgl. 4, 8). Zum Dank für den Sieg bei Actium (2, 34, 61; 4, 6, 11) baute Augustus für Apollon den Tempel auf dem Palatin (4, 1, 3). Im Jahr 28 wurde die ihm vorgelagerte Säulenhalle, die eine Bibliothek enthielt, dem Publikum übergeben.

1 Zum Typus des Anfangs: 2, 1, 1. – Gold: 4, 1, 5.

2 Vgl. 2, 1, 26.

3 Numidischer Marmor, heute «Giallantico» genannt.

4 Zwischen je zwei Säulen stand eine Danaide (2, 1, 67–68).
5–6 Vgl. Tibull 2, 5, 1–10. – Kithara: (Leier): vgl. auch V. 16; 3, 3, 35–36.
7–8 Wohl zur Erinnerung daran, daß Apollon einst das Vieh Admets gehütet hatte (Tibull 2, 3, 11–14), wie sich ja die Darstellungen auf den Türflügeln auf Mythen beziehen, in denen er eine Rolle spielt. – Die Tierplastiken Myrons (5. Jh. v. Chr.) waren berühmt, vor allem seine «Kuh».
10 Ortygia, alter Name der Insel Delos (4, 6, 27), wo Apollon ein vielbesuchtes Heiligtum besaß.
12 Vgl. 4, 2, 5. Elfenbein aus Libyen ist gemeint.
13 Die wunderbare Rettung von Delphi (3, 13, 51–54): Die Gallier unter Brennus wurden 278 v. Chr. von den Griechen vertrieben, wobei ein Erdbeben, ein Gewitter und ein Steinhagel vom Parnaß entscheidend mithalfen.
14 Niobe: 2, 20, 7–8.
32, 7–10 Die Umstellung ist nötig, wenn man die Einheit der Elegien 31 und 32 anerkennt.
9–10 Anfangs August begaben sich Römerinnen in Erfüllung von Gelübden im nächtlichen Fackelzug zum Heiligtum der Diana in Nemi (3, 22, 25), eine Art Wallfahrt. Eine Beschreibung gibt James Frazer, *The Golden Bough*, Band 1 ('1953), S. 1–14. Properz identifiziert Diana mit Hekate, an sich eine Unterweltsgöttin.
2 Praeneste, alte Stadt in Latium, mit einem berühmten Tempel der Fortuna, in dem Losorakel (Tibull 1, 3, 11–12) erteilt wurden.
4 Tusculum, nach der Überlieferung von Telegonos, dem Sohn des Odysseus, und der auf der Insel Aiaia lebenden Kirke gegründet.
5 In Tibur (1, 20, 8; 3, 16, 2–4; 4, 7, 85), heute: Tivoli, stand ein Tempel des Herakles (4, 7, 81–82).
6 Die Via Appia (4, 8, 15–18) führte von Rom durch die Campania (3, 5, 5) nach Lanuvium (4, 8, 3–14) und weiter über Capua nach Brundisium.
11–16 Pompeius hatte bei seinem Theater auf dem Marsfeld eine große Promenade mit Säulenhallen, Platanen und Brunnen (3, 2, 14) anlegen lassen. Hier war ein Treffpunkt der eleganten Welt (4, 8, 75–76). – Zu den Vorhängen aus Goldbrokat: 2, 13, 22; 3, 18, 19–20. – Eine Brunnenfigur stellte Maron, Sohn des Bakchos oder des Silenos, dar, wie er einen Rausch ausschläft, während sich aus seinem offenen Weinschlauch Wasser in ein Marmorbecken ergießt. Wie man sich die andere von Properz erwähnte Wasserkunst vorstellen soll, ist weniger klar: Wahrscheinlich handelt es sich um einen Triton, der mitten im Brunnen sein Muschelhorn bläst.
28 Phoibos als Sonnengott, der alles sieht.

31-32 Menelaos hat Helena (2, 15, 13) schließlich verziehen.
33-36 Aphrodite war Hephaistos nicht treu (vgl. 3, 8, 17); hier denkt Properz vermutlich an Anchises, den Vater des Aineias, den sie auf dem Ida liebte, vielleicht an Ares *(Odyssee* 8, 267 ff.).
35-37 Hamadryaden (1, 20, 12. 32. 45) und Silene (V. 14) als Begleiter des Dionysos.
39-40 Vgl. 2, 2, 14; 3, 13, 39-40. - Naiaden (Quellennymphen), die Gefährtinnen der Silene (ältliche Satyrn) und der Hamadryaden (Baumnymphen).
45 Lesbia, eigentlich Clodia, die Geliebte Catulls (2, 25, 4; 2, 34, 87-88).
47-48 Nach der Überlieferung schlossen sich die Sabiner (2, 6, 21) nach schweren Kämpfen gegen Romulus erstmals unter ihrem König Titus Tatius (4, 1, 30; 4, 4, 7 ff.) mit den Römern zusammen.
52 Als Kronos (Saturn) regierte, erlebte die Menschheit ihr Goldenes Zeitalter: Tibull 1, 3, 35-50.
53-54 Zeus sandte eine Sintflut, um die sündige Menschheit zu vernichten; nur Deukalion und Pyrrha überlebten.
57-58 Pasiphaë (Minos' Gattin) und der Stier: 2, 28, 52.
59-60 Zeus und Danae: 2, 20, 9-12.

33 A

Zum Isiskult: 2, 19, 10; 2, 28, 17-18. 61-62; 4, 5, 33-34; Tibull 1, 3, 23-24.
2 Vgl. 2, 28, 61; Tibull 1, 2, 79-82.
4 Der Vers ist ein Indiz, daß Cynthia ein Dame aus gutem Hause war (vgl. Anm. zu 1, 16), keine *meretrix*, wie oft behauptet wird. - Io: 2, 28, 17-18. - Ausonien = Italien.
20 Vgl. 3, 11, 42.

33 B

24 (vgl. 29-30): Ikaros oder Ikarios, ein attischer Bauer, pflanzte nach Dionysos' Anweisung erstmals Reben in Griechenland. Seine Nachbarn, die sich an dem neuen Getränk berauschten, wähnten sich vergiftet und erschlugen ihn. Die Götter verwandelten ihn samt seinem Ochsengespann in das Sternbild des Bootes (3, 5, 35). Eratosthenes hat diese Sage in seinem Kleinepos «Erigone» (so hieß Ikarios' Tochter) erzählt und ägyptischen Motiven angeglichen, die wohl im Osiris-Hymnos von Tibull 1, 7 nachklingen.
20 Kekrops: 2, 20, 5-6.

33 B

31 Auf der Hochzeit des Peirithoos: 2, 2, 9-10; 2, 6, 17-18. Eurytion hieß der Kentaur, der sich an der Braut vergriff.

32 Mit dem starken Wein, den er von dem Priester Maron auf Ismaros erhalten hatte, berauschte Odysseus den Kyklopen Polyphem: 3, 12, 26.
35–36 Vgl. 3, 17, 5.
39 Falerner, ein hervorragender campanischer Wein: 4, 6, 73; Tibull 1, 9, 34.

34. Elegie

7 Paris: 2, 3, 37–38.
8 Iason: 2, 16, 30.
9 Lynceus: Ein mit Properz befreundeter Dichter (Pseudonym).
25 ff. Vgl. 1, 7, 19.
27–28 Ethik und Physik (vgl. V. 51–52; 3, 2, 25–46), neben der Logik die Hauptteile der antiken Philosophie.
29–30 Der «alte Mann von Athen» (vgl. 2, 6, 4; 2, 20, 5–6) ist vielleicht Aischylos (V. 41), der auch Stoffe aus dem thebanischen Sagenzyklus (37–40) auf die Bühne brachte. Aber der Text ist unsicher, und *Aratei* (Nairns) würde gut zu den folgenden Namen passen, denn Aratos war ihr Zeitgenosse.
31–32 Philitas (Philetas) von Kos und Kallimachos von Kyrene, zwei für Properz vorbildliche Vertreter der gelehrten alexandrinischen Dichtung (2, 1, 40; 3, 3, 1, 1; 3, 52; 9, 43–44; 4, 6, 3–4). Die *Aitia*, Kallimachos' Hauptwerk, werden nach dem Eingangsmotiv, einem Traum des Dichters (nachgebildet von Properz 3, 3) zitiert.
33–34 Acheloos, Grenzfluß von Aetolien gegen Akarnanien hin, der längste griechische Fluß. Der Flußgott Acheloos verliebte sich in Deianeira und rang mit Herakles um sie; dabei zerbrach eins seiner Hörner. – Das Thema war schon oft behandelt worden.
35–36 Die trägen Windungen des kleinasiatischen Mäander (2, 30, 17). Er wird hier als Beispiel der Landschaftsschilderung in epischer Dichtung genannt.
37–38 Beim Marsch durch das ausgetrocknete Argos (2, 26, 47) auf dem Feldzug nach Theben litt das Heer der Sieben großen Durst. Hypsipyle, die als Sklavin des Königs Lykurgos von Nemea sein Söhnchen Opheltes in den Armen trug, legte das Kind am Wegrand nieder und führte das Heer zu einer Quelle. Als sie zurückkam, war der Kleine tot; eine Schlange hatte ihn gebissen. Die fremden Fürsten stifteten ihm eine großartige Leichenfeier am Fuß des Berges Apesas und veliehen ihm den Namen Archemoros. Im Rennen siegte Arion, das Pferd des Adrastos, das weissagen konnte. Dies ist der Ursprung der Nemeischen Spiele, wie ihn vermutlich Antimachos (V. 45), dem Properz hier folgen dürfte, in seiner *Thebais* dargestellt hat.

39 Amphiaraos, ein anderer der sieben Fürsten, wurde vor Theben mit Roß und Wagen von der Erde verschluckt.
40 Kapaneus, ein weiterer der Sieben, verhöhnte beim Sturm auf die Stadt den Göttervater. Zeus fegte ihn mit einem tödlichen Blitzstrahl von der Leiter.
41 Anspielung auf Aischylos' Stil.
42 «Weich» und «hart» sind Bezeichnungen für den Stil der Elegie einerseits, der epischen und tragischen Dichtung andererseits. Vgl. 2, 1, 2.
43 Handwerklicher Vergleich: 3, 1, 8.
45 Antimachos von Kolophon, der von Platon geschätzte Dichter der spätklassischen Zeit, Verfasser einer *Thebais* (vgl. Anm. zu 37-38; 2, 30, 17-22) und einer gelehrten Elegie *Lyde*, galt den Späteren als künstlerischer Antipode von Kallimachos. Homer wird wohl als vermeintlicher Verfasser der kyklischen *Thebais* (1, 7, 1) mit ihm verglichen.
46 Vgl. 2, 18, 25.
47-48 Vgl. 2, 3, 47-48.
51-54 Vgl. Anm. zu V. 27-28. – Zu den Mondphänomenen: 3, 5, 27-28. – Zur Frage des Lebens nach dem Tode: 4, 7, 1. – Die Blitze: 2, 16, 52.
55-56 Vgl. 4, 1, 128. Wahrscheinlich trifft auf «Lynceus» das Gegenteil zu: Er ist reich und hat einen Triumphator unter seinen Ahnen.
59-60 Vgl. Anm. zu 1, 15.
61-68 Diese Huldigung an Vergil berührt (aber nicht in chronologischer Folge) die *Aeneis* (61-66), die im Entstehen begriffen ist und von der Freunde des Dichters wohl schon einzelne Abschnitte kennen (vgl. Anm. zu 2, 7, 10). Neben dem mythischen Thema, d. h. Aineias' Irrfahrten, seiner Landung bei Lavinium (63-64) und den sich anschließenden Kämpfen erwartete man Ausblicke auf Höhepunkte der jüngsten römischen Geschichte, wie den Seesieg von Actium (2, 1, 24; 4, 6, 15-68) und den Apollotempel. Properz berührt dann die Eklogen (67-76), aus denen er neben fünf Namen einige typische Landschafts- und Handlungsmotive auswählt. «Daphnis» und «Thyrsis» sind wohl die Titel, unter denen die 5. und 7. Ekloge den Zeitgenossen bekannt waren. Der Fluß Galaesus bei Tarent erscheint allerdings in den Eklogen nicht. Schließlich nennt Properz die *Georgica*, die als didaktische Dichtung an Hesiod (2, 10, 25-26) anknüpfen.
83-84 In den *Eklogen* ist die Stimme des Dichters weniger «laut» als in der *Aeneis*. Das scheint auch ein Stilbegriff zu sein (vgl. Anm. zu V. 42). Vergil hat (*Eclogae* 9, 35-36) angedeutet, daß er, verglichen

mit Dichtern wie Varius und Cinna, nur eine Gans unter Schwänen sei, und diese allzu bescheidene Einschätzung möchte Properz offenbar korrigieren. Zum «lauten» Ton des Epos vgl. 2, 1, 39–40, zu dem des Dithyrambos 3, 17, 40.

85–86 Varro von Atax (geb. 82 v. Chr.) dichtete im Anschluß an Apollonios von Rhodos ein Argonautenepos (2, 24, 45) und widmete seiner Geliebten «Leucadia» Elegien.

87–8 Catull (um 84–54? v. Chr.): 2, 25, 4; 2, 32, 45.

89–90 Gaius Licinius Calvus (geb. 82 v. Chr.) suchte nach dem Tod seiner Gattin Quintilia Trost in seiner elegischen Dichtung: 2, 25, 4. Vgl. Catull 95. Auch Antimachos' *Lyde* war ein an sich selbst gerichtetes Trostgedicht.

91–92 Cornelius Gallus (69–26 v. Chr.), Günstling des Augustus, Freund Vergils, erster Präfekt Ägyptens, fiel in Ungnade und gab sich 26 v. Chr. selbst den Tod. Seiner Geliebten «Lykoris» (eigentlich: Kytheris), einer Tänzerin, widmete er einen Elegienkranz, der bei Properz, Tibull und Ovid nachwirkt, aber bis auf ein Zitat und ein unlängst entdecktes Papyrusfragment verloren ist. – Vgl. 2, 30, 37–40.

DRITTES BUCH

Das Dritte Buch enthält Gedichte aus den Jahren 24–22 v. Chr. Es beginnt mit einem Bekenntnis zu Kallimachos und endet mit einer Absage an Cynthia, die im Vierten Buch nochmals auftaucht.

1. Elegie

1–2 Properz wendet sich an die Manen der beiden großen hellenistischen Dichter (vgl. 2, 34, 31–32) mit der Bitte um ein Orakel (5–6), das ihn auf die rechte Bahn führen soll. Die Antwort kommt zwei Gedichte später teils von Apollon, teils von Kalliope. Hier treten also die Götter oder die vergöttlichten (heroisierten) Archegeten der gelehrten Elegie (1, 7, 3) an die Stelle der Geliebten. Vgl. 2, 1, 39; 2, 34, 31–2; 4, 1, 64. Solche programmatischen Äußerungen finden sich, wie man sieht, vorzugsweise in Prologen und Epilogen.

3–4 Der Dichter als Priester (*vates* kann beides bedeuten): 4, 6, 1. – Die heilige Quelle: vgl. Anm. zu V. 6; 3, 3, 5–6. 51–52. – Dichtung als Tanz: 2, 10, 1; 2, 30, 37; 3, 2, 16; 3, 5, 19–20. – Heilige Bilder: 3, 3, 29.

5–6 Vgl. Anm. zu 1–2. – Grotten (3, 3, 27) sind heilige Stätten: Hier kann man den Nymphen (2, 32, 29) und den ihnen verwandten Musen begegnen. – Zur Wassersymbolik vgl. V. 3. – Fuß meint Versfuß oder Versmaß; hier das elegische Distichon.

7 Zur mehr oder minder entschiedenen Ablehnung des heroischen Epos (das Rom und Augustus verherrlichen würde): 1, 7 und 9; 2, 1 und 2, 34, 31–46 (etwas anders 2, 10); 3, 3 und 9.

8 Handwerksvergleich: 2, 34, 43.

9–12 Der Dichter als Triumphator (3, 4, 13–18) mit bekränzten Pferden am Wagen, auf dem seine Gedichte (seine Kinder) und die kleinen Liebesgötter (seine Familie, sozusagen) mitfahren. Die Nachahmer (die es also gab) marschieren als gewöhnliches Fußvolk hinterher; vgl. 4, 1, 136.

13–4 Ein neuer Wechsel des Bildes: Jetzt ist der Dichter ein siegreicher Rennfahrer, der die Rivalen hinter sich läßt: 2, 10, 2; 3, 3, 18; 3, 9, 58; 4, 1, 70.

15 Anspielung auf epische Dichtung (zu Ennius siehe 3, 3, 6).

16 Baktrien, mit seiner Hauptstadt Baktra, im Osten des Partherreichs, bildet stets ein lockendes Angriffsziel: 4, 3, 6. 63; vgl. auch 2, 10, 13–18; 3, 11, 2). Baktra, heute: Balkh oder Wazirabad, unbedeutendes Dorf in Afghanistan.

17 Der Musenberg Helikon: 3, 3, 1. – Zum Bild: 4, 10, 3–4.

18 Weg: 3, 3, 26.

19 Die Musen («Schwestern», «Pegasiden») als Quellnymphen (3, 10, 1), eine alte Vorstellung (5–6) und den Römern durch die Camenen vertraut. Als Naturgottheiten gehören sie zur Hippukrene (3, 3, 2. 32). – Der «weiche» Kranz des Elegikers: 4, 1, 61–62 (vgl. 2, 34, 42).

25–30 Namen und Themen der *Ilias* und dem Epischen Kyklos entlehnt.

25 Das hölzerne Pferd: 3, 9, 42; 1, 13, 64; 4, 1, 42.

26 Protest der Flußgötter Simoeis (2, 9, 12) und Skamandros (oder Xanthos, ein Sohn des Zeus) gegen Achilles' Mordlust, nach Homer, *Ilias* 21, 200 ff.

28 Vgl. 2, 8, 29–38.

29 Deiphobos und Helenos, Söhne des Priamos; Po(u)lydamas, Sohn des Panthoos, troischer Kämpfer.

31–32 Herakles, der auf dem Berg Oite in die Unsterblichkeit einging (1, 13, 23–3), hatte Troja, als noch Laomedon König war (2, 14, 2) im Alleingang erobert. Zum zweitenmal fiel die Stadt unter Priamos dank den Pfeilen und dem Bogen, die Philoktetes (2, 1, 59) von Herakles geerbt hatte. Also war Herakles in beiden Fällen durch seine «göttliche Kraft» (*numine*; vgl. 4, 7, 82) beteiligt. – Zum Unterschied zwischen dem vorhomerischen und dem homerischen Troja: 2, 28, 53–54.

38 In der lykischen Stadt Patara besaß Apollon ein berühmtes Heiligtum.

2. Elegie

3-4 Orpheus' magischer Gesang: 2, 13, 5-6; 2, 30, 35-36.
5-6 Entstehung Thebens durch Musik: Zu 1, 7, 1; 9, 10; 2, 30, 17-22. Der Kithairon ist ein Berg bei Theben.
7-8 Anders als Homer in der *Odyssee* (vgl. Anm. zu 2, 33, 32) schildert Theokrit im 6. Idyll einen zartbesaiteten Polyphem, der die Nymphe Galatea aus der Ferne liebt.
9 Dionysos als Dichtergott: 2, 30, 37-40.
11 Rötlicher Marmor vom Kap Tainaros, heute: «Rosso antico».
13 Phäaken: 1, 14, 24, nach *Odyssee* 7, 114 ff. – Der Vergleich besagt doch wohl, daß Properz, wie Ovid, auch einen Garten hat. Vgl. 4, 6, 71.
14 Der Prätor Quintus Marcius Rex vollendete 140 v. Chr. einen Aquädukt; das Wasser, das durch diese Leitung in die Stadt floß, hieß *aqua Marcia*; es speiste viele öffentliche Brunnen, aber offenbar auch private Grundstücke (2, 32, 11-16; vgl. 3, 22, 4).
15-16 Vgl. 3, 1, 3-4. – Kalliope: 1, 2, 28; 3, 3, 38.
19-22 Drei der sieben Weltwunder. Vgl. 3, 7, 5; 3, 11, 21-26 und zum Zeustempel in Olympia 3, 9, 15. Dort stand die berühmte Statue des Pheidias.

3. Elegie

Der Traum des Dichters: Eine Nachbildung des Eingangs von Kallimachos' *Aitia*: 2, 34, 31-2.

1-2 Vgl. 2, 3, 20; 3, 1, 17. 19. – Bellerophon: 2, 30, 3; 3, 1, 19-20. – Helikon: 2, 10, 1; 3, 1, 17.
3 Aineias' Sohn Iulus (4, 1, 38), der Stammvater des iulischen Geschlechts (4, 6, 37-38) hatte Alba Longa (4, 1, 35), die Mutterstadt Roms, gegründet. Vgl. 3, 4, 20; Tibull 2, 5, 50.
5-6 Heilige Quelle: 3, 1, 3-4; siehe V. 51-52. – Ennius (4, 1, 61), der erste große Dichter Roms, Verfasser des historischen Epos *Annales*. Er lebte von 239-169 v. Chr.
7-12 Die Hauptüberlieferung bietet «Er (d. h. Ennius) sang»; dies wurde schon in der Renaissance und (offenbar unabhängig davon) in neuerer Zeit geändert zu «Ich sang», was wohl den Vorzug verdient, wenn man chronologische Schwierigkeiten vermeiden will. Natürlich mußte Ennius die meisten dieser Themen behandeln (alle konnte er wohl kaum); aber darauf kommt es nicht an. Ennius ist veraltet, und jetzt müßte ein moderner Dichter im Stil des augusteischen Zeitalters diese Themen neu behandeln. Properz bekundet seinen guten Willen und erklärt gleichzeitig seinen Verzicht. Die anklingenden Themen: Kampf zwischen Horatiern und Curiatiern; Rückkehr des

L. Aemilius Paullus (4, 11, 39–40) mit reicher Beute nach seinem Sieg über König Perses von Makedonien (oder den Sieg von Aemilius Regillus über Antiochos den Großen bei Myonnesos, 190 v. Chr.); die erfolgreiche Verzögerungstaktik von Fabius Cunctator im Zweiten Punischen Krieg; die Niederlage von Cannae (216 v. Chr.); die religiöse Wandlung im Volk als Ergebnis; die Rettung Roms durch das Eingreifen seiner Schutzgottheit, als Hannibals (3, 11, 59) Kavallerie schon vor den Toren stand; die Rettung des Capitols vor den Galliern durch die heiligen Gänse der Iuno (387 v. Chr.). Die Abfolge ist nicht chronologisch: vgl. V. 43–46; 2, 1, 23–24; 2, 34, 61–68.

13 Genau genommen liegt der kastalische Quell nicht auf dem Helikon, sondern auf einem anderen Musenberg, dem Parnaß (2, 31, 13; 3, 13, 54), aber die Dichter nehmen es mit geographischen Einzelheiten nicht immer genau.

18 Zum Bild: 3, 1, 13–14.

19–20 Die Lektüre soll der Frau, die auf den Geliebten wartet, die Zeit verkürzen. Wirft sie die Buchrolle jeweils hin, wenn sie seine Schritte hört? Oder ist sie beim Lesen ungeduldig? Benützt sie einen Schemel, eine Bank oder einen Nachttisch? Man weiß zu wenig über diese Dinge des Alltagslebens.

22–24 Wechsel des Bilds: Dichtung als Schiffahrt (3, 9, 3–4).

26 Der unbegangene Weg: 3, 1, 18.

27 Die heilige Grotte: 3, 1, 5–6. – Die Musen: eb.

28 Tamburine im Dionysoskult: 3, 17, 33.

29 Silen: 2, 32, 14; 38. – Heilige Bilder: 3, 1, 3–4. – *Orgia* sind wohl «Mysterien»; vgl. 3, 1, 4; Catull 63, 9.

30 Pan als Gefährte von Dionysos: 3, 17, 34. Tegea ist in Arkadien, der Heimat von Pan.

31 Vgl. 4, 5, 63.

32 Vermutlich nicht die Hippukrene (vgl. V. 1–2); vgl. 2, 3, 20; 2, 30, 3; 3, 1, 19–20.

33 Die neun Musen.

35–36 Thyrsos (2, 30, 38) und Rosen gehören zu Dionysos, das Saitenspiel zu Apollon (2, 31, 6. 16). Die Musen, sonst mit Apollon verbunden, treten hier fast als Bakchantinnen auf. Man könnte an gewisse römische Wandmalereien denken.

38 Kalliope: 1, 2, 28; 2, 1, 3; 3, 2, 16; 4, 6, 12. Properz leitet den Namen von ihrem «schönen Antlitz» ab.

39 Aphrodite fährt auf einem Schwanengespann durch die Luft; der Schwan ist auch der heilige Vogel von Apollon und den Musen.

42 Vgl. 1, 2, 28. – Der Dichterhain: 2, 13, 4.

43–44 Vgl. 2, 1, 24. Marius hatte 102 v. Chr. die Teutonen und 101 v. Chr. die Kimbern besiegt.

45–6 Eine Gruppe der Sueben (Elbgermanen) hatte kurz nach 100 v. Chr. den Rhein erreicht; zusammen mit anderen Stämmen sind sie später als die Alemannen bekannt. Caesar besiegte sie 58 v. Chr. *(De Bello Gallico* 1, 53).
47–50 Liebesspiel als Gegenstück zum Krieg: 2, 7, 15. – Kränze an der Haustür: 1, 16, 7. – Die Damen sind verheiratet oder haben einen festen Liebhaber: 2, 23, 3.
51–52 Der heilige Quell: 3, 1, 3–4. – Philitas: 2, 34, 31–32; 3, 1, 1. Es hat wohl keine besondere Bedeutung, daß er, nicht Kallimachos, hier genannt ist.

4. Elegie

Feldzug gegen die Parther: 2, 10, 13–14. Das Gedicht dürfte zwischen 25 und 20 v. Chr. entstanden sein.
1 Inder: 2, 10, 15; 4, 3, 10.
2 Perlen: 1, 18, 39; 2, 16, 7.
5 Beil und Rutenbündel als Symbole der römischen Macht (3, 9, 23), hier verkörpert durch den Statthalter (vgl. 1, 6, 19).
6 Im Iuppitertempel auf dem Capitol wurden von den siegreichen Feldherren erlesene Beutestücke geweiht: 4, 10.
9 Vgl. 2, 10, 14; 4, 6, 79–80. Weil die Rache notwendig und von den Göttern gewollt ist, müssen die Vorzeichen günstig sein.
10 Vgl. 2, 10, 20.
11 Mars und Vesta als römische Nationalgötter. Im kleinen Rundtempel der Vesta auf dem Forum Romanum durfte das Feuer nie ausgehen.
13–18 Schilderung des Triumphzugs mit Beute auf Wagen, Schriftbändern und Gefangenen. Vgl. 3, 1, 9–12.
17 Die Hosentracht der Barbaren: 4, 10, 43. Vgl. auch 2, 10, 13. – Anspielung auf die Taktik der Parther: 3, 9, 54.
22 Vgl. 2, 1, 31–34.

5. Elegie

1–2 Vgl. 1, 9, 12.
3 Der Übergang ist etwas unvermittelt: man muß den Gedanken ergänzen, daß die Gier nach Reichtum eine Hauptursache der Kriege überhaupt ist.
5 Vgl. Tibull 1, 9, 33.
6 Korinthische Bronzen waren in Rom sehr geschätzt. Eine besondere Legierung aus Gold, Silber und Bronze ergab sich zufällig, als Mummius 146 v. Chr. die Stadt niederbrennen ließ.
7 Prometheus schuf den Menschen aus Lehm. Vgl. 1, 12, 10.
8 Das Herz als Sitz des Verstandes.

11-12 Seefahrt und Krieg sind die Folge von Geldgier: 3, 7, 1-8; Tibull 1, 3, 35-50 u. o.
13-14 Das Totenschiff: 2, 28, 39-40. - Acheron: Fluß der Unterwelt.
16 Marius (2, 1, 34; 3, 11, 46) besiegte Iugurtha, den König der Numidier 104 v. Chr.
17 Kroisos: 2, 26, 23; 3, 18, 28. - Iros: Bettler auf Ithaka, spielt eine Rolle in der *Odyssee.*
19 Helikon: 2, 10, 1.
20 Dichtung als Tanz: 2, 10, 1; 3, 1, 3-4.
21 Lyaios, «Löser», Beiname des Bakchos. Vgl. Tibull 1, 7, 40.
22 Vgl. 3, 3, 35-36.
25-46 Vgl. 2, 34, 27-28.
27-28 Vgl. 2, 34, 51-54.
29 Eurus: 2, 26, 35.
32 Der Regenbogen sog Wasser auf, das dann als Regen fiel.
33 Die Perrhaiber wohnten auf der Westseite des Pindosgebirges, das sich durch Nordgriechenland erstreckt. Die Gegend ist vulkanisch.
34 Verfinsterung: 2, 34, 52. - Zum Ausdruck: Tibull 2, 5, 75-76.
35 Bootes: 2, 33, 24.
39 Totengericht: 2, 20, 30; 4, 11, 19 ff. - Folterung der Giganten: 2, 1, 19.
42 Ixions Rad: 4, 11, 23. - Sisyphos' Felsen: 2, 20, 32. - Tantalos' Qualen: 2, 1, 66. Vgl. auch 2, 17, 7.
41 Alkmaion rächte den Tod seines Vaters Amphiaraos an der Mutter (2, 16, 29-30) und wurde dafür, wie Orest, von den Furien gehetzt. - Phineus blendete seine Söhne aus erster Ehe. Zur Strafe schickten ihm die Götter die Harpyien, geflügelte Ungeheuer, die ihm das Essen besudelten. Kalais und Zetes (1, 20, 25-31) verscheuchten sie, aber offenbar dauerte die Peinigung in der Unterwelt an. - Vgl. den Katalog bei Tibull 1, 3, 73-80.
40 Tisiphone, eine der Furien (Erinyen): vgl. Anm. zu 2, 20, 29. Vgl. Tibull 1, 3, 69.
43-44 Kerberos: 3, 18, 23.
44 Tityos: 2, 1, 69; 2, 20, 31; Tibull 1, 3, 75.
48 Crassus: 2, 10, 13-14.

6. Elegie

1 Lygdamus scheint Cynthias Sklave zu sein.
11-22 Sie hat sich also nicht für einen anderen Verehrer schön gemacht.
14 In dem Kästchen bei Cynthias Bett sind ihre kosmetischen Mittel, so daß sie, noch bevor sie aufsteht, mit der Morgentoilette (1, 15, 5) beginnen kann.

25–30 Zum Zauberwesen: 1, 1, 19–24. – Kräuter: 1, 12, 10; 4, 5, 11.
– Der Rhombos: 2, 28, 35.
33 Spinnengewebe: 2, 6, 35.

7. Elegie

Eine Totenklage auf Paetus, dessen Familie der Dichter offenbar gekannt hat; gleichzeitig eine Verfluchung der Seefahrt (vgl. 1, 17, 3–4) und eine Diatribe im kynisch-stoischen Geist gegen die Geldgier der Menschen. Das schöne Gedicht ist von der Überlieferung schlecht behandelt worden, und man muß Verse umstellen; denn die Diagnosen so vieler Gelehrter, die sich mit dem Text beschäftigt haben, lassen sich nicht einfach ignorieren. Wie der Schaden zustande kam, können wir nur vermuten, und natürlich ist auch die hier vorgeschlagene Anordnung nur ein Versuch.

1–4 Vgl. V. 29–50; Tibull 1, 3, 37–40. – Zu V. 2 vgl. auch V. 31; Tibull 1, 3, 50.
5–6 Pharos: Hafen und Leuchtturm von Alexandria (2, 1, 30), eins der sieben Weltwunder (vgl. 3, 2, 19–22).
49 Ein Bett (oder die Täfelung eines Schlafzimmers?) aus Zitrus- oder Terebinthenholz (das letztere aus Orikos, 1, 8, 20, importiert) galt als großer Luxus.
60 Er war noch fast ein Knabe. Vgl. 17.
9–12 Ohne rituelle Bestattung kann der Tote keine Ruhe finden. – Vgl. Tibull 1, 3, 5. – Karpathisches Meer: 2, 5, 11.
13 Boreas: 1, 20, 25. 31. Vgl. 2, 26, 51.
67–68 Die Nereiden: 1, 17, 25. – Thetis: 2, 9, 9–16.
25 Das heißt: Seid zufrieden, daß ihr sein Leben behalten durftet, und gebt der Mutter wenigstens seinen Leib zur Bestattung heraus.
21–24 Argynnos, der Geliebte (3, 18, 29–30) Agamemnons, ertrank im Kephisos. Aus Trauer um ihn ließ der König die griechische Flotte nicht auslaufen, und weil er sich an seinem Tod schuldig fühlte, stiftete er zur Erinnerung an ihn den Tempel der Aphrodite Argynnis. In einem Kataloggedicht «Liebesgeschichten oder Schöne Knaben» erzählte der hellenistische Dichter Phanokles diese Sage. Bekanntlich hatte Agamemnon keine Bedenken, seine Tochter Iphigeneia zu opfern (3, 22, 34; 4, 1, 115–116), als eine Flaute die Ausfahrt verhinderte.

8. Elegie

1–2 Tibull 1, 10, 57–58.
14 Bakchantin: 1, 3, 5–6.
19–24 Tibull 1, 4, 71–72. Zu V. 21 vgl. auch 4, 5, 39–40.
25–26 Tibull 1, 2, 21–22; 1, 6, 19–20.
29–32 Anspielungen auf die *Ilias*.

30 Vgl. 2, 4, 17.
32 Vgl. 2, 1, 14. 45.
37 Wohl Anspielung auf Aphrodite und Ares: 2, 32, 33-34.
38 Die Verwünschung des Rivalen scheint gewollt komisch zu sein.

9. Elegie

1-2 Maecenas (2, 1, 17) könnte mehr sein als römischer Ritter, will aber nicht. Warum sollte also Properz mehr sein wollen als Liebesdichter? Dies ist die ihm gemäße Sphäre. Das Gedicht ist eine *recusatio*.
3-4 Dichtung als Schiffahrt: 3, 3, 22-24.
8 Vgl. 4, 10, 3-4.
9-16 Vergleiche aus der Kunst: Lysippos war berühmt für seine realistischen Statuen; Kalamis schuf die Pferde, Praxiteles den Wagenlenker zu einem viel bewunderten Viergespann; Apelles (1, 2, 22) war der Hofmaler Alexanders des Großen, sein Meisterwerk «Die aus dem Meer auftauchende Aphrodite» (3, 13, 6); Parrhasios war der anerkannte Meister der «maniera piccola»; Mentor (1, 14, 2), Spezialist für mythisch-historische Gruppen; Mys galt als Schöpfer des Reliefschmucks auf dem Schild einer großen Athene-Statue von Pheidias, dessen Goldelfenbeinstatue des olympischen Zeus zu Pisa in Elis (3, 2, 20) Properz (15) nennt; Praxiteles arbeitete mit Vorliebe in Marmor vom Hymettos.
17 Wagenrennen an den olympischen Spielen: 1, 8, 36. Der Siegespreis war ein Palmzweig.
47-48 Koios und Eurymedon, zwei der himmelstürmenden Giganten: 2, 1, 39.
49 Der Palatin war einst Weideland: 4, 1, 6; 4, 9, 3; Tibull 2, 5, 25.
50 Vgl. 2, 1, 23; Tibull 2, 5, 23-24.
51 Die von der Wölfin gesäugten Zwillinge Romulus und Remus: 2, 6, 19; 4, 4, 53-54.
53 Römische Triumphe über Völker des Ostens und des Westens. Hier spielt die mythische Vorstellung herein, daß die Erde rings vom Okeanos umflossen wird, daß Orient und Okzident also zwei Küsten des Weltmeers sind, aus dem die Sonne aufsteigt und in das sie versinkt.
54 Die Taktik der Parther: 2, 10, 13-14; 2, 3, 65-66.
55-56 Pelusium: Stadt an der östlichsten der sieben Mündungen des Nils, 38 v. Chr. im Bürgerkrieg gegen Antonius und Kleopatra erobert. - Anspielung auf den Selbstmord von Marcus Antonius.
23 Symbole römischer Macht: 1, 6, 19; 3, 4, 5.
25 Das Reich der Meder ging an die Perser über, und ihre Nachfolger waren die Parther (2, 10, 13-14).

26 Tibull 1, 1, 54.
28 Hier (wie etwa 3, 18, 13) ersetzt *tam*, «so» eine ausdrucksvolle Geste – «so leicht», «so voll».
31–32 Marcus Furius Camillus (3, 11, 67–68) eroberte etwa dreißig Jahre nach dem Sieg des Cossus (4, 10, 23–68) die alte Etruskerstadt Veii (um 396 v. Chr.) und schlug auch die Gallier. Sein Sohn Lucius besiegte diese 349 v. Chr. Vgl. 3, 11, 67.
37–42 Ablehnung typischer epischer Stoffe: 2, 1, 17–24; 3, 1, 7. – Theben wurde durch die Epigonoi, die Söhne der «Sieben» zerstört. Vgl. 1, 7, 1.
39–42 Am skaiischen Tor spielten sich heftige Kämpfe um Troja (Pergamon) ab. – Apollon und Poseidon (41) hatten die Mauern erbaut. – Das hölzerne Pferd (3, 1, 25) zieht den Pflug über die zerstörte Stadt, um sie dem Erdboden gleichzumachen. Ist das epische Überlieferung (aus einer verlorenen *Iliupersis*) oder ein kühnes Bild des Dichters?
43–44 Kallimachos und Philitas: 2, 1, 39; 12, 34, 31–32; 3, 1, 1.
57–58 Der Dichter als Rennfahrer: 2, 10, 2; 3, 1, 13–14. – Maecenas als Gönner: 2, 1, 73. 76.

10. Elegie

Ein Geburtstagsgedicht, wie Tibull 1, 7 oder 2, 2.

1 Die römischen Camenen sind wie die griechischen Musen (3, 1, 19) ursprünglich Quellnymphen, später Schutzgottheiten der Dichter.
8 Niobe: 2, 20, 7–8.
9 Alkyone weinte trostlos an der gestrandeten Leiche ihres Gatten Keyx; die barmherzigen Götter verwandelten beide in Eisvögel: 1, 17, 2.
10 Itys: 2, 20, 6.
20 Der Weihrauch muß kräftig brennen, wie der Lorbeer (2, 28, 36), damit er ein gutes Vorzeichen ist.
22 Vgl. 2, 13, 30; 4, 5, 26.
28 Würfelorakel, wie 4, 8, 45. Wahrscheinlich sind Gäste da, die auch ihr Schicksal erforschen möchten.

11. Elegie

1–2 1, 9, 1–4.
9–12 Iason, der Sohn des Aison (12) und Medea: 2, 1, 53–54; 2, 16, 30.
13–16 Penthesileia kam mit ihrer Amazonenschar vom Asowschen

Meer (2, 3, 11; 3, 14, 13–14) den Troianern zu Hilfe. Achilles besiegte sie im Zweikampf und verliebte sich in die sterbende Feindin. Vgl. 4, 3, 43–44.

17–20   Herakles hatte die Welt von Verbrechern und Ungeheuern gesäubert (4, 9, 39–46), im Westen den Felsen von Gibraltar aufgebaut, verliebte sich aber in die lydische Königin Omphale und ergab sich ihrem orientalischen Luxus; er trug Frauengewänder (4, 9, 47–50), während sie sich mit Löwenfell und Keule zierte.

21–26   Aus Ziegelsteinen erbaute Semiramis die gewaltigen Mauern von Babylon. Die Umleitung des Euphrats diente wohl auch der Bewässerung ihrer berühmten «hängenden Gärten» (eines Weltwunders, vgl. 3, 2, 19–22; 3, 7, 5); denn man muß sich die märchenhafte Anlage auf einem vormals kahlen Hügel denken, der aus der Ebene aufragte. – Zu Baktrien: 3, 1, 16.

27–72   Eine Frau als Kriegsgrund: 2, 3, 35–40; V. 29–32 ist Kleopatra gemeint, die 37 v. Chr. Marcus Antonius heiratete.

31–32   Antonius soll Kleopatra die Stadt Rom als persönliches Geschenk versprochen haben.

35–38   Pompeius durfte drei Triumphe feiern: Über Sizilien und Afrika, über Spanien, über Mithridates und die Seeräuber. Nachdem Caesar ihn bei Pharsalos (48 v. Chr.) besiegt hatte, floh er nach Ägypten, wo er auf Befehl des letzten Ptolemäers ermordet wurde. – Das Feld von Phlegrai ist die campanische Küste zwischen Cumae und Neapel, wo Pompeius 50 v. Chr. schwer erkrankte. – Sein Schwiegervater ist Caesar, dessen Tochter Iulia er 59 v. Chr. geheiratet hatte.

39–40   Kanopos, neben Alexandria (33) und Memphis (40) aus römischer Sicht eine Stadt der Vergnügungen und Laster. – Die Ptolemäer stammten von Philipp von Makedonien, dem Vater Alexanders des Großen, ab.

41–46   Fünf Gegensatzpaare: Iuppiter und Anubis (der hundsköpfige ägyptische Gott): Tiber und Nil (vgl. 2, 33, 20); Tuba und Isisklapper; ägyptische Galeere und leichtes römisches Kriegsschiff vom liburnischen Typ; Ruhebett mit Moskitonetz (aus *konopeion* wird «Kanapee») und tarpeischer Felsen (4, 1, 7; 4, 4, 93), wo neben den Statuen der römischen Könige, des Brutus, Iulius Caesar usw. die Trophäen des Marius (2, 1, 34; 3, 3, 43–44; 3, 5, 16; 4, 6, 66) standen.

47–48   Tarquinius Superbus, der letzte König von Rom, dessen Herrschaft Brutus 510 v. Chr. ein Ende setzte. Vgl. 4, 1, 45.

50   Octavian erhielt den Ehrennamen «Augustus» 27 v. Chr.

67–68   Scipio Africanus der Ältere, Sieger im Zweiten Punischen Krieg (4, 11, 37–38). – Camillus: 3, 9, 31–2.

67   Camillus: 3, 9, 31.

68   Pompeius (vgl. Anm. zu 35–38) hatte König Mithridates von

Pontos besiegt und den skythischen Bosporos, die Verbindung zwischen dem Schwarzen und dem Asowschen Meer, besetzt.
59 Hannibal: 3, 3, 11. – Syphax, König von Numidien, unterlag 203 v. Chr. gegen Scipio Africanus den Älteren (oben 67–68).
60 Der König von Epirus, eine Zeitlang ein gefährlicher Gegner Roms, gab 275 v. Chr. nach einem «Pyrrhussieg» seine Eroberungspläne auf.
61–64 Beispiele von Römern, die sich für das Vaterland aufgeopfert haben.
61 In früher Zeit öffnete sich auf dem Forum plötzlich eine Erdspalte, die sich nach einer Weissagung erst durch ein freiwilliges Opfer schließen würde. Manius Curtius sprengte zu Pferd in voller Rüstung in den Schlund.
62 Vater und Sohn Decius weihten sich und das Heer der Feinde den Totengöttern und opferten sich auf. Im ersten Fall handelt es sich um die Samniter, im zweiten um die Gallier. Vgl. 4, 1, 45.
63 Horatius Cocles schützte allein den Rückzug der Römer über den Pons Sublicius gegen die verfolgenden Etrusker unter Porsenna; er ließ die Brücke hinter sich zerstören und schwamm über den Tiber.
64 Marcus Valerius Corvus, ein Vorfahr von Tibulls Gönner und Freund Messalla, kämpfte 349 v. Chr. allein gegen einen riesenhaften Gallier. Er wäre unterlegen, hätte sich nicht ein Rabe auf den Helm des Gegners gesetzt und diesen durch kräftiges Flügelschlagen verwirrt. Seither war der Beiname Corvinus in der Familie erblich. Vgl. Tibull 2, 1, 34.
69–72 Der Hafen von Actium (wo Octavian 31 v. Chr. siegte) mit seinem von Augustus gestifteten Apollontempel (2, 34, 61–62; 4, 6, 15 ff.) gehörte zum Gebiet der Insel Leukas. – Das Ionische Meer: 2, 62, 2.

12. Elegie

1 Aelia Galla, die Gemahlin eines Postumus (38), gehörte vielleicht derselben Familie wie sein Freund Gallus (1, 5) an. – Beutegier als Motiv von Kriegen: 3, 5, 11–12; Tibull 1, 1 und 10.
3 Vgl. 2, 10, 13–14.
8 Der Araxes, ein Strom der armenischen Hochebene, fließt ins Kaspische Meer. Vgl. 4, 3, 35. – Wasser im Helm: 2, 6, 8.
11 Bezieht sich wohl auf die Parther.
12 Cataphracti, eine persische Elitetruppe, Roß und Reiter schwer gepanzert. Vgl. 4, 3, 8.
25–34 Ein Exkurs über die Schicksale des Odysseus (Bücher 9–12): Er lag zehn Jahre lang vor Troja. – Er kämpfte gegen die Kikonen und eroberte Ismara. – Er blendete Polyphem: 2, 33, 32. – Kirke (2, 1, 53) verwandelte seine Gefährten in Schweine. – Wer vom Lotos aß, ver-

gaß seine Heimat. – Skylla und Charybdis: 1, 16, 29; 2, 26, 53–54. – Die Rinder des Sonnengottes, von den hungrigen Gefährten geschlachtet, fingen am Bratspieß an zu brüllen und verrieten das Verbrechen. Die Art, wie Properz hier eine Frau, Lampetië, einführt, erinnert an 2, 3, 53 (Pero). – Die Frau von Aiaia ist sonst (vgl. 2, 32, 4) Kirke, die Zauberin; da sie aber schon V. 27 genannt wurde, wird es sich um Kalypso (1, 15, 9–10; 2, 21, 13–14) handeln, die auf der Insel Ogygia wohnte. – Odysseus steigt ab in die Unterwelt oder beschwört die Schatten der Toten herauf. – Um dem Gesang der todbringenden Sirenen nicht zu erliegen, ließ er den Ruderern die Ohren verstopfen und sich selber an den Mast binden.

35–38 Er ist der einzige, der den großen Bogen zu spannen vermag.
38 Penelope: 2, 6, 23.

13. Elegie

Gegen käufliche Liebe: Tibull 1, 4, 57–60.

1 Zum Typus des Anfangs: 2, 1, 1.
5 Nach Herodot und Plinius d. Ä. sammeln in Indien Ameisen so groß wie Wölfe Goldkörner in ihre Höhlen.
6 Die Muschel (1, 14, 12) ist Aphrodite, der aus dem Meer geborenen Göttin (3, 9, 11), heilig. Sie heißt hier nach dem Berg Eryx an der Westspitze Siziliens, wo Aphrodite ein altes Heiligtum hatte. Ist die Perle oder Perlmutter gemeint?
7 Tyros (Phönizien), die Heimat von Kadmos (1, 7, 1; 3, 9, 38): 2, 16, 18; Tibull 1, 7, 47.
8 Zimt ist noch ein sehr kostbares Gewürz. – Düfte: 2, 29, 17.
10 Penelope, die Tochter des Ikarios: 2, 6, 23; 3, 12, 38.
15–22 Das Thema wurde vermutlich in der kynisch-stoischen Diatribe behandelt und wirkt, vermittelt durch Senecas verlorenes Werk *Über die Ehe* bei Hieronymus, *An Iovinian*, nach, wie man annimmt.
16 Dunkelhäutige Orientalen: 4, 3, 10.
22 Tibull 1, 1, 61–62.
24 Euadne, Gattin des Kapaneus: 1, 15, 21–22. – Penelope: vgl. V. 10; 4, 5, 7–8.
25–46 Zum Preis des Goldenen Zeitalters: Tibull 1, 3, 35–40.
38 Doch siehe 4, 9, 57–58. Aktaion und Teiresias sahen zufällig Artemis nackt im Bad und wurden bestraft.
39–40 Der Text ist unsicher; man hat das früher auf Paris, den «Hirten vom Ida» bezogen: während er bei der Nymphe Oinone ist, bleibt die Herde sich selbst überlassen (vgl. 2, 32, 35–40; Theokrit, 11. Idyll). Dann wurde durch Konjektur der «arkadische Hirt» eingeführt, wobei man an Pan denken kann.

43-46 Das ist die fast wörtliche Übersetzung eines griechischen Kurzgedichts aus dem 3. Jahrhundert v. Chr. von Leonidas von Tarent *(Anthologia Palatina* 9, 337). Man jagt die Vögel mit der Leimrute (2, 19, 24, auch als Gegensatz zur Hasenjagd; 4, 2, 33).
50 Properz unterscheidet zwischen geschriebenen und ungeschriebenen Gesetzen.
51-54 Die Galater, ein keltischer Stamm, drangen 279 v. Chr., von den delphischen Schätzen angelockt, in Griechenland ein. Nur wenige Hellenen konnten sich zur Verteidigung ihres Nationalheiligtums aufraffen, doch der Gott schickte Erdbeben und Unwetter und vertrieb die Feinde: 2, 31, 13.
55-56 Priamos schickte seinen jüngsten Sohn Polydoros mit einem Teil des Staatsschatzes zum Thrakerkönig Polymestor. Dieser ahnte, daß Troja verloren war und erschlug seinen Gast um des Goldes willen.
57-58 Amphiaraos und Eriphyla: 2, 16, 29. Er wurde von einem Erdspalt verschluckt, den Zeus' Donnerkeil vor seinem Wagen auftat.
61-66 Kassandra sah in Ekstase den Untergang ihrer Stadt voraus. Vgl. 4, 1, 51. – Das hölzerne Pferd: 3, 1, 24.

14. Elegie

Thema: In Sparta nehmen die Frauen am Sport der Männer teil.
5 Eine Art Tennis, wie es scheint.
6 Der Reifen ist ein eisernes Rad, das mit einem Krummholz angetrieben wird.
8 Im Allkampf, einer Kombination von Ringen und Boxen, sind alle Griffe und Hiebe erlaubt.
15 Taygetos, Höhenzug bei Sparta, Jagdrevier. – Zur Jagd bricht man früh am Morgen auf.
16 Wahrscheinlich Anspielung auf die spartanische Hunderasse.
13-14 Ursprünglich in Skythien ansässig (3, 11, 13-16), suchten die Amazonen neue Wohnsitze in Kappadokien am Schwarzen Meer. Vgl. 4, 3, 43-44. – Thermodon: Fluß in Kappadokien.
17-20 Kastor und Pollux: 1, 17, 18; 2, 7, 16; *Odyssee* 11, 304. – Helena: 2, 15, 13.
24 In gewissen Fällen durfte in Rom der betrogene Gatte den Ehebrecher töten; das gestattete ein von Augustus vor 18 v. Chr. erlassenes Gesetz, das im wesentlichen von den christlichen Kaisern beibehalten und zum Teil noch verschärft wurde. Vgl. 2, 7.
27 Tyros: 2, 16, 18; 4, 3, 34.
33 Man muß wohl an sportliche Bräuche oder «Spielregeln» denken; vgl. V. 1.

15. Elegie

1–10 Vgl. 1, 1, 1; 1, 12, 20. – Schlaflose Nächte (2): 3, 20, 22.

11–42 Antiope wurde von Zeus geliebt (1, 4, 5) und von ihrem Vater gehaßt. Lykos, sein Beauftragter, schleppte sie als Gefangene nach Hause. Unterwegs brachte sie am Kithairon, nahe den Quellen des Asopos, die Zwillinge Amphion (1, 9, 10) und Zethos zur Welt und ließ sie in der Obhut eines Hirten zurück. Dann verliebte sich Lykos in Antiope, und seine Frau Dirke quälte aus Eifersucht die Sklavin, von der ihr Vater nichts mehr wissen wollte. Antiope floh zu ihren (unterdessen erwachsenen) Söhnen, die sie erst abwiesen, dann aber Rache an Dirke nahmen, indem sie sie von einem Stier zu Tode schleifen ließen. Die Sage wurde von Euripides in einem berühmten (verlorenen) Drama und nach ihm von Pacuvius behandelt; die Gruppe des sogenannten Farnesischen Stiers bezieht sich darauf.

25 Kithairon: 3, 2, 5–6.
27 Asopos: Fluß am Kithairon.
42 Arakynthos: Gebirge zwischen Attika und Böotien.

16. Elegie

Zum Hauptmotiv: Tibull 1, 2, 23–30.

1–4 Cynthia ist in Tibur (2, 32, 5) und bestellt Properz dorthin. Die Villen von Tibur lagen zu beiden Seiten des Anio auf hohen Kalksteinfelsen mit Sicht auf die berühmten Wasserfälle, und die aus diesem Material erbauten Türmchen waren weithin zu sehen.

30 Lange Reihen von Gräbern begleiten die großen Landstraßen, die aus Rom hinausführen, und sie sind oft so dicht am Straßenrand, daß jeder Vorübergehende die Inschriften lesen kann, ohne nähertreten zu müssen.

12 Der Räuber Skiron (3, 22, 37) machte die Straße von Athen nach Megara unsicher, bis Theseus ihn von einem Felsen stürzte.

13 Skythien: 2, 7, 18; 2, 30, 2; 4, 3, 47. Es handelt sich um Nomadenstämme zwischen den Karpathen und dem Don.

17. Elegie

2 Die Liebe als (mehr oder weniger stürmische) Seereise: 3, 24, 15–18; Horaz, *Carmina* 1, 5 u. ö.

4 Vgl. V. 42; Tibull 1, 2, 1–2.

5 Wein und Liebe: 1, 3, 13–14; 2, 33, 35–36; 2, 34, 22.

7–8 Dionysos verliebte sich in die von Theseus auf Naxos zurückgelassene Ariadne (1, 3, 1–2), fuhr mit ihr auf einem von geflügelten Luchsen gezogenen Wagen zum Himmel und versetzte ihre Brautkrone unter die Sterne: 2, 3, 18; 3, 20, 18.

9–10 Liebe ist eine Krankheit, Sehnsucht ein Fieber. Die Krankheit sorgt dafür, daß das Fieber nicht nachläßt, als wäre es ein Feuer, das nicht ausgehen darf.
11–14 Tibull 1, 2, 2.
15 Tibull 1, 1, 7.
19 Oft wird Dionysos gehörnt abgebildet: Tibull 2, 1, 3.
20 Properz als Aretaloge des Dionysos (21–28).
21 Zeus und Semele: 2, 28, 27–28. – Zeus' Blitze wurden von den Kyklopen im Ätna geschmiedet.
22 Homer kennt Nysa als Weinbaugebiet in Thrakien; dann wandert der Name in südöstlicher Richtung bis nach Indien. Dort soll Dionysos erzogen worden sein; später erobert er mit seinem Heer von Silenen, Faunen und Nymphen Indien und den Westen.
23–24 Zwei Widersacher von Dionysos: Lykurgos schnitt die vom Gott gepflanzten Reben ab; dieser schlug ihn zur Strafe mit Wahnsinn. Pentheus, ein mythischer König von Theben, wollte in seiner Stadt den neuen Kult unterdrücken, aber ein dreifacher Schwarm von ekstatischen Anhängerinnen des Gottes, seine eigene Mutter an der Spitze, fiel über ihn her und riß ihn in Stücke. Vgl. 3, 22, 33; Euripides, *Bakchai*.
25–26 Tyrrhenische Schiffer wollten Dionysos in die Sklaverei verkaufen; da zeigte er sich in seiner wahren Gestalt. Reben sproßten aus dem Schiff, und die Frevler wurden in Delphine verwandelt. Der homerische Dionysos-Hymnos behandelt dieses Wunder.
27–28 Bei der Epiphanie des Gottes flossen auf Naxos Bäche von Wein. Dia: Alter Name für Naxos.
29–30 Bassareus ist einer der vielen Kultnamen des Gottes. Er selbst und seine Anhänger tragen Haarbänder nach lydischer Mode.
33 Theben, an der Quelle Dirke (zu 3, 15, 11–42): vgl. Anm. zu V. 24. – Tamburine: 3, 3, 28.
34 Pane: 3, 3, 80; vgl. Silene, Amoretten.
35–36 Kybele: 3, 22, 3. Die «Göttermutter» oder «Große Mutter» wurde ursprünglich auf dem Berg Ida in Phrygien verehrt.
37–40 Das dionysische Fest, das V. 29 ff. geschildert wurde, gipfelt in einem Opfer. Properz ist anscheinend selber Priester des Dionysos an diesem Fest, wie er 4, 6 als Priester Apollons auftritt. Er will eine Hymne im gehobenen Stil zum Preis des Gottes, also eine Aretalogie, vortragen. Vgl. 2, 34, 41.
42 Vgl. V. 11–4.

18. Elegie

Marcus Claudius Marcellus, Sohn der Octavia, Neffe des Augustus, wurde 42 v. Chr. geboren, heiratete 25 v. Chr. Augustus' einzige Tochter Iulia, gab zwei Jahre später als Ädil prächtige Spiele und starb noch im selben Jahr, 23 v. Chr., in Baiae, tief betrauert vom Kaiser, der den jungen Mann zu seinem Nachfolger ausersehen hatte. Auch Vergil hat ihm *(Aeneis* 6, 860 ff.) ein großartiges Denkmal gesetzt.

1-8 Zur Umgebung von Baiae, wo Marcellus den Tod fand: 1, 11; 4, 1, 49. Vom Avernersee, dessen Ausdünstungen als giftig galten, hieß es, er stehe in direkter Verbindung mit dem Unterweltsfluß Styx. Vgl. V. 9. – Kap Misenum: 1, 11, 4. – Straße des Herakles: 1, 11, 2. Zu seinen italischen Wanderungen: 4, 6. – Auch Dionysos besuchte Italien. – Jetzt muß sich statt der segenbringenden Gottheiten Herakles und Dionysos (für die Properz eine besondere Vorliebe hat) irgendein böser Dämon hier aufhalten.

9-10 Der Name Marcellus ist durch Konjektur (Phillimore) hier eingefügt; es wäre merkwürdig, wenn er überhaupt nicht genannt würde. – Styx: 2, 27, 5.

11-12 D. h., er durfte am Hausaltar des Kaisers, der ihn adoptiert hatte, opfern und gehörte zur Familie.

13 Nicht nur das Theater, sondern das ganze Forum ließ er für diese grandiosen Darbietungen mit Sonnensegeln überspannen. – Vgl. Anm. zu 3, 9, 28.

14 Offenbar hat Octavia eine Weile die Geschäfte für ihn geführt und vermutlich auch die Spiele, die er gab, aus ihren Mitteln bestritten.

16 Zwischen Sonnenaufgang (Geburt) und -untergang (Tod) bildet der Tag des Lebens gleichsam einen Halbkreis.

19-20 Attalischer Goldbrokat: 2, 13, 22; 2, 32, 12. – Auch die «Großen» oder «Römischen» Spiele, die im September abgehalten wurden, unterstanden den curulischen Ädilen.

23 Kerberos: 3, 5, 43-44; 4, 11, 25-26.

24 Charon: V. 31; 2, 27, 13-16.

27-28 Nireus, nach Achilles der schönste Grieche vor Troja *(Ilias* 2, 673-675). – Zum Tod Achills: 2, 9, 9-16. – Kroisos (3, 5, 17) und der Paktolos: 1, 6, 32; 2, 26, 23.

29-30 Briseis (2, 8, 29-38) ist Agamemnons zweite Liebe, wenn man den Jüngling Argynnos (3, 7, 21-24) als erste rechnet und Klytaimnestra, seine Frau, nicht zählt.

31 Charon; vgl. V. 24.

33-4 Marcus Claudius Marcellus, der berühmte Vorfahr des Verstorbenen, tötete als Konsul 222 v. Chr. den gallischen Häuptling Viridomarus (4, 10, 39-44) und eroberte 211 die sizilische Stadt Syrakus. – Ein Komet des Jahres 44 v. Chr. galt als Seele von Iulius Caesar, die zum Himmel aufging; vgl. 4, 6, 59-60. – Daß Heroen, Heroinen (2, 28, 29-30), aber auch hervorragende historische Persönlichkeiten nach dem Tod in die Fixsternsphäre entrückt werden, war eine philosophische Doktrin, die in Rom viele Anhänger hatte.

19. Elegie

7 Syrten: 2, 9, 33.
8 Kap Malea an der Südspitze des Peloponnes, durch seine Stürme berüchtigt.
11–12 Pasiphaë: 2, 28, 52. In ihrer Menschengestalt wollte der Stier, den sie liebte, nichts von ihr wissen: 4, 7, 58.
13 Tyro, Tochter des Salmoneus: 1, 13, 21–22.
15–16 Myrrha liebte leidenschaftlich ihren Vater Kinyras; die Götter verwandelten sie in den Strauch, der ihren Namen trägt, während sie Adonis gebar.
17–18 Medea: 2, 16, 30.
19–20 Von Pelops (1, 2, 20) stammte Agamemnon ab, dessen Gattin (4, 7, 57) mit Aigisthos Ehebruch beging.
21–28 Skylla, die Tochter des Königs Nisos von Megara, verliebte sich in Minos, den König von Kreta, als dieser ihre Vaterstadt belagerte. Sie schnitt die purpurne Locke auf dem Haupt ihres Vaters ab, an der das Schicksal seiner Herrschaft hing. Darauf konnte Minos Megara einnehmen, doch statt Skylla zu heiraten (zu den Fackeln vgl. 4, 3, 13), ließ er sie ertränken. Ein Parallelmotiv: Tarpeia und Tatius (4, 4). Vgl. noch Tibull 1, 4, 63. Übrigens identifiziert Properz 4, 4, 39–40 diese Skylla mit dem homerischen Meerungeheuer gleichen Namens. Auch für Vergil waren die beiden identisch; dagegen polemisiert der Verfasser der pseudovergilianischen *Ciris*. – Minos als Totenrichter: 2, 20, 30; 4, 11, 19–22.

20. Elegie

3–4 Tibull 1, 1, 51–52; 2, 65–66. – Die römische Provinz Afrika erstreckte sich von der Cyrenaica bis zum östlichen Algerien.
7 Vgl. 1, 2, 30.
8 Aus dieser Stelle hat man etwas voreilig den Schluß gezogen, Cynthias Großvater sei der Epiker Hostius (2. Jh. v. Chr.) gewesen; sie soll ja in Wirklichkeit Hostia geheißen haben (Apuleius, *Apologia* 10). Aber gerade diese Elegie ist mit Sicherheit nicht an Cynthia gerichtet. Ihr Name wird überhaupt nicht genannt, und die Verse 11–30 beweisen, daß Properz einen neuen Liebesbund schließen will. Nicht ohne Grund folgt gleich das erste der Absagegedichte an Cynthia.
22 Vgl. 3, 15, 2; Tibull 1, 2, 75–76. – Properz spricht von einem

neuen Liebesbund, als ob es sich um eine Eheschließung handeln würde. Bei der strengsten Form der Ehezeremonie beobachteten Braut und Bräutigam gemeinsam die Vorzeichen (24); ein Ehevertrag wurde verlesen und unterzeichnet, und offenbar berührte dann das Brautpaar den Hausaltar, um den Vertrag zu beschwören. Der Text ist nicht ganz sicher, aber Properz scheint von Vers 15 an in verschiedenen Formulierungen auf den Akt der römischen Eheschließung anzuspielen. Das will natürlich nicht heißen, daß er sich jetzt tatsächlich verheiratet hat, nur daß es ihm mit dieser neuen Liebe ernst ist. Vgl. Tibull 1, 5, 58.
18 Ariadnes Brautkrone: 3, 17, 7–8.

21. Elegie

17–24 Die Reiseroute nach Athen (vgl. 1, 6, 13): Properz schifft sich in einem Hafen der adriatischen Küste ein (1, 6, 1–4; anders 1, 8, 11), segelt durch das Ionische Meer (2, 26, 2) und landet in Lechaion, dem Westhafen von Korinth. Von hier aus geht die Reise zu Land über den Isthmos weiter, dann auf der attischen Küstenstraße zum Piräus, dem Hafen von Athen, der mit der Stadt durch die Langen Mauern verbunden ist. Ob er die Reise tatsächlich unternommen hat?
25–30 Athen als Bildungsstätte: Platonische Akademie und Garten Epikurs, Unterricht in Rhetorik, Besuch von Bibliotheken und Theatern, Bildergalerien und Skulptursammlungen – alles ist vorhanden. Man befaßt sich mit Ethik, um die Leidenschaften zu bekämpfen. – Demosthenes: Redner des 4. Jahrhunderts; Menander: Komödiendichter des späten 4. Jahrhunderts v. Chr.
33–34 Doch vgl. 2, 1, 47.

22. Elegie

An Tullus, den Jugendfreund (vgl. 1, 1 und 1, 6).
1–16 Der Text ist hier und dort nicht sicher. – Kyzikos (heute: Artaki), eine der glänzendsten Städte Kleinasiens, auf einer gebirgigen Halbinsel der Propontis (Marmormeer) gelegen, war unter römischer Herrschaft bis 20 v. Chr. eine freie Stadt geblieben. Unfern erhob sich auf dem Berg Dindymon ein altes Heiligtum der Großen Mutter oder Göttermutter (2, 22, 15–16; 3, 17, 35; 4, 7, 61; 4, 11, 51–52). Ihr Kultbild soll der Argonaute Argos aus Rebenholz geschnitzt haben. – Nach der gewöhnlichen Überlieferung wurde Persephone (2, 13, 26; 2, 28, 47–48) auf der Ebene von Henna (Sizilien) von Hades (Dis) in die Unterwelt entführt. Properz folgt einer anderen Überlieferung: Es geschah bei Kyzikos.

5   Am Hellespont (1, 20, 19) liegen Lampsakos, Sestos und Abydos. Vgl. 2, 26, 5.
15   Der Kaystros, berühmt für seine Schwäne, mündet bei Ephesos ins Meer.
16   Der Nil und sein Delta.
7–14   Die folgenden mythischen Begebenheiten haben Spuren hinterlassen, und griechische Fremdenführer sorgten zweifellos dafür, daß römische Besucher sie zu sehen bekamen. – Der Riese Atlas (4, 9, 37–38) wurde, als Perseus ihm das Haupt der Medusa, Tochter des Phorkys (V. 8; 2, 2, 8) vorhielt, in ein Gebirge verwandelt. – Drei Taten des Herakles (V. 9–10): Raub der Rinder des Geryon (1, 11, 1; 4, 9, 1–4; 4, 16–18); Ringkampf mit Antaios; Raub der goldenen Äpfel der Hesperiden (2, 24, 26; 4, 9, 45–46). – Die Fahrt der Argo (V. 11–4; 1, 20, 17–18; 2, 26, 39–40). Der mächtige Fichtenstamm, aus dem das Schiff gezimmert war, stand einst auf dem Gebirge Pelion. Dank der vorausgeschickten Taube glitt das Schiff zwischen den Symplegaden (2, 26, 39–40) durch.
37–38   Der Räuber Sinis lauerte an der Küste von Megara auf Reisende. Hatte er einen erwischt, band er ihn an zwei herabgezogene Fichten und ließ die Stämme zurückschnellen. Theseus tötete ihn auf dieselbe Weise. – Zu Skiron, einem anderen Wegelagerer: 3, 16, 12. Vielleicht muß man nach 36 eine Lücke annehmen.
17–36   Ein Loblied auf Italien, im Stil von Horaz, *Carmina* 1, 7 und Vergil, *Georgica* 2, 136–176.
21–22   Vgl. 2, 16, 41–42.
23   Tibur am Anio: 3, 16, 1–4. – Clitumnus: 2, 19, 25; 4, 1, 124.
24   Aqua Marcia: 3, 2, 14.
25   Südöstlich von Rom bilden die Albanerberge (vgl. 3, 3, 3) einen Halbkreis. Verborgene Zuflüsse speisen das Becken des Albanersees, das einen terrassenförmigen Absatz dieser Kette einnimmt. Benachbart ist das Heiligtum der Diana von Aricia (2, 32, 9–10) am Nemisee.
26   Am Forum entsprang die Quelle Iuturna; hier sollen sich die Dioskuren (1, 2, 15–16; 2, 26, 9; 3, 14, 17) gewaschen und ihre Pferde getränkt haben, nachdem sie am Lacus Regillus den Römern zum Sieg über die Latiner verholfen hatten.
29–34   Die fünf Beispiele beziehen sich jeweils auf Personen, die von ihren nächsten Verwandten dem Tod ausgeliefert wurden. Die griechische (und römische) Tragödie ist bekanntlich voll von solchen Familiengeschichten, und vielleicht gab es ein hellenistisches Kataloggedicht über dieses Thema. Auf einem Papyrus *(Papyrus Oxyrhynchus* 2885) ist ein Bruchstück bekannt. Properz hebt das Monströse derartiger Verbrechen hervor. – Andromeda (V. 29): 1, 3, 3–4;

2, 28, 1-2; 4, 7, 63. 65-66. - Atreus hatte seinem Bruder Thyest das Fleisch seiner eigenen Kinder vorgesetzt; da wandte sich der Sonnengott, der das sehen mußte, mit Grausen. - Meleagros hatte seine Oheime, die Thestiaden, umgebracht. Um ihre Brüder zu rächen, warf Althaia das Scheit, an dem das Leben ihres Sohnes hing, ins Feuer, und er starb. (Ein ähnliches Motiv: 3, 19, 22.) - Auch Pentheus wurde das Opfer seiner eigenen Mutter: 3, 17, 24. - Iphigeneia wurde auf Befehl des Vaters geopfert: 3, 7, 24.
35-36   Io: 1, 3, 20; 2, 28, 17-18.

23. Elegie

Properz hat die Wachstäfelchen verloren, auf die er so manches Gedicht im Entwurf und manchen Brief an Cynthia (und andere Frauen) notiert hatte. Auch die Antworten hatten Platz: das Ganze war also eine Art Notizbuch mit mehreren Seiten (Holzrahmen um eine Wachsschicht). Die Verlustanzeige läßt er an eine Säule auf dem Forum oder einer anderen belebten Stätte heften.

4   D. h., man wußte sofort, daß die Botschaft nur von Properz sein konnte; die Täfelchen waren unverkennbar.

24   Der Esquilin ist erst, seit Maecenas das sumpfige Gelände trockenlegen ließ, als Wohnquartier erschlossen worden (vgl. 4, 8, 1-2). Als Adresse genügte im alten Rom «Esquilin», denn das Leben spielte sich mehr in der Öffentlichkeit ab als heute. Es gab Menschen, die Zeit hatten, auf den Straßen herumzustehen, sich zu unterhalten und die Passanten zu beobachten. Sie kannten jeden Bewohner des Quartiers, geschweige denn einen berühmten Dichter - damit kokettiert Properz ein bißchen.

24. Elegie

In diesem und dem folgenden Gedicht (das aber wohl mit diesem zu verbinden ist) erklärt Properz seinen Bruch mit Cynthia. Sie erscheint auch im letzten Buch, mehr als Reminiszenz. Hier aber greift er Motive seiner früheren Liebesgedichte auf, um sie zu widerrufen oder zu entwerten.

9-12   Text unsicher; Anklänge an 1, 1, 19 ff.

13   Anspielung auf den Stier des Phalaris, ein Folterinstrument; vgl. 2, 25, 12.

15-16   Liebe und Schiffahrt: 2, 4, 19-20; 2, 14, 29-30. - Die Syrten, eine gefährliche Stelle, die man überwinden muß, bevor man sicher landen kann: 2, 9, 33.

19-20   Paßt zu 11-12: Durch eigene Kraft, nicht durch Iuppiters Hilfe, hat der Dichter sich befreit.

(25. Gedicht, bildet wohl eine Einheit mit Elegie 24.)
21-22 Vgl. 2, 24, 1-2. 16 (anders 2, 13, 13-14).
27 Vgl. 2, 5, 15.
29 Vgl. 1, 16, 13.
31-38 Tibull 1, 6, 77-78; 1, 8, 43-48. - Zu V. 33 vgl. bes. Tibull 1, 8, 45.
35 Tibull 1, 8, 85.

VIERTES BUCH

Im Prolog stellt der Dichter ein neues Programm vor. In Anlehnung an Kallimachos' *Aitia* möchte er römische Sagen, Überlieferungen, Bräuche, Namen auf ihren Ursprung zurückführen und sie erklären (4, 1, 69). Damit will er Maecenas' Bitte (2, 1 u. ö.), nicht nur Liebesgedichte zu schreiben, sondern auch ein römisches Thema zu behandeln, entgegenkommen. Gleichzeitig deutet er durch die Gestalt des Astrologen Horus an, daß er sich bei diesem Unternehmen nicht ganz wohl fühlt; er objektiviert gewissermaßen seine Selbstzweifel. Es sieht so aus, als hätte er seinen ursprünglichen Plan, ein ganzes Buch «Römischer Elegien» zu verfassen, nicht verwirklicht. Buch 4 enthält neben den «ätiologischen» Gedichten 1, 2, 4 (auch eine tragische Liebesgeschichte), 6, 9 und 10 verschiedenartige Stücke: 4, 3 ist der Brief einer liebenden Römerin an ihren Kriegsdienst leistenden Mann; 4, 5 ist ein Hetärenkatechismus; 4, 7 ist die Erscheinung Cynthias als Geist; 4, 8 ist ein nächtliches Abenteuer mit zwei Frauen, das durch Cynthias unvermutete Rückkehr gestört wird; 4, 11 ist die Totenklage für eine vornehme Römerin. Die spätesten chronologischen Hinweise, die wir aus den Gedichten gewinnen, führen auf das Jahr 16 v. Chr., und man kann vermuten, daß der Dichter schon bald nach diesem Datum starb.

1. Elegie
1 Der Dichter führt einen Gastfreund in Rom herum und zeigt ihm die Sehenswürdigkeiten; der Rundgang beginnt auf dem Palatin.
2 Vgl. 3, 4, 19-20; Tibull 2, 5, 25-34.
3 Zur Erinnerung an den Sieg von Actium: 2, 31 und 4, 6.

4 König Euander soll ein Flüchtling (Verbannter) aus Arkadien gewesen sein, der sich auf dem von ihm nach einem Vorfahren Pallanteum genannten Palatin niederließ.
5 Vgl. 2, 31, 1; Tibull 1, 10, 20.
6 Vgl. 3, 9, 49; Tibull 2, 5, 26.
7 Der kapitolinische Iuppiter. – Vgl. 3, 11, 45; 4, 4, 1. 93.
8 Der Tiber floß von Etrurien her.
9 Der Tempel des Quirinus, d. h. des vergöttlichten Romulus, den Augustus 16 v. Chr. erneuern ließ. Vgl. V. 50; 2, 1, 23. – Remus steht hier (wie 2, 1, 23; 4, 6, 80) zugleich für seinen Bruder.
11-12 Die neue Curia Iulia, wo der Senat tagte, wurde von Augustus 20 v. Chr. eingeweiht. Vgl. 4, 4, 13-14.
13 Quiriten: römische Bürger.
14 Romulus soll den Senat auf hundert Mitglieder beschränkt haben. Unter Augustus waren es sechshundert.
15-16 Sonnensegel: 3, 18, 13. – Safranessenzen wurden bei öffentlichen Darbietungen verspritzt.
18 Der Text ist unsicher, aber einige Erklärer vermuten eine Anspielung auf die Laren. Solange man sich die Laren noch als Gottheiten der Unterwelt vorstellte, besänftigte man sie an den *Compitalia*, den jährlichen Quartierfesten (V. 23), wobei jede Familie vor ihrem Haus für die einzelnen Familienmitglieder je eine Wollpuppe und für die einzelnen Sklaven je einen wollenen Ball baumeln ließ. Für eine frühere Zeit muß man Menschenopfer annehmen. Vgl. G. Binders Aufsatz in: *Museum Helveticum* 24 (1967), S. 104 ff.
19 Am 21. April, den Parilia, d. h. dem Fest der Hirtengöttin Pales, sprang das Volk über brennende Heuhaufen: 4, 4, 73-80; Tibull 2, 5, 87-90. Als Reinigungsfest vergleicht Properz es mit dem Opfer des Oktoberrosses, dessen blutender Kopf und Schwanz auf schnellstem Weg zum Altar der Vesta gebracht wurden.
21 An den *Vestalia* (9. Juni), die zu einem Fest der römischen Bäcker wurden, als das tägliche Brot nicht mehr zu Hause gebacken wurde, bekränzte man die Mühlen samt den Eseln, die sie trieben. Vgl. 2, 29, 27; 3, 4, 11.
23 *Compitalia*: Vgl. Anm. zu V. 18.
25-26 An den *Lupercalia*, am 15. Februar, sprang die Priesterschaft, der *Luperci*, deren eine Körperschaft *Fabiani* hieß, nur mit einer Schürze aus Ziegenfell bekleidet, um den Palatin und schlug die Frauen auf der Straße mit Riemen aus Ziegenfell – ein Fruchtbarkeitsritus.
27-28 In augusteischer Zeit trugen offenbar schon die jungen Rekruten richtige Waffen und Rüstung; in der alten Zeit mußten sie sich erst bewähren, indem sie mit Holzpfählen, ohne Schutz, gegeneinan-

der übten. Nur diese militärische Ausbildung ist hier gemeint, nicht der Krieg selbst.

29–30 Der etruskische Feldherr Lucumo (Lycmon) half den Römern im Krieg gegen die Sabiner unter Tatius (4, 2, 51–54; 4, 4, 1 ff.). – Das Praetorium ist das Zelt des Heerführers im römischen Lager.

31 Die drei ältesten Schichten der römischen Bevölkerung sind identisch mit den drei ursprünglichen «Tribus». Tities sind die angeblich nach Titus Tatius (V. 29–30) benannten Sabiner, die das römische Bürgerrecht erwarben, Ramnes die nach Romulus benannten Latiner, Luceres, die nach Lucumo (V. 29–30), der aus Solonium stammte, benannten Etrusker.

32 Nach der Überlieferung feierte Romulus drei Triumphe. Die weißen Pferde dürften ein Anachronismus sein.

33–36 Eine Aufzählung einst bedeutender Städte in Latium. (Zu Veii: 4, 10, 27–28.) – Bovillae (33): Etwa neun Meilen von Rom, an der Via Appia. – Gabii (34): Etwa zwei Meilen von Rom, an der Via Praenestina, schon zu Ciceros Zeit fast entvölkert. – Alba Longa (35): Die alte Hauptstadt des latinischen Bundes. Vgl. 3, 3, 3–4; 4, 6, 37–38. – Fidenae (36): Drei Meilen von Rom, an der Via Salaria. Vgl. 4, 10, 23.

38 Vgl. 3, 3, 3. – Das Distichon scheint sich auf Romulus, aber auch auf das Volk der Römer zu beziehen.

39–44 Aineias rettete Vater, Sohn und Haushaltsgötter aus Troja. Vgl. 1, 22, 1.

41 Die Griechen hatten das in Bereitschaft stehende Fluchtschiff nicht bemerkt.

45 Publius Decimus Mus: 3, 11, 62. – Brutus ließ seine eigenen Söhne hinrichten, als sie versuchten, die Herrschaft der Tarquinier (3, 11, 47–48) zu erneuern. Die Äxte und Rutenbündel werden von den Liktoren vor dem Konsul getragen; vgl. 3, 4, 5.

49 Die Sibylle von Cumae, in der Nähe des Avernersees: 3, 18, 1–8. Sie prophezeite Aineias den Tod von Remus.

50 Auf dem Aventin stand Remus (oder Romulus), als sich durch ein Vogelzeichen entschied, welcher der beiden Brüder Rom regieren sollte. Vgl. V. 9; 4, 6, 43–44.

51 Kassandra: 3, 13, 61–66. Anspielung auf Lykophrons *Alexandra* (3. Jh. v. Chr.), ein Rätselgedicht.

52–53 Tibull 2, 5, 61–62. – Danaer: die Griechen.

53–54 Tibull 2, 5, 39 ff.

61 Ennius: 3, 3, 6.

62 Bakchos als Dichtergott: 2, 30, 38. – Efeu: 2, 5, 26. – Weicher Kranz: 3, 1, 19. – Das Bild (2, 5, 26) bedeutet wohl nur, daß Properz einen Stoff, der eigentlich episch, in der Art von Ennius' *Annalen*, behandelt werden müßte, im Stil seiner bisherigen Liebespoesie be-

handeln möchte; auch darin wäre Kallimachos sein Vorgänger (64).
63   Umbrien: vgl. V. 121-124; 1, 22, 9-10.
64   Kallimachos: vgl. V. 62; 2, 1, 40; 3, 1, 1. Properz plant jetzt einen Gedicht-Zyklus, der auch inhaltlich den *Aitia* entspricht.
65-66   Vgl. V. 125-126. Die Stadtmauern und das Gebiet, das sie umfassen, sind klein, aber demjenigen, der weiß, daß Properz hier zur Welt kam, erscheinen sie groß. Der berühmte Dichter, der sich in Rom, der Weltstadt, wohl fühlt, ist immer noch ein Lokalpatriot.
68   Vogelruf von rechts: Bei den Römern ein günstiges Zeichen.
70   Dichtung als Rennen: 3, 1, 13-14.
71 ff.   Bei der «Treppe des Cacus», wo die Sterndeuter hausen, treffen Properz und sein Gast den Astrologen Horos.
72   Dichtung als Gespinst: 1, 16, 41; 4, 6, 13.
76   Ein Astrolab oder Himmelsmodell, wie Archimedes es konstruiert hatte. Vgl. V. 82.
77-78   Diese etwas unglaubwürdige, aber höchst eindrucksvolle Genealogie umfaßt die griechischen Astronomen Archytas von Tarent (4. Jh.) und Konon von Samos (3. Jh., den Kallimachos in seiner «Locke der Berenike» ehrte; vgl. Catull 66), einen Babylonier mit dem Phantasienamen Horops (in Analogie zu Horoskopos) und Horos, der seinen Namen vom Himmelsgott der Ägypter hat.
81-86   Text unsicher. Der Astrolog nennt die Ekliptik allgemein, dann drei Planeten (Iuppiter, Mars, Saturn), dann drei Tierkreiszeichen (Fische, Löwe, Steinbock). – Die im Verhältnis zum Horizont schief stehende Bahn der Sonne durch die Zeichen des Tierkreises, wie sie sich am Astrolab (V. 76) darstellt, ist gemeint. – Der Steinbock, das Zeichen der Wintersonnenwende, beherrscht im Westen den Ozean.
89-98   Die erste Weissagung, die sich bewahrheitet hat, betrifft das Schicksal zweier junger Römer, Lupercus und Gallus, die aus einem Krieg nicht zu ihrer Mutter Arria zurückkehren. – Gallus trägt das Feldzeichen seiner Legion, den Adler.
99-102   Die zweite Weissagung, die Horos vorbringt, um seine Kunst zu empfehlen. – Lucina: römische Geburtsgöttin, deren Werk es ist, daß ein Kind das Licht der Welt erblickt. Sie wurde schon früh mit Iuno identifiziert. – Die astrologischen Bücher (V. 80) enthalten die Deutungen und Prognosen der Horoskope, und seine Bücher sind natürlich besser als die der anderen Astrologen.
103   Das Orakel des Zeus-Ammon in der Oase Siwa in der Sahara.
104   Die Eingeweideschau, eine Spezialität der Etrusker, die sie vermutlich aus ihrer kleinasiatischen Heimat mitbrachten. Vgl. Tibull 2, 5, 11-16.
105   Die Vogelschau, von Griechen und Römern praktiziert. Vgl. Tibull 2, 5, 11-16.

106 Die Nekromantie (andere denken an Hydromantie), wie sie z. B. am Avernersee (V. 49) geübt wurde. Vgl. Tibull 1, 2, 45-48.
107-108 Vgl. V. 82. - Entsprechend den fünf Zonen der Erde gibt es die fünf Zonen des Himmelsgewölbes.
109-112 Opferung der Iphigeneia: 3, 7, 24. - Die Felsen (110) meinten es gut. - 109 Kalchas: griechischer Seher, der die Opferung Iphigeneias anordnete.
113-116 Der Untergang der Griechenflotte: 3, 7, 39-40. Nauplios, der König von Euböa, verursachte sie, weil er den Tod seines Sohnes Palamedes rächen wollte.
117-119 Aias, der Sohn des Oileus, riß Kassandra (V. 51) aus dem Tempel ihrer Göttin. Zur Strafe ging er mit dem größten Teil der griechischen Flotte (V. 113-116) auf der Rückkehr von Troja unter.
119 ff. Bisher hat der Astrologe betont, daß seine Kunst den Vorrang vor allen anderen Methoden der Weissagung verdient. Jetzt glaubt er offenbar, Properz genügend beeindruckt zu haben. Nach seinem Werbevortrag (der eine Art Mimus ist), nimmt er das von ihm errechnete Horoskop des Dichters zur Hand und beginnt mit der Deutung. Natürlich kann er den Geburtsort des Dichters nicht aus den Sternen lesen; er muß ihn wissen; denn der «Dichter von Assisi» ist in Rom kein Unbekannter. - Zur «Historie»: 1, 15, 24. - Zu Vers 121 vgl. V. 39; 1, 22, 1. 9.
123 Mevania: heute: Bevagna am Clitumnus, unterhalb von Assisi.
124 Assisi soll einst an einem See gelegen haben; das war vielleicht nur eine Verbreiterung des Clitumnus (2, 19, 25; 3, 22, 23).
125-126 Vgl. 1, 22, 9; eine Präzisierung von 65-66, gleichzeitig schmeichelhafter für den Dichter.
127 Tibull 1, 3, 5-6.
128 Laren: 2, 30, 22.
129-130 Durch die Landkonfiskationen der Jahre 41-40 v. Chr., mit denen Octavian (Augustus) die Veteranen des Bürgerkriegs befriedigen mußte, verlor Properz (wie Vergil und vermutlich auch Tibull) einen Teil seines väterlichen Besitzes. Der Vater, früher reich und angesehen, war schon tot, und die Witwe mußte mit dem unmündigen Sohn in ein bescheideneres Haus ziehen; die Einkünfte aus dem Grundbesitz gingen zurück. Wenn Properz 41-40 v. Chr. noch nicht volljährig war, konnte er nicht vor 56 v. Chr. geboren sein.
131-132 Der junge Römer zieht mit etwa sechzehn Jahren die weiße Toga des Mannes an und legt die Toga mit dem Purpurstreifen sowie das Amulett, das er bisher am Hals trug, ab. Vgl. 1, 22, 1; 3, 15, 3.
134 Das «tolle» Forum ist sicher keine Übertreibung, wenn man bedenkt, daß es manchmal Marktplatz, Gerichtshof und Börse in

einem war. Wer sich in diesem Stimmengewirr verständlich machen wollte, mußte eine Stentorstimme haben.

135–138   Tibull 1, 1, 75. – Eroten (138): 2, 9, 38.
136   Vgl. 3, 1, 12.
139–140   Vermutlich Erfolge bei anderen Frauen (1, 1, 3; denn 3, 15 braucht man nicht ganz wörtlich zu nehmen).
145–146   Tibull 2, 6, 75.
147–150   Diese Warnungen nützen dem Klienten des Astrologen sehr wenig. Auch der Laie weiß, daß die drei genannten Situationen praktisch hoffnungslos sind, und wie soll er sich vor dem Einfluß der gefährlichen Grade des Krebses schützen? Das ist eine Art «schwarzer Humor».

2. Elegie

Am Zugang zum *Vicus Tuscus*, dem «etruskischen Viertel», stand die Statue des Gottes Vertumnus. Properz bietet verschiedene Deutungen des Namens an, die alle mit *vertere*, «wenden», zusammenhängen: 1. mit *vertere* und *amnis*, «Fluß» (7–10); 2. mit *vertere* und *annus*, «Jahr» (11–18); 3. mit *vertere* und *unus* oder *omnis*, «einer» oder «alle» (19–48). Die Etymologien zeigen zum Teil, daß schon in augusteischer Zeit die Lautfolge *mn* nicht scharf getrennt ausgesprochen wurde, daß also die Entwicklung, die z. B. von lat. *damnare* zu ital. *dannare* führt, schon damals begann.

2   Es gab verschiedene Typen von Vertumnus-Darstellungen, aber die berühmte, die Properz hier schildert, verband auf besonders raffinierte Weise verschiedene Typen. Seine Schilderung dieses Kunstwerks ist ein Kunstwerk in sich selbst. Übrigens geht aus dem Gedicht hervor, daß die Statue je nach den Feiertagen des römischen Kalenders verschieden angekleidet wurde und andere Utensilien trug.

4   Volsinii (Bolsena): Etruskerstadt, von den Römern 264 v. Chr. erobert; damals wurde vermutlich der Kult von Vertumnus nach Rom gebracht.

51–54   Lucumo (dem Versmaß zuliebe gräzisiert): 4, 1, 29–30.
52   Tatius: 2, 32, 47–48; 4, 1, 29–30.
56   Die Statue stand also auf einem Sockel.
5   Die Menschenmenge auf dem Forum (V. 55–56; 4, 1, 134). – Aus Elfenbein bestanden wohl nur die Türflügel: 2, 31, 12.
7–8   Vgl. 4, 9, 5–6; Tibull 2, 5, 33–34.
10   Den Dank dafür, daß der Flußgott nicht zürnte, als man seinen Lauf korrigierte, erstattete man Vertumnus, der offenbar mit dem Tiber (4, 1, 8) identifiziert werden konnte.
11   Das römische Jahr begann am 1. März.

23 Koische Gewänder (1, 2, 2; 2, 1, 5), hier Kennzeichen leichter Mädchen. Anscheinend war Vertumnus eine Art Schutzpatron verschiedener Berufsgruppen, vor allem derjenigen, die mit der Gunst der Stunde rechnen mußten. Vielleicht hat er u. a. die Funktion des griechischen *Kairos* übernommen. Die Verbindung von Hetären, Zirkusreitern und Rechtsanwälten darf nicht überraschen: Hermes (Mercur) war ja auch der Gott der Kaufleute und der Diebe.

27 Einst: V. 4. 51–54.

29 Man kann sich gut vorstellen, daß mancher Anwalt auf dem Weg zum Forum und zu einem schwierigen Rechtshandel im Vorübergehen ein kurzes Gebet an Vertumnus richtete oder eine Gabe vor ihm niederlegte, in der Hoffnung auf eine günstige «Wendung».

32 Apollon als Kitharode.

33–34 Hier scheint Vertumnus mit Faunus als Pan (3, 13, 43–46) identifiziert zu sein. Er ist eben ein Allerweltsgott, bald *Kairos*, bald Opportunus, bald Pan.

35–36 Als Zunftgott der Wagenlenker und der Akrobaten, die in vollem Galopp von einem Pferd auf ein anderes sprangen, hatte er auch im Zirkus eine Statue.

38 Der von Tür zu Tür wandernde Verkäufer von Galanteriewaren.

40 Er ist auch der Blumenverkäufer oder Blumenstreuer im Zirkus, d. h. wohl der Patron dieser Berufsgruppe (V. 35–36). Oder vielleicht nicht im Zirkus, sondern hier, an der Straße?

47 Die Etymologie *Vertunus*, mit Anspielung auf *unus* und *omnis*, «einer» und (gleichzeitig) «alle» ist nach Properz die richtige (64).

57 Vgl. V. 20. Wer zu einem Gerichtstermin erscheinen mußte, hatte eine Bürgschaft zu stellen.

58 Ein weißer Strich markierte das Ziel der Rennbahn.

59–61 Als in früher Zeit («unter Romulus») der Kult dieses Gottes eingeführt wurde, war sein Bild aus Holz. Später schuf der Bildhauer Mamurrius Veturius eine Bronzestatue, die den verschiedenen Funktionen des Gottes glänzend entsprach (V. 2). Er wurde in oskischem Gebiet (in der Campania) begraben; das wußte man, aber wohl nicht viel mehr.

3. Elegie

Der Brief einer jungen Römerin an ihren Mann, der im Nahen Osten Kriegsdienst leistet. Thematisch und formal vergleichbar ist 3, 12. Hier haben wir eine Vorstufe der *Heroidenbriefe* Ovids.

7–10 Baktrien: V. 63; 3, 1, 16. – Die Geten (9) lebten an der Donaumündung. – Gepanzerte Kavallerie: 3, 12, 12. – Geplanter Feldzug gegen die Britannier: 2, 27, 5. Ihre Streitwagen: 2, 1, 76. – Inder (den Orient überhaupt vertretend): 2, 9, 29; 3, 4, 1. Vgl. 3, 13, 16.

13-4 Ein Knabe trug der Braut auf dem Weg ins Haus des Bräutigams eine Fackel voraus (3, 19, 25; 4, 11, 46). Sie schaut in die Flamme und sucht darin ein Omen.
15-16 Die Braut wird mit Wasser besprengt und erhält den Schleier aufgesetzt (4, 11, 33-34). Hymenaios und Iuno, die Gottheiten der Ehe, werden angerufen, als wären sie gegenwärtig. Vgl. 4, 4, 61.
17 Sie hat schon früher Gelübde abgelegt und eingelöst, wenn ihr Mann zurückkam. An den römischen Stadttoren, wie in den Tempeln, hingen also Votivgaben. Vgl. V. 71.
18 Mindestens vier Jahre ist er mit Unterbrechungen fern von seiner Frau gewesen.
21-22 Oknos war ein fleißiger Grieche, dessen Frau alles, was er einnahm, bedenkenlos ausgab. Nun muß er in der Unterwelt ewig an einem Strohseil flechten, das ein daneben stehender Esel, den er nicht sehen kann, prompt auffrißt. So stellte Polygnot (5. Jh. v. Chr.) den Mythos in einem berühmten Unterweltsgemälde dar.
26 Tibull 1, 6, 14; 1, 8, 8.
29 Vgl. 1, 1, 33.
31 Sie wirft sich schlaflos auf dem Bett hin und her.
34 Purpurstoffe aus Tyros: 3, 13, 7; 3, 14, 27.
35-36 Araxes: 3, 12, 8. – Parthische Kavallerie: 2, 10, 13-4.
43-44 Hippolyte, die Königin der Amazonen, kämpfte gegen Herakles, heiratete später Theseus und gebar ihm Hippolytos (4, 5, 5). Properz hat etwas für kriegerische Frauen übrig: 3, 11, 13-16; 3, 14, 13-14; 4, 4, 71-72. Arethusa bewundert Hippolytes Mut, erschaudert aber bei der Vorstellung, sie müßte sich einen Helm auf ihre elegante Frisur drücken.
47 Skythien: 2, 3, 11.
50 Vgl. 4, 4, 70.
51-52 Sinn: Was nützt es mir, verheiratet zu sein, wenn mein Mann doch nie zu Hause ist? (Ehering und Kopfschmuck bezeichnen die verheiratete Frau.)
53-54 Am Ersten jedes Monats brachte man den Haushaltsgöttern ein Opfer dar.
57 Jedes römische Stadtviertel hatte seine eigenen Schutzgötter, die *Lares compitales*, deren Schreine an den Straßenecken waren. Vgl. 4, 1, 23.
58 Ein Hinweis, daß es sich um ein vornehmes Haus handelt. – Zum Knistern: 2, 28, 36. *Herba Sabina*, eine Art Wacholder.
59 Vogelschreie: 2, 28, 38.
60 Das hat etwas zu bedeuten. Die Rückkehr muß mit besonderen Opfern gefeiert werden. Vgl. 4, 8, 43.
62 Aufgabe dieser Opferdiener war es, das Tier zu erschlagen. Sie

wurden nach einem Tarif bezahlt: je mehr Opfertiere, desto einträglicher für sie.

63–64 Ihr Mann hatte wohl geschrieben: «Ich möchte der erste sein, der die Zinnen der Stadtmauern von Baktra erklimmt ... ich möchte einem ihrer eleganten Offiziere sein feines Hemd ausziehen.»

66 Parthische Taktik: 2, 10, 13; 3, 9, 54.

71–72 Hier mündet die Via Appia (4, 8, 17) in die Stadt. Die Weihgabe gilt wohl Iuppiter redux, der eine gute Heimkehr gewährt.

4. Elegie

Ein römisches Gegenstück zu der Sage von Skylla (3, 19, 21–26), in verschiedenen Fassungen überliefert.

1–2 Das Capitol, auf dem schon in der Königszeit ein Iuppitertempel stand, hieß auch «Tarpeiafelsen» (3, 11, 45; 4, 1, 7).

9–10 Cures, die alte Hauptstadt der Sabiner. – Der Felsen Iuppiters: das Capitol.

13–14 Bei Properz ist Tarpeia eine Vestalin (vgl. 3, 4, 11). Für den Kult der Göttin wird täglich frisches Wasser benötigt. Tarpeia meldet sich immer freiwillig zu diesem Gang und wählt eine Quelle im Gebiet des späteren Forums, weil sie von dort aus Tatius sehen kann.

5 Silvanus, Gott der Wälder und der unberührten Natur überhaupt, in der Kaiserzeit mit Pan und den Silenen identifiziert.

7 Titus Tatius belagert mit seinen Sabinern Rom.

25–26 Sie bittet die Quellnymphen, den Geliebten zu beschützen.

27–28 Abends, wenn der erste Rauch von den Lagerfeuern (V. 31. 63) aufsteigt. – Sie muß versteckte Wege benützen (48).

31 Praetorium: 4, 1, 29.

38 Die Mähne fällt beim Pferd nach rechts; vgl. Vergil, *Georgica* 3, 86.

39–40 Skylla: 2, 26, 53; 3, 19, 21–6; beide sind hier miteinander identifiziert.

41–42 Der Minotaurus ist, genau genommen, Ariadnes Stiefbruder: 2, 14, 7–8. Vgl. auch 1, 3, 1–2.

45–46 Das heilige Feuer der Vesta und das vom Himmel gefallene Bild der Pallas Athene wurden von Aineias und seinen Gefährten nach Italien gebracht.

48 siehe V. 28.

51–52 Sie denkt an Medea, deren Zauberkünste Iason halfen.

53 Das purpurne, goldbestickte Gewand des Herrschers und Triumphators. – Romulus, der Sohn der Wölfin: 3, 9, 51.

57 Der Raub der Sabinerinnen: 2, 6, 21.

59–60 Tatsächlich haben sich die Römer mit den Sabinern versöhnt und verbündet: 4, 1, 31. Hinter Tarpeias Verheißung steckt also historische Wahrheit. Vielleicht wurde zur Sühne für den Raub der Sabinerinnen oder zur Bekräftigung des Bündnisses ein Menschenopfer dargebracht. Einer späteren Zeit erschien das Opfer grausam (4, 1, 18); deshalb hat die Sage eine Schuld der Frau konstruiert und in Anlehnung an Skylla ein Liebesmotiv eingeführt.

61 Hymenaios: 4, 3, 15–16.

63–64 Dieses Hornsignal zeigt die vierte und letzte Wachablösung der Nacht an; es ist also fast Morgen.

69 Siehe V. 45.

70 Leidenschaft: 4, 3, 50.

71 Der Strymon ist ein thrakischer, der Thermodon ein kappadokischer Fluß, Hinweise auf die mythischen Wanderungen der Amazonen; vgl. 3, 14, 13–14.

73–78 Parilia: 4, 1, 19–20.

80 Keine Wachen werden aufgestellt: siehe V. 63.

93 Vgl. 3, 11, 45.

94 Der «Wachsame» ist wohl ein Beiname Iuppiters, also eine besondere Ehrung, die er sich damals verdient hat. Tarpeias Strafe ist sein Lohn; vgl. 85–86. Dafür erhält er seinen Tempel und den Namen *Vigil*. Der Text ist allerdings unsicher, und dies ist nur eine von mehreren möglichen Deutungen.

5. Elegie

3–4 Manen: 2, 8, 19. – Kerberos: 3, 18, 23. – Gebeine als Gespenst oder Totengeist: 1, 19, 18; 2, 13, 31–32. 57–58; 4, 11, 20.

5 Hippolytos (4, 3, 43) wies die Liebe seiner Stiefmutter Phaidra (2, 1, 51–52) zurück und wurde von Aphrodite bestraft.

7–8 Penelope: 2, 6, 23; 3, 13, 24. – Antinoos, der hartnäckigste unter ihren Freiern.

9–18 Magische Künste: 1, 1, 19–24; 1, 12, 9; 2, 28, 35–38. – An der Porta Collina wurden Vestalinnen, die ihr Keuschheitsgelübde gebrochen hatten, lebendig begraben. Hier waren also die Mächte der Unterwelt besonders stark. – Diese Frau kann die Naturgesetze durchbrechen. – In der Religion, wie in der Magie, darf Eisen nicht verwendet werden (es ist ein relativ junges Metall); deshalb die Fingernägel. – 18: Tibull 2, 4, 57.

22 Perlen: 2, 16, 18.

23 Koische Seide: 1, 2, 2; 2, 1, 5; auch V. 56–7. Eurypylos war ein mythischer Herrscher (*Ilias* 2, 677) über diese Insel, und vermutlich war eine besonders feine Qualität nach ihm benannt.

24 Prächtige Textilien aus Pergamon: 2, 13, 22; 32, 12. Hier ist vielleicht an massive Goldstickerei gedacht, die sich herauslösen ließ.

25 Das ägyptische Theben.

26 Murra ist eine Art Porzellan, wie man annimmt.

28 *Pudicitia* darf man wohl kaum mit «Keuschheit» übersetzen; der Zusammenhang zeigt, daß (relative) «Treue» oder «Anstand» gemeint ist, wie man sie auch von Damen der Halbwelt erwarten durfte.

31 Tibull 1, 4, 33.

33-34 Vgl. 2, 19, 10; 2, 33, 1-2; Tibull 1, 3, 26.

35-36 Hyale und Omichle sind durch Konjektur hergestellte Namen von Sklavinnen. Die Mahnung geschieht in Gegenwart des Liebhabers. – An den Kalenden des Aprils feierten Frauen das Fest der *Fortuna virilis*, die ihnen Glück im Umgang mit Männern brachte.

39-40 Vgl. 3, 8, 21; Tibull 1, 8, 37-38.

41-42 Medea: 2, 16, 30; 2, 24, 45-46.

43-44 Thais: 2, 6, 3. – Geta: Typischer Name des listigen Sklaven in der Komödie.

51-52 Den Sklaven wurden auf dem Markt die Füße gegipst, und am Hals trugen sie einen Zettel, der Namen, Alter, Herkunft, Preis vermerkte. Vor dem Kauf ließ man sie herumspringen, um ihre körperliche Verfassung zu prüfen. Vgl. Tibull 2, 3, 59-60.

55-56 Wörtliches Zitat von 1, 2, 1-2, ungewöhnlich in hellenistischer und römischer Dichtung; könnte in einer alten Handschrift aus einer Randnotiz in den Text eingedrungen sein und wird oft als Interpolation betrachtet, entspricht aber vielleicht der Intention des Dichters.

59-60 Tibull 1, 8, 47-48.

61-62 In Paestum, an der Küste von Lucanien, gab es Rosenkulturen, die zweimal im Jahr blühten, wenn nicht der heiße Scirocco dieser Pracht ein Ende bereitete.

65-66 Die Taube ist der Venus heilig (3, 3, 31-32). Aus diesen Versen kann man schließen, daß in römischen Venustempeln lebende Tauben verkauft und auf Wunsch am Altar geopfert wurden (4, 3, 62), während der Gläubige sein Dankgebet verrichtete. Deshalb waren die Römer erstaunt, daß in Palästina die der Astarte (der phönizischen Aphrodite) heilige Taube nicht angetastet werden durfte; vgl. Tibull 1, 7, 17-18.

6. Elegie

Ein Preislied auf den Seesieg von Actium (2, 1, 34; 2, 34, 61-62), wohl an den *Ludi Quinquennales*, der von Augustus gestifteten Gedächtnisfeier, vor geladenen Gästen vorgetragen. Diese Feier fiel u. a. ins Jahr 16 v. Chr.; das paßt zu Vers 77.

1-10 Der Dichter als Priester (3, 1, 3). Ein neues (V. 7. 10) Lied ist sein Opfer. Die kultischen Gerätschaften sind der elegische Vers, der, wie das beim Opfer herkömmliche Flötenspiel aus Mygdonien (d. h. Phrygien; vgl. V. 8; 2, 30, 17–22) stammt und von Kallimachos und Philitas (3–4) zu höchster Kunst ausgebildet wurde. Geweihtes Wasser (V. 7; 3, 3, 51–52) und Lorbeer (10) sind apollinische und musische Symbole und besitzen reinigende Kraft. – Zum Kranz (3): 2, 5, 26; aber *serta* ist Scaligers Konjektur für *cera*, «Wachstäfelchen».

11–68 Vgl. 3, 17, 37–40.

11 Der Apollontempel auf dem Palatin: 2, 31, 1–2.

12 Kalliope: 1, 2, 28; 3, 3, 38.

15–18 Die Umgebung von Actium, wo Augustus 31 v. Chr. Antonius und Kleopatra besiegte. Athamanen, ein Volk von Epirus. Das Ionische Meer: 2, 26, 2; 3, 11, 72; 3, 21, 19; auch V. 58. – Vgl. auch 3, 11, 69–72. – Iulius Caesar als Nachkomme von Aineias' Sohn Iulus.

19 Am 2. September 31 v. Chr.

21 Der sabinische Kriegsgott, neben Iuppiter und Mars in diese alte Dreiergruppe von Göttern aufgenommen, Ausdruck der Verschmelzung von Latinern und Sabinern (4, 1, 31). Später mit dem vergöttlichten Romulus identifiziert, der als Nachkomme von Aineias ein Teukrer (Trojaner) war. – Vgl. 2, 16, 38.

22 Kleopatra hat sich mit einem römischen Wurfspieß bewaffnet, ahmt römische Bräuche nach, wie zum Hohn (V. 59). – Quirinus: der vergöttlichte Romulus.

24 Octavian (Augustus) hatte schon bei Mutina, Philippi, Perusia und Naulochos über seine Gegner gesiegt: 2, 1, 27–30; vgl. 1, 21 und 1, 22). Dalmatien unterwarf er 34–33 v. Chr.

25–26 Nach einem anderen Bericht ließ Octavian zuerst seine Flügel angreifen, worauf Antonius gegen das Zentrum vorstieß.

27–28 Vor der Geburt Apollons war Delos (2, 31, 10) eine schwimmende Insel; vgl. Kallimachos, 4. Hymnus.

33–34 Um Agamemnon für die Entführung von Chryseis zu strafen, schlug Apollon das Heer der Griechen (2, 8, 32) mit einer Seuche. Das ist das einleitende Motiv der *Ilias*.

35–36 In dem Mythos von der Tötung der Pythonschlange durch Apollon spiegelt sich wohl die historische Tatsache, daß in vorgriechischer Zeit Delphi der Kultort der Mutter Erde war (vgl. 2, 1, 19). Die eindringenden Griechen zerstörten das Kultbild, aber es kam zu einem Kompromiß; denn in der Pythia, die auf einer Erdspalte sitzt und aus dem Erdinnern die Weisungen der Mutter empfängt, lebte die ältere Religion weiter.

37–38 Alba Longa: 3, 3, 3–4; 4, 1, 35.

43–44 Vgl. 4, 1, 50.

47 Jedes Schiff hatte hundert Ruderer.

49–50 Die Schiffe von Kleopatra und Antonius trugen buntbemalte

Galionsfiguren in Gestalt von Kentauren, die wurfbereite Felsblöcke über ihren Köpfen hielten.
56 Mit seinem Speerwurf eröffnete Octavian rituell die Seeschlacht.
58 siehe V. 16.
50–60 Iulius Caesar leitet seine Familie über Aineias von der Göttin Aphrodite ab. Idalion, ein Gebirge auf Zypern, das ihr heilig ist. In den Kometen, der nach Caesars Ermordung am Himmel erschien, versetzen die Dichter die Seele von Octavians Adoptivvater. Vgl. 3, 18, 33–34.
61–62 Triton (2, 32, 16) stößt in sein Muschelhorn. – Nereiden: 2, 26, 15.
66 Bei Marius' Triumphzug, 106 v. Chr. (3, 5, 16; 3, 11, 46).
67 Apollon hatte bei Actium schon einen Tempel, und Octavian ließ ihn zum Dank für seinen Sieg vergrößern. Vgl. Vers 11.
71 ff. Im Anschluß an das Opfer – den «offiziellen Teil» – gibt Properz in seinem Garten ein Gastmahl. Er trägt als Gastgeber einen Kranz von Rosen um den Hals.
73 Falerner: 2, 33, 39.
76 Dionysos als Dichtergott: 2, 30, 38. – Hier haben wir ein Zeugnis für dichterische Improvisationen an solchen Festen.
77 Die Sugambrer, die ihren Wohnsitz am rechten Ufer des Niederrheins hatten, stießen 17 oder 16 v. Chr. über den Rhein vor, kämpften erfolgreich gegen römische Truppen unter Marcus Lollius, zogen sich aber vor einer stärkeren Streitmacht zurück und schlossen einen Vertrag mit Rom, den die Dichter als Zeichen ihrer endgültigen Unterwerfung feierten.
78 Kepheus, Vater von Andromeda (1, 3, 3–4), König der Äthiopier; Meroë ist eine seiner Städte. Der römische Präfekt von Ägypten verhinderte 22 v. Chr. eine Invasion der Äthiopier.
79–80 Die Parther mußten 20 v. Chr. die Feldzeichen von Crassus (3, 4, 9) zurückgeben. Vgl. 2, 10, 13–14. – Remus: 2, 1, 23.
82 Augustus' Enkel, von ihm 17 v. Chr. adoptiert, konnten diese Hoffnungen nicht erfüllen; sie starben vor ihm.

7. Elegie

1 Vgl. 2, 34, 53.
4 An der belebten Via Tiburtina, näher bei Tibur (vgl. V. 18–22. 85–86) als bei Rom. – Cynthias Geist nimmt das Aussehen ihrer sterblichen Überreste an (vgl. V. 94; 1, 19, 18; 4, 5, 4; 4, 11, 20).
10 Lethe: Fluß des Vergessens im Hades.
12 Aus Ungeduld oder Zorn, wie sie das vermutlich oft im Leben tat.

25 Subura, die Niederung zwischen Esquilin und Viminal, ein anrüchiges Quartier, in dem die ganze Nacht reger Betrieb herrschte. Hier, zwischen Tavernen, Verkaufsbuden und ähnlichen Etablissements, drängten sich Cynthia und Properz unerkannt in der Menge.
23-24 Die Angehörigen rufen am Bett des Sterbenden laut seinen Namen, wie um ihn zurückzurufen.
25-26 Der Wächter an der Bahre läßt einen Rohrstock zischen, um böse Geister und Hexen zu verscheuchen. Diesen Wächter zu bestellen, gehörte auch zu den Pflichten der Hinterbliebenen.
27 Vgl. 2, 24, 50.
29 Zu Tibull 1, 5, 49 ff.
30 Damit er sie noch ein wenig länger hätte sehen können.
32 Duftende Essenzen: 2, 13, 23.
33-34 Blumenspende: 1, 17, 22.
35-48 Diese Sklaven gehörten wohl zum Teil zu Cynthias Haushalt, und sie befürchtet, daß nach ihrem Tod eine neue Herrin (76), offenbar die verhaßte Chloris (72) schalten und walten kann. Vielleicht standen Nomas, Petale und Lalage in seinen Diensten. Von dieser Gruppe abgesetzt sind die Amme Parthenië (74) und die Lieblingssklavin Latris (75); mindestens die erstere stand schon in Cynthias Diensten, als er sie kennenlernte. Die Tote verdächtigt Lygdamus (3, 6, 1) und Nomas, sie auf Anstiften der kräuterkundigen Rivalin Chloris (72), die gleich die tödliche Mixtur liefern konnte (1, 12, 9), vergiftet zu haben. Das sollen sie auf der Folter gestehen. Petale und Lalage blieben ihr treu und müssen dies unter der neuen Herrin büßen, ohne daß der Dichter etwas unternimmt. – 39-40 könnte sich auf Chloris (72) beziehen. Der Dichter deutet alles nur an.
52 Kerberos: 3, 5, 44.
55-62 Vgl. 3, 18, 31-32.
57-70 Cynthia zählt sich zu den treuen Frauen der Vorzeit, und sie vergibt dem Dichter seine Treulosigkeit.
57-58 Klytaimnestra: 3, 19, 19-20. – Pasiphaë: 2, 28, 52.
61-62 Musik und Tanz im Elysium: Tibull 1, 3, 59-60. – Die Hinweise auf Kybele (2, 22, 15-16) und Dionysos (3, 17, 30; 35) wohl deshalb, weil Musik und Tanz im Kult dieser beiden Gottheiten so wichtig sind.
63-68 Andromeda: 1, 3, 3-4; 3, 22, 29. – Hypermestra: Die einzige der Danaiden (2, 31, 4), die dem Befehl des Vaters nicht gehorchte und in der Hochzeitsnacht ihren Bräutigam verschonte: 2, 1, 67; 2, 31, 4; 4, 11, 27-28.
72 Eine eifersüchtige Frau nimmt an, daß ihre begünstigte Rivalin eine Hexe sei: 3, 6, 25-26; Tibull 1, 5, 39-42.
75-76 Latris soll freigelassen werden.

82 In Tibur (2, 32, 5–6) stand ein Tempel des Hercules Victor. Elfenbein behielt in dem dort herrschenden Klima länger seinen Glanz als anderswo. Vgl. auch 3, 16, 3–4.

87-88 Träume, die sich erfüllen, kommen durch ein anderes Tor als die täuschenden *(Odyssee* 19, 562 ff; Vergil, *Aeneis* 6, 894 ff.).

90 Kerberos bellt gewöhnlich die Schatten in der Unterwelt an (52), damit sie nicht entweichen können. Manchmal liegt er friedlich da (4, 11, 25). Da die Schatten nachts an die Oberwelt dürfen, wird auch Kerberos von der Kette gelassen und läuft frei herum.

91 Lethe: vgl. Anm. zu V. 10.

94 Drastischer und makabrer Ausdruck für den Geschlechtsakt.

95-96 Die beiden Schlußverse sind von großer Schönheit. In den Vorwürfen der toten Geliebten hat sich der Dichter selbst nicht geschont. Nun, da es zu spät ist, fühlt er Reue, aber im Moment, da er sie noch einmal umarmen will, entgleitet ihm ihr Schatten.

8. Elegie

Als Kontrast zum vorhergehenden Gedicht eine Burleske, vielleicht ein Gedicht aus früheren Jahren, dem Properz nachträglich, als er den Plan zu Buch 4 faßte, durch die Einlage der Verse 3–14 einen antiquarischen Charakter gab.

1-2 Auf dem Esquilin wohnt er selbst (3, 23, 24). Drei große Aquädukte überspannen dieses Quartier, das reich an Brunnen ist. Dort hat auch sein Gönner Maecenas ein Haus in einem Park (Horaz, *Saturae* 1, 8, 14–16). Die «Neuen Äcker» waren offenbar der Name eines Quartiers.

19-20 Diese Verse werden von manchen Herausgebern hier eingeschoben.

3-14 Lanuvium an der Via Appia (2, 32, 6), südöstlich von Rom, berühmt durch sein Heiligtum der Iuno Sospita und eine Erdspalte, in der ein heiliger Drache hauste (s. Anm. zu 4, 6, 35–36). Den Mädchen, die ihn alljährlich zu füttern hatten, wurden die Augen verbunden. Ein unterirdischer Luftstrom, der auch das Pfeifen (8) erzeugte, lenkte ihren Weg. War ein Mädchen nicht mehr keusch, so weigerte sich der Drachen, zu fressen, und Ameisen brachten nach und nach das Futter ans Tageslicht.

14 Tibull 2, 5, 82.

15-18 Via Appia (von Rom nach Capua): 2, 32, 6; 4, 3, 71–72. – Eine wundervolle Momentaufnahme einer Straßenszene augusteischer Zeit: Cynthia auf ihrem Gefährt, der Playboy mit seinen Hunden, die Zuschauer, die ihre Witze reißen.

24 Molosser: eine berühmte Hunderasse aus Epirus.

25-26 Wenn er sein Vermögen verpraßt hat, braucht er sich nicht mehr die Barthaare auszuzupfen, um schön zu sein; dann kann er sich als Gladiator verdingen.
29 Das alte Heiligtum der Diana auf dem Aventin.
31 Tarpeia: 4, 4, 1.
37-38 Lygdamus: 3, 6; Anm. zu 4, 7, 35-48. – Gläser oder Schalen, die man im Sommer, wenn man gern im Freien trinkt, verwenden kann, sind einfacher Art und so geformt, daß sie auch auf dem Rasen stehen können. – Wein von Methymna auf Lesbos: 1, 14, 2.
43 Das Omen der Lampe: 4, 3, 60.
45-46 Vier Fußknöchel (meistens von einem Schaf) wurden an den Längsseiten mit den Zahlen I und VI, III und IV markiert. Ergab der Wurf vier Einer, war er eine Niete, ein «Hund». Kamen vier verschiedene Zahlen heraus, war es ein Glückswurf, eine «Venus». – Vgl. 3, 10, 28.
69 Jeder Römer hat seinen Genius, seinen guten Geist, dem er am Geburtstag opfert. Der Sklave beschwört Properz bei seinem Genius.
75-78 Alles Gelegenheiten, Damen kennen zu lernen. Die Säulenhalle des Pompeius: 2, 32, 11; Ovid, *Ars Amatoria* 1, 67. – Auf dem Forum wurden manchmal Gladiatorenspiele abgehalten. – Im Theater saßen die Frauen auf den obersten Rängen. Vgl. noch 2, 22, 4.
83-84 Um das Haus von der Befleckung zu reinigen, räuchert sie es mit Schwefel (86) aus und besprengt die Schwelle mit Wasser.
85 Soll man *lacernas* oder *lucernas* lesen, «Decken» oder «Lampen»?

9. Elegie

Wie Herakles den «Großen Altar» auf dem Rindermarkt in Rom stiftete.
1-2 Auf der Insel Erythea, fern im Westen (bei Gibraltar) hauste Geryon. Ihm raubte Herakles seine riesige Rinderherde (1, 11, 1; 3, 29, 9). – Sohn des Amphitryon, Enkel des Alkeus (V. 16. 38) heißt er, obwohl sein wahrer Vater Zeus war (2, 22, 25-26).
3 Vgl. 3, 9, 49; Tibull 2, 5, 26.
5-6 Velabrum: die Niederung zwischen Palatin und Capitol, angrenzend an den Rindermarkt. – Vgl. 4, 2, 7-8.
7-20 Cacus, ein Riese mit drei Köpfen, analog dem dreileibigen Geryon (V. 1-2) bewohnte den Palatin (so Properz, nach andern den Aventin. Vergil erzählt von ihm *Aeneis* 8; vgl. Livius 1; Ovid *Fasti* 1.) Er bewirtete Herakles, verging sich aber gegen Iuppiter, den Gott der Gastfreundschaft, indem er dem Helden die Rinder stahl. Dafür tötete ihn dieser mit seiner Keule, und zwar erschlug er jeden Kopf ein-

zeln. Der Rindermarkt liegt zwischen Velabrum (5-6) und Tiber. - Der Gott von 13 ist Iuppiter. - Der Alkide: 1, 20, 49.

21 ff. Herakles' Hunger und Durst sind legendär. Vgl. noch 1, 20, 6 ff.

24 Das überlieferte *lucus* ist zusammen mit *nemus* kaum möglich. Alton vermutete *lotos*, einen Baum, der nicht genau zu identifizieren ist, aber wohl eine religiöse Bedeutung hat.

25-26 Die Bona Dea, eine Frauengottheit, über deren Kult, der Männern nicht zugänglich war, fast nichts bekannt ist. Vgl. Tibull 1, 6, 21-24.

36 Herakles, der Schutzpatron der Kyniker, braucht, wie Diogenes, keinen Becher, um zu trinken.

37-38 Herakles hat dem den Himmel tragenden Riesen Atlas (3, 22, 7) seine Last abgenommen und die Erde von Ungeheuern befreit (V. 73; 3, 11, 19). - Das heißt wohl: Die Erde kennt mich als den Enkel des Alkeus, der Himmel dagegen als den Sohn des Zeus. Vgl. Anm. zu 1-2.

41 Er war in die Unterwelt hinabgestiegen, um Kerberos zu fangen.

42 Der Vers ist eine Wiederholung von 66 und ergibt hier keinen Sinn. Es handelt sich wohl um einen mechanischen Irrtum im Archetyp, und die Zeile, die verdrängt wurde, läßt sich nicht zurückgewinnen.

45-46 Der Löwe von Nemea, dessen Fell er trägt. - Der Weg durch die libysche Wüste nach Erythea (Anm. zu 1-2) oder zu den Hesperiden; Sieg über Antaios (3, 22, 10).

47-50 Im Dienste der Omphale (3, 11, 17-20).

57-58 Sie schlug ihn mit Blindheit, schenkte ihm aber dafür die Sehergabe. - Auf ihrem Brustpanzer trägt sie das Medusenhaupt: 2, 2, 8.

67 Die Ara Maxima auf dem Forum Boarium.

73-72 Semo Sancus ist die Gottheit, welche die Sabiner und dann auch die Römer zur Bekräftigung eines Schwures anriefen.

73-74 Bezieht sich wohl auf eine alte Statue von Semo Sancus, der mit Herakles identifiziert wird. Vgl. K. Latte, *Römische Religionsgeschichte*, München 1957, S.127.

74 Tatius: 2, 32, 47.

71 Der Zorn seiner «Stiefmutter» Hera (V. 43-44) erlosch erst, als sie seine Schwiegermutter wurde (1, 13, 23-24).

10. Elegie

Wie Namen und Kult des Iuppiter Feretrius entstanden. In seinem Tempel auf dem Capitol wurden die *spolia opima*, die auserlesene Beute, die römische Feldherren den von ihnen erschlagenen (*ferire*, 46) Anführern der Feinde abgenommen hatten, brachten (*ferre*, 47).

Die etymologischen Experimente erinnern an 4, 2. Als Beispiele nennt er Romulus, Cossus und Marcellus.

3-4 Zum Bild: 3, 1, 17-18; 3, 9, 8.

7-10 Acron, der Herrscher der Sabinerstadt Caenina (heute: Ciano) unternahm es, den Raub der Sabinerinnen zu rächen.

11 Quirinus: 4, 6, 21-22.

16 Weil Iuppiter Feretrius die Rüstung als Weihgeschenk erhält.

18 Vgl. 4, 1, 10.

23-24 Nomentum (heute: Mentana) war unter Tarquinius Priscus schon im 7. Jahrhundert v. Chr. erobert worden, Cora spätestens Ende des 6. Jahrhundert v. Chr., während der Sieg von Cossus (vgl. 3, 9, 31) ins letzte Viertel des 5. Jahrhunderts v. Chr. fällt. Deshalb hat Jean Passerat die Umstellung des Distichons nach V. 22 gefordert. – Tolumnius, der König von Veii, unterstützte Fidenae (4, 1, 36) im Kampf gegen Rom. Properz verlegt die Schlacht vor die Mauern von Veii.

28 Der goldene (d. h. schwer vergoldete) Thron der Etruskerkönige, ein Prunkstück. – Vergangenheit und Gegenwart (V. 27-30): 4, 1, 33-36.

29-30 Properz unterscheidet zwischen dem eigentlichen Stadtgebiet und den Gräbern vor der Stadt.

33-34 Cossus hat also einen taktischen Vorteil; dennoch schlägt er Verhandlungen aus und wählt den Zweikampf.

39-44 M. Claudius Marcellus (3, 18, 33-34) besiegte die Insubrer, die mit Galliern, Germanen und Alpenstämmen unter Viridomarus gegen Rom marschierten, bei Clastidium (222 v. Chr.). Den Anführer der Feinde erschlug er mit eigener Hand. Der Dichter scheint das Völkergemisch im gegnerischen Heer durch die Häufung von fremdländischen Namen andeuten zu wollen; der «rätische Wagen» ist allerdings Konjektur.

45-46 Die Etymologie beruht offenbar auf *fer-*, «tragen» und *tri-*, «drei».

11. Elegie

Die «Königin der Elegien», wie J. J. Scaliger sie genannt hat. Es ist der Nachruf auf Cornelia, in der man die Tochter des Konsuls (39 v. Chr.) P. Cornelius Scipio und der Scribonia, die später kurze Zeit mit Augustus verheiratet war und ihm Iulia gebar, erkannt hat. Cornelia war die Gattin von L. Aemilius Paullus Lepidus. Ihr Bruder P. Cornelius Scipio bekleidete 16 v. Chr. das Konsulat. Das war ihr Todesjahr (66).

1 Tibull 1, 1, 67-68.

5 Hades (Pluto, Dis): der Gott der Unterwelt.

PROPERZ 4, 10-11

7 Charon sammelt die Münzen ein, die man den Toten als Fahrgeld unter die Zunge legte. – Vgl. noch 2, 27, 13-16.

9-10 Die Töne der Tuba, die den Leichenzug begleiten: 2, 7, 12. – Mit abgewandtem Gesicht halten die nächsten Angehörigen die Fackeln unter die Bahre (2, 13, 21. 31), und zwar am Kopfende, so daß Cornelias Antlitz zuerst in einer Rauchwolke verschwindet (Hinweis von Gilbert Highet).

11-12 Der Wagen der Triumphatoren. Unter ihren Vorfahren trifft das auf die Scipionen und auf Aemilius Paullus zu; vgl. V. 37-40; 1, 16, 3. – Ihre Söhne: V. 63-64.

13 Vgl. 2, 13, 44.

14 Zu dieser Vorstellung: 2, 9, 13-14.

16 Der Styx.

17 Vgl. die Gewissenserforschung bei Tibull 1, 3, 51-52.

19-22 Minos, Aiakos und Rhadamanthos sind die Totenrichter im Hades: 2, 20, 30; 3, 5, 39; 3, 19, 27. – Durch das Los wird im römischen Prozeßverfahren die Reihenfolge der Rechtsfälle bestimmt. – Die Eumeniden sind sozusagen die Polizei des Schicksals (2, 20, 29); man kann sie mit den Liktoren der präsidierenden Magistraten vergleichen.

23 Sisyphos: 2, 17, 7. – Ixion: 1, 9, 20; 3, 5, 41; Tibull 1, 3, 73. Sein Rad dreht sich nach dieser Vorstellung sehr schnell.

24 Tantalos: 2, 1, 66.

25-26 Kerberos: 3, 5, 44; 3, 18, 23; 4, 7, 52. 90.

27-28 Sie braucht keinen Anwalt. – Die Danaiden: 2, 1, 67-68; 2, 31, 4; 4, 7, 63-68.

29-30 P. Cornelius Scipio Africanus der Jüngere besiegte Karthago und Numantia. Er trug die Ehrennamen «Africanus» und «Numantinus». Auch Scipio der Ältere durfte sich «Africanus» nennen.

31 Scribonia, Cornelias Mutter, war die Schwester von L. Scribonius Libo, der 34 v. Chr. das Konsulat bekleidete. Er war der Schwiegervater von Pompeius' Sohn Sextus.

33-34 Auch Mädchen trugen die Toga Praetexta (3, 15, 3) vor der Heirat. – Zu den Hochzeitsbräuchen: 4, 3, 13-16.

35 Der Tod, nicht eine Scheidung (wie das damals in Cornelias Kreisen häufig vorkam) endet diese Ehe.

36 Vgl. V. 68.

38 Vgl. V. 30.

39-40 Lucius Aemilius Paullus, Vater von Scipio Africanus dem Jüngeren, besiegte 168 v. Chr. Perse(u)s, den König von Makedonien (3, 3, 8), der seine Ahnenreihe auf Achilles zurückführte.

41-42 Ihr Gatte war 22 v. Chr. Zensor gewesen. In seinen Erlassen brauchte er auf das Verhalten seiner Frau keine Rücksicht zu nehmen; d. h., er brauchte die Bestimmungen nicht zu mildern. Vielleicht ein Seitenhieb auf andere Zensoren, die das tun mußten.

46 Zwischen Hochzeits- und Totenfackel: vgl. V. 9–10; 33–34; 4, 3, 13–44.

49 Anders als in Vers 20 ist hier die Abstimmungsurne gemeint, aus der die Täfelchen «Schuldig», «Unschuldig» und «Nicht klar» hervorgezogen wurden.

50 In der Unterwelt.

51–52 Quinta Claudia wurde das Opfer übler Nachrede. Um ihre Unschuld zu beweisen, zog sie 205 v. Chr. das Schiff mit dem Kultbild der Kybele (3, 17, 35; 3, 22, 3), das im Tiber stecken geblieben war, an ihrem Gürtel weiter.

53–54 Die Vestalin Aemilia übernahm die Verantwortung, als eine Novizin das heilige Feuer ausgehen ließ, betete zur Göttin und fächelte mit ihrem besten Schleier die Asche, aus der alsbald eine neue Flamme sprang; damit war die Kontinuität des Kultes gesichert.

58–60 Iulia, die Tochter von Augustus, war Cornelias Halbschwester. – Götter können sonst nicht weinen; deshalb ist Cornelia stolz, daß der Kaiser an ihr Sterbebett kam und seinen Tränen freien Lauf ließ.

65 Vor seinem Konsulat (16 v. Chr.) war ihr Bruder P. Cornelius Scipio Prätor gewesen.

61–62 Gemeint ist: obwohl ich so jung sterben mußte. – Frauen, die drei und mehr Kinder hatten, genossen Vorrechte, durften zum Beispiel ein besonderes Kleid tragen.

63–64 M. Aemilius Lepidus war Konsul 6 n. Chr. L. Aemilius Paullus bekleidete das Konsulat 1 n. Chr. und heiratete die jüngere Iulia, Augustus' Enkelin.

67 Ihre Tochter war also 22 v. Chr. (vgl. Anm. zu V. 41–42) geboren worden. Sie gleicht ihrem Vater, ist also ein lebender Beweis für den Erfolg seines Amtes.

72 Die Deutung ist unsicher, doch kann man davon ausgehen, daß das Volk, das den Aufwand dieses Begräbnisses sieht, spontan entscheidet, daß der ganze Aufwand (der lange Leichenzug, der große, reich geschmückte Scheiterhaufen) gerechtfertigt war.

69 Ihre Taten sind die einer Frau und Mutter und werden durch den «Triumph» (71) erklärt.

70 Charons Nachen; vgl. V. 7.

75 Vgl. *Evangelium nach Johannes* 19, 26.

80 Wenn die Kinder den Vater auf die Wangen küssen, merken sie, daß er geweint hat.

83 D. h. ab und zu mußt du schweigen, um meinem Bild Gelegenheit zur Antwort zu geben.

85 Ursprünglich stand das Ehebett, *lectus genialis,* im Atrium, gegenüber der Haustür, und man hielt an dieser Vorstellung auch dann noch fest, als ein Haus wie dasjenige Cornelias viele Räume umschloß. – «Doch»: Trotz den Beteuerungen ihres Mannes.
95 Tibull 1, 6, 63–64.
102 Text und Deutung unsicher: *avis* ist Konjektur von N. Heinsius, der erklärte «zum Grabmahl der Ahnen». Die Änderung ist nötig: wahrscheinlich sind die berühmten Vorfahren, d. h. die ihre Masken tragenden Teilnehmer am Leichenzug, gemeint, die ihre sterblichen Reste tragen oder begleiten. Zu 1, 5, 24.

ANMERKUNGEN ZU TIBULL

ERSTES BUCH

1. Elegie

1-6 Zur Form der Aufzählung: Properz 2, 1, 43-46. – Im Krieg wurde manch ein römischer Ritter reich: Horaz, *Carmina* 1, 29-34 vielleicht nach Bakchylides, Frg. 4, 35-37.

7 Properz 3, 17, 15; Horaz, *Epistulae* 1, 14, 39.

8 *Poma*: Apfelbäume (*Vergil Georgica* 2, 426); anders V. 13.

9 Die Göttin der Hoffnung (wie 2, 6, 20-27), die in Rom ihren eigenen Tempel hatte, ist gemeint.

11-22 Heilige Steine (wie Properz 1, 4, 24) und Baumstrünke, mit Kränzen und Binden geschmückt – Zeichen, daß sie noch immer verehrt wurden –, gab es hier und dort. Man träufelte auch Öl auf sie. Es sind Überreste eines uralten Fetischismus, und sie haben wohl nichts mit Terminus, dem Gott der Gemarkungen, zu tun. Doch siehe Ovid, *Fasti* 2, 641-642.

14 Der «ländliche Gott» (vgl. 1, 5, 27) braucht nicht Silvanus (Vergil, *Aineias* 8, 601) zu sein; vgl. V. 14; 2, 1, 4. 36-37; 2, 5, 84 usw. Doch vielleicht denkt der Dichter an Horaz, *Iambi* 2, 21-22.

17-18 Priapos (vgl. 1, 4), der Gott der Gärten, der Sexualität, der Potenz und Fruchtbarkeit, stand ithyphallisch, mit Mennig gefärbt (Vergil, *Eclogae* 10, 27), die Sichel in der Hand, als Vogelscheuche und Beschützer der Saaten in Obst- und Gemüsegärten.

20 Die Laren (1, 3, 34; 1, 10, 15. 25; 2, 1, 60) sind die Schutzgötter des Hauses und seiner Bewohner, aber auch des *pagus* (Landgemeinde oder Stadtbezirk). Der heilige Schrein mit den Larenbildern neben dem Herd war der Mittelpunkt des Familienkultes.

21 Früher, als die Familie noch begütert war, bevor sie in den Bürgerkriegen, durch Konfiskationen, verarmte. Vgl. Properz 4, 1, 127-130.

22 Das Opfer richtet sich nach der Größe des Besitzes. Auf dem Familiengut hat es jetzt wenig Großvieh, hauptsächlich Schafe und Ziegen (31-34).

27 Vgl. 1, 4, 42; 1, 7, 21. – Der Hundsstern ging einige Tage nach der Sommersonnenwende auf.

31-2 Vergil, *Eclogae* 1, 14-15.

36 Das Fest der alten Hirtengottheit Pales, am offiziellen Grün-

dungstage Roms, am 21. April begangen. Nach Verteilung des Opfermahls wurde die Statue der Göttin mit kuhwarmer Milch bespritzt; dafür segnete sie die Herden. - Zu V. 33–66 vgl. 2, 5, 87–90. - Pales zusammen mit Pan: 2, 5, 28.

43 Catull 31, 10.

51–22 Vgl. 1, 2, 65–66; Properz 3, 20, 3-4.

53–56 Ähnlich der Gegensatz zwischen dem Mann der Tat und dem Dichter der Liebe: 1, 2, 65–70; Properz 1, 6, 19–34 mit weiteren verwandten Motiven. Im Haus des siegreichen Feldherrn, an den Türpfosten oder im *vestibulum*, dem Vorraum, hängen ausgesuchte Beutestücke; vgl. siehe V. 54; Properz 3, 9, 26.

56 Die allzu oft verschlossene Tür der Geliebten: siehe V. 73; 1, 2, 6 ff. u. ö.

57 Properz 1, 6, 29.

59–68 Sterbe- und Bestattungsszenen ausgemalt: Properz 2, 13, 13–40 (einzelnes s. u.).

59–60 Der Dichter möchte ruhmlos sterben (Properz 1, 6, 25–26).

61–62 Vergleichbar ist Properz 2, 13, 19–30 und (etwas übersteigert) 3, 13, 22. Vgl. auch Properz 1, 17, 21–24.

63–64 Ähnliche Bilder: 1, 2, 65; 10. 2; 59–60; 2, 3, 2; 4, 7–10.

65–66 Properz 1, 7, 23–24; 1, 17, 11–2 (auch zu V. 61–64 zu vergleichen).

67–8 Aufgelöstes, ungekämmtes Haar als Zeichen der Trauer: Properz 1, 15, 11. Übermäßige Bezeugung von Trauer vom Toten nicht gewünscht: Properz 4, 11, 1. - Die Manen sind die vergöttlichten Toten.

69 Übergang von der Todesvorstellung zum Lebensgenuß: Properz 1, 19, 25.

70 Der Tod personifiziert wie 1, 3, 4–5. 65.

71–72 Die lächerliche Figur (Lysidamus in Plautus' *Casina*) des verliebten Alten: 1, 2, 90–96; 2, 1, 74; Ovid, *Amores* 1, 9, 4.

73 Anspielung auf den *Kōmos*, die *comissatio*, einen griechischen Brauch (Herondas 2, 34–37), der vielleicht in Rom (Terenz, *Adelphi* 101–103) eher literarisch nachwirkte.

75 Kriegs- und Minnedienst: Properz 4, 1, 135–138.

74 Habgier als Ursache von Kriegen: 1, 2, 66; 1, 10, 7–8; 2, 3, 37–40.

75 Ovid, *Amores* 1, 9.

2. Elegie

Der Dichter sitzt vermutlich vor der verschlossenen Tür der Geliebten. Den Wein hat er bei sich, oder er wird ihm gebracht (vgl. Plautus, *Curculio* 82–85). Zum Paraklausithyron: Properz 1, 6.

1 Der Wein als Tröster bei Liebeskummer: 1, 5, 37; Properz 3, 17, 1–10.

2   Der Wein als Schlafspender: 1, 7, 41; Properz 3, 17, 11–14. 42.
6   Die verschlossene Tür: 1, 1, 56; 2, 4, 31.
7–14   Properz 1, 16, 17–44.
9   Worte und Wehklagen helfen nichts: 1, 5, 67–68; bei Properz 1, 16, 36 nützen auch Geschenke nichts.
14   Blumenkränze an der Tür der Geliebten: Properz 1, 16, 7; Catull 63, 66.
16–22   Venus gibt Mut und Kraft. Vgl. 2, 1, 15–20. Etwas anders bei Properz 1, 14, 17–24.
19   Zum Liebeslager: V. 58. – Eros als Lehrmeister: Kallimachos, *Aitia* 67, 1.
21–22   Zeichensprache: 1, 6, 19–20.
24   Das Thema von Properz 3, 16; einzelne Anklänge sind leicht zu verfolgen.
25–28   Vgl. Properz 3, 16, 6. 11–14. 19–20. – *praemiator* ist ein Räuber, der seinen Opfern die Kleider abreißt und nur gegen bares Geld zurückgibt.
29–30   Der Liebende ist geheiligt; vgl. Poseidippos, *Anthologia Palatina* 5, 213.
39–40   Als Kronos seinen Vater Uranos entmannte, fielen Bluttropfen ins Meer; aus ihnen wurde Aphrodite geboren; vgl. Hesiod, *Theogonie* 176–206.
43–66   Die Macht der Hexen ist ein oft behandeltes Thema in der Liebesdichtung (vgl. Theokrit 2; Vergil, *Eclogae* 8, 64 ff.). Sie können unter anderem die Gestirne vom Himmel herabziehen (Properz 1, 1, 19. 23–24), den Lauf von Flüssen ändern (Properz 1, 1, 23–24) und natürlich auch auf den Gang einer Liebesbeziehung einwirken (allgemein 1, 8, 19 ff.). Hexen zaubern mit Kräutern (V. 51. 60; 1, 8, 17; 2, 4, 55–56) und Sprüchen (V. 44. 54. 60; 1, 5, 12; 2, 8, 17; 23), benützen aber auch andere Requisiten; s. G. Luck, *Hexen und Zauberei in der römischen Dichtung*, Zürich 1962. – Totenbeschwörung (47–48) auch Properz 4, 1, 106; Horaz, *Iambi* 17, 79. – Medea ist neben Kirke die Erzzauberin der griechischen Mythologie. – Hekate erscheint von ihren Hunden umkläfft; vgl. Apollonios Rhodios, *Argonautika* 3, 1217. – Ausspucken wehrt Unheil ab; vgl. V. 98. – Die Hexe verspricht Tibull, die Macht der Geliebten über ihn zu brechen; das ist also ein Lösezauber, das Gegenteil eines Liebeszaubers, doch während der phantastischen Zeremonie betet er im stillen um ihre Gegenliebe.
67   «Eisern» ist der Mensch ohne Gefühle, ohne Mitleid; vgl. 1, 1, 63–64.
67 ff.   Vgl. 1, 1, 51–52. – Krieg als Beutekrieg: 1, 1, 76. – Man muß sich fragen, ob diese Verse auf Messalla zielen; die Schilderung paßt

nämlich in allen Punkten auf ihn. Er hat u. a. einen Feldzug nach Kilikien, einem Bergland in Kleinasien, unternommen (V. 67; vgl. 1, 7, 13-16). Die Art, wie der hier Ungenannte eingeführt wird, erinnert an 1, 1, 51-56. Dort beteuert der Dichter, kein Gold der Welt könne ihn dazu bewegen, die Geliebte zu verlassen; dann wird gleich Messalla genannt, und zwar ebenfalls als Typus des Kriegsmanns, der Ruhm und Beute sucht. Vielleicht darf man Vers 65 entnehmen, daß Delia, die sich Tibull gegenüber kühl verhält, Messalla ihre Gunst geschenkt hat. Nun will es die Ironie des Schicksals, daß Messalla geht – und Tibull bleibt.

75-76 Purpurpfühl: Properz 1, 14, 20. – Tyrisches (phönizisches) Rot: 1, 7, 47. – Schlaflose Nächte: 1, 8, 64; Properz 3, 15, 2; 3, 20, 22.

80 Im Haus des Reichen plätschern Springbrunnen, die das Einschlafen erleichtern sollen.

81 ff. Drei sakrale Vergehen in zunehmender Schwere: Lästerreden gegen Venus (81-82; allgemein 1, 3, 8; 1, 6, 52; schlimmer die Danaiden, die tätlich gesündigt haben: 1, 3, 79); Betreten eines Tempels, ohne das Gebot der kultischen Reinheit befolgt zu haben (V. 81; vgl. 1, 3, 26; 2, 1, 11-12; Properz 2, 33, 2; 4, 5, 34); Profanierung der heiligen Stätte selbst (V. 82). Zu V. 83: 2, 1, 13-14.

84 Vgl. V. 14.

85 ff. Tibull ist ein genauer Beobachter religiöser Bräuche (vgl. noch 1, 6, 43 ff.) Solche Szenen spielten sich zweifellos vor römischen Tempeln ab. Der Büßer wagt nicht, den Tempel zu betreten und möchte doch seinen Frieden mit der Gottheit machen; so küßt er die Schwelle und hämmert den Kopf an die Türpfeiler, wobei er laut ruft *merui! merui!* («ich bin schuldig! schuldig!»). Für die Isisreligion, an der Tibull besonderen Anteil nimmt (Delia hängt ihr an und Messalla scheint sich dafür zu interessieren, wie 1, 7 zeigt), bezeugt den Brauch des öffentlichen Sündenbekenntnisses Ovid, *ex Ponto* 1, 1, 50 ff.; dazu R. Merkelbach, *Roman und Mysterium*, 1962, S. 169-170.

89 ff. Die Strafe des Spötters: 1, 8, 71-76. – Der verliebte Alte als tragikomische Figur: 1, 1, 71-72. – Einführung eines Beispiels durch «ich habe gesehen, wie...»: 1, 4, 33. – Ironischer Kreislauf der Liebe: 1, 5, 69-76.

98 Ausspucken, um Unglück abzuwehren: Theophrast, *Charaktere* 16, 15; Plinius d. Ä., *Naturalis Historia* 28, 35.

3. Elegie

Auf Messallas Feldzug in den Orient (1, 7, 13-22) erkrankt Tibull und bleibt auf der Insel Korkyra (heute: Korfu, im Altertum mit der Insel der Phäaken identifiziert) zurück. Der Feldzug fand vermutlich zwischen 31 und 27 v. Chr. statt. Tibull gehört zur *Cohors amicorum*, dem persönlichen Stab des Feldherrn.

4 Vgl. 1, 1, 70

5–6 Die nächsten Angehörigen und Freunde haben die Pflicht, wenn der Scheiterhaufen erkaltet ist, die Gebeine zu sammeln und in der Urne zu bergen: Properz 2, 24, 50; 4, 1, 127. – Die Mutter am Grabe: Properz 3, 7, 9–10. Vgl. noch 1, 1, 61–68.

7 Orientalische Parfüms kamen über syrische Häfen nach Rom, Vgl. 2, 2, 3–4. Ihre Verwendung am Begräbnis: Properz 2, 13, 30 (daran denkt vielleicht auch Tibull 2, 4, 43–44).

11–12 Losorakel: 1, 8, 3; 2, 5, 11–16; Properz 2, 32, 3. Im Heiligtum der Fortuna in Praeneste schüttelte ein Knabe die Lade, in der sich die hölzernen, mit altertümlichen Buchstaben beschriebenen Lostäfelchen befanden und zog eins heraus. Vgl. Cicero, De divinatione 1, 12. 34; 2, 86.

14 *despueretque* ist eine Humanistenkonjektur, die wohl das Richtige trifft. Zornig und erregt redet Delia von der bevorstehenden Abreise Tibulls und spuckt aus, um Unheil abzuwenden (vgl. 1, 2, 56. 98). Das überlieferte *respiceretque*, das keinen rechten Sinn ergibt, ist eine rein graphische Variante.

18 Am Sabbath tritt kein orthodoxer Jude eine Reise an. Als Begründung klingt dies im Munde eines Römers – selbst in diesem melancholischen Gedicht – leicht komisch. Übrigens ist diese Stelle, wie es scheint, das früheste Zeugnis für die Siebentagewoche im Altertum bei einem Autor, der kein Astrologe ist.

20 Wer an der Schwelle stolperte, blieb besser zu Hause.

23–34 Hier geht es wohl um den Gegensatz zwischen dem orientalischen Isiskult, der Delia wichtig ist, und der althergebrachten römischen Religion, der Tibull sich verpflichtet fühlt. Isis hatte unter den Damen der römischen Halbwelt viele Anhängerinnen. Die Göttin fordert Zeiten geschlechtlicher Enthaltsamkeit (Properz 2, 33, 2). Bevor die Gläubigen den Tempel betreten dürfen, waschen sie sich (vgl. 1, 2, 79–82). In Linnen gekleidet singen sie Hymnen, die die Macht der Isis preisen (Aretalogien) zur Begleitung von Metallklapper (Sistrum) und Gong. Zum Dank für Heilung und Rettung hängt man Täfelchen an die Tempelwände, auf denen die näheren Umstände verzeichnet sind.

32 Das Wahrzeichen Ägyptens, der Leuchtturm von Pharos (Properz 2, 1, 30), den man bei der Einfahrt in den Hafen von Alexandria passierte, eines der Weltwunder.

33 Penaten: Schutzgötter des Haushalts. Ihnen opfert man nach der Rückkehr von einer Reise, und ihnen will Tibull seine Genesung verdanken, nicht der Göttin Isis.

34 Der *Lar Familiaris*; vgl. Anm. zu 1, 1, 20; Properz 4, 3, 53-54. - Vgl. auch 1, 10, 21-26.

35-50 Seine Krankheit könnte eine von den Göttern gesandte Strafe sein, und dennoch ist er sich als Individuum keiner Schuld bewußt (51-52). Dagegen fühlt er sich in eine Art Kollektivschuld der Menschen verstrickt, die im Eisernen Zeitalter leben. - Vgl. 1, 10, 1-2.

37-40 Es ist Hybris - eine Herausforderung des göttlichen Zorns -, aus Habgier Schiffe zu bauen und die Meere zu befahren, die nach dem Willen der Götter die Kontinente trennen: 1, 9, 9-10; 2, 3, 39-40; Properz 3, 7, 1-4. 29-50. - Verwünschung der Seefahrt auch bei Properz 1, 17, 13-18.

47-48 Vgl. 1, 10, 1-2; Aratos, *Phainomena* 108-110.

49 Zeus ist der Herrscher des Eisernen, wie Kronos (35) der des Goldenen Zeitalters. Vgl. Hesiod, *Erga* 109-120; Vergil, *Eclogae* 4, 6.

50 Zum Ausdruck vgl. 2, 3, 39; Properz 3, 7, 2. 29. 31.

51-52 Zu den Arten des Gottesfrevels, die 1, 2, 79-82 genannt werden, tritt hier der Meineid hinzu; vgl. auch 1, 4, 21-26. - Lästerreden: 1, 2, 79-80.

55-6 Anders die Grabschrift Properz 2, 13, 35-6.

57-66 Gute, fromme Menschen (dazu gehören auch die Dichter) führt eine Gottheit ins Elysium. - Zur Schilderung der Unterwelt: 1, 10, 35-38; Properz 4, 7, 59 ff. - Tänze im Elysium: Properz 1, 19, 13.

65 siehe V. 4.

66 Die Myrte ist die Pflanze der Venus.

67-82 Der Tartaros, Ort der Verdammten.

69-72 Tisiphone, eine der Furien. Wenn sie die Verdammten herumjagt, paßt Kerberos auf, daß keiner entwischt. Vgl. Properz 4, 11, 25-26.

73-80 Katalog der großen Büßer; ähnlich Properz 3, 5, 39-44.

73 Ixion: Properz 4, 11, 23.

75 Tityos: Properz 2, 20, 31; 3, 5, 44.

77 Tantalos: 1, 4, 64; Properz 2, 1, 66. Er vergriff sich an Ganymedes, Zeus' Liebling. Tibull scheint Phanokles' Kataloggedicht «Liebesgeschichten oder: Schöne Knaben» zu kennen.

79 Die Danaiden: 1, 2, 79-82; Properz 2, 1, 67-68; Aischylos, *Prometheus* 853-864.

85-88 Spinnen und Weben: 1, 6, 79-80; 2, 1, 63-66. Bei diesen Arbeiten sitzen die Frauen oft bis spät in die Nacht, erzählen sich Geschichten und singen Lieder. Vgl. Terenz, *Heautontimorumenos* 175-207.

94 Venus als Morgenstern heißt auch *Lucifer* oder Phōsporos, «Lichtbringer».

4. Elegie

Ein scherzhaftes Gedicht in der alexandrinischen Manier (nach Kallimachos' 9. Iambus). Priap (1, 1, 17–18) tritt als Ratgeber für Verliebte auf. Hier ist eine Anregung zu Ovids *Liebeskunst*.

6 Vgl. V. 42. – Vgl. auch 1, 1, 27.
7 Priapos war der Sohn von Bakchos und Aphrodite.
15–16 Properz 2, 3, 47–48.
21–26 In der Liebe sind Meineide gestattet: 1, 3, 51; 1, 9, 1–6; Hesiod, Fragm. 187. Anders Properz 1, 15, 25–28 und besonders 2, 16, 47–56. – Diktynna: Prähistorische kretische Jagdgöttin, später mit Artemis identifiziert. Vielleicht spielt der Dichter auf ein Epyllion von Valerius Cato, dem Zeitgenossen Catulls, an.
71–72 Vgl. 1, 1, 72; 1, 9, 77; Properz 3, 8, 19–24.
32 Beim Kampf der Wagen in Olympia: Properz 1, 8, 36.
33 Zum Typus der Einführung: 1, 2, 89; Properz 4, 5, 31.
35 Vgl. Vergil, *Georgica* 3, 437.
37–38 Vgl. 2, 3, 11–12. Der Dichter verbindet Homer, *Ilias* 20, 39 und *Hymnen* 7, 4–5.
40 Nach Vergil, *Eclogae* 10, 69.
42 Vgl. 6; 1, 1, 27.
46 Sklavenarbeit (vgl. V. 50).
56 Vgl. Vergil, *Aeneis* 2, 723–724.
57–60 Diatribe gegen käufliche Liebe: 1, 8, 29–40; 1, 9, 7–12; 2, 3, 35–60; Properz 2, 16, 11–56.
59–60 Verwünschung des Erfinders einer Sache: 1, 10, 1–2 (vgl. Kallimachos, *Coma Berenices* 48–50); Preis des Erfinders: 1, 7, 29 ff.
61–62 Pieriden: Musen («Hesiod», *Schild* 206).
63 Nisos: Properz 3, 19, 21–28. – *Carmen* ist «Lied» oder «Zauberspruch».
64 Tantalos (1, 3, 77), zuerst ein Liebling der Götter, schlachtete und briet seinen Sohn Pelops und setzte ihn den Göttern vor. Diese merkten den Frevel; nur Demeter hatte, in Gedanken versunken, ein Stück Schulter gegessen. Pelops wurde ins Leben zurückgerufen und erhielt eine Schulter aus Elfenbein; Tantalos mußte in der Unterwelt büßen.
65–70 Gegensatz zwischen dem hellenischen Musendienst und dem orgiastischen Kult einer orientalischen Göttin, der Kybele oder Großen Mutter vom Berg Ida, hier identifiziert mit der altrömischen Fruchtbarkeitsgöttin Ops. Als Bettelderwische zogen die Kybelepriester von Stadt zu Stadt und verstümmelten sich selbst (vgl. 1, 6, 45–48) zum Klang der Flöte und des Tamburins. Vgl. Properz 2, 22, 16; Kallimachos, Fragm. 193, 34–36.
73–74 Titius: Vielleicht Marcus Titius (F. Cairns, Tibullus: *A Helle-*

nistic Poet at Rome, Cambridge 1979, S. 174), als Konsul des Jahres 31 Nachfolger von Messalla und, wie er, früher Anhänger von Antonius.

75–78 Properz 1, 10, 14–20.
79–80 Nach Kallimachos, Fragm. 41.
81 Marathus: Auch 1, 8 genannt. Catull liebt neben Frauen auch schöne Knaben, Properz sieht in der Knabenliebe einige Vorteile (2, 4, 17–22), Ovid erwähnt sie nur im Vorübergehen. Für Kallimachos war sie das Natürliche.
82 Vgl. 1, 8, 61.

5. Elegie

Das Gedicht ist eine Variante zum Paraklausithyron-Motiv, 1, 2.
1–2 Vgl. 2, 6, 11–14; Properz 2, 2, 1–2.
4 Vgl. 1, 9, 66.
5 Vgl. 1, 9, 21–22.
9–18 Gebete und magische Rituale am Krankenbett der Geliebten: Properz 2, 9, 25–28. – Geheime Künste: 1, 1, 43–64. – Im römischen Opferritus wurde eine Mischung von Speltschrot und Salzlake verwendet. – Die Gottheiten der Unterwelt werden nachts angerufen: 1, 8, 18. Hekate ist die Göttin, die an den Dreiwegen erscheint.
21–34 Der Inhalt seines Wunschtraums, der nun zerrinnt, ist folgender: Delia lebt an seiner Seite auf dem Landgut, wo sie alle Pflichten einer tüchtigen Hausfrau erfüllt, auf dem Feld, in der Scheune, im Kelterhaus, überall zum rechten sehend, Gäste empfangend und bewirtend. – *Linter* bezeichnet vermutlich einen tragbaren, aus einem Baumstamm gehöhlten Trog zum Stampfen der Trauben.
27 Vgl. 1, 1, 14.
33 Nachdem sie ihn ehrerbietig begrüßt hat, wird sie ihm vermutlich ein Bad rüsten.
36 Aus dem Mittleren Osten kamen Gewürze, Salben und Parfüms nach Rom. Vgl. 2, 2, 3–4; Properz 1, 2, 3. – *Votum* bezeichnet hier sozusagen ein unerreichbares Ideal (Camps, Lee).
37 Trost im Wein: 1, 2, 1.
39–40 Zum Motiv der Impotenz: Ovid, *Amores* 3, 7.
41–42 Properz 4, 7, 72.
43–47 Vgl. 1, 8, 24–26.
45–46 Haemonia: Thessalien.
49–56 Verfluchung der Kupplerin: 2, 6, 53–54; Properz 4, 5. Längere Verfluchungsgedichte schrieben u. a. Kallimachos (s. Fragm. 530), Euphorion (geb. 276 v. Chr.) und Ovid *(Ibis)*. – Die Verbrennungsstätten liegen draußen vor der Stadt; da können wohl Wölfe kommen und sich die Gebeine holen, die für Hexen begehrte Zaubermittel sind.

58 Vgl. 1, 6, 69 ff.; Properz 3, 20, 15-26. Der Liebesbund wird, analog einer Eheschließung, als ein Vertrag gesehen, über dessen Erfüllung Venus selber wacht. Bricht die Geliebte den Vertrag, so zürnt ihr die Göttin und erhört die Bitte des gekränkten Mannes.
59 Vgl. 1, 2, 43 ff.; Properz 4, 5; Ovid, *Amores* 1, 8.
61-66 Gemeint ist offenbar ein armer, doch frei geborener Römer. Die mit reichen Geschenken verwöhnte Geliebte scheint dagegen eine Sklavin oder Freigelassene zu sein. Vgl. Einleitung zu 2, 4.
67-68 Vgl. 1, 2, 9; 1, 9, 52; 2, 4, 22; Properz 1, 16, 36.
69-76 Kreislauf der Liebe: 1, 2, 87-88; Properz 2, 9, 1-2.
71 Der *quidam* könnte Tibull selber sein.
76 Sprichwörtliche Wendung als Abschluß: 1, 2, 98.

6. Elegie

Delia scheint sowohl den Dichter wie ihren «offiziellen» Liebhaber zu betrügen, eine Komödiensituation. Tibull plant hier seine Strategie.

14 Vgl. 1, 8, 38; Properz 4, 3, 26; 4, 5, 39.
19-20 Zeichensprache: 1, 2, 21-22; 1, 9, 1; Properz 3, 8, 25-26.
21-24 Damit es ihm nicht einfällt, sie zu begleiten. Am Kult der Bona Dea, einer Fruchtbarkeitsgöttin, durften nur Frauen teilnehmen; vgl. Properz 4, 9, 23-60.
29-30 Vgl. 1, 5, 57-58. – Nach Ansicht der Stoiker ist Liebe eine Form von Wahnsinn (Cicero, *Tusculanae disputationes* 4, 72).
32 Vgl. 2, 4, 32.
37-38 Der Wächter der jungen Frau ist vermutlich ein Sklave und kann für Verfehlungen streng bestraft werden.
39-40 Römische Dandies und Playboys.
43-56 Die Schilderung einer Bellonapriesterin in Ekstase (vgl. Juvenal 4, 123-124) ist scharf beobachtet und glänzend formuliert. In diesem Zustand ist sie unempfindlich gegen Verwundungen, gegen physischen Schmerz allgemein. Die altrömische Kriegsgöttin wurde in Tibulls Zeit mit der kappadokischen Göttin Mâ identifiziert, deren Kult orgiastische Züge trug (1, 4, 65-70). Ihre Anhänger steigerten sich in Tänzen unter Begleitung von wilder Musik zu höchster Ekstase, schnitten sich mit der rituellen Doppelaxt in Arme und Schenkel und stießen sich Speere in die Brust, wobei das Blut auf das Bild der Göttin spritzte und ihre Macht verstärkte; gleichzeitig hatten die Teilnehmer an diesem Ritual Visionen und stießen Weissagungen aus.
57-66 Ein besonders sympathischer Zug: Tibull hat auch ein offenes Herz für die Angehörigen seiner Geliebten, hier zu Delias Mutter und 2, 6, 29-42 zu Nemesis' kleiner Schwester.

63–64   Dies wünscht bei Properz 4, 11, 95 Cornelia ihrem Gatten.
67–68   Delia ist also keine Dame der Gesellschaft; vgl. 1, 5, 61–66.
73–74   Schlagen der Geliebten: 1, 10, 53–66.
75   Properz 2, 6, 39–40; 4, 1, 145–146.
77 ff.   Man glaubte, einen Widerspruch zu den Versen 75–76 zu finden und nahm eine Lücke nach Vers 76 an.
79–80   Spinnen und Weben: 1, 3, 85–88.
81–85   Diese Art von Schadenfreude ist auch Properz nicht fremd: 3, 25, 11–18.
86   Widerspruch zu 1, 1, 71–72?

7. Elegie

Als Geburtstagsgedichte sind vergleichbar 2, 2 und Properz 3, 10. Diese Elegie ist aber auch ein Preislied zu Messallas Triumph über die Aquitanier, 27 v. Chr. Eingelegt ist eine Aretalogie des ägyptischen Gottes Osiris, für dessen Kult Messalla sich vielleicht interessierte; daß Delia zu den Anhängerinnen von Isis gehörte, wissen wir aus 1, 3, 23. Auch hier wirkt Kallimachos nach (seine *Epinikia*).

1–2   Den griechischen Moiren entsprechen die römischen Parzen, die bei der Geburt anwesend sind, den Lebensfaden spinnen und dazu den Lebenslauf des Neugeborenen singen. Vgl. Catull 64, 303 ff.

3–4   Messalla besiegte 30 v. Chr. die Aquitanier, einen keltischen Stamm im südlichen Frankreich (zwischen der Garonne und den Pyrenäen), und feierte 27 v. Chr. seinen Triumph; in dieses Jahr fällt das Gedicht. Vgl. noch 2, 1, 33.

4   Für *Atax* muß man wahrscheinlich mit Scaliger *Atur* einsetzen, denn dieser Fluß (heute: Adour) ist im Gebiet der Tarbelli im südwestlichen Aquitanien; der *Atax* (Aude) fließt durch die *Gallia Narbonensis*, die fest in römischer Hand war.

9   Der westliche Teil der Pyrenäen.

10   Santoner: keltischer Stamm, zwischen Garonne und Charente lebend, in der heutigen Provinz Saintonge.

12   Carnuten: gallischer Stamm im Gebiet des heutigen Chartres, zwischen Seine und Loire.

13   Kydnos: Fluß in Kilikien (1, 2, 69), fließt durch Tarsos. Auf ihrem Feldzug in den Orient zwischen 31 und 27 v. Chr. (vgl. 1, 3) kam Messallas Armee nach Kilikien, Syrien, Phönizien und Ägypten.

16   Taurus: kleinasiatischer Gebirgszug.

17–18   Astarte ist die syrisch-phönizische Göttin, die Aphrodite und Venus entspricht. Ihr ist die Taube heilig. Vgl. Properz 4, 5, 63–64.

19–20   Tyros: alte phönizische Handelsstadt. Die Phönizier waren große Seefahrer; sie orientierten sich nach den Gestirnen.

21-26 Das Hochwasser des Nils, sein Ursprung, seine Befruchtung der Erde Ägyptens, wurden im Hellenismus und in der Kaiserzeit von Naturforschern diskutiert, was sich auch in der Dichtung spiegelt. – Sirius: 1, 1, 27.

25-26 Daß der Nilschlamm fruchtbar war, wußte man. – «Iuppiter Pluvius» auch «Iuppiter Pluvialis», erscheint außerhalb der Dichtung nur auf einer Inschrift, braucht aber deshalb keine Entlehnung aus dem griechischen Bereich zu sein.

27-28 Osiris, Bruder und Gatte von Isis, ist nicht nur identisch mit dem Nil, er verbindet sich auch mit dem Apis-Stier zu der ägyptisch-griechischen Gottheit Serapis (eigentlich: Osirapis), einer bemerkenswerten, sozusagen durch Dekret geschaffenen, religiösen Synthese. Der Serapiskult läßt sich zuerst in den Tempeln von Memphis nachweisen, die über den Grabkammern einbalsamierter heiliger Stiere liegen. – Zum Osirishymnos: Properz 2, 33, 24. – Die alljährlichen Trauergesänge für den toten Osiris-Apis waren offenbar keine spontanen Klagerufe, sondern kunstvolle Antiphonien, die eingeübt werden mußten. Tibull spielt an Kallimachos, Fragm. 383, 16 an.

29-42 Als Kulturheros (vgl. 1, 4, 59-60) wird Osiris mit den griechischen Göttern Triptolemos, Demeter und Bakchos (1, 1, 14) identifiziert. Außerdem ist er der Fruchtbarkeitsspender Nil und als Serapis ein Vegetationsgott (27-28). Die sich alljährlich erneuernde Natur wird zum Symbol für die Unsterblichkeit der Seele, und jedem Tod des Gottes folgt die Auferstehung.

34 Properz 2, 19, 12.

35-36 Vgl. 2, 1, 45-46.

40 Erklärung des Namens «Lyaios», den Bakchos führt.

41 Vgl. 1, 2, 2.

47 Tyrisches Rot: 1, 2, 75; 2, 4, 28; Properz 3, 13, 7.

48 Die in einer Lade bewahrten Symbole der Mysterien wurden nur den Eingeweihten vorgezeigt, die darüber schweigen mußten.

49 In 2, 2, 5 ist die Rede von der Gegenwart des Genius, d. h. des Schutzgeistes, den jeder Mann hat (vgl. Horaz, *Briefe* 2, 2, 187-189) am Geburtstagsfest; hier gesellt sich Osiris zum römischen Genius.

50-52 Vgl. 2, 2, 6-8.

51 Nach Kallimachos, Fragm. 7, 12.

54 Honig vom Hymettos bei Athen war besonders begehrt. Vgl. Kallimachos, Fragm. 709.

55-56 Messallinus (2, 5), der ältere Sohn, war etwa zwölfjährig; die Verse sind an den Vater gerichtet. – Vgl. 2, 2, 21-22.

57-62 Die Via Latina gilt als älteste der großen Straßen, die von der Hauptstadt ausstrahlten. Sie berührte Tusculum, wo Messalla eine Villa besaß, sowie die Ausläufer der Albanerberge. Messalla ließ sie auf eigene Kosten (vielleicht aus der Aquitanierbeute) nach 29 v. Chr. ausbauen.

61–62 Der Bauer hat in Rom seine Produkte verkauft oder einen guten Handel abgeschlossen und anschließend den Tavernen einen Besuch abgestattet. Dank Messallas schöner neuer Straße kommt er dennoch sicher nach Hause.

63   2, 1, 1. – Natalis: Genius? Vgl. V. 53.

8. Elegie

Marathus liebt Pholoe, doch sie verschmäht ihn. Vgl. 1, 2, 87–88; 69 ff. Am besten versteht man das Gedicht als einen »dramatischen Monolog« (Lee nach Murgatroyd), in dem der Dichter und zwei weitere Personen agieren.

1   Zeichensprache: 1, 6, 19–20.
3   Losorakel: 1, 3, 11–12. – Eingeweideschau: 2, 1, 25–26; 2, 5, 11–16.
4   Vogelzeichen: 1, 3, 17.
5–6   Liebeserfahrung durch Liebesleid: Properz 1, 9, 7–8; 1, 10, 19–20; 2, 14, 15–20. Venus als Lehrerin Tibulls ist Horazens *plagosus Orbilius* (*Briefe* 2, 1, 70–71) vergleichbar. Siehe auch Properz 1, 9, 7–8; 1, 10, 19–20; 2, 14, 15–20. Vielleicht denkt der Dichter an eine Art Einweihung in die Mysterien der Liebe, die mit Schmerzen verbunden ist. – Das Bild des gefesselten Sklaven, der ausgepeitscht wird. – Vgl. Properz 3, 24, 14.
9–16   Toilettenkünste: 1, 9, 67–70; 2, 3, 77; Properz 1, 2, 1–6; 1, 15, 5–8; 2, 4, 5–6; Petronius 126, 2.
17–23   Zum Thema Magie: 1, 2, 43–64. – Wenn eine Mondfinsternis eintrat, verdächtigte man Hexen und suchte sie durch Lärm zu vertreiben. – Vgl. noch 1, 5, 16.
19   Vgl. Vergil, *Eclogae* 8, 99. Nach dem Zwölftafelgesetz wurde diese Art von Zauberei bestraft.
24–26   Schönheit ist ein ganz besonderer Zauber: 1, 5, 43–47.
28   Vgl. 1, 5, 58.
29–40   Diatribe gegen käufliche Liebe: 1, 4, 57–60.
31–32   Vgl. Theokrit 15, 130.
38   Bisse im Liebestaumel: 1, 6, 14.
43–48   Die Tragik der alternden Kurtisane: Properz 3, 25, 11–14.
47–48   Properz 4, 5, 59–60.
49   Vgl. 1, 4, 81.
61   Vgl. 1, 4, 82.
62   Vgl. 1, 9, 74.
64   Vgl. 1, 2, 77–8.
68   Vgl. Catull 3, 17–8.

69–78   Die Strafe der Spröden und Spötter: 1, 2, 89–96; Properz 1, 9, 1–4.
75   Properz 3, 25, 15.

9. Elegie

Auch dieses Gedicht kann (wie 1,8) als dramatischer Monolog verstanden werden. Zwei männliche Personen (ein Knabe und ein älterer verheirateter Mann) sowie drei weibliche Personen (ein junges Mädchen, die junge Frau des genannten Mannes und dessen zügellose Schwester) sind darin einbezogen. Lee, der diese Zusammenhänge abgeklärt hat, erwähnt zustimmend eine Vermutung von F. Cairns *(Tibullus: A Hellenistic Poet at Rome*, Cambridge 1979, S. 152), wonach der Ehemann der «kahlköpfige Liebhaber» von 1,8 ist, während man in Pholoe seine Frau sehen kann; der «Knabe» wäre dann kein anderer als Marathus. Eine Pholoe erscheint auch bei Horaz, *Carmina* 2, 5, 17.

1–6   Meineid des Liebenden: 1, 4, 21–26; Properz 1, 15, 25–28. 33–36; 2, 16, 47–56.
4   Vgl. Euripides, Fragm. 979 Nauck, 2. Aufl.
7–12   Gegen käufliche Liebe: 1, 4, 57–60; 2, 3, 35–60. - Schiffahrt: 1, 3, 37–40. - Zu dem Wunsch: V. 11–12; vgl. 2, 4, 39–42.
16   Vgl. 1, 1, 26.
21–22   Einleuchtend erklärt von A. Ramírez de Verger, in: *American Journal of Philology* 101 (1986), S. 109–110. Tibull hat den Eid des Gladiators *(auctoratus)* in die Sprache der Erotik übertragen. Das bedeutet wohl, daß Tibull und Marathus (der im Gedicht nicht genannt wird) einen «Liebesbund» *(foedus amoris)* geschlossen haben. Vgl. 1, 5, 5; Prop. 3, 20, 15–16; 4, 8, 25–26.
24–28   Ist dieser Gott Amor? Vgl. 1, 5, 20.
33   Grundbesitz in Campanien, der fruchtbaren Ebene zwischen dem Apennin und dem Tyrrhenischen Meer, war sprichwörtlich für Reichtum. Vgl. Properz 3, 5, 5.
34   Falerner: ausgezeichneter campanischer Wein; vgl. 2, 1, 27; Properz 2, 33, 39–40.
41–42   Etwas, was sonst Sklaven besorgen.
49   Vulcan steht für «Feuer», so wie häufig Bakchos für «Wein».
57   Zeichen der Untreue: Properz 2, 29, 35–38.
67–70   Toilettenkünste: 1, 8, 9–16.
74   Vgl. 1, 8, 62. - Properz 1, 1, 26.
83–84   Weihepigramm (d.h. Gedicht für eine Votivgabe) zum Dank für Errettung aus einer unglücklichen Liebesbeziehung. Etwas anders Properz 2, 14, 25–28. - Vgl. noch 2, 4, 23.

10. Elegie

Ein Gegenstück zu 1, 1. Messalla und Delia werden nicht genannt. Vielleicht ein frühes Gedicht.

1–7 Klage über das Eiserne Zeitalter: 1, 3, 49–50. – Verfluchung des «ersten Erfinders» einer Sache: 1, 4, 59–60. – Habgier als Motiv von Kriegen: 1, 1, 76 ff. – Zu V. 1–2 vgl. noch 1, 2, 65; 1, 3, 47–48.

7–8 Vgl. Platon, *Phaidon* 66c.

8–12 Sehnsucht nach dem Goldenen Zeitalter: 1, 3, 35–48.

11 Der Name ist durch Konjektur hergestellt, paßt aber gut; denn C. Valgius Rufus (Konsul 12 v. Chr.) wird im Panegyricus auf Messalla *(Corpus Tibullianum* 3, 7, 181) und von Horaz *(Satiren* 1, 10, 82) respektvoll genannt.

21–26 Unblutige Opfer (vgl. auch 1, 3, 34) im Gegensatz zu blutigen (26).

22 Kranz: 2, 1, 57.

23 Zu Tibulls Zeit trug wohl normalerweise ein Sklave die Opfergaben.

27 Vgl. Horaz, *Carmina* 3, 23, 15–16.

35–38 Zur Unterweltvision vgl. 1, 3, 55–80.

45–50 Lob des Friedens; vgl. die Verse 67–77, vielleicht nach einer Komödie des Philemon (74 [71] Kassel–Austin). Nach Vers 50 ist offenbar die Schilderung eines Volksfestes ausgefallen (vgl. etwa 2, 1, 95–100). Solche Feste wurden im heiligen Bezirk nach dem eigentlichen Gottesdienst abgehalten, eine Art Vorstufe der mittelalterlichen Kirchweih.

51–52 Vgl. 1, 7, 61–62.

53–66 Brutalität des Verliebten: 1, 6, 73–74; Properz 2, 5, 21–26. Gewalttätigkeit in der Liebe überhaupt: Tibull 1, 1, 73–75. Vgl. auch 1, 1, 63–64. Wenn Properz sich auf diese Stelle bezieht, kann man vermuten, daß Tibull sein Erstes Buch zwischen 27 und 25 v. Chr. abgeschlossen hat.

60 Die Geliebte vergöttlicht: Catull 68, 70; Properz 2, 2, 3.

66 Vgl. 2, 5, 88.

ZWEITES BUCH

1. Elegie

Das Gedicht ist im wesentlichen eine Schilderung der *lustratio agri* oder Ambarvalia, der rituellen Entsühnung der Fluren, die sich im Mai in Form einer Bittprozession um den Besitz des Gutherrn oder die dörfliche Gemeinschaft vollzog. Opfertiere wurden mitgeführt und später unter Anrufung der Götter geschlachtet. Anklänge an Kallimachos' 5. Hymnus sind feststellbar.

1 Aufforderung zum Schweigen, damit kein störendes Wort die heilige Handlung um ihre Gültigkeit bringt; vgl. 2, 2, 2: Properz 4, 6, 1.

3 Der gehörnte Dionysos (Properz 3, 17, 19) ist wohl Relikt eines alten Tierkults und erinnert an seinen Aspekt als Fruchtbarkeitsgott allgemein; vgl. 1, 1, 14. – Tibull bildet offenbar ein liturgisches Ruflied literarisch nach.

4 Die Götterstatuen werden bei solchen Anlässen bekleidet, geschmückt und parfümiert. Vgl. 1, 1, 15; 1, 10, 22.

9 Die strengen Vorschriften erinnern an die Sabbatgebote. – Vgl. 2, 5, 95.

11–20 Kultische Keuschheit: 1, 2, 81; 1, 3, 26.

13 Reine weiße Kleidung: V. 16; 1, 10, 27.

14 Kultische Waschungen: 1, 3, 25; Properz 4, 6, 4. – Geweihtes Wasser: Properz 4, 6, 7.

16 Die Teilnehmer am Opferfest tragen Ölzweige im Haar.

17 Die «Götter der Väter» sind die Penaten; ähnlich heißen die Laren 1, 10, 15. Den Gegensatz dazu bilden die «neuen» Götter, wie Osiris und Isis.

19–20 Das junge Getreide heißt *herba*, das reife *seges*, die Ernte *messis*. Zuviel junges Gewächs schadet der Ernte.

25–26 Vgl. 1, 8, 3; Properz 4, 1, 104. Es kam auf Form, Farbe und Faserung der aus dem frisch geschlachteten Opfertier herausgeschnittenen Leber an. – Zur Prophezeiung: 1, 5, 57.

27–28 Falerner: 1, 9, 34. – Die Weinkrüge wurden mit Pech verschlossen und erhielten ein Siegel mit den Namen der regierenden Konsuln als Bezeichnung des Jahrgangs. Dann wurden sie in einer Rauchkammer gelagert, um die Reife zu beschleunigen. Da der Wein in den porösen Tongefäßen «atmete», teilte sich ihm ein rauchiger Geschmack mit. Den etwas herben Falerner mischte man bei Tisch gern mit den schwereren, süßeren Griechenweinen aus Chios.

33 Vgl. 1, 7, 3.

34 Glatte Rasur wurde in Rom um 300 v. Chr. Mode; Messallas Ahnenreihe reicht also in die Frühzeit zurück. Vgl. Properz 3, 11, 64. Während sonst die Ahnen, deren Porträts im Atrium stehen, den Abkömmlingen Glanz verleihen, strahlt hier umgekehrt der Ruhm von Messalla auf die Ahnen zurück.

35 Messalla wird fast vergöttlicht, wie Octavian bei Vergil, *Georgica* 1, 24–42.

36–37 Vgl. 1, 1, 14.

45–46 Vgl. 1, 7, 34–36. – Nach der Inschrift von Chalkis hat Harpokrates die Menschen das Mischen von Wasser mit Wein gelehrt; auch ein Stück Isispropaganda.

49 Daß Bienen Blumen tragen, wurde seit Aristoteles geglaubt; siehe Gow zu Theokrit 7, 81.

51–58 Diese bemerkenswerte Stelle gibt indirekt Einblick in hellenistische Theorien, die Tibull vermutlich bei Eratosthenes von Kyrene, dem Dichter und vielseitigen Forscher, fand. Gesang, Instrumentalmusik und Tanz werden aus den einfachen, uralten Gegebenheiten des Landlebens abgeleitet. Zu den «ländlichen Göttern» (vgl. V. 36–37; 1, 1, 14) gehören wohl Demeter und Dionysos. Ihre Funktionen hatte nach ägyptischer Lehre (1, 7, 29–48) Osiris übernommen, der ausdrücklich gepriesen wird, weil er durch den Wein der Menschheit Tanz, Gesang und Flötenspiel geschenkt hat. Unsere Stelle befaßt sich besonders mit der Entstehung von Tragödie und Komödie. Wenn die Arbeit getan ist, die dem Bauern seine Nahrung bringt (V. 51. 53), und er sich durch eine Mahlzeit gestärkt hat, greift er zur Flöte (vgl. 2, 5, 29–32). Andere Bauern singen dazu, wieder andere färben sich mit den Trestern des jungen Weins die Gesichter rot und stellen tanzend Dionysos und seine Satyrn und Silenen dar (Trygodia). Die Götterstatuen sind geschmückt worden (vgl. V. 4). Das Spiel ist halb kultische Handlung, halb Unterhaltung. Wer sich besonders hervortut, erhält als Preis einen Bock. Damit wird einer bestimmten Etymologie der «Tragodia» der Vorzug gegeben: es ist nicht der «Gesang der Böcke», d. h. der in Bocksfelle gehüllten Spieler, sondern der «Gesang um den Bock» (als Preis). Die «Komodia» erklärt Tibull als «Gesang auf den Dörfern» (von griechisch *kōmē*, «Dorf»), nicht als «Schwarmgesang» (von griechisch *kōmos*, «Schwarm»), wie das Wort sonst erklärt wird, wobei dieser «Schwarm» ein Stück Brauchtum ist, das mit Wein, Liebe und Gesang zusammenhängt. Tragödie und Komödie sind diejenigen Kunstformen, in denen sich Gesang, Tanz und Musik zu höchster Wirkung vereinigen. Tibull verbindet zwei Theorien: Die Geburt der Tragödie aus dem Dithyrambos (Aristoteles, *Poetik* 1449a) und der Bock als Preis (Brink zu Horaz, *Dichtkunst* 220).

53 «*satur* after *satiatus* seems to be making a point and looks like an etymological reference to *satura*» (Lee).

60 Laren: 1, 1, 20.

63–66 Spinnen und Weben: 1, 3, 85–89. Minerva ist die Schutzgöttin der weiblichen Handarbeiten, besonders des Webens. Vgl. Properz 1, 2, 30 (und dazu Properz 1, 3 41). – Tongewichte halten die vertikalen Fäden am Webstuhl straff. Wenn das Schiffchen an den Rahmen anstößt, schlagen die Tongewichte zusammen, und ihr Klang ergibt die Begleitmusik zum Singen der webenden Frauen. Auch hier bemüht sich Tibull (oder sein Gewährsmann), eine Beziehung zwischen dem Landleben und der Entstehung von Kultur und Kunst herzustellen. – Das «Pensum» ist die Wollmenge, die jeden Morgen jeder einzelnen Arbeiterin abgewogen wird und die sie während des Tages zu bewältigen hat.

68 Der Mythos nur später, im *Pervigilium Veneris* (V. 77) bezeugt.
74 Zärtliche Liebesworte, die seinem Alter nicht angemessen sind; vgl. 1, 1, 72.
75–78 Vgl. 1, 2, 15–20; 1, 6, 59–62.
79–80 Properz 1, 1, 31; 2, 24, 5; 2, 29, 17–18.
81–82 Vgl. 2, 6, 15–16.
85 Amor als Gott der Fortpflanzung auch im Tierreich.
86 Die Krummflöte kommt (wie das elegische Versmaß) aus Phrygien. Vgl. Properz 2, 30, 16–22. Über ihren Gebrauch im Kybelekult: 1, 4, 70.
87–88 Vgl. Aischylos, *Choëphoren* 660; Euripides, *Ion* 1150–1151; Theokrit 2, 166.
89–90 Die Nacht als Mutter der Gestirne könnte eine alte religiöse Vorstellung sein. – Tibull nennt die Träume «dunkel». Er ist ein Mensch, der von bösen Ahnungen und melancholischen Stimmungen heimgesucht wird. Dann sucht er Trost beim Wein und in der Liebe. Die Schilderung des Festes schließt mit erotischen Motiven. Laut wird Eros als Gott der Zeugung fürs Vieh herbeigerufen, und leise rufen die Menschen ihn für sich selbst, also für Potenz, Zeugungskraft, Fruchtbarkeit und Nachkommenschaft. Aber so leise brauchen sie nicht zu beten, denn die Musik übertönt alles. *Ludite* (V. 87) kann heißen: «Amüsiert euch, seid ausgelassen, gebt euch der Liebe hin.» Das Liebesmotiv wird auch auf den gestirnten Himmel übertragen, denn die Sterne führen einen liebestrunkenen Reigen auf. Doch nach dem Liebesgenuß kommt der Schlaf, der Bruder des Todes, mit seinen dunklen Ahnungen und der Einsicht, daß Liebe und Leben vergänglich sind.

2. Elegie

Zu den Motiven des Geburtstagsgedichts vgl. 1, 7; Properz 3, 20. An seinem Geburtstag darf sich Cornutus (dem auch 2, 3 gilt) etwas Besonderes wünschen. Tibull spricht im Sinn der versammelten Eltern und Großeltern, wenn er ihm den Wunsch, bald eine passende Gattin zu finden, ins Herz oder auf die Lippen legt. Drei Götter, *Natalis*, *Genius* und *Amor* müssen ihre Zustimmung geben, damit der Wunsch sich erfüllt. *Natalis* und *Genius* werden durch ihre Bilder vertreten, wie aber erscheint *Amor*? Ist er eine Vision des Dichters?

Oder bringt jemand eine Statuette, die symbolische Ehebande trägt? Wir wissen zu wenig über die Einzelheiten solcher Riten und Feste. Man kann annehmen, daß Cornutus' Geschwister schon verheiratet sind und Kinder haben (die *turba*, die man schon sieht), und daß es nach Ansicht der Familie allmählich Zeit für das Geburtstagskind wäre, seinerseits für Nachkommenschaft *(turba novella)* zu sorgen.

1 Geburtstagsgott: 1, 7, 63.
2 Vgl. 2, 1, 1.
3–4 Orientalische Essenzen: 1, 3, 7 (und 1, 5, 36); Properz 2, 29, 17. Das «reiche Arabien»: Inbegriff der Produktion und des Handels aus dem östlichen Mittelmeer.
5 Osiris besucht (1, 7, 49) den Genius Messallas.
7 Vgl. 1, 7, 51.
8 Vgl. 1, 7, 50.
9 Cornutus: wahrscheinlich Marcus Cornutus, der zusammen mit Messalla auf einer Inschrift des Jahres 21/20 erwähnt wird.
15 Indien vertritt den Orient (Properz 3, 4, 1), aus dem Edelsteine (Properz 1, 8, 39; 2, 22, 10) und Gold (Properz 3, 13, 5) nach Rom exportiert werden. Das Rote Meer liefert Perlen (2, 4, 30; Properz 3, 13, 6).
17 Vielleicht: «Du hast dir etwas gewünscht»?
18 Safran ist die Farbe der Hochzeit; vgl. Catull 61, 8–10.
21–22 Vgl. 1, 7, 55–56. – Vgl. auch 1, 10, 15–16.

3. Elegie

Der Adressat, Cornutus, ist derselbe wie in 2, 2. Die Geliebte zieht aufs Land. Dasselbe Motiv bei Properz 2, 19.

2 Zum Bild: 1, 2, 65; 1, 10, 2.
11–32 Nach einer (wohl älteren) Form der Sage mußte Apollon dem thessalischen König Admetos dienen, weil er die Kyklopen getötet hatte, die dem Göttervater als Fabrikanten seiner Blitze unentbehrlich waren. Hellenistische Dichter (Rhianos und Kallimachos?) haben den Dienst des Gottes umgedeutet: Er hatte sich unsterblich in den schönen Admetos (den auch eine besondere Freundschaft mit Herakles verband) verliebt, und gegen die Macht dieser Liebe helfen ihm weder seine Heilkunst noch seine Gesänge (12–14). Dafür kann er sich sonstwie nützlich machen, erfindet zum Beispiel die Herstellung von Käse (17 ff.). In Abwesenheit des Gottes können unterdessen keine Orakel erteilt werden. Hier spielt Tibull die verschiedenen Funktionen Apolls gegeneinander aus. Von alters her ist er der Schutzgott der Herden, daneben auch der Gott der Heilkunde, der Musik, der Weissagung.

11–12 Die Schönheit des Gottes: 1, 4, 37–38.
13 Vgl. Properz 1, 10, 17–18 (etwas anders 2, 1, 57–58).
20 Die Molke war damals das Futter der Haustiere.
24 Als Gott der Dichtkunst ist Apollon auch *doctus poeta*.
28 Die Stiefmutter ist Hera.
31 Delos ist der Geburtsort, Delphi (Pytho heißt der Distrikt) der eigentliche Wohnsitz des Gottes. Hier wie dort besaß er berühmte Heiligtümer.
37–38 Der Dichter scheint sich an seinen Rivalen zu wenden. – Zu *castra* vgl. Properz 4, 8, 27–28.
39–50 Verurteilung der Gewinnsucht: 1, 9, 7–12.
41–42 1, 1, 67–77; 1, 10, 7–8.
43–44 Vgl. 1, 3, 37–40. 50. Die Kriegsschiffe trugen einen eisernen Rammsporn.
47 Marmor als Baumaterial.
51–52 Irdenes Geschirr als Zeichen des einfachen Lebens: 1, 1, 37–38. Samos und Cumae waren besonders bekannt für ihre Ware. Reiche Leute tranken aus Silber- und Goldgefäßen. – Spricht er Nemesis an?
53–62 Vgl. 1, 4, 57–60.
57–58 Kos exportierte dünne, mit Goldfäden durchwirkte Seidenstoffe, in Rom ein Luxusartikel: 2, 4, 29–30; Properz 1, 2, 1–2.
59–60 Leibsklaven aus dem Fernen Osten (oft Eunuchen) waren auch ein Luxus.
61–62 In Tyros und seiner Tochterstadt Karthago wurden zwei verschiedene Schattierungen von Karmin hergestellt: 1, 7, 47.
63–64 Vgl. Properz 2, 16, 27–28; 4, 5, 51–52.
70 Der Dichter verwünscht die Weinlese des Rivalen; dann kommt ihm der Gedanke «Eigentlich schade um den Wein...», doch laut sagt er «Soviel ist mir der Wein nicht wert».
72 Eicheln statt Brot, Wasser statt Wein.
75–76 Vgl. Apollonios Rhodios, *Argonautika* 3, 396–397.
82 Die mit weitem Faltenwurf umgelegte Toga, ein Zeichen großstädtischer Eleganz. Ähnlich 1, 8, 9–14.
83–84 Vgl. 2, 4, 1–4. Vgl. auch 1, 6, 37–38.

4. Elegie

Als Herr von Stand ist er den Launen einer Sklavin oder Freigelassenen ausgeliefert. Vgl. 1, 5, 61–66.
1–4 Vgl. 2, 3, 79–80.
7–10 Zu den Bildern vgl. 1, 10, 59–60.
13 Vgl. 2, 3, 11–32.

16 Weigerung, ein Epos zu schreiben *(recusatio)* wie mehrfach bei Properz, z. B. 2, 1, 17ff.
17 Weigerung, ein Lehrgedicht (im Stil von Aratos oder Lukrez) zu schreiben: Properz 3, 5, 25-38.
22 Vgl. 1, 5, 67-68.
23 Sakrileg: 1, 3, 82. Zu den wertvollen Votivgaben in Tempeln: 1, 9, 82.
27 Vgl. 1, 1, 51.
28 Vgl. 2, 3, 58.
29-30 Koische Stoffe: 2, 3, 53-54. – Perlen aus dem Roten Meer: 2, 2, 16.
31 Vgl. 1, 2, 5-6.
32 1, 6, 32.
33-34 Vgl. Antipater von Thessalonike, *Anthologia Palatina* 5, 30.
40 Vgl. 1, 9, 12.
43-44 1, 3, 7. – Dieselbe Drohung bei Properz 2, 34, 50 (vgl. auch 4, 7, 27).
49-50 Abschiedsworte: Properz 1, 17, 23-24.
53-54 Vgl. V. 21-24.
55-60 Properz 1, 5, 6. – Medeas Zauberkräuter: 1, 2, 51. – Thessalien als klassisches Land der Hexen: Properz 3, 24, 10. – Stutengeil (Hippomanes): Properz 4, 5, 17-18; Vergil, *Georgica* 3, 266-283.

5. Elegie

M. Valerius Messalla Messallinus, der ältere Sohn von Tibulls Freund und Gönner, wurde 17 v. Chr. (CIL 6, 32323, 152) in die Fünfzehnmänner-Kommission gewählt, welche die Aufsicht über die Sibyllinischen Bücher innehatte. Diese Sammlung von Orakelsprüchen wurde unter der Apollonstatue im Tempel des Gottes auf dem Palatin aufbewahrt. In Krisenzeiten wurden die Bücher von der Kommission hervorgeholt und gedeutet. Dies war eines der angesehensten Priesterämter in Rom. – Das Lied, in dem der Dichter das neugewählte Mitglied feiert, ist nicht ganz so ernst, wie manche Erklärer meinen. Hier und dort schimmert Ironie durch, ganz in Kallimachos' Manier, wie gleich am Anfang, wenn der Gott gebeten wird, gefälligst in seinem «besten Anzug» zu erscheinen (7-8). Es gibt aber auch Anklänge an Vergils *Aeneis* (1, 378-379; 8, 36 ff.), die er vielleicht z.T. aus Rezitationen kannte.

1-10 Nach der Wahl des neuen Mitglieds wird ein feierliches Opfer dargebracht. Dabei ist der Gott gegenwärtig, und zwar in Gestalt des von Skopas (4. Jh. v. Chr.) geschaffenen Apollon Kitharodos (Properz 2, 31, 5-6).

9–10   Vgl. 1, 3, 35. 49.

11–16   Zu den verschiedenen Methoden der Weissagung, die schon öfter genannt wurden (Vogelzeichen 1, 3, 17; Losorakel 1, 3, 11; Eingeweideschau 1, 8, 3; 2, 1, 25–26) tritt hier neu, dem Anlaß des Gedichts entsprechend, die Deutung der in griechischen Versen abgefaßten Sibyllinischen Sprüche. Die Sibylle von Erythrai, die Aineias weissagte, wanderte dann nach Cumae aus und verkaufte ihre Orakel an Tarquinius Superbus.

21–38   Rom vor der Ankunft des Aineias. Diese Schilderung wird von einer langen Parenthese unterbrochen, die von Vers 19 («Sie verkündete ihm...») bis 39 ff., dem Inhalt ihrer Verkündigung, reicht. Wenn man diese Eigenart der Gliederung erkannt hat, braucht man keinen Versausfall nach 38 anzunehmen. Ähnlich V. 71 ff. Die Schilderung des ältesten Rom stammt vermutlich aus Varros Antiquitates.

23–24   Als Romulus mit dem Bau der ersten Mauer um Rom begonnen hatte, sprang Remus, ihrer geringen Höhe spottend, darüber und wurde von seinem erzürnten Bruder erschlagen. So will es die Sage, aber vermutlich verhüllt sie ein Menschenopfer, wie es in der Vorzeit bei Städtegründungen üblich war. Vgl. noch Properz 3, 9, 50; 4, 4, 59–60. – Rom als «ewige Stadt» erscheint hier für uns erstmals.

25   Vgl. V. 55; Properz 3, 9, 49; 4, 1, 3–4 (hier auch die Beziehung zum Apollontempel); 1, 9, 3.

26   Properz 4, 1, 6.

28   Eine etymologische wie auch eine historische Verbindung zwischen Pales und Palatin wurde schon im Altertum angenommen. Pales (1, 1, 36) wäre demnach eine wichtige Gottheit im frühesten Rom, und sie gab dem Hügel, der als älteste Siedlungsstätte galt, den Namen; ihr Fest fiel auch auf den Gründungstag Roms. Vgl. 1, 1, 36.

29–32   Der Waldgott ist Silvanus (kaum von Pan zu unterscheiden). – Die Flöte: 2, 1, 51–58.

33–34   Properz 4, 2, 7–8; 4, 9, 5–6. – Das Velabrum lag zwischen dem Tiber und dem Palatin.

35–38   Tibull scheint anzudeuten, daß der reiche Gutsbesitzer dem jungen Liebhaber das Mädchen – wenigstens vorübergehend – abspenstig gemacht und ihre Gunst belohnt hat.

39–64   Gedrängter ist die Weissagung der Kassandra bei Properz 4, 1, 53–54. – Aineias ist der Sohn Aphrodites, also der Bruder von Eros. Er landet bei Laurentum in Latium, nicht weit von Ostia. Am Ende seine Lebens wird er am Fluß Numicus in den Himmel entrückt. – Die Gegner, die er besiegen muß, sind die Rutuler unter ihrem Fürsten Turnus, dem Lavinia versprochen worden war. – Er gründet Lavinium (so benannt nach seiner Gattin Lavinia, der Tochter von König Latinus), und sein Sohn Ascanius (oder Iulus) gründet Alba

Longa (1, 7, 58). – Mars verführte die Vestalin Ilia (oder Rhea Silvia), Tochter des Albanerkönigs Numitor. Sie gebar die Zwillinge Romulus und Remus. – Zur Vorstellung, daß Rom das wiedergeborene Troja ist (61–62): Properz 4, 1, 52–53. – Die Sibylle (eigentlich wird das von der Pythia gesagt) kaut Lorbeerblätter, offenbar, um in Trance zu geraten. Doch Lorbeerblätter haben, wie moderne Experimente zeigen, keine solche Wirkung; vielleicht war ihnen etwas beigemischt.

67–70 Sibyllen, d. h. Prophetinnen, lebten zu verschiedenen Zeiten an verschiedenen Punkten der Alten Welt. Tibull nennt Amaltheia (die er aber offenbar nicht in Cumae ansiedelt), die erythräische Sibylle Herophile, ferner Phyto (der Name ist durch Konjektur hergestellt, wird aber durch einen entlegenen griechischen Text bestätigt), die auf Samos lebte, und Albunea, die man in Tibur verehrte (eigentlich ist sie die Nymphe einer schwefelhaltigen Quelle, die sich als Wasserfall in den Anio ergießt). Wie bei Vergil im sechsten Buch seines Epos spricht auch bei Tibull die Sibylle zu Aineias; man muß sie sich auch als Verfasserin der Sibyllinischen Sprüche denken.

71–78 Wunderzeichen, die nach Caesars Ermordung beobachtet wurden (vgl. Vergil, *Georgica* 1, 466–488); sie deuteten auf die Fortsetzung der Bürgerkriege hin.

74 Geheimnisvolle Stimmen, die aus den heiligen Hainen schallten.

76 Properz 3, 5, 34.

79–80 Tibull hofft, daß sich diese Vorzeichen auf die Vergangenheit beziehen, daß also das Unglück, daß sie ankündigen, schon ausgestanden ist. Genau konnte man das nicht wissen, weil oft mehrere Bezüge auf wirkliche Ereignisse möglich waren; man denke an die Voraussagen von Nostradamus. Augustus ließ viele umlaufende Unglücksorakel vernichten.

81–83 Wenn Lorbeerblätter, ins Feuer geworfen, knisternd brannten, war es ein gutes Zeichen. Anders Properz 2, 28, 36.

84 Vgl. 1, 1, 14.

87–90 Zu den Parilia (auch «Palilia» genannt) vgl. V. 28; 1, 1, 36; Properz 4, 4, 73–80.

88 Weil niemand aufpaßt.

93 Während die jüngere Generation zum Fest geht, hütet zu Hause der Großvater die Kleinen.

101–104 Zank in der Liebe: 1, 10, 53 ff.

105–106 Vgl. 2, 6, 15–16.

113–130 Tibull sagt Messallinus einen Triumph voraus, den er vielleicht nicht erlebt hat. – Vor dem Wagen des mit Lorbeer bekränzten Triumphators werden die Bilder eroberter Städte getragen. – Messalla zeigt durch seinen Beifall, daß er seinem Sohn die Ehrung gönnt.

6. Elegie

Der hier Genannte ist vermutlich Aemilius Macer, Verfasser lehrhafter Gedichte, mit Vergil befreundet; aber auch Pompeius Macer, ein mit Ovid befreundeter Epiker, ist nicht auszuschließen.

8   Properz 3, 12, 8.

11–14   Vgl. 1, 5, 1–2; Properz 1, 5, 13–14; 2, 25. 17–20.

15–16   Fackel und Pfeile als Attribute Amors: 2, 1, 81–82; vgl. auch 2, 5, 105–106.

19–20   Vgl. Theokrit 4, 41–42.

25–26   Zur Strafe wurden Sklaven aus der Stadt aufs Land geschickt, wo sie in Ketten Schwerarbeit leisten mußten. Vgl. 1, 7, 42.

27   Die personifizierte Hoffnung: 1, 1, 9.

29–42   Vgl. 1, 6, 57–66.

32   Vgl. Catull 101, 9.

34   Vgl. Catull 101, 4.

40   Lethe oder Styx: 1, 3, 80; 1, 10, 36.

43   Vgl. Meleager, *Anthalogia Palatina* 12, 159, 3–4.

52   Properz 2, 15, 9.

53–54   Verwünschung der Kupplerin: 1, 5, 49–56.

Das Gedicht scheint unvollständig zu sein.

STIMMEN ZU PROPERZ

[...] In seinen Gedichten ist nur wenig Anstößiges, und als Dichter steht er mit Horaz und Virgil beinahe auf derselben Linie, obgleich seine Muse, wie er selbst sagt, nur eine geringere ist. Seine Gedichte verdienen, so sehr als die vorzüglichsten Denkmale des alten Roms, ein ernstes Studium, da er überall die Empfindungen eines kraftvollen erfindungsreichen Geistes den strengen Gesetzen der Kunst untergeordnet hat. Hierin ist er dem Tibull weit vorangegangen, dessen Vers zwar gewöhnlich anmuthiger und gefälliger fließt, der sich aber mehr nur den freien Wallungen seiner Empfindung überläßt. Ist es hingegen das Werk einer dauernden Muse, seinen Gegenstand immer unter veränderten Ansichten, mit dem größten Reichthume und Reiz der Poesie hinzustellen, und jedes Gedicht, durch Maß und vollkommene Übereinstimmung aller seiner Theile, zu einem lebendigen Ganzen zu bilden, so verdient gewiß unser Properz den Vorzug vor ihm, und seine Gedichte haben, als bloße Kunstwerke betrachtet, einen unvergänglichen Werth. Es scheint, daß er im ersten, und auch noch im zweiten Buche seiner Elegieen, diese Simplicität der Formen sorgfältiger beobachtet habe; vielleicht hat sich in der Folge, mit dem Bedürfnisse andere und höhere Gegenstände zu besingen, seine Vorstellung der Elegie geändert, oder er hat auch derselben einen ausgebreiteteren und mannichfaltigern Schwung geben wollen [...].
(Karl Ludwig von Knebel, Vorrede zur Übersetzung des Properz, 1798.)

Also das wäre Verbrechen, daß einst Properz mich begeistert,
    Daß Martial sich zu mir auch, der Verwegne, gesellt?
Daß ich die Alten nicht hinter mir ließ, die Schule zu hüten,
    Daß sie nach Latium gern mir in das Leben gefolgt?

Daß ich Natur und Kunst zu schaun mich treulich bestrebe,
Daß kein Name mich täuscht, daß mich kein Dogma
beschränkt?

(Johann Wolfgang von Goethe, *Hermann und Dorothea*, 1798.)

Tibull, Properz und Ovid hatten einen besseren Geschmack
als unsere Dichter; sie haben die Liebe so gemalt, wie es sie
bei den stolzen Bürgern von Rom geben konnte; zudem lebten sie unter Augustus, der nach der Schließung des Janustempels seine Mitbürger zu loyalen Untertanen einer Monarchie erniedrigen wollte.

Die Mätressen dieser drei großen Dichter waren kokette,
treulose, käufliche Frauen; bei ihnen suchten sie nur den körperlichen Genuß, und ich möchte annehmen, daß sie nicht im
entferntesten die sublimen Gefühle empfanden, die dreizehn
Jahrhunderte später den Busen der zarten Héloïse erbeben
ließen.

(Stendhal [Marie Henri Beyle], *De l'amour* [1822],
hg. von M. Crouzet, Paris 1965, S. 266.)

Durch die eigenartige Prägnanz seines Ausdruckes, die geistvolle Freiheit seiner Wort- und Satzfügung, eine gewisse
Sprödigkeit der Composition, welche der bequemen Glätte
absichtlich aus dem Wege geht, gibt Properz dem Leser mehr
als andere Elegiker zu denken, belohnt aber auch die geistige
Arbeit mit desto reicherem Genuß. Er liebt es Paare und
Gruppen von Gedichten, in welchen sich ein gemeinsames
Grundmotiv gleichsam auslebt, zu einem idealen Ganzen zusammenzufassen, wie Strophe, und Antistrophe oder wie ein
Trilogie. Und wiederum nur durch Zerlegung mancher
Stücke, die als einzelne überliefert sind, in gesonderte und
doch durch geistigen Faden verbundene Gebilde gelingt bisweilen ein klares Verständnis.

(Otto Ribbeck, *Geschichte der römischen Dichtung*,
Bd. 2, Stuttgart 1889, S. 214.)

Die Liebeselegien sind sicher die lebendigste Schöpfung von Properz. Aber wenn wir die anderen betrachten, entdecken wir, wenn die ersten Schwierigkeiten der Lektüre überwunden sind, auch hier überall den Dichter. Im vierten Buch betrifft das ganz besonders die Gedichte, die Cynthia heraufbeschwören [...] oder andere Personen auf die Bühne bringen, zum Beispiel die abstoßende Zuhälterin oder die sanfte Gattin Arethusa, die einen Brief voller Leidenschaft und Zärtlichkeit an ihren fernen Mann schreibt, und es gibt noch andere Stücke, in denen die Dichtung die höchsten Gipfel künstlerischer Schönheit und wahrhaft edler Inspiration erreicht. Die sechste feiert zum Beispiel den Sieg von Actium und bietet eine Folge von Bildern, in denen die Einbildungskraft und die Phantasie so innig mit echtem Patriotismus verbunden sind, daß ein belebender Geist sie erfüllt, ein Impuls, ein Bewußtsein der Größe Roms, wie es sich nur selten bei Properz und bei anderen Dichtern findet. Die elfte ist ein *epicedium* für Cornelia, die Tochter der Scribonia, der zweiten Gattin des Augustus. Sie, die Tote, spricht aus dem Bereich zwischen dem Licht und dem Dunkel; und ihre Stimme ist traurig, aber stolz. In ihren Worten schwingt Nostalgie, gemischt mit Stolz über ihre Pflichterfüllung; und sie verherrlichen alle häuslichen, bürgerlichen Tugenden, die eine Frau schmücken können, wobei das beglückende, reine Leben einer vorbildlichen Familie einer an Verderbtheit erkrankten Gesellschaft entgegengehalten wird.
(Nicola Terzaghi, *Storia della letteratura latina da Tiberio a Giustiniano*, Bd. 1, Mailand 1935, S. 423 f.)

In der römischen Literatur hat neben Properz nur noch Vergil dieselbe Kraft, in Versen, die der Einbildungskraft einen undefinierbaren Aufschwung geben, ein unbestimmtes Gefühl von Ehrfurcht heraufzubeschwören. Kein anderer Elegiker kann sich mit ihm messen, was dichterische Begabung höchsten Ranges betrifft. Die ausgesprochen italische Intensität seiner warmen, wollüstigen Leidenschaft drückt sich in seiner «verzweifelten Aufrichtigkeit» aus, wie Professor Sel-

lar das bezeichnet hat. Weil Properz furchtlos zu seinen Gefühlen steht, erreicht er eine Kraft, die außerhalb von Ovids Reichweite liegt. In seinen größten Gedichten hat er sich von Pedanterie und Monotonie völlig befreit, und deshalb hinterläßt er den Eindruck größerer Vielfalt als sein so produktiver Nachfolger.
(John Wight Duff, *A Literary History of Rome from the Origins to the Close of the Golden Age*, 3. Aufl., London 1953, S. 422.)

Liebesdichtung ist vielleicht die am weitesten verbreitete literarische Gattung in der Welt, und die möglichen Varianten sind trotz der fast unbegrenzten Phantasie der Dichter einigermaßen beschränkt. So schwankt denn auch die Dichtung des Properz zwischen strahlendem Glück, Unrast, Bitterkeit, Eifersucht, Trennung und – nochmals Glück. Worin besteht ihre besondere Eigenart? [...] Vor allem in der kraftvollen Färbung und der Intensität der Empfindung. Seine Form ist uneben, sein Puls nervös und fiebernd. Der sanfte, melodische Liebreiz Tibulls liegt ihm nicht, noch weniger Ovids brillante formale Gewandtheit. Aber als Persönlichkeit ist er ungleich kraftvoller. Er charakterisiert sich selber am besten, wenn er sagt: «Ich diene nicht meinem Genie, sondern meinem Schmerz.» Deshalb war er nie so beliebt wie seine eben genannten Rivalen, aber er hat sicher einen ungewöhnlich starken Einfluß auf Leser, die ihn wirklich kennen lernten, ausgeübt. Man versteht Goethes Bemerkung, daß die Lektüre des Properz «eine Erschütterung» in seiner Natur hervorgerufen habe.
(Einar Löfstedt, *Roman Literary Portraits*, Oxford 1958, S. 53 f.)

Die romantische Gefühlswelt von Properz:
«laus in amore mori»
Properz befindet sich am Gegenpol der scharfen Diatribe gegen die Liebe bei Lukrez (IV 1058–1287). Es gibt keine stärkere Metapher als diejenige, welche die Liebe mit dem Tod vergleicht. Daher der lebhafte Eindruck, den unser Dich-

ter auf Quevedo, Baudelaire, Bécquer oder Aleixandre gemacht hat; davon wird unten noch die Rede sein. Und das ist kein Thema, das er nur sporadisch behandelt, sondern es kommt in seinem ganzen Werk zur Geltung. Es gibt kein Gedicht aus dem Altertum, das das Leben, die Liebe und den Tod so gut zu verbinden weiß wie I 19, und kein Schilderung ist so reich an Einzelheiten wie das Leichenbegängnis des Dichters zusammen mit der Geliebten (II 13,17–42).

Ein Höhepunkt des Motivs Liebe/Tod ist erreicht am Ende der Rede, die Cynthias Geist an den Dichter richtet (IV 7,93–94):
Mögen andere dich jetzt besitzen; bald werde ich allein
    dich halten:
bei mir wirst du sein, und ich werde meine Gebeine,
    die mit den deinen vermischt sind, reiben.

In einer Grabschrift (*Carmina Epigraphica* 1136.2 [Buecheler]) heißt es: «Hier mischte mein Gatte seine Gebeine mit meinen Gebeinen»; das bezeichnet die sexuelle Vereinigung, die physische Paarung von zwei Liebenden in ihrem totalen, endgültigen Sinn.
(Antonio Ramírez de Verger, in: *Propercio, Elegías,*
introdución, tradución y notas, Madrid 1989, S. 37f.)

Das Fehlen einer übertriebenen rhetorischen Emphase bedeutet nicht das Fehlen eines aufrichtigen Pathos, das in Elegien wie IV 7 und 11, die sich durch ihren Inhalt zu Ausführungen in sentimentalen und pathetischen Tonarten eignen, besonders beachtenswert – und sorgfältig beherrscht – ist. Aber im allgemeinen neigt Properz weniger zur *gravitas*, sondern zu realistischen Bildern [...]. Sein Realismus steht durchaus nicht im Gegensatz zum interessantesten Aspekt seiner Dichtung – der übrigens erst vor kurzem voll gewürdigt worden ist –, nämlich die betonte Ironie und Selbstironie. Daß Properz sich ins *servitium amoris* und seine harten

Gesetze fügt, daß er voll und ganz unter den Rückschlägen in seiner [...] Liebesbeziehung leidet, schließt nicht aus, daß er bei Gelegenheit über sich selber und seine Erlebnisse lächelt. Oft handelt es sich recht eigentlich um Miniaturszenen im Gleichgewicht zwischen subtilem Witz und eindeutiger Komik.

(Paolo Fedeli, in: *Dizionario degli scrittori greci e latini*,
hg. von Francesco della Corte, Bd. 3, Mailand 1990, S. 1806 f.)

Die literarischen Klischees, die Properz in der Tradition vorfindet, wandelt er geistreich ab. So übersteigert er im ersten Buch die Idee erotischer Dienstbarkeit, wie er sie bei Gallus, dem Begründer der römischen Liebeselegie, vorgefunden hat. Die in der Elegie übliche Bekämpfung des Luxus erhält in 1,2 eine eigentümliche Dynamik durch die Verbindung mit der Frage der Identität der Geliebten. Ist sie eine Frau, die ihre natürliche Schönheit durch Kosmetik und allerlei Luxus nur verdunkelt, oder ist ihr solcher Flitter verhaßt, und übt sie dafür die Künste aus, die ihr Phoebus, die Muse, Venus und Minerva geschenkt haben? So verwandelt Properz einen alten Topos gewissermaßen in einen Spiegel, den er der Geliebten vorhält. Es bleibt ihr – und dem Leser – überlassen, welche der beiden Identitäten als die eigentliche gelten soll: Wenn in 1,14 die Liebe als wahrer Reichtum den Schätzen der Welt gegenüber gestellt wird, so liegt die Originalität in der Kühnheit, mit der die einzelnen Kostbarkeiten – und die Suche nach ihnen – auf Properzens Liebe bezogen sind.

(Michael von Albrecht, *Geschichte der römischen Literatur*, Bd. 1,
Bern 1992, S. 613 f.)

Schon in der ersten Elegie des ersten Buches wird klar, daß der Dichter über die Liebe in der bereits traditionellen Sprache der Epigrammatiker spricht. Er vergleicht sich selber mit den Heroen des Mythos, und in der folgenden Elegie weist er Cynthia auf das Vorbild der Leukippiden und der Hippodameia hin. So wahr seine Leidenschaft auch sein mag, sie

drückt sich durch die vertrauten Bilder der mythischen Welt aus. Wenn die schlafende Cynthia uns gezeigt wird, müssen wir uns einbilden, daß wir Ariadne vor den Augen haben, wie sie am Strand von Naxos zurückgelassen wurde, die endlich von ihrem Felsen befreite Andromeda oder eine Bakchantin, die erschöpft in einer Gegend von Thrakien ausruht. Es sind nicht nur literarische Reminiszenzen, die diese Poesie beleben, sondern auch Darstellungen, welche die bildenden Künste jener Zeit, vor allem die Malerei, der Einbildungskraft vorführen. Es gibt ein poetisches Universum, allgegenwärtig, das den vorgeschriebenen Bezugspunkt bildet. Man darf daraus nicht schließen, daß es der Dichtung des Properz an «Aufrichtigkeit» fehlt. Im Gegenteil: So wie Cynthia mit allem Schönen, Großartigen in der Welt verglichen wird, liefert die mythische Welt Archetypen, dank denen menschliche Liebesbeziehungen einen göttlichen, besser gesagt: kosmischen Charakter annehmen, dem Werden entgehen und das Absolute erreichen. Die Wirklichkeit ist nur der Ausgangspunkt [...].
(Pierre Grimal, *La littérature latine*, Paris 1994, S. 330 f.)

STIMMEN ZU TIBULL

Daß der Tibull, an welchen diese kleine Epistel geschrieben ist, eben derjenige sei, der uns den Abdruck seiner sanften, von den Grazien selbst zu zarten Empfindungen und wollüstig melancholischer Schwärmerei gebildeten Seele in seinen Elegien hinterlassen hat, ist [...] keinem Zweifel unterworfen [...]. Wie die gelehrte Kohorte der Ausleger auf den Einfall verfallen konnte, diesen kleinen vertraulichen Brief für ein Trostschreiben zu erklären, worin Horaz seinen kummervollen Freund durch eine liebliche Ansprache seines Leides habe ergötzen wollen, wäre schwer zu begreifen, wenn man nicht aus so vielen Beispielen wüßte, daß diese Herren oft den Wald vor lauter Bäumen nicht sehen können. In dem ganzen Briefchen ist zwar keine Spur von der vorgeblichen Schwermut des Tibulls: aber es kam ihnen doch gar nicht natürlich vor, daß ein Dichter, der, laut seiner noch vorhandenen Elegien, so viel Angenehmes mit den Delien und Neären zu verkehren gehabt hatte, auf einmal so still und einsam in Wäldern herum kriechen und sich in moralische Betrachtungen vertiefen sollte. Nun fiel ihnen ein, daß Tibull in seinem heroischen Gedicht an Messalla Corvinus von großen Reichtümern spricht, deren er durch die Unbeständigkeit des Glücks beraubt worden sei, – und daß er gleich die erste seiner Elegien damit anfängt, sich für arm zu erklären [...].

Das Wahre von Tibulls Umständen scheint dies gewesen zu sein. Er verlor in den bürgerlichen Unruhen, unter dem letzten Triumvirat, in seiner frühen Jugend die beträchtlichen Güter, welche seine Vorfahren als römische Ritter vermutlich durch Staatspachtungen gewonnen hatten. Er bekam aber, als August die verderblichen Folgen der Bürgerkriege wieder möglichst zu vergüten suchte, so viel davon zurück oder rettete wenigstens noch so viel aus dem Schiffbruch, als er brauchte, um, bei nicht allzu ausschweifenden Wünschen, unabhängig und vergnüglich leben zu können [...].

Seine Anhänglichkeit an Messalla Corvinus beweist nichts für die vermeinte Dürftigkeit Tibulls. Denn jeder Römer von mittelmäßigem Stand und Vermögen hatte unter den Großen seinen Patron, dessen Klient er war [...].

Aber dies Verhältnis verhinderte nicht, sondern beförderte vielmehr die Freiheit und sichre Muße, worin Tibull jenen wohltätigen Gottheiten diente, zu deren Dienst der weise Solon noch in seinem hohen Alter sich bekannte, und von denen, wie er sagt, alle Freuden der Sterblichen kommen.

Tibull liebte mit seiner Phantasie in den goldnen Zeiten Saturns und in Elysischen Gefilden herumzuschweifen; er liebte, wie Horaz, Freiheit und gelehrten Müßiggang. Daher lebte er auch, wie Horaz, am liebsten auf dem Lande [...].

Nichts geht über die Zartheit, womit er dem Lobe Tibulls eine solche Wendung gibt, daß es zugleich ein schönes Charakterbild eines liebenswürdigen und glücklich geborenen Menschen, und eine feine, leise Erinnerung wird, an allem dem, was Natur und Glück für ihn getan, sich genügen zu lassen, und sich sein Wohlbefinden nicht durch unruhige Bemühungen, um sich besser zu befinden, selber zu verkümmern.

Auch die Bescheidenheit verdient bemerkt zu werden, womit er den Tibull, der doch unstreitig in mehr als *einer* Betrachtung unter ihm war, nicht nur als seines gleichen behandelt, sondern durch den Wert, den er auf dessen günstiges Urteil von seinen Sermonen legt, gewissermaßen über sich selbst erhebt [...].

[Aus den Erläuterungen]
[...] wiewohl man in den Elegien Tibulls Gedanken und Bilder von der größten Zartheit antrifft, so findet sich doch, meines Erinnerns, nichts darin von dem philosophischen Geiste, der durch die horazischen Werke atmet, und ihnen einen so eignen Charakter von Scharfsinn und verfeinertem *Sensus communis* gibt. Tibulls eigner Charakter ist, mehr – oder fast ganz allein – verfeinerte Sensualität [...]. Nur diese,

von einem romantischen Schwung der Phantasie gehoben, konnte ihm die erste seiner Elegien, die auch die schönste ist, und diese rührende Vermengung von Schwärmerei der Liebe mit Todesbildern eingeben [...]. Für ihn sind seine Auen und Gebüsche und Lauben nichts als Szenen seiner verliebten Neigungen; und allen Reiz, den sie für ihn haben, empfangen sie von der Gegenwart seiner Delia [...].

[Horaz] braucht [...] nicht, wie Tibull, seine Wiesen und Anger durch die Magie seiner Einbildung in ein wollüstiges Elysium zu verwandeln [... (1, 3) ...].

Tibull läßt, mitten im Anpreisen seines jetzigen unscheinbaren Wohlstands, manchen verstohlnen Blick, nicht ohne kaum zurückgehaltene Seufzer, auf das glänzendere Glück, das er nie genossen, aber zu genießen geboren war, fallen; und er scheint angenehmer Zerstreuungen als eines Nepenthes zu bedürfen, das ihn vor schmerzlichen Erinnerungen bewahre [...]. Tibulls Leben war ein Traum, und sein Glück eine süße Berauschung der Seele [...].

Tibull hatte das alles, weswegen ihn sein Freund glücklich preist; nur mit dem *Sapere* scheint es nicht so ganz richtig bei ihm gewesen zu sein [...].

(Christoph Martin Wieland, *Übersetzung des Horaz*, 1786 [zu *Epistulae* 1,4], hg. von Manfred Fuhrmann, in: *Werke*, Bd. 9, Frankfurt a. M. 1986, S. 97 ff.)

Man muß zu Tibull zurückkehren; ihn muss man wieder lesen, wenn man verliebt ist. Und wenn man ihn liest, sagt man: Glücklich der Mensch, der eine geschmeidige, anpassungsfähige Einbildungskraft hat, der mit dem Geschmack für delikate Lüste das Talent, sie nachzuzeichnen, verbindet, der seine Mußestunden mit der Beschreibung seiner Berauschungen ausfüllt und berühmt wird, weil er seine Vergnügungen besiegt. Für ihn wird die Mühe des Hervorbringens eine neue Freude. Um zu unserer Seele zu sprechen, braucht er nur die seine zu weiten. Er verbindet uns mit seinem Glück, indem er uns seine Illusionen, seine Erinnerungen erzählt, und seine Lieder, so voll der Süssigkeiten seines Lebens, seine Lieder, die scheinbar nur für geruhsame Liebe oder fürs Ohr der vertrauten Freundschaft geschaffen sind, wird noch die entfernteste Nachwelt hören.

(Jean François de la Harpe, 1739–1803,
Lycée ou cours de littérature ancienne et moderne, Bd. 2, S. 209)

Wie der wechselnde Wind nach allen Seiten die hohen
   Saaten im weichen Schwung niedergebogen durchwühlt,
Liebekranker Tibull! so unstet fluten, so reizend
   Deine Gesänge dahin, während der Gott dich bestürmt.

(Eduard Mörike, 1804–1875.)

Unter allen römischen Elegikern nähert sich Tibull am meisten den großen griechischen Mustern der klassischen Zeit, ohne von ihnen abhängig zu sein. Studierte Nachahmung, Prunken mit Belesenheit oder Gelehrsamkeit liegt ihm fern, er hat die Schule überwunden. Eine einfache innerliche Natur beruht er auf sich; den nicht eben weiten Kreis von Gedanken und Anschauungen, in dem er sich bewegt, beherrscht er ganz. Die edle Ruhe und Sicherheit, das künstlerische Maß, welches er behauptet, teilt sich der Empfindung des Lesers mit: man atmet den frischen Duft schöner, friedlicher Natur; Heiterkeit, gedämpft durch ein wenig Melancholie, innige, sinnlich warme Empfindung, aber mit einem Anhauch schalkhafter Laune gewürzt, das sind die Grundaccorde der tibullischen Lieder.

(Otto Ribbeck, *Geschichte der römischen Dichtung*, Bd. 2,
Stuttgart 1889, S. 203.)

«Ein Dichter ohne Makel und Vulgarität», *tersus atque elegans*, urteilte Quintilian, und Martial nannte ihn *argutus*, «harmonisch, klangreich». Und so ist es. Trotz einiger Unklarheiten im Ausdruck, trotz eines Stils, der nicht immer

glatt ist, trotz einiger Verse, die nicht ganz gefällig und passend sind, enthüllt die Dichtung Tibulls Klarheit und Geschmack, ohne großspurige Beredsamkeit und Gelehrsamkeit zur Schau zu tragen. Vor allem vermeidet sie Überraschungen. Ein wahrer Dichter des Friedens, des Landlebens und der Liebe, bietet er dennoch eine Art von Poesie, die gerade durch die ihr eigene Empfindsamkeit konventionell werden kann, und zwar durch die etwas übertriebene Klarheit von Szenen, durch die Schlichtheit und Behaglichkeit gewisser Liebschaften, die einen Geschmack von Häuslichkeit und Gemütlichkeit haben und in denen eine altmodische Stimmung zahmer Gefühle herrscht, die Tibull aufzufrischen, aber nicht zu erneuern verstand.
(Concetto Marchesi, *Storia della letteratura latina*,
2. Aufl., Messina 1929, S. 438 f.)

Nachwirkung Tibulls bei Seneca
Bekanntlich war Tibull ein Autor, der schon bald nachgeahmt wurde, und bekanntlich kann man in Senecas Werken den Einfluß älterer Schriftsteller beobachten. So hat man die Nachwirkung von Vergil, Horaz und Ovid untersucht, um nur einige der bekanntesten Namen zu nennen. Dagegen fehlen meines Wissens vergleichbare Untersuchungen zum Einfluß von Tibull auf Seneca [...].

Ich will mich hier darauf beschränken, einige *loci similes* in Beziehung zu einanader zu setzen, obwohl ich mir bewußt bin, daß eine Parallele nicht notwendigerweise einen direkten Einfluß voraussetzt [...].

Aber was mich diesmal auch interessiert, ist der Nachweis von Tibulls Einfluß auf einen Spanier, denn damit würde man ein neues Indiz für die Präsenz Tibulls in Spanien gewinnen [...]

1. Betrachten wir zunächst Seneca, *Hercules Furens* 177 ff.
  Dum fata sinunt
  vivite laeti: properat cursu
  vita citato, volucrique die
  rota praecipitis vertitur anni.

In diesen anapaestischen Dimetern drückt der Chor denselben Gedanken aus wie Tibull I 1,69 f.:
> *Interea, dum fata sinunt, iungamus amores:*
> *Iam veniet tenebris Mors adoperta caput,*

Genuß des Lebens, Erkenntnis, daß es vergänglich ist – Gedanken, die sich nicht unbedingt gegenseitig ausschließen, und doch entsprechen sie dem Ausdruck *dum fata sinunt*, was uns helfen kann, eine mögliche Abhängigkeit festzustellen, obwohl man bei Properz (II 15,23–24) lesen kann:
> *Dum nos fata sinunt, oculos satiemus amore:*
> *Nox tibi longa venit, nec reditura dies.*

(Francisca Moya del Baño, in: *Simposio Tibuliano*, Murcia 1985, S. 339 f.)

Am Anfang der Gedichte kann eine Situation epigrammartig umrissen werden – [...] ein Element der hellenistischen Tradition. Doch im folgenden werden allzu scharfe Konturen abgeschliffen. Anders als Ovid verzichtet Tibull auf betont rhetorische Ausformung der Einzelheiten wie auch des Gedichtaufbaus im ganzen. Auffällig ist das Zurücktreten mythologischer Gelehrsamkeit etwa im Vergleich zu Properz. Als Meister der raffinierten Schlichtheit steht unser Dichter dem Schöpfer der *Eklogen* nahe.

(Michael von Albrecht, *Geschichte der römischen Literatur*, Bd. 1, Bern 1992, S. 600.)

NACHWORT

Die antike Elegie

Eine der anregendsten Schöpfungen der römischen Literatur auf ihrem Höhepunkt ist die Liebeselegie, wie sie uns im Werk von Catull, Tibull, Properz und Ovid faßbar ist.

Wer heute von «Elegien» spricht, meint ernste, nachdenkliche Dichtungen, die sich mit dem Tod, mit der Flüchtigkeit des Daseins befassen. Für die antike Elegie als Ganzes gilt das nicht, obwohl melancholische Stimmungen und Todesahnungen ihr nicht fremd sind; auch haben wir ausgesprochene Trauergedichte in elegischer Form, wie Properz 3,7; 3,18; 4,11. Es gab offenbar in der Antike eine Theorie, wonach das elegische Versmaß ursprünglich für die Totenklage (oder die Klage überhaupt), dann auch für Votivinschriften bestimmt war (Horaz, *Ars poetica* 75–78), aber die Ableitung des Worts von *e e legein* («Weh! weh! sagen») ist kaum ernst zu nehmen. Eher wird man *elegeion* (sc. *metron*) mit dem armenischen Wort *elegn* («Rohr») verknüpfen, denn es scheint, als wäre elegische Dichtung schon früh zum Klang der Flöte vorgetragen worden, im Gegensatz zur Lyrik.

Jedenfalls ist die Elegie schon im 7. Jahrhundert v. Chr. ein voll entwickeltes literarisches Genus, bestimmt durch ihr Versmaß, den regelmäßigen Wechsel von daktylischen Hexametern und Pentametern. Durch diesen rhythmischen Ablauf unterscheidet sich die Elegie vom Epos, das nur aus Hexametern besteht. Schiller hat den eigenartigen musikalischen Reiz des elegischen Verspaars nachgebildet:

Im Hexameter steigt des Springquells flüssige Säule,
   Im Pentameter drauf fällt sie melodisch herab.

Die grühgriechische Elegie befaßt sich mit vielen Themen. Wir besitzen Fragmente von Kallinos, Tyrtaios, Mimnermos,

Solon (7. Jh. v. Chr.) und zusammenhängende, aber wohl auch fragmentarische Stücke von Theognis (6. Jh. v. Chr.), aber nur bei Mimnermos scheint die Liebe als Thema eine größere Rolle gespielt zu haben. *Nanno,* der Titel seiner Elegiensammlung, soll der Name einer Flötenspielerin gewesen sein, und Properz (1,9,11) beruft sich auf ihn.

Wir wissen von spätklassischen und hellenistischen Gedichtbüchern im elegischen Versmaß, die als Titel den Namen einer Frau tragen, z. B. Antimachos' *Lyde,* Philitas' *Bittis* (oder *Battis*) und Hermesianax' *Leontion*. Antimachos soll sich durch seinen Elegienzyklus selbst getröstet haben, als der Tod ihm die Geliebte raubte. Hermesianax stellte einen Katalog von verliebten Dichtern zusammen, vermutlich als Hintergrund oder Gegenbild zu seinem eigenen Liebeserleben. Das erzählende Element scheint in der hellenistischen Elegie vorherrschend, und Kallimachos, Philitas und andere haben einen individuellen, oft ironischen, an Anspielungen reichen Stil entwickelt, der bei Catull, Tibull, Properz und Ovid nachwirkt. Mythologische Kataloggedichte zu bestimmten Themen, auch didaktische Elegien, entstanden. Wenn hellenistische Dichter von ihren eigenen Liebesbeziehungen berichten, wählen sie, wie es scheint, vorzugsweise die Form des Epigramms, das in diesem Fall keine echte «Aufschrift», auch kein «Sinngedicht» ist. Erotische Kurzgedichte im elegischen Versmaß von Meistern wie Asklepiades, Kallimachos, Poseidippos und – aus etwas späterer Zeit – Meleager sind im fünften und zwölften Buch der Griechischen Anthologie[1] tradiert, und auch sie wirken zweifellos bei den römischen Elegikern nach.

Immer noch wird die alte These aufrechterhalten, wonach die Griechen aus irgendeinem Grund keine «subjektiven» Liebeselegien schrieben, wie die Römer es taten, sondern nur «objektive», d. h. Liebesgeschichten mythologischer Gestalten, wie Properz sie sehr oft (Tibull eigentlich nur 2,3,11 ff.) als *exempla* verwendet. Das trifft in dieser Form nicht zu. Properz beruft sich auf Mimnermos, Kallimachos und Philitas als seine Vorgänger, und das wird man nicht nur stilistisch, sondern auch thematisch verstehen. Außerdem ist der Unterschied zwischen einem erotischen «Epigramm» und einer Liebeselegie im Grund nur äußerlich. Schließlich gibt es drei Papyrusfragmente¹, welche die These, wie es scheint, endgültig widerlegen. Die ersten beiden behandeln die unglückliche Liebe einer Frau, die fast sicher keine mythologische Figur ist. Im ersten Stück beichtet sie der Göttin Artemis ihre Leidenschaft und klagt über die Grausamkeit des Geliebten. Thema und Stimmung erinnern an «Des Mädchens Klage» (auch «Fragmentum Grenfellianum» genannt), eine Art Mimos in lyrischen Versen: Eine junge Frau klagt vor dem Haus ihres treulosen Geliebten unter dem gestirnten Himmel ihr Leid. Das ist also die Situation von Properz 1,16; nur sind die Rollen vertauscht, und das Metrum ist anders. Vergleichbar ist auch Theokrit 2, ebenfalls eine Art Mimos, aber in stichischen Hexametern. Im zweiten der Papyrusfragmente begegnet uns eine Liste von Frauen der Mythologie, die ihrer tragischen Liebe zu einem Mann wegen ein Familienmitglied opfern; das wäre die Situation von Skylla (Properz 3,19,21; 4,4,39). Daran schließt sich in dem Papyrustext eine Warnung an alle liebenden Frauen. Auch das ist also keine rein erzählende Elegie; der unbekannte Dichter bedient sich vielmehr des Mythos, um eine persönliche Erfahrung zu dramatisieren, ihr eine Dimension zu geben, genau so, wie die römischen Elegiker es tun (vgl. Properz 3,19,21-24). Das dritte Fragment scheint eine für den Privatgebrauch (also nicht für den Buchhandel) hergestellte Abschrift einer hellenistischen Liebeselegie zu sein. Als Thema liegt ihr zugrunde: «Auch Götter können sich verlieben» (vgl. Tibull 2,3,11 ff.), aber auch das Motiv der Liebe als Sklavendienst (*servitium amoris*) läßt sich nachweisen. Es handelt sich bei diesen Texten um Vorformen der römischen Liebeselegie. In ihr durchdringen sich persönliche Erlebnisse mit literarischen Einflüssen und gelehrter Überlieferung so stark, daß es kaum mehr möglich ist, das Autobiographische sauber herauszuschälen.

Schon vor Catull gab es in Rom kurze Liebesgedichte in elegischer Form. Als Verfasser kennen wir gebildete Dilettanten, wie Quintus Lutatius Catulus, den Konsul von 102 v.

Chr. Ob diese «Praeneoteriker», wie man sie jetzt nennt, eine eigentliche Gruppe gebildet haben, ist allerdings ungewiß.

Die *poetae novi*, die «modernen Dichter» haben in Rom ganz bewußt das alexandrinische Kunstwollen eingeführt. Zu dieser Schule – wenn man den Ausdruck gebrauchen darf – gehörten Catull, Calvus, Helvius Cinna, Furius Bibaculus, Varro Atacinus. Diese Dichter hatten ihren eigenen Grammatiker und Kritiker, Valerius Cato, der «allein Dichter liest [oder: auswählt] und macht». Ihn redet auch Gallus in dem 1978 entdeckten Fragment als maßgebende Instanz an. Properz nennt in einem programmatischen Gedicht (2,34) Catull, Calvus und Varro Atacinus im gleichen Zusammenhang wie Kallimachos, Philitas und Gallus; dort zählt er auch Vergil (der seinerseits von den Alexandrinern und den Neoterikern abhängt) zu seinen Vorbildern. Leider ist nur eine Sammlung der Gedichte Catulls überliefert. Sie enthält neben anderen anmutigen Schöpfungen eine kunstvoll gebaute Elegie (c. 68), die schon die Liebesdichtung von Tibull und Properz in wesentlichen Zügen vorausnimmt.

Cornelius Gallus, der Jugendfreund und Günstling des zukünftigen Kaisers Augustus (er fiel später in Ungnade und beging Selbstmord) war auch mit Vergil eng verbunden und darf als Bindeglied zwischen den Neoterikern und Augusteern gelten. Bis 1978 besaß man von ihm lediglich einen einzigen Vers; seither kennen wir einige Verse auf Papyrus, in denen seine Geliebte, «Lycoris», Augustus und zwei Kritiker erwähnt werden. Motive und Wendungen, die bei Vergil, Tibull und Properz wiederkehren, sind nicht zu übersehen. Man hat schon lange vermutet, daß Vergils zehnte Ekloge Themen aus Gallus' Elegien aufnimmt; möglich ist auch, daß Horazens elfte Epode den Stil von Gallus parodiert, allerdings ohne ihn zu nennen. Jedenfalls war sein Einfluß groß, und er wird manchmal geradezu als Schöpfer der augusteischen Liebeselegie bezeichnet.

Vielleicht lohnt es sich, an diesr Stelle die charakteristischen Züge der römischen Liebeselegie als Gattung hervorzuheben.

1. Es handelt sich nicht um eine «höhere» Gattung wie das Epos und die Tragödie; aber die Elegie steht, vereinfachend gesagt, über dem Mimos, dem Epigramm und der Satire. Sie ist vergleichbar dem bereits erwähnten «Fragmentum Grenfellianum» oder dem vermutlich fälschlich Theokrit zugeschriebenen Gedicht 20 (*Bukoliskos*). Die Liebe wird oft als eine unwiderstehliche Leidenschaft, eine seelische Krankheit, eine Verblendung geschildert, als etwas Schicksalhaftes, von den Göttern Gewolltes.

2. Die Dichter neigen dazu, in einem Buch oder einem Zyklus von Büchern eine einzige Geliebte als «Herrin» (*domina*) namentlich zu nennen, obwohl sie manchmal recht deutlich durchscheinen lassen, daß es auch andere Liebschaften gab. Das Pseudonym der Geliebten dient in der Regel als Titel eines Buchs, z. B. *Lycoris* für einen Zyklus (?) von Gallus' Elegien; *Cynthia* für Properz, Buch 1; *Delia* für Tibull, Buch 1; *Nemesis* für Tibull, Buch 2; *Neaera* für die sechs Elegien von «Lygdamus» in Buch 3 des *Corpus Tibullianum*; mit einiger Sicherheit *Corinna* für die erste Auflage von Ovids *Amores*. Hierin folgen die Römer einer alten griechischen Tradition: Mimnermos' *Nanno*, Hermesianax' *Leontion* usw.[3]

3. Über die soziale Stellung der Frauen, denen wir in den Liebeselegien begegnen, wird später (zu Properz) die Rede sein.

4. Neben der Liebe zu Frauen spielt die Liebe zu Knaben nur eine beschränkte Rolle, aber sie kommt (im Anschluß an die Alexandriner) bei den Praeneoterikern und bei Catull (24.48.81.91) vor, sowie bei Tibull (im Marathus-Zyklus); Properz erwähnt Knabenliebe nur am Rande, und Ovid kann ihr wenig abgewinnen. Wie es bei Gallus war, wissen wir nicht, aber wenn Horazens *Epode* 11 ihn parodiert, ist er auch in diesem Punkt Kallimachos gefolgt. Das Thema «Knabenliebe in der antiken Literatur» würde ein ganzes Buch erfordern. Man müßte Dichter wie Solon, Ibykos, Anakreon und Pindar[4] erwähnen. Unter den hellenistischen Dichtern müßte man Theokrit und Kallimachos hervorheben; vom ersteren gibt es den hexametrischen *Aites* (12) und zwei *Paidika*

(29.30) in äolischen Versmaßen (das erstere vielleicht in Anlehnung an Alkaios). Von Kallimachos haben wir zahlreiche erotische Epigramme, die alle (mit Ausnahme von 63, dessen Echtheit umstritten ist) schönen Knaben gelten. Eine wichtige Sammlung homoerotischer Kurzgedichte ist Buch 12 der *Anthologia Palatina* (die solche Texte auch versprengt in anderen Büchern bietet). Auffällig ist hier eine längere Reihe aus dem Meleager-Kranz (um 100 v. Chr.), die von 12, 36 bis 171 reicht und nicht weniger als 31 anonyme Stücke enthält. Liebe bleibt Liebe, Sehnsucht ist Sehnsucht, ob sie einem männlichen oder einem weiblichen Wesen gilt, und sie bedient sich derselben Bildersprache, derselben *topoi*. Natürlich gibt es Unterschiede, aber sie zu behandeln, ist hier nicht der Ort.

5. Wie Vergil und Horaz haben auch die Elegiker ihre Gönner gehabt. Für Catull war das vielleicht nicht Memmius, sondern eher Cornelius Nepos; für Gallus war es vielleicht Augustus selbst; für Tibull und den jungen Ovid war es Messalla; für Properz Maecenas.

6. Es gibt keine klaren Anzeichen für politischen Widerstand gegen das Prinzipat. Gallus fiel bei Augustus in Ungnade und beging Selbstmord; aber das hatte wohl mit Politik nur indirekt zu tun. Tibulls Gönner Messalla hatte sich mit Augustus ausgesöhnt, und bei Tibull selbst spürt man eher die Abneigung gegen den Kriegsdienst, den er immerhin geleistet hat, nicht gegen die Ziele des Machthabers. Properz und Ovid lehnen es ab, das von ihnen gewünschte Epos zu schreiben, aber ihre Gründe sind eher persönlicher Natur. Auch bei Properz spielt die Ablehnung des Kriegs, der Eroberungspolitik eine Rolle, und man spürt aus 2,7, wie die von Augustus angestrebte Ehegesetzgebung ihn verstimmt hat; aber selbst hier huldigt er dem Kaiser. Obwohl Ovid nie müde wurde, seine Loyalität gegenüber dem Kaiserhaus zu beteuern, wurde er unwiderruflich verbannt, aber wohl kaum als Gegner des Regimes.

Tibull

Was wir über sein Leben wissen, stammt aus seinen Dichtungen, der *Vita* in den Handschriften, die wohl aus Suetons Werk *De Poetis* zusammengestoppelt ist, sowie einem ebenfalls in den Handschriften überlieferten Vierzeiler des Domitius Marsus.

Der *Vita* kann man entnehmen, daß er römischer Ritter war (und vielleicht aus Gabii stammte, wenn man Baehrens' Konjektur *eques R. e Gabis* für das sinnlose *eques regalis* annimmt), daß er gut aussah und seinen Körper pflegte, daß er Messalla Corvinus nahe stand, sein «Zeltgenosse» (oder Mitglied seines Stabs) war und sich im Feldzug gegen die Aquitanier hervortat (vgl. Tibull 1,7). Nach dem Urteil Quintilians (vgl. *Institutio oratoria* 10,1,93) und vieler anderer galt er als der bedeutendste unter den römischen Elegikern. Auch seine Liebesbriefe, obwohl kurz, seien lesenswert. Dies bezieht sich vermutlich auf den sogenannten Sulpicia-Kranz. Er sei früh gestorben, wie man aus dem angefügten Epigramm ersehen könne (es folgt der Vierzeiler des Domitius Marsus).

Tibulls Lebenszeit kann nur annähernd bestimmt werden. Er war sicher jünger als Horaz, der in zwei Gedichten (*Carmina* 1,33; *Epistulae* 1,4) wie ein älterer, erfahrener Freund zu ihm spricht. Es war älter als Ovid, der am Anfang seiner literarischen Laufbahn (*Amores* 3,9) einen Nachruf auf ihn verfaßt und in seinem Spätwerk (*Tristia* 4,10,45 ff.) Tibull als Liebesdichter nach Gallus und vor Properz nennt. Demnach wurde Tibull zwischen 65 und 43 v. Chr. geboren, vielleicht 55 v. Chr., dem mutmaßlichen Todesjahr von Lukrez.

Aus dem Epigramm des Domitius Marsus hat man geschlossen, daß Tibull noch im Todesjahr Vergils, also 19 v. Chr., gestorben sei. Das Epigramm besagt aber nur, daß Tibull als *iuvenis* vom Tod auf die Elysischen Gefilde geschickt worden sei, damit Vergil einen Gefährten habe. Das könnte bedeuten, daß die beiden Dichter schon im Leben befreundet waren, was nahe liegt; denn Tibull war mit Horaz und Horaz auch mit Vergil befreundet. Es kann aber ebenso bedeuten, daß Tibull kurz nach 19 v. Chr. gestorben ist, und zwar nicht vor 17 v. Chr., denn das Festgedicht für Messallas Sohn (2,5) fällt in dieses Jahr. Da der Römer normalerweise vom zwanzigsten bis zum fünfundvierzigsten Jahr *iuvenis* war, kommt man, nimmt man die obere Grenze an, auf das Jahr 62 als frühesten Zeitpunkt für Tibulls Geburt.

Den Gedichten kann man entnehmen, daß seine Familie früher sehr vermögend gewesen war, aber offenbar, wie diejenige von Properz, in den Bürgerkriegen einen Teil ihres Besitzes verloren hatte. Wirklich arm ist er, wenn man Horaz glauben darf, nicht gewesen. Wenn Tibull über seine Armut klagt, so ist das wohl ein *topos* oder relativ zu verstehen.

Durch sein Leben zieht sich die Freundschaft mit M. Valerius Messalla Corvinus, dem bedeutenden Staatsmann und Heerführer, und seiner Familie. Messalla war, wie Maecenas, Patron eines Kreises von Dichtern, und neben Tibull gehörte auch der junge Ovid einige Zeit dazu. Tibull begleitete Messalla auf Feldzügen in Gallien (1,7) und in den Orient (1,3), und zwar nicht nur als Beobachter und Chronist seiner Erfolge, sondern als Mitkämpfer, wie die *Vita* ausdrücklich festhält.

Eine Frau, die der Dichter «Delia» nennt («Plania» soll sie in Wirklichkeit geheißen haben) wird in den Elegien von Buch 1 gefeiert; hier erscheint auch ein schöner Knabe namens Marathus. Die Geliebte von Buch 2 heißt «Nemesis». Man nimmt an, daß es Frauen aus dem Volk waren, deren Schönheit junge Herren aus gutem Haus anzog. Horaz nennt eine dritte Geliebte, die «grausame Glycera», doch von ihr ist in den erhaltenen Elegien nicht die Rede; man hat vermutet, es sei die «schöne Frau» von 3,19 (4,13); (zu Buch 3, resp. 4 siehe S. 501–502); aber es ist eher anzunehmen, daß Gedichte verloren gingen.

Neben der Liebe mit ihren Freuden und Schmerzen ist das Leben auf dem Land ein Thema, das Tibull beschäftigt. Er haßt den Krieg und den Kriegsdienst, der ihm nicht erspart blieb, und möchte am liebsten ein behagliches Leben als Gutsbesitzer führen, ab und zu auch selber Hand anlegen. Zivilisation, Fortschritt, Kultur, haben ihren Ursprung auf dem Land, wie er (vielleicht nach Eratosthenes) ausführt (z. B. 1,3,35-50; 1, 10,1-12; 2,1,37-66).

Tibull ist ein genauer Beobachter religiöser Bräuche (1,2,83-86). Er selber bleibt, wie er sagt, der Religion seiner Väter treu (sehr schön ist die Schilderung der Ambarvalia in 2,1), lernt aber durch die Frauen, die er liebt, auch ausländische Rituale, vor allem den Isiskult (1,3,23-24; 1,7,27-48) und magische Praktiken (1,2,43-66) kennen.

Oft hat es den Anschein, als ließe Tibull seiner Phantasie freien Lauf und gleite fast ohne Übergang von einem Thema zum andern. So beginnt die erste Elegie von Buch 1 mit dem Lob des Landlebens (1-44), offenbart dann den Wunsch nach einer glücklichen, dauerhaften Liebesbeziehung (45-59), beschwört im weiteren als düstere Vision den Tod und die Bestattung des Dichters herauf (59-68) und kehrt zum Thema des einfachen Lebens und des Liebesgenusses zurück (69-74), um mit den Antithesen «Krieg und Frieden», «Reichtum und Armut» zu enden. Es handelt sich also um eine ganz bewußt gestaltete Komposition; die beiden letzten Abschnitte entsprechen den beiden ersten, und es herrscht eine einheitliche Grundstimmung in allen Teilen.

Im Gegensatz zu Properz nennt Tibull keine literarischen Vorbilder, aber seine Dichtung zeigt eindeutig den Einfluß der Alexandriner; er ist überdies mit Vergil und einzelnen Stücken der *Appendix Vergiliana* vertraut.

Ein Jahrhundert nach seinem Tod galt Tibull vielen als Klassiker der Liebeselegie; Quintilian wenigstens nennt ihn (*Institutio oratoria* 10,1,93) einen «außerordentlich gefeilten und eleganten Dichter», wobei die *elegantia* sich hauptsächlich auf die Wortwahl zu beziehen scheint.

Neben den Büchern 1 und 2 (dieses vielleicht unvollständig erhalten) bewahrt das *Corpus Tibullianum* auch Texte, die man Tibull abgesprochen hat. Die Handschriften überliefern zwanzig weitere Gedichte als Buch 3, aber die Gelehrten des 15. Jahrhunderts haben die ersten sechs – deren Verfasser sich «Lygdamus» nennt – von den folgenden abgetrennt und aus diesen ein viertes Buch gebildet (Elegie 3,7 entspricht 4,1). «Lygdamus» hat dasselbe Geburtsjahr wie Ovid (43 v. Ch.)

und umschreibt es mit fast denselben Worten, so daß man vermutet hat, der Verfasser könnte der junge Ovid sein, der noch zum Messalla-Kreis gehörte.

Das erste Gedicht von Buch 4 ist in Hexametern verfaßt und wird meist als *Panegyricus Messallae* bezeichnet. Es handelt sich dabei jedoch um ein Muster oder den Entwurf eines Preisgedichts. Die großen Taten des zu Feiernden liegen in der Ferne, und Messalla hat sich noch nicht entschlossen, welchem Dichter er den Auftrag erteilen will. Der Verfasser ist (neben Valgius) einer unter mehreren Kandidaten. Seit Caspar Barth (1664) wird immer wieder behauptet, Tibull könne unmöglich dieses «Machwerk» geschrieben haben; dabei passen das mutmaßliche Datum (31 v. Chr.), die Lage des Verfassers, der spürbare Einfluß von Vergils *Georgica* und noch anderes recht gut zu Tibull. Das Gedicht hat seine Qualitäten; naturgemäß ist der Stil anders als in den Elegien.

Es folgen die Gedichte 3,8–18 (4,2–12) manchmal als «Sulpicia-Kranz» bezeichnet, aus fünf längeren und sechs kürzeren Gedichten bestehend. Von den längeren Stücken sind 3,9 (4,3) und 3,11 (4,5) einer Sulpicia – fast sicher die Nichte Messallas – in den Mund gelegt, während in den anderen drei ein Mann, «Cerinthus», spricht. Die sechs kürzeren Gedichte (3,13–18 = 4, 7–12) geben sich als poetische Briefe von Sulpicia an den Geliebten. Den Schluß der Sammlung bilden ein längeres (3,19 = 4,13) und ein kürzeres (3,20 = 4,14) Gedicht. Im ersteren wird Tibull ausdrücklich genannt, aber auch das letzte könnte ihm gelten.

Wenn man das *Corpus* als Ganzes betrachtet, stellt man fest, daß die meisten Texte in einer direkten oder indirekten Beziehung zu Messalla stehen. Man hat deshalb vermutet, daß sie aus Messallas «Familienarchiv» stammen und daher von einem «Hauspoetenbuch» gesprochen, und diese Bezeichnung ist gar nicht so verfehlt. Sueton (1./2. Jh. n. Chr.) hat mit einiger Sicherheit die Sammlung als Ganzes gekannt; das geht nicht nur aus der *Vita*, sondern auch aus Andeutungen in seinen Schriften hervor. Daher sind die zum Teil recht abenteuerlichen Versuche, einzelne Teile spät zu datieren, kaum ernst zu nehmen.

Properz

In seiner Exildichtung (*Tristia* 2,445 ff.; 4,10,51 ff.) nennt Ovid die Vertreter der Liebeselegie in chronologischer Ordnung, wie es scheint: Tibull kommt vor Properz, und Ovid selbst beschließt diese Reihe. Aus Properz 4,1,127-132 folgt mit einiger Sicherheit, daß der Dichter nicht vor 56 v. Chr. zur Welt kam. Tibull und Properz waren älter als Ovid, dessen Geburtsjahr, 43 v. Chr., feststeht. Ovid bedauert (*Tristia* 4,10,51 ff.), daß es ihm nicht vergönnt war, Tibull zum Freund zu haben, während zwischen ihm und Properz ein *sodalicium* bestand, also Kameradschaft, Kollegialität oder Freundschaft. Leider wissen wir nicht, ob zwischen *sodalicium* und *amicitia* ein Unterschied bestand. Ovid deutet an, daß Properz zwar älter war als er und bereits ein anerkannter Meister der Gattung, aber doch nicht zu alt, um sein *sodalis* zu sein, und er war offensichtlich stolz darauf, daß der Ältere ihm aus seinen Liebesgedichten vorlas und – so darf man vermuten, denn so war es üblich – ihn um sein Urteil bat. Ovid zeigt *Amores* 3,12 in einer launigen Parodie, welche Manierismen er bei Properz entdeckte.

Man darf annehmen, daß Properz etwa zehn Jahre älter war als Ovid; dann wurde er um 53 v. Chr. geboren, vier bis sieben Jahre nach Tibull. Andere vermuten, daß zwischen Properz und Ovid ein Altersunterschied von höchstens fünf Jahren bestand. Bald nach 16 v. Chr., so kann man aus Buch 4 schließen, starb Properz.

Die Beziehungen zwischen Tibull und Properz waren sicher nicht einfach. Daß sie sich gegenseitig ignorierten und sozusagen aneinander vorbei dichteten, ist fast unmöglich. Beide vertraten im augusteischen Rom nach Gallus' Selbstmord und vor Ovids eklatantem Auftreten die Liebeselegie, jeder auf seine besondere Weise. Denn noch in Quintilians sorgfältig abwägendem Urteil (*Institutio oratoria* 10,1,63) spürt man die Nachwirkung der zeitgenössischen Diskussionen über Rang und Wert der einzelnen Elegiker. Da ließen sich Spannungen und Rivalitäten kaum vermeiden.

Mit Ausnahme von Valgius, dessen Name (Tibull 1,10,11)

durch Konjektur, aber plausibel hergestellt ist, nennt Tibull keine anderen Dichter. Also hat es wenig zu sagen, wenn er Properz nie namentlich erwähnt. Auffällig ist es eher, wenn Properz im Katalog der Liebesdichter (2,34,85–93) zwar Catull, Calvus, Varro Atacinus und sich selber nennt, Tibull aber übergeht.

Daß die beiden Dichter sich gegenseitig gelesen haben, ist kaum zu bezweifeln; es gibt zu viele gemeinsame Motive, zu viele Anspielungen. In der Dichtung der Antike ist *imitatio* («Nachahmung») und *aemulatio* («Wettbewerb») oft als Kompliment gemeint, aber auch als Herausforderung. Man borgt unbedenklich von Zeitgenossen und von älteren Autoren. Was für uns wie eine direkte Entlehnung (Properz aus Tibull oder umgekehrt) aussieht, könnte auf eine gemeinsame Quelle (einen Neoteriker? oder Gallus?) zurückgehen, die wie der größte Teil der römischen Literatur nicht überliefert ist. Obwohl er jünger war als Tibull, trat Properz vermutlich vor Tibull mit Gedichten an die Öffentlichkeit.

Sein erstes Buch, *Cynthia* betitelt, erschien wahrscheinlich 29 v. Chr., während die zehn Elegien von Tibulls Buch 1, wie man annimmt, 27 oder 26 v. Chr. als Ganzes veröffentlicht wurden. Es folgen, so darf man vermuten, von Properz die Bücher 2 (25 v. Chr.?) und 3 (21 v. Chr.?) gefolgt von Tibulls Buch 2 (17. v. Chr.?) und schließlich das Buch 4 des Properz (nach 16 v. Chr.? postum?). Man sieht, wie die Anregungen hin und her gehen konnten. Daß einzelne Gedichte schon vor der Veröffentlichung als Buchrolle durch Rezitationen im kleineren oder größeren Kreis bekannt wurden oder in privaten Abschriften umliefen, war durchaus üblich. An eine «Veröffentlichung» im modernen Sinn ist ohnehin nicht zu denken, und im Grund wissen wir zu wenig über das hellenistisch-römische Verlagswesen.

Properz stammte aus der umbrischen Stadt Assisi im Hügelland der Mevania (heute: Bevagna). Man hat dort ein mit Fresken und griechischen Versen geschmücktes Bauwerk aus römischer Zeit entdeckt, das man als das Haus des Dichters ansieht. Die Familie war ursprünglich begütert gewesen, verlor aber durch die Konfiskationen in den Bürgerkriegen

(41/40 v. Chr.) einen Teil ihres Besitzes, erlitt also dasselbe Schicksal wie diejenige Tibulls. Der Vater starb, als Properz noch ein Kind war (4,1,127–128), und dieser legte die weiße Toga des Mannes vor den «Hausgöttern der Mutter» an. Über seinen Bildungsweg wissen wir nichts, aber der Unterricht schloß sicher eine umfassende Lektüre griechischer und römischer Autoren ein; das Studium der Philosophie verschob er auf später. Er konnte sich nicht für eine politische oder militärische Laufbahn entschließen, sondern zog nach Rom, um «Soldat der Venus» und Dichter zu sein. In Rom lernte er junge Herren aus gutem Hause kennen, die sich, wie er, für schöne Frauen und Literatur begeisterten. Später, als anerkannter, von Maecenas und, wie es scheint, vom Kaiserhaus geförderter Dichter lebt er auf dem Esquilin, scheint aber auch in seiner engeren Heimat Grundbesitz behalten zu haben.

Sein erstes Elegienbuch, *Cynthia* betitelt, war in Rom ein *succès de scandale* und scheint Maecenas' Aufmerksamkeit auf Properz gelenkt zu haben. Dieser ermunterte den Dichter, ein nationales Epos zu schreiben, und zwar mehr als einmal. Properz weigert sich mit diplomatischem Geschick *(recusatio)*, verfaßt dann aber als eine Art Kompromiß die «Römischen Elegien» von Buch 4. Durch Maecenas wurde er vermutlich mit Vergil, den er bewundert (2,34,59–84) persönlich bekannt, vielleicht auch mit Horaz, dessen Lyrik vor allem Buch 3 geprägt hat. Sein Name wird nicht genannt, aber wenn Horaz, *Epistulae* 2,2,100, tatsächlich auf Properz zielt, hat Properz ihn einmal den «römischen Alkaios» genannt, wofür Horaz sich höflich-ironisch revanchiert, indem er ihn seinerseits als den «römischen Kallimachos» oder, wenn er das vorzieht, den «römischen Mimnermos» bezeichnet. So kann man jedenfalls die Briefstelle interpretieren, denn allzu viele Kandidaten für eine solche Auszeichnung gab es in Rom ja nicht.

Die guten Beziehungen zu Maecenas und durch ihn zum Kaiserhaus scheinen angedauert zu haben. Properz verfaßt 23/22 v. Chr. – wohl auf Wunsch der Familie – eine Elegie auf den früh verstorbenen Marcellus, den zum Thronerben ausersehenen Neffen des Augustus, dessen Vergil im Buch 6 der *Aeneis* gedenkt. Auch den Tod von Cornelia, Augustus' Stieftochter aus seiner Ehe mit Scribonia, beklagt Properz in einem Gedicht (4,11), das Joseph Justus Scaliger zur «Königin der Elegien» gekrönt hat. Bald nach 16 v. Chr. muß der Dichter gestorben sein. Ein Nachkomme von ihm, Caius Passennus Paulus Propertius ist inschriftlich und in den Briefen von Plinius d. J. nachgewiesen.

Die Frau, die er jahrelang liebte, die dem ersten Buch seinen Titel gab, der so viele seiner späteren Elegien gewidmet sind und von der er am Ende von Buch 3 eher unhöflich Abschied nimmt, nennt er «Cynthia». Ihr wirklicher Name war «Hostia», wenn man der Überlieferung trauen kann. Aber erstens darf man aus 3,20,8 nicht herauslesen, daß der Epiker Hostius ein Vorfahr der «Cynthia» war, denn dieses Gedicht ist eindeutig an eine neue Geliebte gerichtet, und zweitens deckt sich «Hostia» metrisch nicht genau mit «Cynthia».

Wer war Cynthia? Immer noch wird in den Handbüchern behauptet, sie sei eine *meretrix* gewesen, also eine Dirne; aber das ist nachweislich falsch. Da sich der Irrtum so hartnäckig zu halten scheint, ist es nötig, etwas weiter auszuholen.

Wenn es um Liebe, Erotik und Sex geht, hat ein Römer wie Properz eigentlich nur drei Möglichkeiten:

1. Eine Affäre mit einer verheirateten Dame, die unter Umständen andere Affären hat und, wie Cicero es ausdrückt, *meretricio more*, also «dirnenmäßig» lebt, aber selbstverständlich keine Dirne ist, sondern, wie Catulls «Lesbia» zur gesellschaftlichen Oberschicht gehört. Wenn der Ehemann nicht sehr tolerant ist, kann ein solches Verhältnis für den Liebhaber verhängnisvoll sein.

2. Ein Verhältnis mit einer Frau, die ledig, verheiratet oder verwitwet sein kann, aber nicht der Oberschicht angehört. In dieser Kategorie ordnet man gewöhnlich Tibulls «Delia» und «Nemesis» ein. Eine solche Frau ist weder *matrona* noch *meretrix*, aber es gibt weder im Lateinischen noch im Deutschen einen präzisen Ausdruck. Das Griechische unterscheidet zwischen *pornē* («Dirne») und *hetaira* («Gefährtin»), und im

Französischen gibt es mehr oder weniger farbige Benennungen wie *cocotte, coquine, demi-mondaine, femme entretenue, maîtresse* usw.

3. Als weitere Möglichkeit bieten sich flüchtige Abenteuer mit Prostituierten. Die Vor- und Nachteile der verschiedenen Möglichkeiten (vor allem die Gefahren der ersten Kategorie) sind ein Topos der kynisch-stoischen Ethik, den Properz 2,23 geistvoll variiert.

Wenn er von einer Frau sagt, sie sei *casta* oder *honesta* oder *pudica*, so denkt er nicht an absolute eheliche Treue; er spricht von einer Frau, die ihrem jeweiligen Liebhaber längere Zeit treu ist, die den Liebesbund (*foedus*), der die konventionelle Ehe ersetzt, respektiert (vgl. 3,20). Im Gegensatz zu den beiden Frauen, die der Dichter in Cynthias Abwesenheit in sein Haus lädt, um sich zu amüsieren, kann Cynthia als *puella honesta* gelten. Natürlich ist es unmöglich, die Grenzen scharf zu ziehen, und mit Übergängen von der einen zur anderen Gruppe ist zu rechnen. Gallus' «Lycoris» kann vielleicht als Beispiel dienen. Sie war eine Freigelassene, wurde als Bühnenkünstlerin berühmt und zog durch ihre Schönheit auch Politiker wie Antonius und Brutus an. Man kann sie vielleicht als Kurtisane von Format bezeichnen, und als anerkannte Mätresse prominenter Männer bewegt sie sich in den höchsten Kreisen.

Cynthia gehört, wie gesagt, mit einiger Sicherheit zur Oberschicht, entweder durch Abstammung oder Heirat oder beides. Den Beweis dafür liefert das frühe Gedicht 1,16. Wohl nennt der Dichter keine Namen, aber seine Absage an Cynthia (3,24.25) nimmt Motive von 1,16 wieder auf. Eine der Pointen dieser Verabschiedung liegt darin, daß er in dem Augenblick, da er sich von Cynthia trennt, das Geheimnis von 1,16 lüftet. Das vornehme Haus, das darin geschildert wird, ist Cynthias Haus, und der «Ewig-Verliebte», der lange Nächte davor verbrachte, war er selbst.

Im Gegensatz zu den etwas stereotypen Geliebten Tibulls ist Cynthia eine wirkliche Persönlichkeit, eine temperamentvolle, künstlerisch begabte Frau, leidenschaftlich, eifersüch-

tig, fähig, in ihrem Geliebten Hingabe und Haß, Glück und Verzweiflung zu wecken. Natürlich ist nicht alles, was Properz sagt, als Bekenntnis und Geständnis aus den Tiefen der Seele aufzufassen, sondern es ist literarisch gestaltete Wirklichkeit. Humor und Ironie kommen nicht zu kurz. Die römische Elegie ist nicht dem feierlichen Ton verpflichtet, der bei Klopstock und Hölderlin erklingt. Auch in scheinbar völlig ernsten Texten wie 4,6 (vgl. auch Tibull 2,5) blickt irgendwo der Schalk durch. Das Tragische dieser Liebesbeziehungen scheint im Gegensatz zu den Mythen, die Parthenios für Cornelius Gallus gesammelt hat, nie ganz ausweglos. Es gibt ein Epigramm von Lessing:
Voltaire sagt: Ich weine!
Und Shakespeare weint.

Man kann das sinngemäß auf die augusteische Liebesdichtung übertragen. Wenn Properz sagt: Ich leide!, ich möchte sterben!, so ist das nicht ganz so schlimm, wie es klingt. So vieles in der antiken Dichtung ist rein kunstmäßig, der Freude am geformten Wort entsprungen. Wir sollten diese Dichtungen wieder so lesen, wie gebildete Zeitgenossen sie lasen und verstanden, nämlich als Unterhaltung im besten Sinne des Wortes (Ziel war ein geistiger Gewinn). Wie verwandte Schöpfungen der hellenistischen Zeit («Des Mädchens Klage») hat die augusteische Elegie manchmal etwas Kabarettistisches. Neben vielem, das tief und ernst und schön ist, sollten wir auch das Launige, das Spielerische romantischer Einfälle, das leicht Skurrile genießen. Properz versteht es meisterhaft, diese verschiedenen Stimmungen hinzuzaubern.

Über das Wesen seiner Kunst äußert er sich im Gegensatz zu Tibull gern und ausführlich. Für ihn ist die Poesie eine Berufung *und* ein Beruf, während Tibull mehr Liebhaber der Literatur bleibt. Tibulls Empfindsamkeit ist wesensverwandt mit derjenigen Vergils, aber es wäre ungerecht, ihn einen «Vergil ohne das Genie» zu nennen, wie Mackail es getan hat. Properz unterstreicht das Gewicht, den Wert seiner dichterischen Aussage und steckt die Bezirke ab, in denen er schaffen möchte. Er sieht sich innerhalb einer Tradition, die von Mimnermos über Kallimachos und Philitas zu den Neoterikern und von diesen über Gallus zu ihm selber führt.

Immer konsequenter anerkennt Properz Kallimachos als sein eigentliches Vorbild. Im ersten Buch wird der Name des großen hellenistischen Dichters allerdings noch nicht genannt, obwohl sein Einfluß – neben dem anderer Alexandriner – schon spürbar ist. Im Prolog zu Buch 2 nennt er hauptsächlich ihn, um seine Ablehnung des heroischen Epos zu begründen, aber noch ist die Geliebte die Quelle seiner Inspiration (2,1,3 f.), nicht Apollon und die Musen, wie bei Kallimachos. Das ändert sich im Prolog zu Buch 3: Hier bittet Properz die vergöttlichten Manen von Kallimachos und Philitas um ein Orakel; sie sind also an die Stelle getreten, die früher Cynthia eingenommen hatte; das Buch endet mit der Absage an Cynthia (3,24.25) und der ersten Nacht mit einer neuen Geliebten (3,20). In Buch 4 geht Properz noch einen Schritt weiter und stellt sich als den «römischen Kallimachos» vor; jetzt unternimmt er es, im Stil von *Aitia* 3 und 4 Götter, historische Ereignisse und religiöse Bräuche Roms darzustellen. Ovid hat bekanntlich diese Themen in den *Fasti* aufgenommen.

Der Stil des Properz kann am besten durch zwei Ausdrücke beschrieben werden: *blanditia* («das Schmeichlerische») und *facundia* («die Redegabe»). Zwar findet sich letzterer Ausdruck nicht bei Properz selbst, aber Martial bedient sich des Adjektivs, um den Elegiker zu charakterisieren, wenn er 14,189,1 von der «jugendlichen Dichtung des redegewandten Properz» (*facundi carmen iuvenale Properti*) spricht. Ovid nennt seinen Vorgänger und Freund zweimal «schmeichlerisch» (*Tristia* 2,465; 5,1,17) und trifft damit etwas Wesentliches: die weichen Umrisse, die warmen Farbtöne, ein Organ für das Schöne in allen seinen Erscheinungen, eine werbende Zärtlichkeit. Tatsächlich ist *blandus* ein Lieblingswort des Dichters. Die raffinierte Mischung von erlesenen hellenistischen Stilmitteln und Wörtern aus der römischen Umgangssprache hat ebenfalls ihren besonderen Reiz. Darin ist ihm Catull vorausgegangen, doch findet sich bei ihm die Mischung von Feinheit und Derbheit weniger innerhalb eines Gedichts als innerhalb der ganzen Gedichtsammlung, wenn sie als einheitlich betrachtet werden kann.

Zur Übersetzung

Ich möchte mich hier weniger zur Problematik des Übersetzens äußern, sondern nur bemerken, daß ich zwei deutsche Übertragungen mit Gewinn durchgearbeitet habe, diejenige von Karl Ludwig von Knebel (1798) und die andere, heute fast vergessene, von Wilhelm Adolf Hertzberg (1838).

Goethes Freund Knebel wagte es als erster, Properz in deutsche Distichen zu übersetzen. Ursprünglich hatte er die Prosaform gewählt, aber als 1795 in den «Horen» Goethes *Römische Elegien* erschienen, fühlte Knebel sich ermutigt. Schon im folgenden Jahr bringen die «Horen» von Goethe überarbeitete Proben von Knebels Versübersetzung. In Buchform erscheinen die *Elegien des Properz*, stark vermehrt gegenüber zuvor veröffentlichten Stücken und von Knebel nochmals durchgesehen, aber nicht vollständig, 1798 bei Göschen in Leipzig. Noch im selben Jahr schreibt Goethe dankend an Knebel: «Ich habe den größten Teil der Elegien wieder gelesen, und sie haben eine Erschütterung in meiner Natur hervorgebracht, wie es Werke dieser Art zu tun pflegen [...]» (28. November 1798). Johann Gottfried Herder besprach das Buch in den «Erfurter Nachrichten»[1] und auch August Wilhelm von Schlegel befaßte sich eingehend damit.[2]

Knebel hat seinen Weg zu Properz über Goethe gefunden. Deswegen liest man ihn noch heute mit Genuß. Man muß bedenken, daß ihm Properz nur in den etwas verschrobenen Ausgaben von Friedrich Gottlieb Barth (1777) und Peter Burman d. J. (1780) zugänglich war. Noch hatte Karl Lachmann (1816) seine «Methode» am Properztext nicht erprobt. Außerdem war Knebel kein Philologe, wohl aber ein Mann mit feinem Sprachgefühl. In der Goethezeit gingen manche lateinischen Wendungen ins Deutsche über und wurden ohne weiteres verstanden, weil die römische Kultur den Menschen viel gegenwärtiger war als uns heutigen. Im übrigen sei auf Hellmuth von Maltzahns reizvolles Buch über Knebel (1929) verwiesen.

Die andere Übersetzung, die ich schätzen lernte, ist, wie gesagt, diejenige von Hertzberg, dem man auch einen umfangreichen lateinischen Kommentar (1843–45) verdankt. Sie befleißigt sich großer Genauigkeit und bleibt dem Text treu; man kann sie auf keinen Fall als *belle infidèle* bezeichnen. Auch hier gilt es zu bedenken, daß die Textkritik seit Hertzberg weiter fortgeschritten ist.

Von neueren englischen Übersetzungen möchte ich besonders diejenigen von George P. Goold (Cambridge, Mass., 1990) und Guy Lee (Oxford 1994) hervorheben. Beide sind m. E. hervorragende philologische Leistungen. Sie unterscheiden sich in der Textgestalt. Wenn meine Statistik einigermaßen stimmt, weicht Lee an rund 300 Stellen von Barbers Oxford-Ausgabe (Nachdr. 1987) ab, während Goold an rund 600 Stellen ändert. Die Übertragungen von Lee (*Corpus Tibullianum*, mit Text, in Zusammenarbeit mit R. Maltby, Leeds 1990, sowie seine Properz-Übersetzung mit einer Liste der Textabweichungen, Oxford 1994) zeichnen sich in besonderer Weise durch ein Gefühl für das Dichterische in Sprache und Rhythmus aus.

Wertvoll war für mich ferner die spanische Properz-Übersetzung von Antonio Ramírez de Verger (Madrid 1989) mit ihrer umfangreichen Einleitung und ihren gelehrten Anmerkungen.

Properz zu übersetzen ist nicht leicht. Ein einziges Beispiel:

nullas illa suis contemnet fletibus aras (1,4,23).

Jeder Schüler kann das verdeutschen: «Mit ihrem Weinen wird sie keine Altäre verachten.» Einfach! Aber was heißt es? Ein neuerer Übersetzer produziert flott folgenden Hexameter: «Keinen Altar mehr wird sie mit ihren Klagen verachten.» Das ist, schlicht gesagt, Unsinn. Was Properz in Wirklichkeit sagt, ist etwa dies: «Kein Altar wird ihr zu gering sein, um davor zu weinen.» Es gibt in Rom Tempel und Altäre höherer und niedrigerer Gottheiten. Wenn Cynthia einmal in Wut gerät, genügt es ihr nicht, nur die höheren Götter als Rächer anzurufen, sondern, um sicher zu sein, daß wenigstens *eine* göttliche Macht sich ihrer annimmt, weint, betet und opfert sie vor *allen* Altären.

Nur am Rand sei auf Ezra Pounds *Homage to Sextus Propertius* hingewiesen (geschrieben 1917, veröffentlicht 1919 als Teil des Bands *Quia Pauper Amavi*). Es ist eine literarhistorische Kuriosität, die von den Bewunderern entweder als geniales Meisterwerk gepriesen oder zumindest als «schöpferisches Mißverständnis» verteidigt wird. Statt die z. T. grotesken Irrtümer einzeln aufzuzählen, verweise ich auf den amüsanten Essay von Robert Graves «Dr Syntax and Mr Pound»[7].

---

1 Anthologia Graeca, hg. von H. Beckby, 2. verb. Aufl. München 1965, Bde. 1 und 4.
2 The Oxyrhynchus Papyri, hg. von B. P. Grenfell, A. S. Hunt, E. Lobel [u. a.], London 1898 ff., frg. 2884.2885.3723.
3 Vgl. Poseidippos, frg. 9 Gow-Page, in: Anthologia Graeca (12,168), Bd. 4, hg. von H. Beckby, 2. verb. Aufl. München 1965, S. 100.
4 Pindar (vgl. frg. 108 Bowra) stellt sie höher als die Liebe zu Frauen.
5 J. G. Herder, Sämtliche Werke, hg. von B. Suphan, Stuttgart 1877–1913, Bd. 20, S. 345 ff.
6 A. W. v. Schlegel, Sämtliche Werke, hg. von E. Böcking, Leipzig 1846–47, Bd. 11, S. 337 ff.
7 R. Graves, Dr Syntax and Mr Pound, in: Collected Writings on Poetry, hg. von P. O. O'Prey, Manchester 1995, S. 117–118.

LITERATURHINWEISE

Die folgende Auswahlbibliographie enthält im wesentlichen neuere Literatur zur römischen Liebeselegie. Ausführlichere Hinweise zu speziellen Themen finden sich in den angeführten Personalbibliographien.

Frauen, Liebe und Ehe in der antiken Welt

T. Townend, The Augustan Poets and the Permissive Society, Abingdon-on-Thames 1972, (Jackson Knight Memorial Lecture, 5).
N. Rudd, Romantic Love in Classical Times, in: Ramus 10 (1981), S. 140–155.
J. Griffin, Meretrices, Matrimony and Myth, in: J. G., Latin Poets and Roman Life, Chapel Hill 1986, S. 112–141.
T. Fleming, Des dames du temps jadis, in: The Classical Journal (1986), S. 73–80.
G. Garbarino, Amore e matrimonio nella commedia e nell'elegia romana, in: M. Vacchina (Hg.), Attualità dell'antico, Aosta 1988, S. 307–327.
G. Clark, Women in the Ancient World, in: Greece and Rome, New Surveys, Nr. 12, Oxford 1989.

Die frühgriechische Elegie

J. P. Barron/P. E. Easterling, Early Greek Elegy, in: P. E. Easterling/B. M. W. Knox (Hg.), The Cambridge History of Classical Literature, Bd. 1, Cambridge, 1985, S. 128–146.
C. Prato, Elegiaci Greci, in: F. della Corte (Hg.), Dizionario degli scrittori greci e latini, Bd. 1, Mailand, 1990, S. 649–669. [Berücksichtigt auch die hellenistische Elegie.]

Hellenistische Dichtung (vor allem Elegie und Epigramm)

M. Puelma, Die Aitien des Kallimachos als Vorbild der römischen Amores-Elegie, in: Museum Helveticum 39 (1982), S. 221–246; 285–304.

A. La Penna, I generi letterari ellenistici nella tarda repubblica romana, in: Maia 34 (1982), S. 111-130.

R. F. Thomas, Callimachus, The Victoria Berenices, and Roman Poetry, in: Classical Quarterly 33 (1983), S. 92-113.

H. Lloyd-Jones, A Hellenistic Miscellany, in: Studi Italiani di Filologia Classica 77 (1984), S. 52-72.

E. Flores (Hg.), Dall'epigramma ellenistico all'elegia romana, Neapel 1984.

A. W. Bulloch, Hellenistic Poetry, in: P. E. Easterling/B. M. W. Knox (Hg.), The Cambridge History of Classical Literature, Bd. 1, Cambridge 1985, S. 541-621.

D. Sider, The Love Poems of Philodemus, in: American Journal of Philology 108 (1987), S. 310-323.

G. Giangrande, Introduzione allo studio della cultura classica, in: F. della Corte (Hg.), Dizionario degli scrittori greci e latini, Bd. 1, Mailand 1988, S. 123-137.

G. Tarditi, Ellenistici (Poeti), in: F. della Corte (Hg.), Dizionario degli scrittori greci e latini, Bd. 2, Mailand 1990, S. 797-820.

A. Barigazzi, Ellenistici (Poeti), in: F. della Corte (Hg.), Dizionario degli scrittori greci e latini, Bd. 2, Mailand 1990, S. 671-692.

Die Praeneoteriker

L. Alfonsi, Preneoterici, in: F. della Corte (Hg.), Dizionario degli scrittori greci e latini, Bd. 3, Mailand 1990, S. 1775-1792.

Die Neoteriker

R. O. A. M. Lyne, The Neoteric Poets, in: Classical Quarterly 38 (1978), S. 167-187.

G. Maggiulli, Neoterici (Poeti), in: F. della Corte (Hg.), Dizionario degli scrittori greci e latini, Bd. 2, Mailand 1990, S. 1419-1424.

Catull

a) Bibliographien, Forschungsberichte, Sammlungen

K. Quinn (Hg.), Approaches to Catullus, Cambridge 1972.

R. Heine (Hg.), Catull, Darmstadt 1975 (Wege der Forschung, 308).

H. Harrauer, A Bibliography to Catullus, Hildesheim 1979.

J. P. Holoka, A Bibliography to Catullus, New York/London 1985 (Garland Reference Library of the Humanities, 513).

J. Granarolo, Catulle 1960–1985, in: Lustrum 28/29 (1978), S. 65–106.

b) Ausgaben

C. Valerius Catullus, Carmina, ed. by C. J. Fordyce, Oxford 1961, verb. Aufl. 1973.

C. Valerius Catullus, Poemata, hg. und erkl. von W. Kroll, Leipzig/Berlin 1923, Nachdr. Stuttgart, 7. Aufl. 1989. [Mit Bibliographie von J. Kroymann.]

Catullus, The Poems, ed. with introd., rev. text and comm. by K. Quinn, London 1970, 2. Aufl. Glasgow 1973.

Catullus, A Critical Edition, ed. and introd. by D. F. S. Thomson, Chapel Hill 1978.

Catullus, ed. with introd., transl., and notes by G. P. Goold, London 1983.

The Poems of Catullus, ed. with introd., transl., and brief notes by G. Lee, Oxford 1990.

c) Kritische Konkordanz

V. P. McCarren (Hg.), A Critical Concordance to Catullus, Leiden 1977.

d) Monographien

D. O. Ross, Jr., Style and Tradition in Catullus, Cambridge (Mass.) 1969.

H. P. Syndikus, Catull. Eine Interpretation, Darmstadt 1984, 1987 (Impulse der Forschung, 48).

T. P. Wiseman, Catullus and his World: A Reappraisal, Cambridge 1985.

E. A. Schmidt, Catull, Heidelberg 1985.

e) Literatur zu Catull c. 68

B. Coppel, Das Alliusgedicht, Heidelberg 1973.

T. P. Wiseman, Cinna the Poet, in: T. P. W., Cinna the Poet and other Roman Essays, Leicester 1974, S. 77–103.

C. J. Tuplin, Catullus 68, in: Classical Quarterly 31 (1981), S. 113–139.

J. Sarkissian, Catullus 68: An Interpretation, Leiden 1983.

Die römische Liebeselegie als Ganzes

W. Schmid, Elegie, in: Reallexikon für Antike und Christentum 4 (1959), S. 1026-1061.

G. Luck, The Latin Love Elegy, London 1959, 2. Aufl. ebd. 1969; dt. u. d. T.: Die römische Liebeselegie, Heidelberg 1961.

W. Stroh, Die römische Liebeselegie als werbende Dichtung, Amsterdam 1971. [Vgl. A. La Penna: (Bespr.) in: Gnomon 47 (1975), S. 134-142.

M. C. García Fuentes, La elegía de la época de Augusto, in: Quadernas de Filología Clasica 10 (1976), S. 33-62.

A. Thill (Hg.), L'élégie romaine, Paris 1979 (Bull. Fac. lettres Mulhouse, 10).

R. O. A. M. Lyne, Latin Love Poets, Oxford 1980. [Vgl. J. L. Butrica, in: Echos du Monde Classique 26 (1982), S. 82-95.]

G. Luck, Love Elegy, in: E. J. Kenney/W. V. Clausen (Hg.), The Cambridge History of Classical Literature, Bd. 2, Cambridge 1982, S. 405-419.

W. Stroh, Die Ursprünge der römischen Liebeselegie, in: Poetica 15 (1983), S. 205-246.

A. Sabot, L'élégie à Rome, in: Hommages à Jean Cousin, Paris 1983, S. 133-143 (Annales littéraires de l'Université de Besançon, 273).

P. Veyne, L'élégie érotique romaine, Paris 1983; engl. u. d. T.: Roman Erotic Elegy, übers. von D. Pellauer, Chicago 1988.

H. F. Bauzá, Características de la elegía latina, in: Anales de filologia clasica 11 (1986), S. 5-23.

M. Labate, Elegia triste ed elegia lieta. Un caso di riconversione letteraria, in: Materiali e discussioni 19 (1987), S. 91-129.

M. Wyke, In Pursuit of Love, the Poetic Self and a Process of Reading Augustan Elegy in the 1980s, in: Journal of Roman Studies 79 (1989), S. 165-173.

P. Fedeli, La poesia d'amore, in: G. Cavallo/P. Fedeli/A. Giardina (Hg.), Lo Spazio letterario di Roma antica, Bd. 1, Rom 1989, S. 143-176.

N. Holzberg, Die römische Liebeselegie. Eine Einführung, Darmstadt 1990.

A. Ramírez de Verger/A. Perez Vega, Introducción a la elegía latina, Cordoba 1991.

M. v. Albrecht, Geschichte der römischen Literatur, Bd. 1, Bern 1992, S. 588-597.

Die römische Liebeselegie: besondere Aspekte

G. Wiliams, Tradition and Originality in Roman Poetry, Oxford 1968, S. 743 ff. [Kritischer Kommentar zu: B. Axelson, Unpoetische Wörter, Lund 1945.]

J. C. Yardley, Sick-visiting in Roman Elegy, in: Phoenix 27 (1973), S. 283–288.

G. Giangrande, Los tópicos helenísticos en la elegía latina, in: Emerita 42 (1974), S. 1–36.

A. Skiadas, *Periuria amantum: Monumentum Chiloniense*, in: Festschrift E. Burck, Amsterdam 1975, S. 400–418.

A. M. Tupet, La magie dans la poésie latine, Bd. 1, Paris 1976, S. 330–417.

W. Fauth, *Venena amoris*. Die Motive des Liebeszaubers und der erotischen Verzauberung in der augusteischen Dichtung, in: Maia 32 (1980), S. 265–282.

P. Murgatroyd, *Servitium amoris* and the Roman elegists, in: Latomus 40 (1981), S. 589–606.

J. N. Adams, The Latin Sexual Vocabulary, London 1982. [Vgl. D. R. Shackleton Bailey, (Bespr.) in: Classical Philology 80 (1985), S. 83–85.]

R. Whitaker, Myth and Personal Experience in Roman Love-Elegy, Göttingen 1983 (Hypomnemata, 76).

R. Mayer, Catullus' Divorce, in: Classical Quarterly 33 (1983), S. 297 f.

P. Watson, Axelson Revisited: The Selection of Vocabulary in Latin Poetry, in: Classical Quarterly 35 (1985), S. 430–438.

V. Schmidt, *Hic ego qui iaceo*. Die lateinischen Elegiker und ihre Grabschrift, in: Mnemosyne 38 (1985), S. 307–333.

S. Viarre, L'inclusion épique dans la poésie élégiaque augustéenne, in: Hommages à J. Veremans, Brüssel 1986, S. 364–371 (Collection Latomus, 193).

D. P. Harmon, Religion in the Latin Elegists, in: Aufstieg und Niedergang der Römischen Welt, hrsg. von H. Temporini und W. Haase, Tl. 2: Principat, Bd. 16, 3, Berlin/New York 1986, S. 1909–1973. [Im folgenden zit. als: ANRW mit Angabe des Teils sowie Band- und Seitenzahl.]

N. A. Greenberg, Metrics of the Elegiac Couplet, in: Classical Quarterly 80 (1987), S. 233–241.

A. Ramírez de Verger, *Amantis iusiurandum*, in: Homenaje a J. M. Blazquez, Madrid 1991, S. 59–70.

A. Ramírez de Verger, El *otium* de los elegiacos, in: F. Gascó/J. Alvar

(Hg.), Heterodoxos, reformadores y marginados en la Antigüedad Clásica, Sevilla 1991, S. 59-70.

A. R. Alvarez Hernández, Horacio, la elegía, los elegíacos, in: Euphrosyne N. S. 23 (1995), S. 43-62.

Cornelius Gallus

a) Allgemein

D. O. Ross Jr., Backgrounds to Augustan Poetry: Gallus, Elegy and Rome, Cambridge (Mass.), 1975. [Vgl. J. E. G. Zetzel, (Bespr.) in: Classical Philology 72 (1977), S. 249-260.]

N. B. Crowther, C. Cornelius Gallus. His Importance in the Development of Roman Poetry, in: ANRW, 2, 30, 3 (1983), S. 1622-1648.

J. G. Griffith, Gallus Resartus, in: J. G. G. Festinat Senex, Oxford 1988, S. 64-69.

J. L. Navarro López, Suárez de Salazar «cita» a Cornelio Galo, in: Euphrosyne N .S. 23 (1995), S. 303-304.

b) Das Fragment von Quasr Ibrîm

R. D. Anderson/P. J. Parsons/R. G. M. Nisbet, Elegiacs by Gallus from Quasr Ibrîm, in: Journal of Roman Studies 69 (1979), S. 125-155. [Editio princeps; vgl. auch R. G. M. Nisbet, Gallus from Quasr Ibrîm, in: Collected Papers on Latin Literature, Oxford 1995, S. 100-131.

F. Graf, Die Gallus-Verse von Quasr Ibrîm, in: Gymnasium 89 (1982), S. 21-36.

J. Fairweather, The Gallus Papyrus: A New Interpretation, in: Classical Quarterly 34 (1984), S. 167-174.

Corpus Tibullianum

a) Bibliographien, Forschungsberichte, Sammlungen

H. Harrauer, A Bibliography to the Corpus Tibullianum, Hildesheim 1971.

G. Dettmer, The Corpus Tibullianum (1974-1980), in: ANRW 2, 30, 3 (1983), S. 1924-1961.

J. M. Fisher, The Life and Work of Tibullus, in: ANRW 2, 30, 3 (1983), S. 1924-1961.

F. Moya del Baño (Hg.), Simposio Tibuliano, Murcia 1985.

Atti del convegno internazionale di studi su Albio Tibullo, Rom 1986.

P. Murgatroyd, Tibullus. A Review Article, in: Echos du Monde Classique 31 (1987), S. 69–92.

b) Ausgaben

Tibullus, Elegiae, Book 1, edited by P. Murgatroyd, Pietermaritzburg 1980, Book 2, Oxford 1994. [Mit Kommentar.]

Tibullo. Le Elegie, a cura di F. della Corte, Mailand 1980; 2. Aufl. 1988.

Tibulli aliorumque carminum libri tres, edited by P. G. Goold, Cambridge (Mass.) 1988. [Mit engl. Übers.; Neubearbeitung der Ausg. Oxford 1912 von J. P. Postgate.]

Albii Tibulli aliorumque carmina, edidit G. Luck, Stuttgart 1988.

Albius Tibullus, Elegiae, introduction, text, translation and notes by A. G. Lee [in Zs.arb. mit R. Maltby], Leeds 1990. [Hat gegenüber den Ausgaben von 1975 und 1982 den Vorteil, daß auch Buch 3 berücksichtigt ist. Text, Übers., Anm. Bibliographie. Empfehlenswert!]

Appendix Tibulliana, hg. und Komm. von H. Tränkle, Berlin 1990. [Text mit allzu knappem kritischen Apparat., nützlichem Kommentar und fragwürdigen Datierungen; vgl. G. Luck, (Bespr.) in: Göttingische Gelehrte Anzeigen 246 (1994) S. 70–86; P. Fedeli, (Bespr.) in: Gnomon 67 (1995), S. 502–507.]

c) Allgemeine Literatur zu Tibull

F. Cairns, Tibullus: A Hellenistic Poet in Rome, Cambridge 1979.

R. J. Ball, Tibullus the Elegist, Göttingen 1983 (Hypomnemata 77).

F. H. Mutschler, Die poetische Kunst Tibulls, Frankfurt a. M. 1985.

Chr. Neumeister, Tibull. Einführung in sein Werk, Heidelberg 1986.

A. Foulon, L'art poétique de Tibulle, in: Revue des Études Latines 68 (1990), S. 66–79.

d) Besondere Aspekte

A. W. Bulloch, Tibullus and the Alexandrians, in: Proceedings of the Cambridge Philological Society 19 (1973), S. 71–89.

C. Davies, Poetry in the «Circle» of Messalla, in: Greece and Rome 20 (1973), S. 25–35.

R. H. Rouse/M. D. Reeve, Tibullus, in: L. D. Reynolds (Hg.), Texts and Transmission, Oxford 1983, S. 420–425.

D. N. Levin, Epic Tradition in the Elegies of Tibullus, in: ANRW 2, 30, 3 (1983), S. 2000–2127.

R. J. Littlewood, Humour in Tibullus, in: ANRW 2, 30, 3 (1983), S. 2128–2158.

M.-P. Pieri, Il testo di Tibullo nella critica dell'ultimo decennio, in: Cultura e Scuola 23 (1984), H. 89, S. 29–45.

J. García Lopez, *Ritus patrius y ritus graecus* en Tibulo II.1, in: F. Moya del Baño (Hg.), Simposio Tibuliano, Murcia 1985, S. 263–273.

F. Moya del Baño, Notas sobre ediciones y comentarios de Tibulo desde el humanismo, in: F. M. d. B., Simposio Tibuliano, Murcia 1985, S. 59–87.

A. Ramírez de Verger, El amor como *servitium* en Tibulo, in: F. Moya del Baño, Murcia 1985, S. 371–377.

G. Luck, Studien zur Textgeschichte Tibulls, in: J. Dummer (Hg.), Texte und Textkritik, Berlin 1987, S. 331–349 (Texte und Untersuchungen, 133).

M. I. Rebelo Gonçalves, Helenismos onomásticos do *Corpus Tibullianum*. Aspectos métricos, in: Euphrosyne 16 (1988), S. 309–321.

e) Zu einzelnen Teilen, Gedichten und Stellen

A. Ramírez de Verger, A Note on Tibullus 1, 9, 21–22, in: American Journal of Philology 101 (1986), S. 109 f.

C. B. Pascal, Tibullus and the *Ambarvalia*, in: American Journal of Philology 109 (1988), S. 523–536. [Zu 2,1.]

R. Whittaker, The Unity of Tibullus 2, 3, in: Classical Quarterly 29 (1979), S. 131–141.

P. Murgatroyd, The Genre and Unity of Tibullus 2, 6, in: Phoenix 43 (1989), S. 134–142.

W. Erath, Die Dichtung des Lygdamus, Diss. Erlangen, Nürnberg 1971.

M. Parca, The Position of Lygdamus in Roman Poetry, in: C. Deroux (Hg.), Studies in Latin Literature IV, Brüssel 1986, S. 461–474 (Collection Latomus, 196).

M. S. Santirocco, Sulpicia Revisited, in: The Classical Journal 74 (1979), S. 229–239.

N. J. Lowe, Sulpicia's Syntax, in: Classical Quarterly 38 (1988), S. 193–205.

Properz

a) Bibliographien, Forschungsberichte, Sammlungen

H. Harrauer, A Bibliography to Propertius, Hildesheim 1973.

W. Eisenhut (Hg.), Properz, Darmstadt 1975 (Wege der Forschung, 237).

W. R. Nethercut, Recent Scholarship in Propertius, in: ANRW 2, 30, 3 (1983), S. 1813-1857.

P. Fedeli/P. Binotti, Bibliografia Properziana (1946-1983), Assisi 1985. [Vgl. S. J. Heyworth, (Bespr.) in: Classical Review 36 (1986), S. 48 f.; A. Ramírez de Verger/A. Pérez Vega, (Bespr.) in: Emerita 57 (1989), S. 193 f.]

V. Viparelli, Recenti studi properziani, in: Bollettino di studi latini 17 (1987), S. 19-76; 18 (1988), S. 58-63.

b) Ausgaben

Sextus Propertius, Elegies, 4 Bde., hg. von W. A. Camps, Cambridge 1961-67.

Sextus Propertius, Elegie, Libro IV, testo critico e commento a cura di P. Fedeli, Bari 1965.

Sexti Propertii Elegiarum Liber II. Edidit, brevi commentario instruxit I. C. Giardina, Turin 1977.

Sexti Propertii elegiarum Libri IV, edidit R. Hanslik, Leipzig 1979, Stuttgart 1984, verb. Nachdr. 1990. [Wichtig für Lesarten der ‹recentiores›; vgl. E. J. Kenney, (Bespr.) in: Classical Review 31 (1981), S. 200-202.]

Il Primo Libro delle elegie di Sesto Properzio, introd., testo critico, commento a cura di P. Fedeli, Florenz 1980. [Vgl. J. A. Richmond, (Bespr.) in: Classical Review 31 (1981), S. 202-204.]

Il Terzo libro delle elegie [...] a cura di P. Fedeli, Bari 1985. [Vgl. A. Ramírez de Verger, (Bespr.) in: American Journal of Philology 110 (1989), S. 180-183.]

Propercio, Elegías, introducción, traducción y notas. Von A. Ramírez de Verger, Madrid 1989. [Mit wertvollen Einführungen und Anmerkungen und einer Bibliographie.]

Propertius, Elegies, edited and translated by G. P. Goold, Cambridge (Mass.) 1990. [Gut durchdachte Textgestaltung mit vielen überzeugenden Änderungen gegenüber der ‹Vulgata›, nützliche Übersetzung, Einleitung, Bibliographie.]

[N. B. Zur englischen Übersetzung von Guy Lee (Oxford 1994) s. S. 511.]

c) Überlieferung, Text, Grundsätzliches zur «Recensio»

G. Luck, Notes on Propertius, in: American Journal of Philology 100 (1979), S. 73-93. [Meist Vorschläge zum Text.]

R. J. Tarrant, Propertius, in: L. D. Reynolds (Hg.), Texts and Transmission, Oxford 1983, S. 324-326.

J. L. Butrica, The Manuscript Tradition of Propertius, Toronto 1984. [Enthält krit. Ausg. von 1, 20; 2, 8; 3, 6; 4, 11.]

S. J. Heyworth, Notes on Propertius Books I and II, in: Classical Quarterly 34 (1984), S. 395–405; Notes on Propertius Books III and IV, in: Classical Quarterly 36 (1986) S. 199–211.

G. P. Goold, On Editing Propertius, in: N. Horsfall (Hg.), Papers in Honor of O. Skutsch, London 1987, S. 27–38 (University of London Classical Studies, Bull. Suppl. 51).

G. P. Goold, Problems in Editing Propertius, in: J. N. Grant (Hg.), Editing Greek and Latin Texts, New York 1987, S. 97–119.

d) Handbücher

W. R. Smyth, Thesaurus criticus ad Sexti Properti textum, Leiden 1970 (Mnemosyne Suppl. 12). [Enthält praktisch jede vor 1970 gemachte Konjektur.]

B. Schmeisser, A Concordance to the Elegies of Propertius, Hildesheim 1972.

e) Allgemeine Literatur zur Properz

M. Hubbard, Propertius, London 1974.

M. Bettini, Properzio dopo duemila anni (considerazione probabilmente cretiche), in: Materiali e discussioni 18 (1987), S. 149–163.

P. Fedeli, Properzio, in: F. della Corte (Hg.), Dizionario degli scrittori greci e latini, Bd. 3, Mailand 1990, S. 1793–1812.

f) Besondere Aspekte

D. Flach, Das literarische Verhältnis von Horaz und Properz, Diss. Gießen 1967. [Vgl. R. G. M. Nisbet, (Bespr.) in: Classical Review 21 (1971), S. 57–59.]

E. Schulz-Vanheyen, Properz und das griechische Epigramm, Diss. Münster 1969.

G. Petersmann, Themenführung und Motiventfaltung in der Monobiblos des Properz, Graz 1989 (Grazer Beiträge, Suppl. 1).

g) Einzelne Gedichte und Stellen

F. Cairns, Some Problems in Propertius 1, 6, in: American Journal of Philology 95 (1974), S. 150–163. [Zu 1,6.]

W. A. Camps, The Structure of Propertius 2, 6, in: Phoenix 43 (1989), S. 359–364.

C. Becker, Die späten Elegien des Properz, in: Hermes 99 (1971), S. 449–480. [Zu Buch 4.]

J. L. Butrica, The Earliest Inaccurate Citation of Propertius, in: American Journal of Philology 102 (1981), S. 327–329. [Zu 4,1, 11–14.]

Ovid

a) Bibliographien, Forschungsberichte, Sammlungen
M. v. Albrecht/E. Zinn (Hg.), Ovid, Darmstadt 1968 (Wege der Forschung, 92).
J. W. Binns (Hg.), Ovid, London 1973.
M. L. Coletti, Rassegna bibliografica-critica [...] (1958-1978), in: ANRW 2, 31,4 (1981), S. 2385-2435.
R. Chevallier (Hg.), Présence d'Ovide, Paris 1982.
[Bibliographische Hinweise bietet auch A. Ramírez de Verger in seiner Ausgabe der *Amores*.]

b) Ausgaben der Amores
Publius Ovidius Naso, Liebesgedichte/Amores, lat.-dt., hg. von W. Marg und R. Harder, 7. Aufl. München/Zürich 1992. [Versübersetzung.]
Publius Ovidius Naso, Amores, text, prolegomena und commentary in four volumes, edited by J. C. McKeown, Bd. 1 [Text und Einl.], Liverpool 1987; Bd. 2 [Komm. zu Bd. 1], Leeds 1989. [Vgl. A. Ramírez de Verger,(Bespr.) in: Gnomon 61 (1989), S. 388-394; 62 (1991), S. 592-595.]
Publius Ovidius Naso, Opera amatoria, lat.-span., hg. von A. Ramírez de Verger, Bd. 1, übers. von F. Socas, Madrid 1991. [Erster Band einer krit. Gesamtausg.]

c) Allgemeine Literatur zu Ovid
J.-M. Frécaut, L'esprit et l'humour chez Ovide, Grenoble 1972.
A. F. Sabot, Ovide, poète de l'amour dans ses œuvres de jeunesse, Paris 1976.
R. Syme, History in Ovid, Oxford 1978.
N. Scivoletto, Ovidio, in: F. della Corte (Hg.), Dizionario degli scrittori greci e latini, Bd. 2, Mailand 1990, S. 1517-1542.

d) Besondere Aspekte
K. Morgan, Ovid's Art of Imitation: Propertius in the Amores, Leiden 1977. [Vgl. J. C. McKeown, (Bespr.) in: Classical Review 28 (1978), S. 253 f.]

e) Einzelne Gedichte und Stellen
G. Luck, Der Dichter zwischen Elegie und Epos, in: W. Eisenhut (Hg.), Antike Lyrik, Darmstadt 1970, S. 462-470. [Zu 2,1.]

A. Ramírez de Verger, The Text of Ovid, *Amores* 2, 13, 17–18, in: American Journal of Philology 109 (1988), S. 86–91.

R. F. Thomas: Ovid's Attempt at Tragedy, in: American Journal of Philology 99 (1978), S. 447–450.[Zu 3, 1, 63 f.]

Maximian

F. Spaltenstein, Commentaire des élégies de Maximien, Rom/Genf 1983 (Bibliotheca Helvetica Romana, 20).

A. Ramírez de Verger, Las elegías de Maximiano: tradición y originalidad en un poeta de última ora, in: Habis 17 (1986), S. 185–193.

ZU DIESER AUSGABE

Das vorliegende Buch ist eine gründliche Überarbeitung des 1964 in der «Bibliothek der Alten Welt» erschienenen Bandes. Ich möchte auch an dieser Stelle dankbar die Hilfe erwähnen, die mir damals von meinem lieben Freund und Lehrer Walter Wili (1900–1975) sowie von D. R. Shackleton Bailey zuteil wurde, vor allem beim Übersetzen von Properz. Sie haben mir das Verständnis des nicht immer leichten Textes an vielen Stellen erschlossen. Das Manuskript wurde dann von Frau Liselotte Rüegg kritisch durchgesehen; sie hat Fehler beseitigt und Änderungen vorgeschlagen.

Der neue Lesetext von Properz weicht vom alten darin ab, daß mehr Lesarten der Nebenüberlieferung und mehr Konjekturen (auch Versumstellungen) berücksichtigt sind. In den letzten dreißig Jahren ist viel für den Properztext geleistet worden. Der erzielte Fortschritt (und ich glaube, hier darf man wirklich von Fortschritt sprechen) läßt sich ermessen, wenn man die Ausgabe von Paolo Fedeli (Teubner 1984, verb. Nachdr. 1990) mit der in der «Loeb Classical Library» erschienenen von George P. Goold (Cambridge, Mass. / London 1990) vergleicht. Leider ist die seit längerem erwartete Oxford-Ausgabe von Stephen Heyworth noch nicht erschienen, aber nicht wenige seiner Entscheidungen und Vermutungen sind bei Goold schon berücksichtigt. Von Goold habe ich viel gelernt, und ich bin ihm besonders dankbar, daß er mir in liebenswürdiger Weise eine Liste seiner Änderungen für den verbesserten Nachdruck geschickt und mit mir über verschiedene Probleme korrespondiert hat.

Dem neuen Text entsprechend hat sich in der Übersetzung manches geändert. Einleitung und Anmerkungen sind gegenüber der Ausgabe von 1964 erweitert worden.

Auch die Tibull-Forschung ist im letzten Jahrzehnt in bemerkenswerter Weise – besonders durch die Publikationen von Francisca Moya del Baño – gefördert worden. Die Ausgaben und Übersetzungen von Guy Lee (s. die Literaturhinweise) waren mir eine wertvolle Hilfe.

Danken möchte ich Manfred Fuhrmann, der eine Reihe von Verbesserungen vorgeschlagen hat, sowie James L. Butrica und Paolo Fedeli. Eckhard Humbert vom Artemis Verlag bin ich zu ganz besonderem Dank verpflichtet. Er hat das Manuskript und die Korrekturen mit großer Sorgfalt durchgearbeitet und dadurch dem Leser einen Dienst erwiesen.

Ich hoffe, daß dieser Band den beiden großen römischen Dichtern, mit denen ich mich so lange beschäftigt habe, neue Freunde gewinnen wird und auch dem Kenner etwas zu sagen hat.

Baltimore, Maryland
Herbst 1995   G. L.